Precificação Personalizada

Precificação Personalizada

2021

Bruno Yudi Soares Koga

ALMEDINA

PRECIFICAÇÃO PERSONALIZADA
© Almedina, 2021
AUTOR: Bruno Yudi Soares Koga

DIRETOR ALMEDINA BRASIL: Rodrigo Mentz
EDITORA JURÍDICA: Manuella Santos de Castro
EDITOR DE DESENVOLVIMENTO: Aurélio Cesar Nogueira
ASSISTENTES EDITORIAIS: Isabela Leite e Larissa Nogueira

DIAGRAMAÇÃO: Almedina
DESIGN DE CAPA: Roberta Bassanetto

ISBN: 9786556272535
Julho, 2021

Dados Internacionais de Catalogação na Publicação (CIP)
(Câmara Brasileira do Livro, SP, Brasil)

Koga, Bruno Yudi Soares
Precificação personalizada / Bruno Yudi Soares Koga. -- 1. ed.
-- São Paulo : Almedina, 2021.

Bibliografia
978-65-5627-253-5

Índice:
1. Análise econômica do Direito 2. Análise de valor (Controle de custos)
3. Custos - Controle 4. Preços - Determinação 5. Proteção de dados I. Título.

21-65723 CDU-34:33

Índices para catálogo sistemático:

1. Análise econômica do direito 34:33

Maria Alice Ferreira - Bibliotecária - CRB-8/7964

Este livro segue as regras do novo Acordo Ortográfico da Língua Portuguesa (1990).

EDITORA: Almedina Brasil
Rua José Maria Lisboa, 860, Conj.131 e 132, Jardim Paulista | 01423-001 São Paulo | Brasil
editora@almedina.com.br
www.almedina.com.br

À memória de Hidezi Koga.

AGRADECIMENTOS

Elaborar uma dissertação de mestrado é uma tarefa das mais curiosas, ao mesmo tempo em que se deve buscar o isolamento e a reflexão, o trabalho exige constante diálogo com professores e colegas.

Como sempre, em primeiro lugar, agradeço a Deus pela oportunidade de estudar.

Aos meus pais, Pedro e Marina, confesso dívida impagável, pois sem eles jamais teria me encantado pelos livros e pelo hábito da leitura.

Ao meu irmão, Lucas, agradeço pelas conversas e pelo exemplo de retidão, mesmo diante das maiores adversidades.

Não há palavras para descrever o constante apoio e a atenciosa análise realizada pelo Professor Doutor Thomas Victor Conti, foi uma honra ser orientado por um indivíduo que consegue unir o pensamento rigoroso da Análise Econômica do Direito às preocupações humanistas.

Agradeço também aos Professores do Instituto Brasiliense de Direito Público – IDP na figura dos Professores Doutores Danilo Doneda e Luciano Benetti Timm, com os quais tive o prazer de muito aprender durante as aulas e que me honraram com suas presenças em minha banca de qualificação.

Ainda devo agradecer às ponderações da Professora Doutora Maria Marinho, que ministrou as Oficinas de Dissertação. Suas considerações sobre os temas e abertura para o debate me tornaram um pesquisador melhor.

Especial destaque deve ser dado às provocações apresentadas pela Professora Doutora Ana de Oliveira Frazão, que gentilmente aceitou o convite para integrar a banca avaliadora desta dissertação e apresentou pontos sobre os quais o autor continua a refletir.

Resta ainda agradecer, sob risco de incorrer em injustiça, aos amigos da Faculdade de Direito da Universidade Presbiteriana Mackenzie, especialmente Carlos Alberto Sueitt e Venâncio e Tiago Chiecco, que leram e comentaram esta dissertação, e aos colegas e amigos do Mestrado em Direito, Justiça e Desenvolvimento do IDP, os quais tornaram muito mais prazerosos os estudos.

Agradeço ainda a Marcos Brandão Whitaker e Fabian Mori Sperli, o apoio dos dois tornou possível o sonho do mestrado.

Por fim, à família do coração, agradeço a Alessandra Soares, Amanda Vieira, Beatriz Correia, Deborah Mello, Júlia Gomes e Vanessa Ferreira, amigas de quem tenho sempre o prazer de discordar.

PREFÁCIO

Nos últimos anos testemunhamos uma vertiginosa guinada das tecnologias associadas ao uso de grandes bases de dados, dentre elas sem dúvida a que provoca maior curiosidade e fascínio do público amplo são as técnicas estatísticas que no debate público se convencionou chamar de inteligência artificial. Algoritmos que podem se adaptar em tempo real a novas informações e ajustar o reconhecimento de objetos, controlar um carro, comprar e vender ações, identificar doenças, dentre muitas outras funções.

Uma destas milhares de possibilidades é o ajuste automatizado de preços de mercado, tornando-os rapidamente adaptáveis a novas informações do contexto da compra. Incluindo possivelmente também informações particulares do consumidor – o que abre um novo leque de preocupações no campo do Direito, da proteção de dados pessoais, direito do consumidor e direito da concorrência.

Entender as conexões de uma nova tecnologia com o comportamento humano e tantos aspectos do nosso código legal é uma tarefa dificílima. Entretanto, profissionais e pesquisadores interessados em enveredar por esses caminhos encontrarão na competente dissertação de mestrado de Bruno Koga as pedras fundamentais para iniciar esta reflexão no contexto jurídico brasileiro.

Em "Precificação Personalizada na Era Digital", Koga adentra nos fundamentos microeconômicos de uma economia de mercado para situar o local e o impacto do uso de dados pessoais e das novas tecnologias de precificação. A discriminação de preços individualizada não é tratada de forma ingênua como se tivesse surgido no Século XXI, mas contextualizada à luz de práticas de mercado conhecidas – tanto aquelas aceitas quanto não-aceitas.

Após lançar luz sobre os determinantes reais da discriminação de preço, Koga os analisa à luz da legislação brasileira, os limites impostos pelo Código de Defesa do Consumidor, a Lei Geral de Proteção de Dados e alguns pontos de contato com o Direito Concorrencial. Oportunidades, riscos, e conflitos de entendimento jurídico trazidos pela adoção destas novas tecnologias são reconhecidos e colocados sob escrutínio frio sem maniqueísmos ou posições a priori sobre os caminhos desejáveis.

Assim, trata-se de uma verdadeira obra de pesquisa, focada em ampliar nosso entendimento do objeto de análise e abrir um amplo leque de estudos futuros no Brasil. Dado quão recente é o tema e quão difícil o objeto, seria despropositado adentrá-lo com o propósito de buscar conclusões definitivas e análises finais. No entanto, todos aqueles interessados em participar do esforço coletivo de construção de conhecimento sobre os melhores caminhos disponíveis ao Direito para lidar com a precificação personalizada encontrarão na dissertação de Bruno Koga um precioso mapa dos problemas à frente, novos e velhos.

THOMAS CONTI

SUMÁRIO

Introdução

Nos anos 2000, uma famosa publicidade da rede varejista Casas Bahia invadiu os televisores de todos os brasileiros e popularizou o *slogan* "Quer pagar quanto?"[1], remetendo a um dos desejos mais íntimos dos consumidores, adquirir um produto pelo menor preço possível, espremendo toda a margem de lucro do fornecedor.

Cumprida a publicidade, nenhuma dúvida restará a respeito de sua licitude, pois a legislação pontua massivamente que o vulnerável é justamente aquele que adquire o produto ou serviço como seu destinatário final[2].

Realmente, ainda que extremamente conhecida a frase "o cliente tem sempre razão", fato é que a massificação dos contratos, a utilização de técnicas publicitárias extremamente persuasivas, o notório desconhecimento das especificidades dos produtos ou serviços e até mesmo a baixa educação do consumidor médio não permitem supor que a relação de consumo seja nivelada[3].

[1] Coraccini, Raphael, A comunicação das Casas Bahia depois do 'quer pagar quanto?'

[2] Cf. art. 2º do CDC.

[3] Confira-se na doutrina nacional, exemplificativamente: Marques, Cláudia Lima, **Contratos no Código de Defesa do Consumidor**, 7. ed. São Paulo: Revista dos Tribunais, 2014; Marques, Cláudia Lima; Miragem, Bruno, **O novo direito privado e a proteção dos vulneráveis**, 2. ed. São Paulo: Revista dos Tribunais, 2014; Braga Netto, Felipe, **Direito do Consumidor: à luz da jurisprudência do STJ**, São Paulo: JusPodivm, 2018; Nunes, Rizzatto, **Curso de Direito do Consumidor**, 6. ed. São Paulo: Saraiva, 2011; Grinover, Ada Pellegrini

Esta visão dominante a respeito das relações de consumo não pode ser debelada simplesmente por conta da existência de concorrência entre boa parte dos fornecedores no mercado, assim, ainda que o fornecedor não possa impor seus preços aos consumidores com a facilidade com que muitas vezes se levanta no debate público[4] ou mesmo desprezar o cliente em seu estabelecimento[5], isto não anula os argumentos apresentados no parágrafo anterior.

As relações sociais de nosso tempo são, portanto, mais complexas do que o maniqueísmo do conflito de classes, pois cada um dos participantes possui interesses que são antagônicos e complementares, visto que os produtos vendidos por um são a comodidade do outro e o preço pago pelo cliente é o lucro do fornecedor.

Se por um lado o consumidor deseja adquirir o máximo pelo menor preço, o que movimenta a vida onírica do fornecedor em um mercado no qual não há plena disseminação da informação a respeito de preços não é o quanto um consumidor *quer pagar* por uma dada mercadoria, mas o quanto ele *está disposto a pagar* por ela.

Antes da invenção das etiquetas de preço[6], especialmente quando as vendas ocorriam após a condução de uma negociação reiterada entre consumidor e fornecedor (jogo repetitivo), mostrava-se possível que o vendedor da loja conhecesse seus principais clientes e soubesse quem deles era o perdulário, o sovina, o consumidor fiel, o endividado etc.

Com isto, era possível estabelecer valores mais próximos da reserva orçamentária de cada consumidor, vendendo a preços diferentes produtos adquiridos pelo mesmo custo, maximizando a quantidade de itens alienados e consumidores satisfeitos, além de criar um fornecedor ainda mais feliz com as interações realizadas.

et al, **Código Brasileiro de Defesa do Consumidor: Comentado pelos Autores do Anteprojeto**, Rio de Janeiro: Forense, 2019.

4 Talvez uma das expressões mais fortes de nosso pensamento a respeito das proezas que o fornecedor poderia realizar esteja no art. 39, X, do Código de Defesa do Consumidor, que considera prática abusiva: "X – elevar sem justa causa o preço de produtos ou serviços", como se a precificação fosse independente da disposição dos consumidores em comprar o produto.

5 Cf. Parte I, Capítulo 1 desta dissertação.

6 WALLHEIMER, Brian, **Are you ready for personalized pricing?**, Chicago Booth Review, disponível em: <https://review.chicagobooth.edu/marketing/2018/article/are-you-ready-personalized-pricing>, acesso em: 23 ago. 2019.

Este idílico cenário (ao menos para o fornecedor) foi trocado por um incremento massivo das relações de consumo, visto que houve aumento da quantidade produzida, os bens se tornaram cada vez mais homogêneos e a quantidade de interações entre clientes e consumidores tornou impossível que se pudesse apreender e armazenar toda a informação a respeito de cada um dos clientes e muito menos empreender rodadas de negociação para cada venda.

Frente a este cenário, a etiqueta de preço se mostrou um redutor de custos de transação com eficiência ímpar, dado que bastava ao consumidor adentrar o estabelecimento comercial, localizar o produto que lhe agrada, verificar o preço e se dirigir ao caixa (ou retornar o bem às gôndolas).

Ao lado disto, silenciosamente, a Internet tomou corpo, principiando pelo sistema de compartilhamento de informação para momentos de conflagração (ARPANET)[7], passando a interações entre universidades e adentrando os lares dos cidadãos através do *personal computer*, o famoso PC.

Esta tímida forma de comunicação, iniciada pelos tempos românticos da conexão discada, dos acessos à meia noite para gastar "um pulso", deu lugar às redes de banda larga e à fibra ótica, possibilitando que não mais se enviasse apenas arquivos de texto, mas fotos, áudios, vídeos e toda a sorte de conteúdo digitalizável.

Para que estas informações não se percam no emaranhado de conexões, cada aparelho possui o seu IP (*Internet Protcol*), através do qual é possível rastrear o emitente de uma dada mensagem, ainda que não seja possível saber, apenas com base no IP, quem efetivamente praticou a ação (do mesmo modo que não se pode saber com certeza cartesiana se o titular de um número de telefone foi efetivamente quem realizou a chamada que não atendemos)[8].

A princípio, estes IPs serviriam para a correção de falhas na Internet, mas isto acabou despertando questões ainda mais interessantes, tais como: quais os sites visitados por um dado IP?; Quanto tempo foi

[7] Smyrnaios, Nikos, **Internet Oligopoly: The Corporate Takeover of Our Digital World**, Londres: Emerald, 2018.

[8] Para o funcionamento do TCP/IP, confira-se: Leonardi, Marcel, **Fundamentos de Direito Digital**, São Paulo: Revista dos Tribunais, 2019.

passado nestes sites?; Trata-se de um usuário assíduo da Internet ou meramente eventual?

Estas perguntas parecem singelas, visto o simples ingresso em um site de fofocas não conteria grande invasividade, dado que todos se interessam em alguma medida pela vida dos famosos ou mesmo por notícias variadas.

Entretanto, o conjunto destas informações permite que se crie um perfil do usuário, o qual terá a localização exata ou aproximada de sua residência, suas preferências sexuais, suas amizades, suas paixões e segredos antes guardados a sete chaves no mundo da privacidade.

Com estas informações, que podem ser ligadas efetivamente a uma dada pessoa natural a partir de simples login em uma plataforma, o fornecedor indiscreto poderá então montar um preço específico para este consumidor, baseando-se em variáveis que são pouco claras aos consumidores, tais como a assiduidade de compras, a quantidade de pesquisas realizadas antes da aquisição, a renda, a fidelidade do cliente, sua participação através de comentários ou menções positivas ao fornecedor etc[9].

Este quadro, porém, também pode ser ainda sofisticado com outras variáveis de inclusão muito mais discutível, tais como o nível de escolaridade, a orientação sexual, o pertencimento a um grupo étnico, o sexo/gênero, a localização geográfica e até mesmo variáveis que indiretamente representam dados pessoais sensíveis (*proxies*)[10].

[9] "Alimentada pelo Big Data, a discriminação de preços algorítmica permite aos vendedores analisar a população de potenciais consumidores em cada vez menores subcategorias, atribuindo a cada uma um preço diferente. Em alguns casos, os vendedores são aptos até mesmo a colocar precificação personalizada, descendo pela curva da demanda e estipulando um preço diferente para cada consumidor." (tradução livre) Bar-Gill, Oren, Algorithmic Price Discrimination When Demand Is a Function of Both Preferences and (Mis)perceptions, **The University of Chicago Law Review**, v. 86, n. 2, p. 217–254, 2019.

[10] Veja-se, exemplificativamente: CONCIL OF EUROPE, Discrimination, artificial intelligence, and algorithmic decision-making, 2018; FRA – EUROPEAN UNION AGENCY FOR FUNDAMENTAL RIGHTS, #BigData: Discrimination in data-supported decision making, 2018; Gillist, Talia; Spiess, Jann, Big Data and Discrimination, **The University of Chicago Law Review**, v. 86, 2019; Barocas, Solon; Selbst, Andrew D., Big Data's Disparate Impact, **California Law Review**, v. 104, p. 671–732, 2016.

Ao longo do tempo, órgãos internacionais e pesquisadores[11], assim como a mídia nacional[12] e internacional[13], deram-se conta de que esta prática, pouco a pouco, começou a deixar de ser uma simples especulação e passou a se tornar cada vez mais constante na vida dos indivíduos, pois "pela primeira vez na história da humanidade, a discriminação de preço de primeiro grau se torna factível"[14] (tradução nossa).

[11] Dentre os debates em relação à precificação personalizada, exemplificativamente, confira-se: EXECUTIVE OFFICE OF THE PRESIDENT, **Big Data and Differential Pricing**, [s.l.]: The White House, 2015; EU, **Personalised Pricing in the Digital Era – Note by the European Union**, Paris: OECD, 2018; Bar-Gill, Algorithmic Price Discrimination When Demand Is a Function of Both Preferences and (Mis)perceptions.

[12] Oppermann, Álvaro *et al*, **É justo cobrar um preço diferente de cada cliente? – Época NEGÓCIOS | Visão**, disponível em: <https://epocanegocios.globo.com/Informacao/Visao/noticia/2014/10/e-justo-cobrar-um-preco-diferente-de-cada-cliente.html>, acesso em: 9 ago. 2019.

[13] Howe, Neil, **A Special Price Just for You**, Forbes, disponível em: <https://www.forbes.com/sites/neilhowe/2017/11/17/a-special-price-just-for-you/#51f3655b90b3>, acesso em: 23 ago. 2019; Wallheimer, **Are you ready for personalized pricing?**; Smith, Big Data Might Lead to Higher Prices, **Bloomberg.com**, 2018; Wilson, Christo, **Buyer beware, online shopping prices vary user to user**, The Conversation, disponível em: <http://theconversation.com/buyer-beware-online-shopping-prices-vary-user-to-user-33439>, acesso em: 23 ago. 2019; Ramasastry, Anita, **Web sites change prices based on customers' habits**, CNN, disponível em: <http://edition.cnn.com/2005/LAW/06/24/ramasastry.website.prices/>, acesso em: 23 ago. 2019; Maccarthy, Mark, **In praise of personalized pricing**, CIO, disponível em: <https://www.cio.com/article/3275565/in-praise-of-personalized-pricing.html>, acesso em: 28 ago. 2019; Mohammed, Rafi, How Retailers Use Personalized Prices to Test What You're Willing to Pay, **Harvard Business Review**, 2017; Michel, Stefan, **Is personalized pricing fair?**, IMD business school, disponível em: </research-knowledge/articles/is-personalized-pricing-fair/>, acesso em: 28 ago. 2019; Mahdawi, Arwa, Is your friend getting a cheaper Uber fare than you are? | Arwa Mahdawi, **The Guardian**, 2018; Plunkett, James, **Markets don't work like they used to**, Medium, disponível em: <https://medium.com/@jamestplunkett/markets-dont-work-like-they-used-to-7656b97f8c62>, acesso em: 28 ago. 2019; Haucap, Justus; Reinartz, Werner; Wiegand, Nico, When Customers Are – and Aren't – OK with Personalized Prices, **Harvard Business Review**, 2018; Tanner, Adam, **Different Customers, Different Prices, Thanks To Big Data**, Forbes, disponível em: <https://www.forbes.com/sites/adamtanner/2014/03/26/different-customers-different-prices-thanks-to-big-data/>, acesso em: 29 ago. 2019; Ramasastry, **Web sites change prices based on customers' habits**.

[14] Wagner, Gehard; Eidenmüller, Horst, Down by Algorithms? Siphoning Rents, Exploiting Biases, and Shaping Preferences: Regulating the Dark Side of Personalized Transactions, **The University of Chicago Law Review**, v. 86, p. 581–609, 2019.

Em nossos dias, inclusive, é possível fazer um breve anedotário de fornecedores que foram punidos ou expostos em suas tentativas de diferenciar consumidores, tais como a Princeton Review, que utilizava discriminação de preços com base no código postal dos clientes (o que ocasionou que os consumidores asiáticos tivessem duas vezes mais probabilidade de pagar preço maior pelo periódico[15]), a condenação sofrida pelo Grupo Match por cobrar taxas maiores dos usuários mais velhos em seu aplicativo de encontros[16], companhias de seguro de veículos na Inglaterra que cobram até mil libras a mais quando o motorista possui o nome de Mohammed[17] ou ainda o caso da companhia de seguros Admiral, que aumentava o preço para usuários de Hotmail[18].

Verificado este exemplário, há de se perguntar se o fornecedor pode formular um preço específico a cada cliente, se isto pode ocorrer com base em seus dados pessoais e, caso esta prática seja considerada ilícita, quais as alterações que a precificação personalizada deve sofrer para se adequar ao ordenamento jurídico brasileiro.

Estas são as perguntas que se pretende responder nesta dissertação a partir da discussão de quatro documentos jurídicos brasileiros, a saber: (i) Constituição Federal; (ii) Código de Defesa do Consumidor; (iii) Lei Geral de Proteção de Dados; e (iv) Lei do CADE.

A análise, contudo, não será realizada apenas e tão somente com base na leitura dos diplomas normativos e de sua interpretação jurisprudencial, pois há aqui diversas complicações oriundas da interpretação dos textos legais que impedem uma resposta unívoca a qualquer investigação jurídica, ainda que ela se pretenda científica[19].

[15] Mohammed, How Retailers Use Personalized Prices to Test What You're Willing to Pay.

[16] MacCarthy, **In praise of personalized pricing**.

[17] Leo, Ben, **Motorists fork out £1,000 more to insure their cars if their name is Mohammed**, The Sun, disponível em: <https://www.thesun.co.uk/motors/5393978/insurance-race-row-john-mohammed/>, acesso em: 28 ago. 2019.

[18] Hodge, Katie; Leo, Ben, **Car insurer Admiral hikes costs for drivers with Hotmail accounts**, The Sun, disponível em: <https://www.thesun.co.uk/motors/5401901/admiral-hikes-insurance-costs-for-drivers-using-hotmail-email-addresses/>, acesso em: 23 ago. 2019.

[19] O Direito, seja como objeto de uma ciência, seja como Ciência do Direito (e não é aqui o local de debater a própria cientificidade desta ciência), possui determinadas particularidades: "o jurista cria ele próprio o objeto da sua ciência. O Direito, a norma jurídica, não é um dado da realidade, mas uma criação do agente do conhecimento" Barroso, Luís Roberto,

Realmente, o modelo tradicional de subsunção (incidência do suporte fático à hipótese descrita na lei) não se aplica às cláusulas gerais, aos conceitos jurídicos indeterminados ou mesmo aos princípios[20].

O texto da lei, hoje, é meio caminho, dá a forma, uma *flatus vocis*, cujo teor deve ser preenchido pelo juiz, a quem se coloca o encargo de ser sujeito-objeto, intérprete e membro da sociedade interpretada, para descortinar o significado místico de expressões como boa-fé, função social, lealdade, discriminação, vantagem manifestamente excessiva, igualdade etc.

Diante desta descrição, se o indivíduo que se vê como cientista do Direito pretende descrever um fenômeno e então prever resultados a partir desta descrição (análise positiva), não encontrará qualquer felicidade em seu ofício, mas apenas amargará decepção, sendo mais proveitoso buscar justificar uma interpretação possível do texto, sobre a qual sempre penderá um juízo alheio, ou abandonar seus esforços e se dedicar a atividades mais próximas das Ciências Exatas, pois não encontrará qualquer certeza no Direito.

Uma interpretação da lei não está equivocada porque os Tribunais não a acolheram, mas também não está correta se for acolhida ou mesmo sumulada. O Direito contemporâneo deixou de crer em uma interpretação e convive hoje com um drama similar ao de Ivan Karamazov: "Se não há uma interpretação correta, toda interpretação é permitida".

Abrem-se aqui as portas de todas as discussões represadas pelo positivismo, de tal sorte que o Direito deixa de ser somente normativo, passando a integrar em si o fático, o concreto, através do qual a interpretação será atualização e concretização da norma jurídica[21].

Ora, mas se esta norma é produzida após o fato[22], não havendo uma vontade objetiva que anteceda a interpretação/aplicação, como será possível à sociedade se organizar? O capitalismo, que tanto necessita de previsibilidade, poderá se adequar a este modelo instável de normas?

Curso de Direito Constitucional Contemporâneo: Os conceitos fundamentais e a construção de um novo modelo, 4. ed. São Paulo: Saraiva, 2013, p. 70-1.

[20] Hesse, Konrad, **Elementos de direito constitucional da República Federal da Alemanha**, Porto Alegre: Sérgio Fábris, 1991, p. 53 e seguintes.

[21] Hesse, **Elementos de direito constitucional da República Federal da Alemanha**.

[22] *Ibid.*

No ponto alto deste calvário, ainda nasce a rosa da razão, a maleabilidade das palavras possui limite, e o papel da jurisprudência, ao menos dentro de suas bases teóricas, é estipular demarcações às possibilidades interpretativas de expressões como boa-fé, que começa a ser tomada como um conjunto de condutas que dão ao menos uma ideia básica ao intérprete a respeito do que não se pode fazer (*Venire Contra Factum Proprium, Supressio, Surrectio* e *Tu Quoque*) e sobre o que efetivamente deve ser feito pelos contratantes (deveres anexos ao contrato de proteção e informação, por exemplo)[23].

Permanece aberto ao debate qual dos modelos se mostra mais proveitoso a uma sociedade que deseja previsibilidade e justiça[24], mas não há dúvida de que o modelo da subsunção já não entrega todas as ferramentas necessárias para compreender o instável Direito Contemporâneo.

De fato, o Direito não fornece qualquer certeza apodítica, entretanto, também não é um sistema de caos absoluto, o Direito se encontra entre Apolo e Dionísio, devendo então aquele que se aventura em sua investigação coligir motivos pelos quais entende que uma dada interpretação da lei deve ser utilizada, não se esquecendo que jamais encontrará qualquer verdade absoluta.

O Direito Contemporâneo então é o reino da tópica[25], da manifestação dos expertos, das opiniões que não tratam das mesmas bases, mas

[23] Como se sabe, passo a passo, a sistematização de caóticas decisões judiciais passa a tomar forma pela doutrina: "Os deveres nascidos da boa-fé são chamados de secundários, ou anexos, em oposição aos provenientes da vontade contratada, que são os principais. Podem ser classificados, quanto ao momento de sua constituição, em deveres próprios da etapa de formação do contrato (de informação, de segredo, de custódia); deveres da etapa da celebração (equivalência das prestações, clareza, explicitação); deveres da etapa do cumprimento (dever de recíproca cooperação para garantir a realização dos fins do contrato; satisfação dos interesses do credor); deveres após a extinção do contrato (dever de reserva, dever de segredo, dever de garantia da fruição do resultado do contrato, culpa post pactum finitum)." Aguiar Júnior, Ruy Rosado, A boa-fé na relação de consumo, *in*: **Doutrinas Essenciais de Direito do Consumidor**, São Paulo: Revista dos Tribunais, 2011, v. 1.

[24] Nóbrega, Flavianne Fernanda Bitencourt, Custos e Benefícios de um Sistema Jurídico baseado em Standards: uma análise econômica da boa-fé objetiva, **Economic Analysis of Law Review**, v. 3, n. 2, p. 170–188, 2012.

[25] Viehweg, Theodor, **Tópica y Jurisprudencia**, 2. ed. Madrid: Civitas, 2007; Bonavides, Paulo, **Curso de Direito Constitucional**, 28. ed. São Paulo: Malheiros, 2013; Barroso, **Curso de Direito Constitucional Contemporâneo: Os conceitos fundamentais e a construção de um novo modelo**.

que devem ser ouvidas no contexto de uma sociedade pluralista[26], por mais desarrazoadas que possam ser à primeira vista.

Esta dissertação tomará um referencial teórico muito específico dentro desta pluralidade de vozes, o da Análise Econômica do Direito (AED), que utiliza as ferramentas da microeconomia para estudar os efeitos que as leis produzem (ou produzirão) no mundo concreto, buscando antecipar qual a melhor alternativa possível a partir de um dado conjunto de premissas selecionadas pelo analista.

O benefício da AED é orientar o pensamento a partir das consequências das decisões ao invés de considerar o direito como um sistema criado e mantido no vácuo das ideias ou ainda receptor apenas de conteúdos axiológicos que, isoladamente, podem levar a equívocos nos quais se individualiza o benefício e se socializa os prejuízos da decisão, resultando em saldos agregados negativos.

Noutras palavras, a AED serve para que se possa realizar escolhas duras, muitas delas contraintuitivas, mas que são necessárias para a adequada fluência das relações sociais, sob pena de que o raciocínio do caso concreto deixe de levar em consideração um universo de variáveis.

Através da AED será possível então discutir os resultados teóricos da adoção ou rejeição da prática da precificação personalizada no ambiente digital e seus impactos nas relações de consumo (tomadas em suas dimensões individual e coletiva), o que nos levou a concluir pela legalidade de tal prática comercial, desde que respeitados limites demarcados ao longo da pesquisa.

Isto se dá porque a quantidade de consumidores que pode ser satisfeita em ambiente de precificação personalizada tende a ser superior à de consumidores em cenários de equilíbrio de mercado, ainda que alguns consumidores venham a pagar mais por determinados produtos.

A este benefício, deve-se então somar a ampliação do ambiente de concorrência caso os fornecedores se utilizem de algoritmos diferentes, propiciando então batalhas individuais por cada consumidor.

Desta maneira, a defesa do consumidor a ser considerada tomará por norte não a proteção do indivíduo isolado, mas o conjunto de consumidores de um dado mercado, privilegiando-se a análise agregada.

[26] Häberle, Peter, **Hermenêutica constitucional: A sociedade aberta dos intérpretes da constituição**, Porto Alegre: Sérgio Fábris, 1997.

Ainda que tais benefícios sejam pontuados por grande quantidade de estudos teóricos, pareceu-nos necessário estabelecer algumas restrições para que a precificação personalizada seja utilizada de acordo com os parâmetros da boa-fé, da autodeterminação informativa e da não discriminação, além de afastar a possibilidade de abuso de poder de mercado.

Assim, algumas restrições discutidas longo da dissertação terão foco no dever de informar ao consumidor o ingresso em ambientes eletrônicos de precificação personalizada, a exigência de consentimento para a coleta e tratamento de dados, o respeito aos valores constitucionalmente assegurados, ainda que existente justificativa econômica para a realização de discriminação, e a impossibilidade de exploração através da precificação personalizada de produtos com demanda inelástica.

Esta investigação percorre então um roteiro dividido em duas partes, consistindo a primeira na discussão dos fundamentos microeconômicos e da precificação personalizada, ao passo que a segunda tratará especificamente da precificação personalizada diante do ordenamento jurídico brasileiro.

Desta maneira, o objetivo do primeiro capítulo da parte I é inserir peculiaridades da AED, que possui *jogo de linguagem* diferente do utilizado em nossa dogmática corrente, principiando pela conceituação do modelo teórico, dos modelos de racionalidade e racionalidade limitada e partindo então à compreensão de alguns pontos fundamentais das relações de mercado e do papel da intervenção do Estado na economia.

Segue-se a este capítulo a análise da precificação personalizada, que toma por base a discussão a respeito das formas de discriminação de preço, dos estudos teóricos a respeito de seus impactos no mercado e quais os procedimentos necessários para a sua implementação na era digital.

Por sua vez, a parte II é dividida em cinco capítulos, que tratam da dogmática e da pragmática da precificação personalizada com base no Direito Brasileiro.

Assim, o primeiro capítulo discutirá a pré-compreensão constitucional, os modelos ideais de atuação do Estado (paternalismo, liberalismo/libertarianismo e paternalismo libertário) para então passar a discutir a defesa do consumidor inscrita nos arts. 5º e 170 da Constituição Federal.

Depois desta análise, o foco residirá no Código de Defesa do Consumidor, debatendo-se a precificação personalizada em relação ao princípio da igualdade, das práticas abusivas, dos deveres de informação ao consumidor e das alternativas jurídicas e tecnológicas para mitigar quaisquer efeitos nocivos.

Vencidas estas etapas, há ainda que se observar a LGPD em suas diversas concepções, iniciando pela análise de princípios chave como a autodeterminação informativa, a transparência e a não discriminação para então adentrar em temas mais concretos, como o consentimento, a tomada de decisão algorítmica e o direito à explicação.

Por fim, ainda se discutirá os impactos da precificação personalizada no ambiente concorrencial, destacando a existência de julgado que, sob nossa ótica, utilizou de modo equivocado a Lei do CADE para proibir diferenciações de preço em relações de consumo.

Estes quatro primeiros capítulos compõem o núcleo central deste esforço de superação da discussão meramente dogmática através da inserção de elementos pragmáticos no discurso jurídico.

Com base no que se pôde absorver das discussões, a conclusão coloca a precificação personalizada no banco dos réus e julga então sua licitude a fim de concluir que, ressalvadas outras interpretações e sempre pendente o surgimento de novos estudos empíricos, mostra-se benéfica a implementação deste mecanismo de precificação por parte dos fornecedores aos consumidores em geral, embora possa haver prejuízos a determinados indivíduos. A tabela a seguir sintetiza o modo de exposição:

TABELA 1. Síntese da Estrutura da Dissertação

Parte I: Mercado e Precificação personalizada	
Um passeio pelo mercado (Capítulo 1 da Parte I)	Os fundamentos microeconômicos que dão lastro aos estudos referentes à precificação personalizada e introduz os conceitos fundamentais do *jogo de linguagem* da Análise Econômica do Direito.
O preço personalizado (Capítulo 2 da Parte II)	Exposição das formas de discriminação de preço, dos estudos sobre os efeitos da precificação personalizada e do percurso necessário para a implementação do tratamento de dados. A discriminação de preços é dividida em três níveis: • Primeiro nível: Referente à diferenciação de preços entre consumidores individualizados por um mesmo produto; • Segundo nível: Referente à diferenciação de preços por conta da quantidade de bens adquiridos pelo demandante ou utilização de versões diferentes do produto (versionismo); e • Terceiro nível: Referente à diferenciação de preços entre grupos de consumidores por um mesmo produto.

<table>
<tr><td></td><td>A literatura a respeito dos efeitos da precificação personalizada é recheada de debates e posições conflitantes, mas há forte posicionamento a reconhecer que seus efeitos são benéficos em um ambiente de concorrência.
Por fim, o sistema de tratamento de dados (sentido amplo), compreende as etapas de obtenção de dados, tratamento em sentido estrito, modelagem e correção do modelo através da experiência.</td></tr>
<tr><td colspan="2">Parte II: A Defesa do Consumidor frente à Precificação Personalizada</td></tr>
<tr><td>O mandamento constitucional de defesa do consumidor e a ordem econômica (Capítulo 1 da Parte II)</td><td>Relações entre a Constituição Federal e o mandamento de defesa do consumidor, apresentando o paradigma hermenêutico atual (conhecido como Nova Hermenêutica), fundado na resolução de problemas concretos ao invés da atividade subsuntiva.
Cuida-se também da análise dos modelos liberais/libertários, paternalistas e paternalistas libertários que servem de inspiração ideológica à redação e interpretação/aplicação dos diplomas jurídicos.
Por fim, analisa-se o teor da defesa do consumidor no contexto da Constituição Federal, especialmente na qualidade de determinação imposta ao legislador pelo Constituinte e como princípio da ordem econômica.</td></tr>
<tr><td>A Precificação personalizada e o Código de Defesa do Consumidor (Capítulo 2 da Parte II)</td><td>A análise da precificação personalizada frente ao CDC é dividida em três eixos fundamentais:
• A relação entre preço e igualdade;
• A precificação personalizada diante das vedações a práticas e cláusulas abusivas; e
• A necessidade de transmissão da informação do sistema de precificação ao consumidor.
Além destes pontos, discute-se ainda o direito de arrependimento, as limitações da precificação personalizada em setores regulados e as medidas que podem ser adotadas diante de situações excepcionais como a pandemia causada pelo coronavírus.</td></tr>
<tr><td>A precificação personalizada e a Lei Geral de Proteção de Dados (Capítulo 3 da Parte II)</td><td>A discussão referente à precificação personalizada e a LGPD é estabelecida em três eixos centrais:
• O papel do consentimento para a licitude do tratamento de dados;
• A vedação à discriminação direta e indireta e os mecanismos de superação de tal prática; e
• A decisão algorítmica e o direito à explicação.
As análises realizadas indicam que a forma de transmissão da informação ao consumidor ocupará papel essencial na validade do tratamento de dados para a oferta de preço personalizado.
A ANPD deve se manter atenta à discriminação direta e indireta, especialmente por conta da opacidade do tratamento de dados e dos impactos nocivos a grupos desfavorecidos.</td></tr>
</table>

A precificação personalizada e o Direito Concorrencial (Capítulo 4 da Parte II)	A relação entre a precificação personalizada e o Direito da Concorrência possui dois eixos centrais: • A análise dos impactos da precificação personalizada no ambiente concorrencial; e • A discussão em relação à caracterização da discriminação de preços como ilícito antitruste. Da análise realizada, verificou-se que a literatura destaca possíveis efeitos positivos da precificação personalizada que dificultariam a colusão, bem como a aplicação da legislação antitruste à discriminação de preços entre consumidores não é adequada.
Conclusão: O preço personalizado no banco dos réus	Conclui-se que a precificação personalizada é prática lícita, desde que se respeite os pilares da informação, não discriminação e que não seja utilizada em ambientes monopolizados ou oligopolizados ou ainda quando há demanda inelástica por um dado produto ou serviço.

Por fim, uma nota parece oportuna, a presente dissertação não busca discutir a privacidade ou a autodeterminação informativa em âmbitos sensíveis como a utilização de dados pessoais nas campanhas políticas, nos relacionamentos amorosos ou mesmo em diversas outras áreas da vida humana, que cada vez mais se encontra inserida na *Black Box Society*[27].

Significa dizer, embora seja extremamente pertinente o questionamento a respeito da utilização dos dados pessoais, especialmente quando avalizados por técnicas de publicidade comportamental, não se debate os avanços da Economia Comportamental na predição dos desvios sistemáticos da racionalidade e sua utilização por parte de sociedades empresárias e do Estado por não se tratar especificamente do problema de pesquisa.

Estas investigações ficam para depois.

[27] Pasquale, Frank, **The Black Box Society: The secret algorithms that control money and information**, Cambridge: Harvard University Press, 2015.

Parte I
Mercado e Precificação Personalizada

1. Um Passeio pelo Mercado: Conceitos Fundamentais de Economia

Este trabalho parte das contribuições da Análise Econômica do Direito (AED). Isto significa que as considerações traçadas ao longo dos capítulos estão imbuídas de uma visão interdisciplinar dos fenômenos jurídicos e se utilizam da microeconomia para averiguar qual seria a eficácia de uma regra jurídica (a partir de um objetivo definido), o comportamento dos agentes após a introdução de um comando normativo e até mesmo a interpretação que melhor atenderia o resultado desejado pelo legislador em termos concretos, além da maximização do bem-estar social (a partir de um dado conjunto de premissas adotadas).

Desta maneira, cumpre assinalar que a AED não atua diretamente sobre ideias de justiça, não serve de oráculo para indagações sobre quais finalidades precisam ser buscadas por um ordenamento legal e tampouco esgota o fenômeno jurídico. O uso aqui pretendido da AED é o de possibilitar a análise dos fatos e textos legais para prever determinados comportamentos ou auxiliar na seleção dos meios necessários para se alcançar os resultados desejados pelo legislador da maneira mais eficiente, sejam eles quais forem[28].

[28] Na síntese de Mery Nieto: "A Análise Econômica do Direito pode ser descrita como a aplicação da teoria econômica e, especificamente, a teoria microeconômica neoclássica e a economia do bem-estar à análise e explicação do sistema jurídico. Com efeito, o que busca a Análise Econômica do Direito é responder a duas perguntas básicas sobre o sistema e as regras legais, a saber, qual é o efeito que uma determinada regra legal tem sobre o comporta-

Uma vez frisado este ponto, necessário observar que as pesquisas envolvendo a AED se utilizam, basicamente, do ferramental da microeconomia, um ramo da Ciência Econômica que trata diretamente das escolhas e relações entre agentes econômicos e cuja importância será fornecer "uma teoria comportamental de como as pessoas respondem às leis" (tradução livre)[29].

Feito este quadro geral, cumpre refutar algumas críticas endereçadas à AED ou a temas como mercado e autonomia da vontade/autonomia privada[30], quase sempre envolvidos em uma disputa ideológica contraproducente aos objetivos da análise científica.

Neste traçado, critica-se a AED por levar em consideração as "premissas econômicas" como método de interpretação e não levar à discussão questões de ordem axiológica ou distributiva[31].

mento dos indivíduos e em segundo lugar se esse efeito da regra é ou não socialmente desejável." (tradução livre) MERY NIETO, Rafael, Notas sobre Análisis Económico del Derecho: Una mirada desde América Latina, **Revista Derecho y Humanidades**, v. 10, p. 121-140, 2004; Dentre os textos introdutórios a respeito da AED no Brasil, veja-se: SALAMA, Bruno Meyerhof, O que é "Direito e Economia"?, *in*: TIMM, Luciano Benetti (Org.), **Direito & Economia**, Porto Alegre: Livraria do Advogado, 2008; "A Análise Econômica do Direito nada mais é que a aplicação do instrumental analítico e empírico da economia, em especial da microeconomia e da economia do bem-estar social, para se tentar compreender, explicar e prever as implicações fáticas do ordenamento jurídico, bem como da lógica (racionalidade) do próprio ordenamento jurídico." GICO JR., Ivo, Introdução ao Direito e Economia, *in*: TIMM, Luciano Benetti (Org.), **Direito e Economia no Brasil**, 2. ed. São Paulo: Atlas, 2018, p. 14; No exterior, a bibliografia é abundante: COOTER, Robert; ULEN, Thomas, **Law & Economics**, 6. ed. Boston: Addison-Wesley, 2012; POSNER, Richard A., **Economic Analysis of Law**, 8. ed. Nova York: Wolters Kluwer, 2011; SHAVELL, Steven, **Foundations of Economic Analysis of Law**, Cambridge: Harvard University Press, 2004; MACKAAY, Ejan, **Law and Economics for Civil Law Systems**, Cheltenham: Edward Elgar, 2013.

[29] COOTER; ULEN, **Law & Economics**, p. 3.

[30] "Autonomia privada é o poder reconhecido pelo ordenamento jurídico aos particulares de confeccionarem as próprias regras." CABRAL, Érico de Pina, A "autonomia" no direito privado, *in*: TEPEDINO, Gustavo; Fachin, Luiz Edson (Orgs.), **Doutrinas Essenciais de Obrigações e Contratos**, São Paulo: Revista dos Tribunais, 2011, v. 3.

[31] "o que a teoria neoclássica aplicada ao Direito pretende é, na verdade atribuir valor absoluto às premissas econômicas, capazes de indicar diretamente o sentido das regras jurídicas, sem que isso possa ser contestado com base em considerações valorativas ou distributivas. Isso é feito através da utilização de conceitos econômicos aos quais se pretende atribuir certeza matemática" SALOMÃO FILHO, Calixto, **Direito Concorrencial**, São Paulo: Malheiros, 2013, p. 77; "A análise econômica do direito é feita a partir de fenômenos que interessam primeiro à economia. Permite impregnar a visão que a economia tem dos fenômenos jurídi-

As críticas são, ao menos em alguma medida, injustas, pois, embora a microeconomia possua papel fundamental na AED, esta função é desempenhada justamente para auxiliar na consecução de finalidades estipuladas não pela economia, mas pela sociedade.

Noutras palavras, a AED pode ser utilizada inclusive para buscar o nível de regulação[32] ótimo para finalidades redistributivas (e.g. o que seria melhor: criação de regras jurídicas protetivas ou distribuição direta de renda?), não tendo por objetivo impor uma lógica perversa a favor da opressão dos desfavorecidos[33], mas sempre rememorando que "não há justiça distributiva gratuita"[34].

cos nas decisões jurídicas como um todo, criando nova dogmática jurídica (quanto à decisão de criação dos textos normativos, quanto à decisão de criação da norma e quanto à decisão de solução de conflito) e de como pode a economia interagir nas soluções que interessam à sua própria teleologia" NERY, Rosa Maria de Andrade; NERY JUNIOR, Nelson, **Instituições de Direito Civil**, São Paulo: Revista dos Tribunais, 2014, p. 480.

32 "A regulação é modalidade de intervenção estatal, classificada quanto ao seu conteúdo e forma. Caracteriza-se pela imposição, por meio de lei, de determinações acerca do desenvolvimento de atividades econômicas visando o interesse público." (TAVARES, André Ramos, A Intervenção do Estado no Domínio Econômico, *in*: CARDOZO, José Eduardo; QUEIROZ, João Eduardo Lopes; SANTOS, Márcia Walquíria Batista dos (Orgs.), **Curso de Direito Administrativo Econômico**, São Paulo: Malheiros, 2006, v. 2, p. 181.)

33 Infelizmente, trata-se de um dos preconceitos reinantes na discussão acadêmica: "Princípios de economia não resolverão o problema de como integrar esses dois bens, justiça e eficiência, mas podem oferecer um guia para entender as eficiências ou ineficiências produtivas de certas estruturas institucionais que são desenhadas com o objetivo primeiro de estabelecer uma alocação de bens distributiva ou corretivamente justa. A decisão sobre o quanto de ineficiência econômica deve ser incorrido para que se viva em uma sociedade igualitária não pode ser resolvida por meio desses princípios econômicos, mas sim por meio de argumentos sobre o valor relativo da igualdade e da eficiência em certos contextos. Um dos traços mais irritantes do debate político contemporâneo é a assunção de que ineficiência econômica não pode ser aceita em nenhum nível, mesmo que o benefício em termos de outros valores (e.g. igualdade) seja imenso. Essa crença é um dos pilares sob os quais se sustenta e escola do Law and Economics, movimento que dominou a teoria do direito norte-americana nos últimos anos. A escolha, todavia, não é de modo algum óbvia e depende de uma avaliação cuidadosa dos bens envolvidos." MICHELON, Cláudio, Fundamentos econômicos e não econômicos para a defesa do consumidor, *in*: LIMA, Maria Lúcia Padua (Org.), **Agenda Contemporânea: Direito e Economia: 30 anos de Brasil**, São Paulo: Saraiva, 2012, v. 2, p. 295.

34 ARAÚJO, Fernando, Uma análise económica dos contratos – abordagem económica, a responsabilidade e a tutela dos interesses contratuais, *in*: **Direito & Economia**, Porto Alegre: Livraria do Advogado, 2008, p. 109.

Além disso, a análise de custo-benefício pode (e deve) levar em consideração as normas sociais, assim como os costumes de um dado povo, todos eles elementos de ordem axiológica, inclusive porque tais características afetam o quadro de incentivos dos agentes econômicos (embora a inserção de tais variáveis acarrete complicações na modelagem a ser utilizada).

Assim, não se verifica pertinência da objeção à AED com base no ferramental da microeconomia por este motivo, visto que não há qualquer exclusão obrigatória de variáveis dentro do pensamento proposto.

Ainda seria possível defender que, embora devam ser considerados dentro da "equação jurídica", os argumentos econômicos sejam relegados a segundo plano, privilegiando-se uma noção de justiça ou de redistribuição de bens entre os membros da sociedade[35].

Ainda que sedutor, o posicionamento deixa de levar em consideração que argumentos econômicos, muitas vezes também chamados de consequencialistas na filosofia moral, podem justamente demonstrar que em alguns casos boas intenções lançadas na forma de intervenção do Estado não alcançam os objetivos pretendidos ou o fazem a um custo social que ultrapassa os benefícios visados pelo instituidor da política pública.

Cumpre ainda levar em consideração que muitos dos temas desenvolvidos ao longo deste trabalho, tais como mercado e autonomia da vontade/autonomia privada, estão submersos em uma disputa ideológica, recebendo então quase sempre qualificações negativas quando utilizados junto à economia neoclássica.

Isto pode se verificar na crítica de que "(...) a apologia ideológica do mercado é produzida em função exclusivamente do interesse do investidor, que é o de baixar os custos que oneram a empresa (os salários, os tributos e as cargas sociais)."[36].

Assim como: "...o que se protege são as autonomias individuais dos agentes econômicos (em termos diretos e incisivos: as autonomias individuais dos produtores burgueses). Daí a fundamental importância,

[35] "... a função de argumentos econômicos na fundamentação do direito do consumidor é sempre subsidiária em relação aos argumentos gerais sobre a justiça na alocação de bens e sobre o valor relativo da maximização de riqueza em um determinado grupo social" Michelon, Fundamentos econômicos e não econômicos para a defesa do consumidor, p. 296.

[36] Grau, Eros Roberto, **A Ordem Econômica na Constituição de 1988**, 13. ed. São Paulo: Malheiros, 2008, p. 47.

para a circulação mercantil, do conceito de sujeito de direitos que supõe a capacidade de contratar de indivíduos livres e iguais"[37].

Ou, como já foi dito no Supremo Tribunal Federal, que a AED seja "de direita"[38], o que é equivocado, visto que se trata de uma escola de pensamento politicamente muito diversa e não um movimento político coeso[39].

Ainda que persista a disputa ideológica a respeito dos temas propostos, isto não significa que a busca pela redução de custos seja em si mesma algo nocivo ao consumidor. Pelo contrário, a diminuição dos custos em um ambiente competitivo leva à redução de preços e à alocação eficiente de recursos, beneficiando justamente os menos abastados na sociedade.

Evidentemente, também é possível que o mercado seja extremamente concentrado, situação na qual não se pode confiar apenas e tão

[37] *Ibid.*, p. 36.

[38] A frase é atribuída ao Ministro Ricardo Lewandowski no julgamento da ADI 5.766 Mendonça, José Vicente Santos de; Araújo, Thiago Cardoso, **O jardim das veredas que se bifurcam e a Análise Econômica do Direito no Brasil**, JOTA Info, disponível em: <https://www.jota.info/opiniao-e-analise/artigos/o-jardim-das-veredas-que-se-bifurcam-e-a-analise-economica-do-direito-no-brasil-01062018>, acesso em: 17 jan. 2020; O caso rendeu Nota de esclarecimento pela Associação Brasileira de Direito e Economia que fez enfática defesa da AED: "... a Análise Econômica do Direito não é de Direita nem de esquerda, não é nem conservadora nem liberal. Trata-se, na verdade, de conjunto de métodos e técnicas aplicáveis ao estudo e compreensão de fenômenos jurídicos e sociais, oriundos da pesquisa econômica, mas que engloba também elementos da psicologia, neurociência, dentre outros ramos científicos. O principal mérito da análise econômica é permitir ao seu usuário uma melhor compreensão das consequências das decisões, a partir da análise comportamental e consequencialista. A análise econômica se opõe principalmente à tomada de decisões baseada apenas em ideologias, 'achismos', princípios abertos e abstratos ou apenas 'boas intenções', preferindo focar na observação da realidade, incluindo comportamento humano e consequências. (...)" ABDE, **ABDE – Nota de esclarecimento oficial da Associação Brasileira de Direito e Economia**, ABDE, disponível em: <https://abde.com.br/noticias/nota-de-esclarecimento-oficial-da-associacao-brasileira-de-direito-e-economia-abde-32>, acesso em: 17 jan. 2020; A mesma discussão tornou a ocorrer entre os Ministros Ricardo Lewandowski e Luiz Fux Pompeu, Ana, **Ministros debatem relação entre Direito e Economia no Plenário do Supremo**, Consultor Jurídico, disponível em: <https://www.conjur.com.br/2019-mar-14/fux-lewandowski-debatem-teoria-juridica-julgamento-competencias>, acesso em: 17 jan. 2020.

[39] Timm, Luciano Benetti, **o novo direito civil: ensaios sobre o mercado, reprivatização do direito civil e a privatização do direito público**, Porto Alegre: Livraria do Advogado, 2008, p. 94.

somente na nobreza moral do monopolista em compartilhar os ganhos produtivos. Nestes casos, como veremos, a regulação ganha um papel importante e resta evidente que uma das melhores ferramentas para desenhar os incentivos institucionais repousa na própria AED.

O que se deve pontuar é que a utilização de ferramentas da microeconomia para a análise das regras jurídicas não serve apenas e tão somente aos interesses dos fornecedores de produtos e serviços, pelo contrário, abrange os interesses de todos os participantes das relações sociais.

Além disso, a liberdade, inclusive a de poder incorrer nos próprios equívocos, também é um valor relevante, não sendo o caso de se argumentar contra uma liberdade, ainda que burguesa, pura e simplesmente porque referente a valores ideologicamente alinhados como o liberalismo[40].

Desta maneira, a AED não cuida simplesmente de buscar redução dos custos de transação e não se apresenta como uma técnica de hermenêutica dos textos jurídicos. Pelo contrário, ela se apresenta como um critério de ponderação diante das escolhas a serem tomadas tanto pelo legislador quanto pelo intérprete/aplicador do direito no momento de buscar atender às finalidades democraticamente estabelecidas pelo Constituinte.

Além disso, a AED não poderá ser tomada aqui como o único critério válido para o estudo do Direito[41], o fenômeno jurídico é complexo e não pode ser observado em profundidade sem o concurso do diálogo com as dimensões fática, normativa e axiológica, ainda que todas elas façam parte de uma mesma unidade[42].

[40] Por considerarmos a liberdade e, por consequência, a vontade como valores autônomos e dignos de proteção jurídica, colocamo-nos em discordância frente às concepções de que o Direito deve escolher quando a autonomia pode ou não ser considerada. Por exemplo: "a vontade individual, por si só, não é um valor. Trata-se de um vetor vazio. Ao jurista compete verificar a que interesses a vontade atende em cada situação concreta. A ordem jurídica não é contra ou a favor da vontade. É simplesmente a favor da realização da pessoa, o que pode ou não corresponder ao atendimento da sua vontade em cada caso concreto. Se a dignidade humana consiste, como se viu, no próprio 'fundamento da liberdade', o exercício dessa liberdade por cada indivíduo só deve ser protegido na medida em que corresponde a tal fundamento". SCHREIBER, Anderson, **Direitos de Personalidade**, 3. ed. São Paulo: Atlas, 2014, p. 27.

[41] "Os elementos trazidos pela AED, não se há negar, são de vital importância para o exercício moderno da juridicidade. Mas são elementos de um todo. Não o único elemento." NERY; NERY JUNIOR, **Instituições de Direito Civil**, p. 483.

[42] REALE, Miguel, **Teoria Tridimensional do Direito**, 5. ed. São Paulo: Saraiva, 1994.

Feito este breve interlúdio, desnecessário reiterar a importância da microeconomia para a AED, de modo que este capítulo fará revisão do ferramental necessário para que seja possível elaborar análises positivas e normativas[43] em relação à precificação personalizada e aos diplomas jurídicos que tratam da defesa do consumidor (Constituição Federal - CF; Código de Defesa do Consumidor - CDC; Lei Geral de Proteção de Dados - LGPD; e a Lei Ordinária de nº: 12.529/11 - Lei do CADE).

Assim, nos próximos tópicos, destacamos o agente econômico, consistente na descrição do modelo de sujeito a tomar as decisões no mercado, o que envolve a compreensão dos modelos de agente racional e de racionalidade limitada.

Em seguida, tratamos do mercado, da concorrência e do preço, de tal sorte que seja possível compreender os papeis dos agentes em uma economia de mercado.

Dando seguimento à revisão de conceitos da microeconomia, discutimos a divisão dos excedentes do consumidor e do fornecedor em um ambiente de equilíbrio e os efeitos da intervenção do Estado nestes cenários.

Ao final, tratamos da economia digital e suas implicações junto ao ferramental tradicional da microeconomia.

1.1. Modelo teórico e realidade

Este item tem como objetivo destacar as diferenças entre os modelos teóricos utilizados na Economia face à realidade, destacando que sua efetiva utilidade está na capacidade preditiva de eventos e não em uma impossível identidade com o objeto representado[44].

[43] "Sob uma abordagem econômica da análise do Direito, dois tipos básicos de questões sobre as regras jurídicas são endereçadas. O primeiro tipo é descritivo, referente aos efeitos das regras jurídicas, por exemplo, qual a influência de nosso sistema de responsabilidade civil para acidentes automobilísticos em relação ao número destes acidentes, à compensação às vítimas do acidente e aos custos de litigação? O outro tipo de questão é normativo, referente à desejabilidade social (social desirability) das regras jurídicas. Portanto, pode ser perguntado se o nosso Sistema de responsabilidade civil para acidentes automobilísticos é socialmente bom dadas as suas consequências." (tradução livre) Shavell, **Foundations of Economic Analysis of Law**, p. 1; Outra síntese: "a distinção entre oque é (positivo) e o que deve ser (normativo)." Gico Jr., Introdução ao Direito e Economia, p. 15.

[44] Friedman, Milton, **Essays in Positive Economics**, Chicago e Londres: The University of Chicago Press, 1984.

Ao nos depararmos com a fotografia de um momento feliz, podemos ser levados a reconstruir mentalmente a experiência vivida em um dia ensolarado à beira do mar. Contudo, a imagem que temos diante de nós não possui qualquer tridimensionalidade, as pessoas não se movem e não é possível ouvir o barulho das ondas ou sentir o cheiro da água salgada.

Assim como as fotografias, as ciências não podem reproduzir com exatidão todas as faces da realidade, sendo então necessária a criação de um modelo que represente, de maneira simplificada, os dados fundamentais do fenômeno a ser estudado[45].

Desta maneira, ao se pensar a incidência de um fato à norma, por exemplo, um inadimplemento contratual, usualmente não nos preocupamos em investigar quais as roupas do credor e do devedor no dia de vencimento da obrigação e tampouco se estavam ou não bem alimentados, pois "quanto mais realista for um mapa, maior e mais difícil de lidar ele será"[46].

Este traçado também é seguido pelos economistas, que constroem seus modelos de agente racional, oferta e demanda sem que isto implique assinalar que, no mundo real, não há pessoas plenamente racionais ou ainda que possa haver violações aos pressupostos do individualismo metodológico[47].

Ou seja, da mesma forma que o jurista não espera encontrar a figura do homem médio pelas ruas, os economistas não observarão curvas de oferta e demanda se movimentando a cada troca realizada, tratando-se de modelos simplificados de fenômenos sociais complexos.

Note-se que isso não significa que os modelos sejam essencialmente defeituosos e não possam ser utilizados para o estudo e a previsão dos fenômenos, significa apenas que a escolha dos pressupostos utilizados na teoria possui implicações extremamente importantes na construção

[45] Cf. KRUGMAN, Paul; WELLS, Robin, **Microeconomics**, 4. ed. Nova York: Worth, 2015, p. 25.

[46] GICO JR., Introdução ao Direito e Economia, p. 24.

[47] "Para explicar o comportamento dos agentes e, assim, ser capaz de realizar juízos de prognose, a juseconomia adota como unidade básica de análise a escolha individual de cada agente ou de pequenos grupos envolvidos no problema. Essa postura é o que se convencionou chamar de individualismo metodológico. (...) Vale lembrar que o individualismo metodológico é apenas um instrumento analítico, sem implicações éticas no sentido de representar apenas uma postura segundo a qual os interesses individuais *devem* ser maximizados ou que os agentes *devem* se comportar dessa ou daquela maneira." (*Ibid.*, p. 22-23.)

das respostas obtidas e que a validade de um modelo está em sua capacidade preditiva e não necessariamente em sua semelhança com o mundo real[48].

Em suma, como pontuou DOMINGOS: "Uma teoria é um conjunto de restrições sobre o que o mundo pode ser, não uma descrição completa dele" (tradução livre)[49].

Assim, os próximos tópicos debaterão os pressupostos que utilizaremos para analisar as implicações da precificação personalizada sem que isto signifique um juízo definitivo a respeito do estado do mundo.

1.2. Agente econômico: entre o homem médio e o *homo economicus*

Neste item exploramos a literatura existente a respeito das teorias da racionalidade e da racionalidade limitada, pontuando as diferenças entre os modelos de agente econômico, as quais são extremamente importantes na compreensão das relações de consumo nos próximos tópicos.

A pedra angular das Ciências Sociais é o ser humano, pois não se pode pensar a Antropologia, Sociologia, Direito ou Economia sem que, na base de todas as proposições, esteja a figura dos indivíduos que interagem socialmente.

O Direito possui diversas tipologias a respeito do que se deve compreender como Homem, tais como o *bonus pater familias* e o homem médio (*reasonable man*), conceitos estes que dizem respeito a um indivíduo que, se não possui faculdades mentais elevadas, também não se aproxima de um desprovido de capacidades intelectuais.

Por conta disto, a princípio, não há grande discussão no Direito a respeito dos modelos básicos de indivíduo utilizados pelo legislador e pela doutrina, inclusive porque a vedação ao argumento de ignorância da lei[50] e a possibilidade de vício[51] na manifestação de vontade receberam

[48] "(...) a questão relevante a se perguntar quanto às 'pressuposições' de uma teoria não é se elas são descritivamente 'realistas', pois elas nunca são, mas se elas são aproximações suficientemente boas para a tarefa a que se propõem" (tradução livre) FRIEDMAN, **Essays in Positive Economics**, p. 15.

[49] DOMINGOS, Pedro, **The Master Algorithm: How the Quest for the Ultimate Learning Machine Will Remake Our World**, Nova York: Basic Books, 2015, p. 46.

[50] Entre nós, esta noção veio do brocardo *ignorantia legis neminem excusat* e está positivada na Lei de Introdução às Normas do Direito Brasileiro (Decreto-Lei nº: 4.657/42): "Art. 3º Ninguém se escusa de cumprir a lei, alegando que não a conhece."

[51] Cf. art. 138 e seguintes do Código Civil.

tratamento jurídico que afastou a necessidade de uma investigação profunda a respeito da natureza humana.

O tratamento diferenciado entre os agentes se iniciou apenas a partir da criação de legislações específicas, quase sempre de caráter protetivo, que amainavam a figura do homem médio e inseriam grau maior de proteção ao trabalhador, consumidor, criança, adolescente, idoso, portador de necessidades especiais, etc[52].

Nestes diplomas, o direito trata não apenas das peculiaridades de um determinado tipo de ser humano (vulnerável e/ou hipossuficiente), pois também toma como pressuposto um dado desequilíbrio entre o vulnerável e os membros da sociedade em geral, criando regras específicas para igualar e/ou proteger os vulneráveis em situações específicas.

O modelo jurídico não se preocupa especificamente com alguma essência do homem, de tal sorte que um mesmo indivíduo pode ser vulnerável em uma relação (consumidor, por exemplo) e figurar no polo forte de outra relação intersubjetiva (empregador, por exemplo), de tal sorte que resta evidente que a preocupação do legislador não foi a definição do ser humano, mas a regulação de determinadas relações interpessoais sem que isto implique qualquer demérito à racionalidade dos vulneráveis e/ou hipossuficientes.

Na trilha de Sunstein, Jolls e Thaler, a racionalidade é marcada por qualidades como: (i) agir de acordo com os axiomas da teoria da utilidade esperada; (ii) responder a incentivos; (iii) ser internamente consistente; (iv) atuar de modo auto-interessado (buscar seu próprio bem-estar); e (v) perseguir de modo eficiente seus objetivos[53].

Assim, os modelos de agente econômico tradicional partem de um sujeito dotado de racionalidade, compreendida esta como a capacidade de maximizar a utilização de meios para alcançar um determinado fim desejado, seja ele qual for[54].

[52] Para uma compreensão atual da vulnerabilidade no Direito Brasileiro, cf. Marques; Miragem, **O novo direito privado e a proteção dos vulneráveis**.

[53] Sunstein, Cass R; Jolls, Christine; Thaler, Richard H, A Behavioral Approach to Law and Economics, **STANFORD LAW REVIEW**, v. 50, p. 81.

[54] "The concept of 'rational behaviour' is a mixture of three, more or less separate, characteristics. The first is that it denotes 'instrumental rationality', the capacity to choose the right means (resources) in order to realize a given goal. The second element is that a rational agent has the capacity to allocate his scarce resources in such a way that he

Para que isso seja possível, este agente racional precisa obedecer a alguns axiomas, cuja lista varia de acordo com o entendimento dos economistas, mas que geralmente compreende a completude, a reflexividade[55] e a transitividade[56].

O axioma da completude parte do pressuposto de que o agente racional possui conhecimento das opções possíveis e consegue apresentar uma ordenação de preferências entre elas, a reflexividade significa que uma dada opção é no mínimo tão boa quanto ela mesma, ao passo que a transitividade implica na rigidez desta ordenação.

Isto significa que um dado agente terá conhecimento das opções A, B e C, ranqueando-as em uma ordem de preferência pessoal (completude), de tal maneira que se prefere A a B, ao passo que B que é preferido em relação a C e, por consequência, C não é preferido a A em qualquer hipótese (transitividade).

Além disso, cada uma destas opções será no mínimo tão boa quanto ela mesma, de modo que $A \geq A$, $B \geq B$ e $C \geq C$ (reflexividade, chamada de estabilidade por Gico Jr[57]).

Também é razoável assumir que este agente estará disposto a maximizar sua utilidade, de tal modo que o consumidor buscará a cesta de bens que melhor atende seus desejos dada sua restrição orçamentária, ao passo que o fornecedor buscará maximizar o seu lucro.

Com base neste sujeito racional, foi possível aos economistas elaborar todas as construções de mercado, concorrência, preços e eficiência que se conhece como economia neoclássica.

Contudo, ao longo do tempo, diversas pesquisas em Economia Comportamental passaram a tratar de desvios sistemáticos que os agentes têm diante daquilo que seria esperado à luz da teoria do agente racional,

succeds in maximizing his utility. The third element is that the agent is self-regarding. His motivation will always be that his well-being is served." (Jonge, Jan de, **Rethinking rational choice theory: a companion on rational and moral action**, [s.l.]: Palgrave macmillan, 2012, p. 9.).

[55] A reflexividade também é chamada de monotonicidade (*monotonicity*). Jehle, Geoffrey A.; Reny, Philip J., **Advanced Microeconomic Theory**, 3. ed. Harlow: Pearson, 2011, p. 10.

[56] Cf. Varian, Hal R, **Intermediate Microeconomics: A modern approach**, 9. ed. Nova York: W. W. Norton & Company, 2014, p. 35.

[57] Gico Jr., Introdução ao Direito e Economia, p. 25.

desfiando então a aplicação massiva dos axiomas da racionalidade em algumas situações[58].

Um dos recursos teóricos utilizados para compreender estes comportamentos vacilantes se chama teoria do sistema dual, que pressupõe a existência de dois sistemas de pensamento no ser humano, chamados: Sistema 1 e Sistema 2 (também chamados de Automático e Reflexivo[59] ou ainda Heurístico e Sistemático[60]).

Na síntese de KAHNEMAN, o: "Sistema 1 opera automática e rapidamente, com pouco ou nenhum esforço e sem senso de controle voluntário" (tradução livre), ao passo que o "Sistema 2 aloca atenção para atividades mentais cansativas (*effortful*) que a exigem, incluindo operações (*computations*) complexas. As operações do Sistema 2 são frequentemente associadas com a experiência subjetiva de agência, escolha e concentração." (tradução livre)[61].

Noutra formulação, o Modelo Heurístico-Sistemático (*Heuristic-Systematic Model*), discrimina duas formas de processamento de informação: (i) O modo sistemático, caracterizado por maior dispêndio de energia e recursos intelectuais, voltado à compreensão analítica e sistemática dos dados a fim de produzir um julgamento; e (ii) o modo heurístico, menos exigente quanto ao gasto de energia e recursos intelectuais, o qual utiliza simplificações para a realização dos julgamentos[62].

Esta divisão possibilita a compreensão dos motivos pelos quais um mesmo sujeito pode atuar com uma inteligência invulgar em dados momentos e, em outros, comportar-se de maneira extremamente menos eficiente em relação aos próprios objetivos perseguidos ou ainda como a

[58] Apresenta-se aqui uma lista de obras de divulgação científica a respeito do tema a título de bibliografia introdutória. KAHNEMAN, Daniel, **Thinking, Fast and Slow**, Nova York: Farrar, Straus and Giroux, 2011; THALER, Richard; SUNSTEIN, Cass R., **Nudge: Improving Decisions About Health, Wealth and Hapiness**, Nova York: Penguin Books, 2009; THALER, Richard, **Misbehaving: The Making of Behavioral Economics**, [s.l.]: W. W. Norton & Company, 2015.

[59] THALER; SUNSTEIN, **Nudge: Improving Decisions About Health, Wealth and Hapiness**.

[60] MIAO, Li; MATTILA, Anna S, How and How Much To Reveal? The Effects of Price Transparency On Consumers' Price Perceptions, **Journal of Hospitality & Tourism Research**, v. 31, n. 4, p. 530–545, 2007.

[61] KAHNEMAN, **Thinking, Fast and Slow**.

[62] MIAO; MATTILA, How and How Much To Reveal? The Effects of Price Transparency On Consumers' Price Perceptions.

utilização de heurísticas nos permite tomar decisões rápidas e razoavelmente seguras em diversas situações do quotidiano sem que seja necessário realizar profundas elucubrações.

Isto corresponde à implementação da "lei do menor esforço" mental, de maneira que não se pode esperar do agente econômico um comportamento analítico em todo e qualquer momento, pois "se você teve que se esforçar para fazer algo, você está menos disposto ou menos apto a exercer autocontrole quando o próximo desafio se aproximar" (tradução livre)[63].

A relação entre os Sistemas 1 e 2 possibilita compreender a existência de vieses e heurísticas e como estas ferramentas do pensamento auxiliam na tomada de decisões do quotidiano e podem levar a equívocos sistemáticos[64].

Alguns vieses e heurísticas citados por Thaler e Sunstein são: (i) ancoragem (*anchoring*); (ii) disponibilidade (*availability*); (iii) representatividade; (iv) otimismo e superconfiança (*overconfidence*); (v) aversão à perda; (vi) viés do status quo; e (vii) enquadramento (*framing*)[65].

Desta maneira, o indivíduo parte de uma informação conhecida para raciocinar a respeito de coisas que desconhece (ancoragem), preocupa-se com eventos a partir da facilidade com que os exemplos vêm à mente e não com a probabilidade de que venham a ocorrer (disponibilidade), utiliza estereótipos ao elaborar raciocínio (representatividade), majora suas próprias capacidades (otimismo e superconfiança), superdimensiona suas perdas frente aos ganhos (aversão à perda), tende a preferir a manutenção do estado de coisas ao invés da mudança (viés do status quo) e é suscetível de alterar seu raciocínio a partir do enquadramento dado à informação (enquadramento)[66].

Um caso evidente de enquadramento é a diferença entre o juízo que se faz do preço personalizado e o desconto, que nada mais são do que duas faces do mesmo fenômeno comercial, divergindo apenas no modo como a prática é informada ao consumidor.

[63] Kahneman, **Thinking, Fast and Slow.**

[64] Thaler; Sunstein, **Nudge: Improving Decisions About Health, Wealth and Hapiness.**

[65] *Ibid.*

[66] *Ibid.*

Deste modo, nem sempre haverá a tomada da decisão mais racional, considerados meios e fins, ainda que a informação esteja disponível, assim como nem sempre o agente atuará de maneira egoística.

Além disso, o agente poderá se contentar com um dado resultado alcançado, ainda que não seja ele correspondente à maximização da utilidade, mas apenas satisfatório[67], contrariando os axiomas da racionalidade.

Igualmente relevante é o fato de que os agentes podem estar cientes das opções desejadas e ordenar racionalmente suas preferências, tais como escolher pratos com menor quantidade de calorias em vez de pedir outras refeições com maior valor nutricional, mas, no momento da efetiva realização das condutas racionalmente desejadas, os agentes sucumbem às tentações.[68]

Noutras palavras, a inconsistência temporal ocorre quando uma decisão não teria sido tomada se o agente estivesse em uma perspectiva desapaixonada, ou seja, trata-se de uma "alteração de gostos"[69].

Ao lado disto, os agentes não possuem capacidade suficiente para memorizar e comparar um número elevado de opções, de modo que as capacidades avaliativas do sujeito se mostram consideravelmente limitadas[70].

Estas ponderações terão essencial importância porque as relações de consumo geralmente ocorrem mediante a utilização do Sistema 1 em compras de pequeno valor ou mesmo quando há grande dispêndio de energia na comparação de produtos e preços no mercado.

[67] Cf. SIMON, Herbert, Theories of Deciosion-Making in Economics and Behavioral Science, **The American Economic Review**, v. 49, n. 3, p. 253–83, 1959.

[68] Neste sentido, LOEWENSTEIN e HOCH discorrem a respeito das escolhas do consumidor como a disputa entre dois elementos psicológicos, desejo e força de vontade, que interagem entre si sucessivamente ao longo do tempo: "Consumidores não são vítimas passivas de suas preferências flutuantes. Aqueles que experimentaram inconsistência temporal e suas consequências (e.g. o arrependimento associado com closets cheios de roupas não vestidas ou embaraçosas devoluções de produtos) provavelmente desenvolverão estratégias de autocontrole para impor consistência em seu próprio comportamento." (tradução livre) HOCH, Stephen; LOEWENSTEIN, George F, Time-inconsistent Preferences and Consumer Self-Control, **Journal of Consumer Research**, v. 17, p. 492–507, 1991.

[69] *Ibid.*

[70] EISENBERG, Melvin A., Behavioral Economics and the Contract Law, *in*: **The Oxford Handbook of Behavioral Economics and the Law**, Londres: Oxford University Press, 2014, p. 438–464.

Note-se, porém, que não há um rol taxativo a respeito das limitações da racionalidade humana, de tal sorte que a literatura estipula seus modelos de maneira extremamente livre. A título de exemplo, Eisenberg entende que a racionalidade humana é geralmente restringida (*bounded*) por informação limitada, capacidade de processamento limitado e habilidade de processamento limitada (*limited information-processing ability*)[71].

Da mesma forma, não se conhece uma sistematização da Economia Comportamental que se mostre apta a suplantar integralmente as estruturas construídas a partir da teoria da racionalidade, de modo que, neste momento, ainda há um longo caminho a ser trilhado pela Economia Comportamental caso deseje confrontar diretamente os modelos econômicos mais utilizados.

Além disto, o emprego de heurísticas não implica necessariamente em escolhas equivocadas, pelo contrário, sua utilização deriva do baixo custo de energia e razoável taxa de sucesso. Assim, especialmente em situações reiteradas, os indivíduos se comportam de maneira eficiente a despeito ou até mesmo por conta do emprego de heurísticas.

Em resumo, a teoria da escolha racional pressupõe que os agentes atuam com individualismo metodológico e conseguem agir a fim de maximizar suas preferências pessoais respeitando axiomas como a completude, transitividade e reflexividade.

Por outro lado, os estudos da economia comportamental apontam que, em dados momentos, os indivíduos deixam de lado tais axiomas por conta da interação de dois sistemas mentais, tendo comportamentos sistematicamente *irracionais* por conta de vieses e heurísticas.

Na visão de Wright:

> "A principal distinção entre as abordagens comportamentais e da escolha racional para a proteção do consumidor são, portanto, não as diferenças em razão da soberania do consumidor per se, mas, ao invés, o link conceitual entre escolha individual e inferências sobre o bem-estar econômico. Enquanto a teoria do preço adota o entendimento econômico convencional da preferência revelada – um agente econômico escolhendo maçãs sobre laranjas está melhor por esta decisão – a abordagem comportamental requer a comparação da escolha do agente

[71] *Ibid.*

> com a seleção que o agente teria feito de acordo com suas 'verdadeiras' preferências, as quais só seriam descobertas se ele estivesse livre de vieses cognitivos" (tradução livre)[72].

Cabe ainda sinalizar que a utilização de modelos tradicionais ou de agentes com racionalidade limitada não deve ser tomada como uma disputa sobre o controle da realidade, mas sobre qual modelo produz melhores previsões em dados cenários, residindo aí a importância da pesquisa empírica como juíza das disputas teóricas.

Isto se mostrará importante porque a utilização de modelos de agente racional e a de racionalidade limitada podem levar a concepções extremamente divergentes quanto ao perfil do consumidor e, por consequência, a opções regulatórias extremamente diferentes.

Desta maneira, sem realizar um juízo de valor a respeito dos modelos, pois escapa o objeto de pesquisa e nossa própria capacidade intelectual, veremos mais adiante que a utilização de um ou outro modelo levará os economistas a resultados diferentes quanto aos benefícios ou malefícios da precificação personalizada, o que possui severas implicações sobre a análise da eficiência da precificação personalizada no bem-estar social.

1.3. Mercado, concorrência e eficiência[73]

O presente item possui o objetivo de esclarecer os rudimentos da economia de mercado a fim de ilustrar como são formadas as curvas de

[72] Wright, Joshua, The Antitrust/Consumer Protection Paradox: Two Policies at War with Each Other, **The Yale Law Journal**, v. 121, p. 2216–2268, 2012.

[73] Os próximos capítulos trabalharão com a teoria econômica ortodoxa e tratarão de temas que, embora não sejam pacíficos, são compreendidos e explicados de maneira similar em todos os manuais da matéria, tais como Jehle; Reny, **Advanced Microeconomic Theory**; Krugman; Wells, **Microeconomics**; Pindyck, Robert S; Rubinfeld, Daniel L, **Microeconomics**, Harlow: Pearson, 2018; Varian, **Intermediate Microeconomics: A modern approach**; Nusdeo, Fábio, **Curso de Economia: Introdução ao Direito Econômico**, 9. ed. São Paulo: Revista dos Tribunais, 2015; Araújo Jr., Ari Francisco de; Shikida, Cláudio Djssey, Microeconomia, *in*: Timm, Luciano Benetti (Org.), **Direito e Economia no Brasil**, 2. ed. São Paulo: Atlas, 2018; Porto, Antônio José Maristrello, Princípios de análise econômica de direito, *in*: Pinheiro, Antônio Castelar; Porto, Antônio José Maristrello; Sampaio, Patrícia Regina Pinheiro (Orgs.), **Direito e Economia: Diálogos**, Rio de janeiro: FGV Editora, 2019.

oferta e demanda, o modelo de concorrência perfeita, o equilíbrio de mercado e os conceitos de eficiência de Pareto e Kaldor-Hicks, que são importantes para as análises normativas da precificação personalizada.

Pois bem, a despeito do nível de sua racionalidade, os agentes econômicos não estão solitários em um mundo de escassez, de modo que é possível a cada um se especializar naquilo que lhe renda maior utilidade. Isto significa que o agente econômico não precisa caçar, coser sua roupa, preparar seus remédios etc., podendo confiar na contribuição de outras pessoas para que obtenha os proveitos de seus esforços mediante uma dada remuneração.

Noutras palavras, Maria, que possui maior habilidade na agricultura, poderá devotar seus talentos a esta atividade, ao invés de se aventurar em inúmeras tarefas nas quais seu rendimento será inferior. Deborah, por sua vez, tem maiores rendimentos na pesca, de tal sorte que poderá trocar seus peixes pelas verduras de Maria (escambo) ou utilizar uma ferramenta de mediação, a moeda.

Via de regra, os contratos produzem aumento da riqueza geral entre os indivíduos, de modo que tanto Maria quanto Deborah saem melhor da transação por conta da interação ocorrida.

Realmente, supondo que Maria entenda que o peixe possui o valor de 5 unidades monetárias e Deborah atribua ao mesmo bem o valor de 3 unidades monetárias, haverá uma riqueza total de 8 unidades monetárias e a negociação entre as duas agentes provavelmente renderá um acordo no qual o pescado será vendido entre 3 e 5 unidades monetárias.

Supondo que a venda se dê por 4 unidades monetárias, Maria terá então um peixe que atribui o valor de 5 e Deborah terá 4 unidades monetárias, totalizando uma riqueza geral de 9 unidades monetárias.

Assim, a interação entre os agentes econômicos faz com que a quantidade total de riqueza aumente na medida em que os bens passem àqueles que os valoram mais de acordo com um determinado padrão de avaliação.

Eventualmente, uma das partes poderia desejar aumentar a quantidade de peixes ou verduras na troca, negando-se a transacionar com a outra até que suas condições sejam atendidas ou ainda produzir uma quantidade inferior e exigir maiores benefícios no escambo por conta da escassez do produto ofertado.

Esta situação somente pode vir a ocorrer quando há um número limitado de ofertantes e/ou demandantes, o que diverge de grande parte dos mercados existentes.

A expressão mercado designa o conjunto de ofertantes e demandantes de direitos referentes a um dado produto ou serviço, sendo que não há uma decisão centralizada a respeito dos preços e quantidades a serem transacionados pelos agentes econômicos que nele habitam.

Desta maneira, a ausência de uma autoridade central a controlar as condutas possibilita que os diversos agentes de mercado busquem, por suas próprias formas, o melhor proveito possível de suas negociações, sendo que tais decisões são tomadas à luz das informações disponíveis aos agentes.

Para que ocorram as transações no mercado, faz-se necessária a concordância entre dois agentes com interesses aparentemente antagônicos a respeito de uma troca que será, em princípio, mutuamente benéfica. Tradicionalmente, os agentes que ocupam cada um destes polos são chamados de consumidores (ou demandantes) e fornecedores (ou ofertantes).

O consumidor, em sentido econômico, é o indivíduo que pretende adquirir um bem ou serviço, não considerando necessária à ciência econômica qualquer espécie de incursão nos motivos que levam alguém a desejar qualquer bem, pois as conjunturas individuais, a princípio, não serão motivo suficiente para alterar a estrutura do mercado.

Noutras palavras, pode-se pensar que cada consumidor que se depara com um bem X pode considerá-lo mais ou menos útil para seus interesses individuais, de tal maneira que estaria disposto a gastar mais ou menos com ele sem que isto se torne uma questão relevante para a análise do mercado.

Desta maneira, mostra-se razoável supor indivíduos A, B, C, D, E e F, que valoram um dado produto ou serviço em ordem crescente de 5 a 0 unidades monetárias, ou seja, A estaria disposto, no limite, a adquirir um bem por $5, B por $4 e assim sucessivamente:

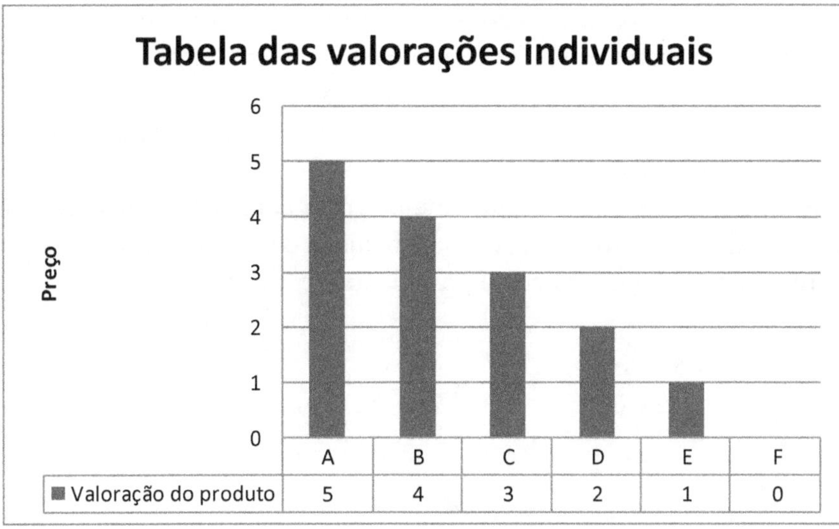

A soma das preferências individuais forma o que se convencionou chamar de curva da demanda, que expõe a quantidade desejada em face de um dado preço pelo bem ou serviço, como se pode observar abaixo:

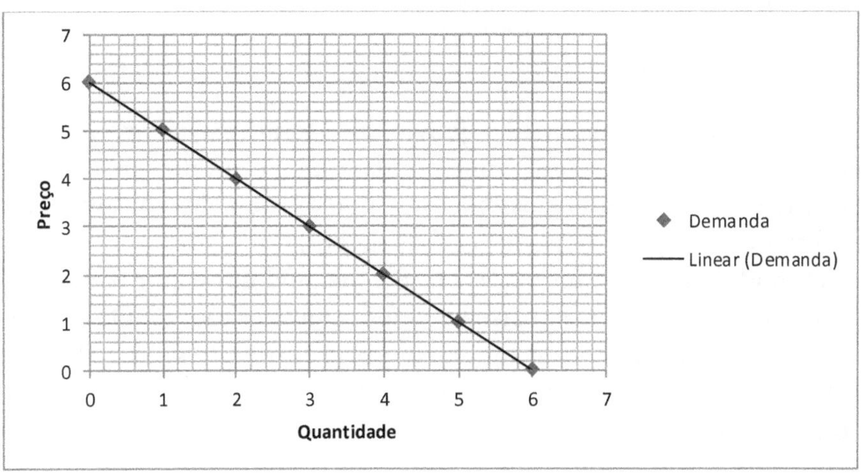

Na curva acima, podemos notar que o os consumidores têm interesse em adquirir mais unidades de um dado produto à medida que seu preço cai, o que é a face geral da "lei da demanda", representada por uma curva negativamente inclinada.

Por outro lado, os fornecedores têm interesses opostos, quanto maior o preço de um dado produto ou serviço, maior será o interesse dos fornecedores em ofertar no mercado, podendo-se pensar em um conjunto de ofertantes U, V, W, X, Y e Z, sendo que U somente colocará o bem em comércio por $1, V por $2 etc.

A tendência de que a quantidade ofertada aumenta em decorrência do preço dos produtos ou serviços é chamada de lei da oferta, que pode ser representada por uma curva positivamente inclinada:

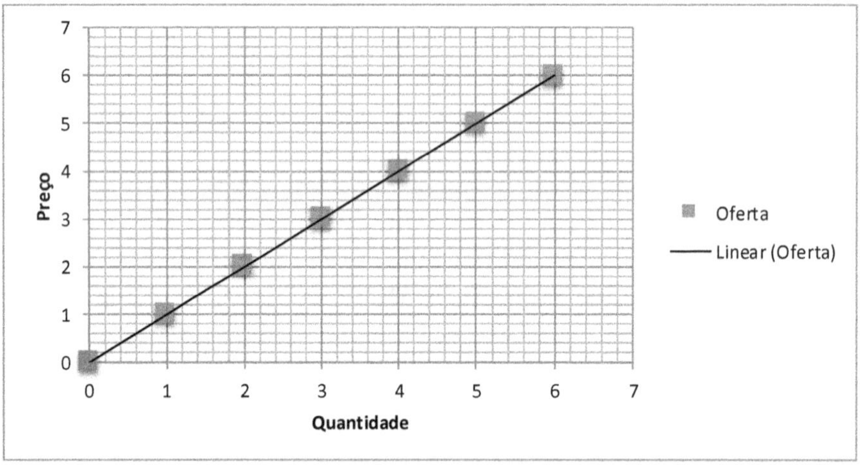

Conforme já salientado, os objetivos dos agentes são antagônicos em primeiro momento e não há uma entidade que centralize os preços e quantidades no mercado, possibilitando que cada um dos consumidores e ofertantes busque maximizar seus resultados.

O modelo ideal de interação entre consumidores e fornecedores é chamado de concorrência perfeita, cujos requisitos são: (i) Os demandantes e ofertantes são tomadores de preço (*price takers*); (ii) Há livre ingresso e saída do mercado; e (iii) Os bens ou serviços ofertados são homogêneos[74].

[74] Cf. PINDYCK; RUBINFELD, **Microeconomics**, p. 290; KRUGMAN; WELLS, **Microeconomics**, p. 359–60. colocam como requisitos indispensáveis para a concorrência perfeita apenas a homogeneização dos produtos ou serviços e a ausência de uma grande participação nos mercados de qualquer agente econômico, dando menos importância à livre entrada e saída do mercado.

As condições acima ocorrem quando há pluralidade de demandantes e ofertantes, que podem entrar e sair do mercado, de tal maneira que nenhum deles possa, isoladamente ou em grupo coordenado, alterar os preços de um dado mercado de produtos ou serviços homogêneos (percebidos como idênticos pelos consumidores, ainda que não o sejam por conta de composição, marca ou qualquer outra característica), ou seja, cada um dos ofertantes e demandantes é um tomador de preço (*price taker*).

O ponto, contudo, está longe de ser pacífico[75], dado que alguns economistas, não sem alguma razão, ressaltam a importância do acesso às informações relevantes aos agentes econômicos, além de questões pontuais, como a ausência de economias de escala e externalidades[76].

A despeito das disputas teóricas a respeito dos elementos imprescindíveis para a concorrência perfeita, em um ambiente competitivo sem intervenções, as curvas de oferta e demanda tendem a obter um preço e quantidade de equilíbrio relativamente estável, o qual conciliará os interesses dos agentes de maneira eficiente.

Na imagem abaixo, podemos notar que o equilíbrio ocorre ponto (3,3) do plano cartesiano abaixo:

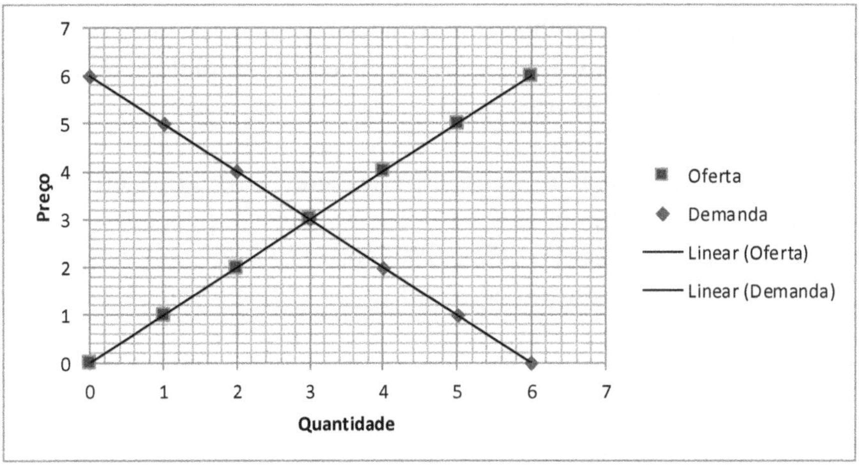

[75] Cf. Salin, Pascal, **Competition and Free Trade**, Londres: Routledge, 2018, p. 8.

[76] Cf. Nusdeo, **Curso de Economia: Introdução ao Direito Econômico**, p. 213.

O equilíbrio de mercado[77], representado pelo encontro das curvas de oferta e demanda, apresenta o preço que maximiza a quantidade de ofertantes e demandantes que desejam fornecer e adquirir um dado produto ou serviço, garantindo aos envolvidos um benefício mútuo, conforme o mercado de concorrência perfeita.

Como se nota do equilíbrio de mercado acima pontuado, sempre haverá vendedores que não desejarão alienar seus produtos pelo preço de mercado, bem como compradores que entendem ser melhor não gastar seu dinheiro na compra de um bem.

Não significa, portanto, que haverá felicidade geral de todos os agentes econômicos, mas representa a situação na qual não é possível melhorar o posicionamento de ofertantes e/ou demandantes sem que um deles seja prejudicado (Pareto eficiente)[78].

Ou seja, o critério de eficiência de Pareto será o ponto no qual não seja possível melhorar a situação de um indivíduo sem a deterioração da situação de outro dado um parâmetro escolhido pelo analista, o qual poderá ser dinheiro, produtividade etc.

Outro critério de eficiência a ser utilizado neste trabalho será o de Kaldor-Hicks, o qual "estabelece o parâmetro somatório simples dos níveis de utilidade dos indivíduos da sociedade"[79], noutras palavras, ainda que possa haver prejuízos individuais, caso os ganhos totais compensem as perdas totais, a situação será eficiente em Kaldor-Hicks dado um critério escolhido pelo analista.

Note-se que a eficiência Kaldor-Hicks não pressupõe que o beneficiado venha a indenizar o prejudicado, tratando-se de situação na qual o ganho total em si mesmo já é justificativa suficiente para que se considere uma situação mais eficiente em Kaldor-Hicks, independentemente de qualquer juízo de valor sobre o enriquecimento e o empobrecimento das partes.

[77] "O Equilíbrio de Mercado é definido como a situação na qual as forças de mercado são compatíveis, ou seja, a oferta iguala a demanda. Nessa situação, a quantidade que os consumidores estão dispostos a consumir é exatamente igual à quantidade que os empresários estão dispostos a ofertar. Tal quantidade é dita de equilíbrio." (Araújo Jr.; Shikida, Microeconomia, p. 57.)

[78] Varian, **Intermediate Microeconomics: A modern approach**, p. 310.

[79] Porto, Princípios de análise econômica de direito.

Em resumo, destacou-se que o mercado é o conjunto de ofertantes e demandantes de um dado produto ou serviço, havendo situações nas quais, atendidos certos pressupostos como a quantidade de participantes, ausência de poder de mercado, existência de bens homogêneos, entrada e saída de concorrentes e disponibilidade de informação, será possível alcançar resultados Pareto eficientes nos quais as curvas de oferta e demanda se encontram, não podendo este cenário ser alterado sem o prejuízo de um dos polos do mercado, dados os critérios selecionados pelo analista. O critério de eficiência Kaldor-Hicks, por sua vez, considerará superior a existência de um dado resultado desde que os ganhos ultrapassem os prejuízos suportados, dadas as variáveis selecionadas pelo analista.

Estes quadrantes de eficiência serão importantes quando formos analisar as implicações da precificação personalizada no ambiente de consumo e suas repercussões em relação ao bem-estar.

Antes, porém, trataremos dos vários papéis desempenhados pelo preço em uma economia de mercado.

1.4. O papel do preço na economia de mercado

Este item pretende explanar as discussões referentes ao preço em uma economia de mercado, sinalizado seu papel informacional e as limitações desta transmissão dada a inexistência da lei do preço único na economia real.

Até este momento, deixamos de tratar do preço, elemento que vai definir o quanto cada um dos agentes estará disposto a pagar ou o mínimo a receber por um dado produto ou serviço, assim como o conjunto de informações a respeito da escassez, valor para o consumidor, valor para o ofertante, situação de mercado etc.

O papel informacional do preço foi tratado por Hayek[80] em artigo no qual se discute, entre outros pontos, qual modelo econômico (centralizado ou de mercado) seria o mais eficiente a partir da utilização do conhecimento disponível.

A superioridade da economia de mercado estaria no fato de que os preços servem como mecanismo de transmissão de informações a

[80] Hayek, Friedrich A, The Use of Knowledge in Society, **The American Economic Review**, v. 35, n. 4, p. 519–30, 1945.

respeito da escassez de um dado produto ou serviço, de maneira que o agente, mesmo desconhecendo o motivo da variação do preço, poderá compreender a ocorrência de um evento que afetou a disponibilidade de um bem no mercado e a possibilidade de ingresso ou saída de ofertantes ou demandantes no mercado[81].

Assim, ao notar que o preço de um bem subiu de $1 para $1.10, um agente econômico terá incentivo para ofertar o bem e, assim como outros, ingressará no mercado, aumentando a quantidade ofertada.

De certo modo, esta análise parte do pressuposto de que vige a chamada Lei do Preço Único, que implicaria que todos os bens com as mesmas características observáveis devem ser vendidos pelo mesmo preço[82].

Estas descrições devem ser vistas *cum grano salis*, pois o otimismo do papel informacional dos preços é objeto de algumas ponderações pertinentes trazidas por STIGLER[83], o qual rememora que, embora os economistas reconheçam o papel da informação no mercado, terminam por lhe dar pouca atenção, tratando a informação e o conhecimento como pressupostos de um determinado modelo teórico (ou seja, assume-se geralmente que todos os agentes econômicos possuam o mesmo nível de informação). Cabe destacar, no entanto, que STIGLER escrevia nos anos 60 do século XX. Atualmente modelos com diferentes pressupostos quanto ao nível informacional dos agentes são muito comuns tanto na microeconomia quanto na macroeconomia.

Note-se que os preços (e por consequência as próprias informações que eles carregam) não são conhecidos pelos agentes econômicos sem o empreendimento de esforços em atividades de pesquisa (*search*), dada a dispersão de preços no mercado[84].

[81] *Ibid.*

[82] STIGLITZ, Joseph E, The Causes and Consequences of The Dependence of Quality on Price, **Journal of Economic Literature**, v. 25, n. 1, p. 1–48, 1987.

[83] STIGLER, George J, The Economics of Information., **The Journal of Political Economy**, v. 69, n. 3, p. 213–55, 1961.

[84] "Os preços mudam com frequência variável em todos os mercados e, a menos que um mercado seja completamente centralizado, ninguém saberá todos os preços pelos quais vários vendedores (ou compradores) cotam a qualquer momento. Um comprador (ou um vendedor) que deseja averiguar o preço mais favorável deve visitar vários vendedores (ou compradores), um fenômeno que eu chamarei de 'pesquisa'." (tradução livre) *Ibid.*

Esta atividade de pesquisa exige dispêndio de tempo e possui custo variável, sendo mais "cara" aos agentes econômicos cuja renda é superior por conta do custo de oportunidade do tempo. Além disso, entram e saem agentes econômicos do mercado, forçando a aquisição renovada de informações já obtidas por outros agentes, de tal sorte que o mercado propicia a utilização de mecanismos de publicidade e intermediários cujo papel é aproximar em um mesmo *locus* os ofertantes e demandantes, facilitando a pesquisa de preços[85].

Como se isso não bastasse, os agentes econômicos nem sempre são alcançados pelas peças publicitárias e, dado o tamanho de uma dada cesta de bens familiar, chega a ser impossível em termos fáticos que se conheça todos os preços e suas variações[86].

Dado este mercado de incertezas, surge no horizonte a possibilidade de que determinados ofertantes se destaquem por consistentemente manterem preços baixos e oferecerem produtos de qualidade, adquirindo a chamada reputação[87].

Contudo, no mais das vezes, o mercado não está em equilíbrio e, mais importante que isso, a informação não é disseminada de maneira simétrica entre os agentes econômicos[88].

Por outro lado, caso a informação fosse disponível para os agentes por um dado custo e transferível de modo perfeito, todos aguardariam que um deles adquirisse a informação e a revelasse no preço, sofrendo os efeitos da externalidade positiva de sua conduta.

Além disso, há de se considerar a utilidade marginal decrescente da informação, decorrente do esforço necessário para que uma unidade a mais de informação seja obtida frente aos benefícios que essa unidade extra poderá gerar ao agente econômico[89].

Assim: "Para que o preço fosse um transmissor de informações *perfeito* seria necessário que as avaliações de todos (avaliações que formam o

[85] *Ibid.*

[86] *Ibid.*

[87] *Ibid.*

[88] Como assinala ARROW, Kenneth J, Economic Welfare and the Allocation of Resources for Invention, 1962, p. 614.: "No entrepreneur will automatically acquire a knowledge of demand and production conditions in his field which is available to others only with special effort. Information will frequently have an economic value, in the sense that anyone possessing the information can make greater profits than would otherwise be the case."

[89] Cf. SIMON, Theories of Deciosion-Making in Economics and Behavioral Science, p. 269–70.

preço) sobre o uso, valor relativo e utilidade dos produtos fossem convergentes e aderentes à realidade" (grifamos)[90].

De todo modo, ainda que imperfeito, o papel informacional dos preços pode ser sintetizado em três aspectos: (i) Os preços podem apontar ações de um determinado indivíduo; (ii) podem ser lidos pelos agentes para a obtenção de informação; e (iii) as disparidades de preço podem ser recompensas à produção ou descoberta de novo conhecimento[91].

Desta maneira, a informação é um recurso escasso cuja obtenção possui custos ao adquirente, sendo que o preço é um mecanismo transmissão de informações não perfeito, mas de extrema relevância para a compreensão dos movimentos do mercado, coordenação de ações e alinhamento de incentivos.

1.5. Excedentes do consumidor e do produtor e efeitos da regulação do Estado

No tópico anterior, pontuou-se que o equilíbrio de mercado maximiza a utilidade de compradores e vendedores, agora, passa-se a discorrer a respeito dos excedentes dos agentes de mercado[92] e como tais excedentes podem ser tolhidos pela intervenção[93] do Estado no domínio econômico.

No exemplo do capítulo 1.3 *supra*, pôde-se notar que o excedente do consumidor corresponde à área acima do preço de equilíbrio e abaixo da curva de demanda, ao passo que o excedente do fornecedor corresponde à área acima da curva de oferta e abaixo do preço de equilíbrio, como se nota do gráfico abaixo:

[90] Salomão Filho, **Direito Concorrencial**, p. 46.

[91] Cf. Thomsen, Esteban F, **Prices & Knowledge: a market-process perspective**, Londres: Routledge, 2002, p. 47.

[92] Para uma análise mais aprofundada, veja-se: Timm, Luciano Benetti; Guarisse, João Francisco Menegol, Análise econômica dos contratos, *in*: Timm, Luciano Benetti (Org.), **Direito e Economia no Brasil**, 2. ed. São Paulo: Atlas, 2018, p. 160 e seguintes.

[93] "Intervenção expressa atuação estatal em área de titularidade do setor privado; atuação estatal, simplesmente expressa significado mais amplo. Pois é certo que essa expressão, quando não qualificada, conota inclusive atuação na esfera do público". Grau, **A Ordem Econômica na Constituição de 1988**, p. 92–2.

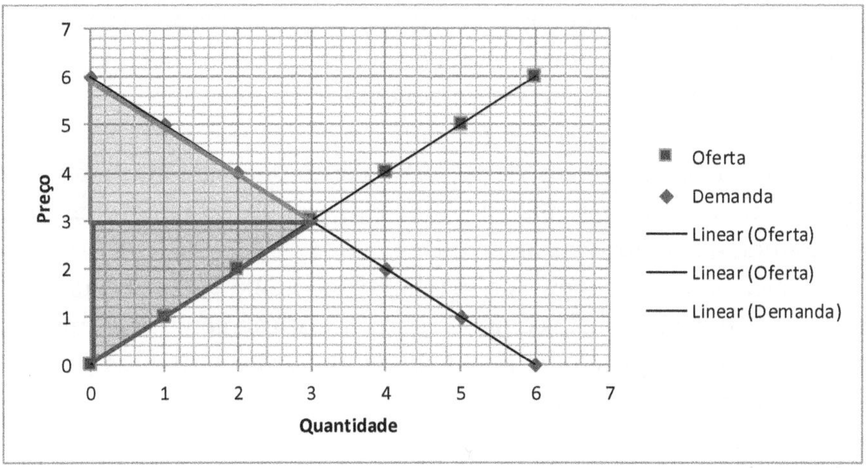

Suponha-se agora que o Estado, movido por qualquer preocupação, entenda que os preços do equilíbrio de mercado não são satisfatórios, de tal sorte que pretenda: a) impor um teto de preços (*price ceiling*); ou b) impor um piso de preços (*price floor*).

Caso ocorra a imposição de um teto de preços, os fornecedores não poderão vender acima do preço estabelecido pelo Estado, no modelo acima, pensemos que se imponha aos fornecedores um teto de $2 por produto vendido.

O preço de $2 implica em uma quantidade ofertada de 2 e uma quantidade demandada de 4, de tal maneira que, todo o mais constante, poderá ocorrer escassez do produto ou serviço, sua venda no mercado informal ou perda de qualidade.

Por outro lado, caso o piso do bem seja colocado acima do preço de equilíbrio, v.g., $4, tem-se cenário em que a quantidade ofertada será de 4 e a quantidade demandada será de 2, de tal sorte que, em primeiro momento, ocorrerá excesso de oferta, venda no mercado informal e até mesmo gastos excessivos com a qualidade do produto ou serviço quando o desejo do consumidor seria uma redução no preço.

O piso e o teto de preços somente não causarão impactos negativos quando forem colocados acima (teto) ou abaixo (piso) do preço de equilíbrio, do contrário, a intervenção do Estado levará os indivíduos a sofrer com quantidades e/ou preços não ótimos.

Estas intervenções do Estado não precisam necessariamente ser tão diretas (fixação de tetos ou preços mínimos), podendo ocorrer através de regulações que elevem os custos de produção ou mesmo inviabilizar uma dada prática comercial, de modo que o mesmo raciocínio é aplicável na modelagem de outras intervenções.

Assim, uma regulação que imponha custos elevados ao fornecedor atuará como piso de preços, de tal sorte que, mesmo sem uma intervenção na liberdade de precificação, o desenho do ordenamento jurídico pode afetar o equilíbrio de mercado.

Verificado o papel nocivo da regulação do Estado em uma economia perfeitamente funcional, cumpre agora investigar como essa mesma regulação atuará quando há falhas de mercado que inviabilizam a alocação eficiente dos recursos.

1.5.1. Falhas de mercado

Nos itens anteriores, apresentamos o mercado como um sistema que garante a perfeita alocação de recursos entre os agentes econômicos, gerando ganhos a todos os participantes.

Contudo, há diversas situações nas quais o mercado, sem qualquer intervenção do Estado, não será capaz de alcançar resultados ótimos, deixando de realizar a alocação eficiente de recursos[94].

Assim:

> "(...) falhas de mercado podem ser vistas como situações em que a atuação dos indivíduos em busca de seu puro autointeresse leva a resultados que não são eficientes. Falhas de mercado são frequentemente associadas com assimetrias de informação, estruturas não competitivas dos mercados, problemas de monopólio natural, externalidades ou bens públicos"[95].

Não há um rol taxativo de falhas de mercado, NUSDEO, por exemplo, ainda acrescentaria a rigidez dos fatores (falha de mobilidade) e os

[94] Um exemplo de atuação eficaz do Estado na correção de falha de mercado é o dado por PFEIFFER a respeito dos custos para troca de fornecedor de um determinado serviço (portabilidade), que foi mitigado nas telecomunicações por conta da Resolução de nº: 460/07 da ANATEL. PFEIFFER, Roberto Augusto Castellanos, **Defesa da concorrência e bem-estar do consumidor**, São Paulo: Revista dos Tribunais, 2015, p. 94–5.

[95] PORTO, Princípios de análise econômica de direito.

custos de transação[96], ao passo que outros consideram ainda as falhas de mercado comportamentais (*behavioral market failures*)[97] e a manipulação do mercado digital[98].

Dentro de nossa análise da precificação personalizada, interessa-nos o estudo da assimetria de informação e do monopólio.

A assimetria de informação ocorre quando há desnivelamento de informação entre os agentes econômicos, podendo ocorrer antes (seleção adversa) ou após (risco moral) o estabelecimento de uma dada relação contratual.

Desta maneira, a escolha de um dado funcionário pode ser um problema de seleção adversa, pois o potencial empregador não possui informações a respeito do candidato à vaga (seleção adversa), problema que pode ser mitigado através do fornecimento de informações (sinalização) por parte do candidato e de pesquisas independentes por parte do empregador.

Por outro lado, quando um cliente contrata um advogado, não dispõe de todas as informações necessárias para saber se o patrono está empenhando seus melhores esforços no cumprimento do contrato (risco moral), podendo tal entrave ser mitigado através da supervisão ou do alinhamento de incentivos (uma taxa de sucesso, por exemplo).

O monopólio, por sua vez, "(...) descreve uma situação onde todas as vendas (ou a maioria) em um mercado são realizadas por uma única empresa e em geral é uma situação ineficiente."[99].

Estes cenários de concentração de mercado devem ser analisados com maior cautela, pois têm grande relevância para o estudo da discriminação de preços e da precificação personalizada.

Isto ocorre porque o poder de mercado do único fornecedor ou daquele de maior porte em um mercado concentrado faz com que o monopolista reduza sua produção a fim de encarecer o preço de seus produtos ou serviços.

[96] Nusdeo, **Curso de Economia: Introdução ao Direito Econômico**, p. 114–137.

[97] Loo, Rory Van, Helping Buyers Beware: The Need for Supervision of Big Retail, **University of Pennsylvania Law Review**, v. 163, p. 1311–1392, 2015; Zamir, Eyal; Teichman, Doron, **Behavioral Law and Economics**, Nova York: Oxford University Press, 2018.

[98] Calo, Ryan, Digital Market Manipulation, **The George Washington Law Review**, v. 82, p. 995–1051, 2014.

[99] Porto, Princípios de análise econômica de direito.

Suponhamos que um fornecedor venda um produto X por $5 a unidade (P) e produza então 4 unidades deste produto (Q), cujo custo é $1 por unidade (C). O lucro (L) será encontrando então na seguinte função L = (PxQ – CxQ), portanto $16.

Consideremos agora que a produção seja ampliada para 5 unidades, mas o preço de venda seja reduzido para $4, mantendo-se os custos, aplicando a fórmula, o lucro será de $15.[100]

Como não há um concorrente disputando preços para que a receita seja igualada ao custo marginal, neste exemplo, PxQ = CxQ, o monopolista poderá selecionar o cenário no qual seus lucros são maximizados, gerando uma perda social referente à quantidade de consumidores não atendidos porque os preços estão acima do ponto em que estariam na concorrência perfeita.

Note-se, o monopólio não é uma falha de mercado porque o monopolista aumenta seus lucros, mas porque uma quantidade inferior de consumidores é atendida, ocasionando prejuízos sociais.

Portanto, não se pode considerar que sempre haverá escolhas eficientes no mercado, dado que há situações peculiares que exigem alguma intervenção do Estado para garantir a fluidez das relações intersubjetivas.

1.5.2. Quando intervir? Análise de custo-benefício

Considerando que um dado Estado pretenda maximizar o bem-estar de seus cidadãos, necessário questionar em quais situações este Estado deverá intervir na economia e em quais deverá deixar ao sabor do mercado o fluxo das transações.

Como vimos, o mercado pode levar a situações de eficiência, tratando-se de caso evidente em que o Estado não deve intervir – incorrendo em custos – para ter como consequência da intervenção uma adicional redução do bem-estar dos agentes econômicos, alterando um equilíbrio eficiente de mercado.

Contudo, também há situações nas quais os mercados não alcançam as alocações eficientes, como no caso das falhas de mercado acima analisadas, sendo possível ao Estado intervir na economia a fim de forçar comportamentos entre os agentes de mercado e otimizar a alocação dos recursos.

[100] A rigor, o cálculo seria um pouco mais complexo, envolvendo derivar a função para encontrar seu ponto máximo e descobrir a quantidade que deve ser produzida para a maximização do lucro.

O papel do Direito nesta discussão pode ser inferido do Teorema de Coase[101], o qual pontua que "quando os custos de transação são zero, um uso eficiente dos recursos resulta de barganha privada, independentemente dos direitos de propriedade"[102] (tradução livre).

Por custos de transação, deve-se entender aqueles necessários para levar a cabo um contrato, passando pela localização dos possíveis contratantes, a negociação em si mesma e o acompanhamento da execução do contrato[103].

Em resumo, caso os agentes não tivessem entraves na realização de contratos, o mercado sempre encontraria uma alocação eficiente dos recursos, porém, no mundo real, há custos de transação. O Direito deve, portanto, atuar para que os recursos sejam eficientemente alocados em muitos contextos distintos, mas sempre condicionado à melhora efetiva dos agentes dentro dos parâmetros estabelecidos na Constituição a partir de uma análise de custo-benefício.

Exemplificativamente, caso haja custos de transação, o sistema jurídico deve providenciar um sistema que permita à parte que valorize mais o tratamento de dados ou a privacidade ter a palavra final sobre sua alocação, de maneira que simples proibições de tratamento ou ainda a impossibilidade de sua negociação levarão a situações não eficientes.

Considerando, por hipótese, que o legislador tenha por objetivo enfatizar o empoderamento do titular dos dados e prescreva que somente se admitirá o tratamento de dados que for autorizado pelo titular com lastro em termo de consentimento manuscrito e com firma reconhecida em cartório, teremos evidentemente diversos resultados ineficientes.

Realmente, esta prescrição nasce de uma boa intenção, empoderar o titular dos dados, mas deixa de lado algumas questões essenciais, tais

[101] Evidentemente, o nome "teorema de Coase" nasceu após a redação do famoso artigo o problema do custo social. Cf. Coase, Ronald, The Problem of Social Cost, **The Journal of Law and Economics**, v. 3, p. 1–44, 1960.

[102] Cooter; Ulen, **Law & Economics**, p. 85.

[103] "In order to carry out a market transaction it is necessary to discover who it is that one wishes to deal with, to inform people that one wishes to deal and on what terms, to conduct negotiations leading up to a bargain, to draw up the contract, to undertake the inspection needed to make sure that the terms of the contract are being observed, and so on. These operations are often extremely costly, sufficiently costly at any rate to prevent many transactions that would be carried out in a world in which the pricing system worked without cost." (Coase, The Problem of Social Cost.)

como: (i) os custos de transação se tornam excessivamente elevados, inviabilizando a atividade de tratamento de dados e ocasionando maiores gastos, tais como o envio de publicidade indiscriminada a todo e qualquer consumidor ao invés de publicidade direcionada com base em técnicas de perfilização; (ii) pequenos empreendedores não terão condição de exigir semelhante esforço do consumidor ou ainda sofrerão grande desvantagem frente a varejistas maiores, sendo afastados de qualquer atividade de tratamento de dados até que possuam porte suficiente para oferecer benefícios que justifiquem os esforços decorrentes das prescrições legais, ou seja, cria-se uma barreira de entrada; e (iii) O incremento dos custos decorrentes da nova regulação são repassados ao consumidor na medida da elasticidade preço-demanda (sensibilidade ao preço), gerando subsídio cruzado entre os consumidores que estariam dispostos a ter menos direitos em troca de produtos mais baratos face a consumidores mais sofisticados, que prefeririam uma proteção jurídica mais forte.

Desta maneira, o Estado deve ponderar se o aumento da proteção do titular dos dados efetivamente será benéfico não à luz de um único critério isolado (empoderamento do consumidor, por exemplo), mas sim através da consideração de todas as variáveis que intervêm em relações complexas como as de mercado.

Da mesma forma, o fracionamento dos direitos decorrentes do tratamento dos dados pode levar a situações ineficientes, especialmente se para cada direito for atribuído um sistema específico com requisitos diversos, por exemplo a divisão entre direito ao tratamento, direito à atualização dos dados, direito à criação de perfil, direito à utilização do perfil etc[104].

Por outro lado, criar um arcabouço jurídico que permita às partes transacionar em relação ao tratamento de dados pessoais, viabiliza a ocorrência de alocações ótimas, desde que as regras necessárias para a realização da transação não sejam superiores ao mínimo necessário para que o negócio ocorra na forma desejada pelos negociantes.

Assim, exigir o consentimento do titular dos dados para que ocorra o tratamento poderá ou não ser um custo de transação elevado, visto que

[104] "Juntando um número de direitos de uso em um único direito 'maior' evita os custos de transferir direitos individuais que poderiam incorrer; isso, então, reduz os custos de transação" (tradução livre) (Mackaay, **Law and Economics for Civil Law Systems**, p. 219.)

o consentimento pode ser tomado como simples não manifestação de oposição v.g. *opt-out* (utilizando aqui o fornecedor do viés do status quo) ou poderá ser uma carta redigida à mão com firma reconhecida em cartório e enviada pelos Correios com aviso de recebimento.

Pois bem, a viga mestra das considerações a respeito da intervenção do Estado deve ser a análise de custo-benefício da regulação proposta, havendo situações nas quais o Estado pode propiciar ganhos coletivos que ultrapassam aquilo que seria obtido no livre mercado.

Um famoso exemplo é o dos monopólios naturais, pois determinados serviços ou produtos possuem custos e economias de escala que inviabilizam a exploração por diversos empresários ao mesmo tempo, dado que os custos de uma única companhia seriam menores do que os de um ambiente competitivo (os serviços de saneamento básico, por exemplo).

Como vimos, o monopolista pode reduzir a quantidade produzida a fim de aumentar o preço do produto para majorar seus lucros, pois vender cinco unidades de água ao preço unitário de $ 4 confere uma receita de $ 20, ao passo que vender seis unidades de água ao preço unitário de $ 3 implica em uma receita de $ 18.

Pensemos agora que, neste caso, o Estado intervenha para regular o preço do monopolista, determinando que o preço unitário da água seja de $3,30, gerando uma quantidade maior de consumidores atendidos e um resultado que não afeta seriamente a receita da companhia.

Neste ponto, considerado apenas a quantidade de pessoas atendidas pela regulação do Estado, houve um benefício (quantidade de consumidores atendidos) contra um custo (redução na receita do monopolista) e o juízo de validade da política será justamente o que for mais valorado pela Administração Pública no momento da tomada de decisão.

Evidentemente, o cálculo real será mais complexo tendo que contemplar os custos de implementação e fiscalização das regras impostas ao monopolista, eventual custo de oportunidade da administração pública e demais complexidades que podem surgir diante da atividade regulatória.

Além disto, outros fatores podem ser levados em consideração quando se discute a regulação de um determinado setor da economia, pois a intervenção do Estado pode causar a criação de barreiras de entrada, elevação dos custos de transação e, em decorrência disto, impactar os preços no mercado.

Noutras palavras, o Estado deve intervir quando, após um juízo de custo-benefício elaborado sob diversas perspectivas, seja possível fundamentar que os interesses coletivos estarão melhor assegurados com a tomada da medida, evitando-se voluntarismos excessivos que consideram apenas um lado das relações sociais[105].

A isto se deve acrescentar ainda que a:

> "intervenção substantiva só pode ser eficiente quando o regulador tem conhecimento completo a respeito do que partes completamente informadas estipulariam, se o regulador tem incentivo para legislar regras ótimas (porque ele não é influenciado por grupos de interesse) e se as preferências dos consumidores são suficientemente homogêneas para justificar certa padronização na regulação da qualidade." (tradução livre)[106].

Esta série de exigências é um dos motivos pelos quais a regulação do Estado não pode ocorrer por um mero ato de voluntarismo do governo de turno, mas deve surgir a partir de amplos estudos técnicos a considerar todas as variáveis relevantes que podem sofrer impactos decorrentes a atuação do Estado[107].

[105] "uma intervenção corretiva do direito será justificada sempre que o custo da intervenção seja inferior ao benefício que ela trouxer ao acordo das partes" Timm; Guarisse, Análise econômica dos contratos, p. 175.

[106] Haupt, Stefan, An Economic Analysis of Consumer Protection in Contract Law, **German Law Journal**, v. 4, n. 11, p. 1138–1163, 2003.

[107] A título de exemplo, pode-se pensar nas discussões envolvendo taxistas e motoristas de aplicativos de celular. Ao invés de suavizar as restrições sobre os taxistas e permitir que ambos competissem com base no preço e na qualidade dos serviços, o Município de São Paulo passou a regular e fiscalizar vestimenta de motoristas de aplicativo de celular. Fantástico, **Entenda a briga entre taxistas e motoristas do aplicativo Uber**, Fantástico, disponível em: <http://g1.globo.com/fantastico/noticia/2015/07/entenda-briga-entre-taxistas-e-motoristas-do-aplicativo-uber.html>, acesso em: 5 out. 2019; Brandalise, Vitor Hugo, Multa que só não dói em bolso-faca; Ribeiro, Gabriel Francisco, **Vai ter Uber em SP? Empresa diz que liminar impede lei da gestão Doria**, disponível em: <https://www.uol.com.br/tilt/noticias/redacao/2018/01/25/vai-ter-uber-em-sp-empresa-diz-que-liminar-impede-lei-da-gestao-doria.htm>, acesso em: 5 out. 2019; FOLHA DE SÃO PAULO, **Doria estabelece trajes obrigatórios para motoristas de aplicativos em SP – 12/07/2017 – Cotidiano**, Folha de S.Paulo, disponível em: <http://www1.folha.uol.com.br/cotidiano/2017/07/1900570-doria-estabelece-trajes-obrigatorios-para-motoristas-de-aplicativos-em-sp.shtml>, acesso em: 5 out. 2019.

Esta perspectiva tem crescido no Brasil a partir das alterações na Lei de Introdução às Normas do Direito Brasileiro (LINDB), evitando-se decisões com base apenas em parâmetros axiológicos abstratos[108], além das já previstas técnicas de elaboração de "atos normativos"[109].

No mesmo sentido, a Lei das Agências Reguladoras (Lei Ordinária de nº: 13.848/19), impõe a obrigação, que deveria ser desnecessária, de adequação entre meios e fins e indicação dos pressupostos de fato a nortear sua atuação regulatória[110].

Mais recentemente, a Lei 13.874/19 (Lei da Liberdade Econômica) dispôs a respeito da obrigatoriedade da Análise de Impacto Regulatório (AIR)[111], impondo que a administração pública se acerque de cuidados antes de intervir na economia[112], o que foi desenvolvido de modo mais minucioso no Decreto de nº: 10.411, de 30 de junho de 2020.

[108] Cf. art. 20 da LINDB: "Art. 20. Nas esferas administrativa, controladora e judicial, não se decidirá com base em valores jurídicos abstratos sem que sejam consideradas as consequências práticas da decisão.
Parágrafo único. A motivação demonstrará a necessidade e a adequação da medida imposta ou da invalidação de ato, contrato, ajuste, processo ou norma administrativa, inclusive em face das possíveis alternativas."

[109] Cf. Decreto nº: 9.191, de 1º de Novembro de 2017.

[110] Cf. arts. 4º e 5º da Lei das Agências Reguladoras: "Art. 4º A agência reguladora deverá observar, em suas atividades, a devida adequação entre meios e fins, vedada a imposição de obrigações, restrições e sanções em medida superior àquela necessária ao atendimento do interesse público.
Art. 5º A agência reguladora deverá indicar os pressupostos de fato e de direito que determinarem suas decisões, inclusive a respeito da edição ou não de atos normativos."

[111] A Análise de Impacto Regulatório foi conceituada no art. 2º, I, do Decreto de nº: 10.411, de 30 de junho de 2020: "Art. 2º Para fins do disposto neste Decreto, considera-se: I – análise de impacto regulatório – AIR – procedimento, a partir da definição de problema regulatório, de avaliação prévia à edição dos atos normativos de que trata este Decreto, que conterá informações e dados sobre os seus prováveis efeitos, para verificar a razoabilidade do impacto e subsidiar a tomada de decisão."

[112] Cf. art. 5º da Lei da Liberdade Econômica: "Art. 5º As propostas de edição e de alteração de atos normativos de interesse geral de agentes econômicos ou de usuários dos serviços prestados, editadas por órgão ou entidade da administração pública federal, incluídas as autarquias e as fundações públicas, serão precedidas da realização de análise de impacto regulatório, que conterá informações e dados sobre os possíveis efeitos do ato normativo para verificar a razoabilidade do seu impacto econômico.
Parágrafo único. Regulamento disporá sobre a data de início da exigência de que trata o caput deste artigo e sobre o conteúdo, a metodologia da análise de impacto regulatório, os

No caso da precificação personalizada, ainda há de se notar, com Baptista e Keller, que a regulação de novas tecnologias não é tarefa simples, dado que a imediata regulação poderá se mostrar desnecessária ou até contraproducente, inclusive por conta do dinamismo da economia contemporânea[113].

Dado este cenário, as autoras entendem que, ainda que a atividade regulatória venha a reboque das novas tecnologias, "a opção por esperar (...) se apresenta como medida mais salutar", mesmo com os aspectos negativos decorrentes da demora[114].

Em resumo, considerando que um dado Estado tenha por objetivo maximizar o bem-estar social, quando o mercado produzir resultados eficientes solitariamente, não cabe à Administração Pública intervir na alocação dos recursos. Por outro lado, havendo falhas de mercado, o Estado deverá criar um arcabouço jurídico que permita aos agentes econômicos transacionar de maneira que os recursos pertençam à parte que lhes dê maior valor ou ainda obrigar as partes a se comportar de acordo com a eficiência de mercado.

Ressalte-se que o cálculo de custo-benefício deve comportar também os benefícios oriundos de valores socialmente relevantes, de tal sorte que não se permite a simples adoção de posturas tendentes a violar Direitos Humanos sob o pretexto da eficiência, crítica esta, como visto, endereçada equivocadamente à AED[115].

Em todos os casos, a análise econômica deve preceder a atuação estatal, sopesando-se os prós e os contras antes de qualquer intervenção.

quesitos mínimos a serem objeto de exame, as hipóteses em que será obrigatória sua realização e as hipóteses em que poderá ser dispensada."

113 "... o processo regulatório adequado não é propenso a respostas imediatas. Principalmente nos setores caracterizados por alta especificidade técnica, o processo de exercício de poder normativo pode ser precedido de coleta de dados, relatório, análise de impacto regulatório, e toda uma cadeia de possíveis atos que siem a informação do processo regulatório." Baptista, Patrícia; Keller, Clara Iglesias, Por que, quando e até onde regular as novas tecnologias? Entre inovação e preservação, os desafios trazidos pelas inovações disruptivas, *in*: Freitas, Rafael Véras de; Ribeiro, Leonardo Coelho; feigelson, Bruno (Orgs.), **Regulação e novas tecnologias**, Belo Horizonte: Fórum, 2018, p. 137.

114 *Ibid.*, p. 137–9.

115 Cf. capítulo 1. Um passeio pelo mercado.

1.6. A chamada economia digital

Este item pretende desenvolver um panorama geral da economia digital a fim de esclarecer quais os fundamentos das novas tecnologias da informação, a estrutura teórica que embasa sua existência e as discussões em relação à necessidade de uma reformulação das teorias econômicas e/ou jurídicas diante dos novos desafios apresentados pela tecnologia.

O alvorecer de tecnologias de comunicação e informação (*Information and Communication Technologies* – ICTs) possibilitou o que se chama hoje Quarta Revolução Industrial, marcada pelo entrelaçamento (*blending and blurring*) dos espaços físico e digital[116] e que "se caracteriza essencialmente por uma Internet ubíqua e móvel, por sensores e dispositivos – que se tornam cada vez mais baratos e menores – e pelo desenvolvimento da inteligência artificial."[117].

Este entrelaçamento se torna evidente na expressão ciberespaço, que denota a existência de um ambiente de extrema imersão, não sendo por acaso a utilização de palavras como internauta e navegador para se referir ao sujeito e ao instrumento de desbravamento da imensidão de informações disponíveis[118].

As semelhanças com a vida *offline* não terminam apenas na criação de um espaço de imersão na Internet, pois, tal como no Sistema 1, não reflexivo e de utilização na rotina diária, os comportamentos de utilização da internet se tornam automáticos quanto mais habilidade o usuário possui[119].

Além destes fatores, cabe aqui pontuar os motivos de popularidade da Internet conforme a visão de RADOVILSKY: (i) grande quantidade de

[116] Cf. MARCUT, Mirela, **Crystalizing the EU Digital Policy: An Exploration into the Digital Single Market**, [s.l.]: Springer, 2017, p. 1.

[117] MAGRANI, Eduardo, A Internet das Coisas no Brasil: Estado da arte e reflexões críticas ao fenômeno, 2018, p. 4.

[118] "Internet seria o meio através do qual recebemos mensagens de correio eletrônico e publicamos informações em Websites; é o que utilizamos para fazer compras e operações bancárias on-line. Já o ciberespaço seria algo a mais, uma experiência mais rica, algo que 'puxa' o indivíduo em razão da intimidade das conversas com outros usuários por meio de mensagens instantâneas ou pela complexidade dos jogos on-line com múltiplos jogadores em massa: alguns acreditam que estão em uma comunidade, outros confundem suas vidas com sua existência no ciberespaço". LEONARDI, **Fundamentos de Direito Digital**, p. 22.

[119] HINDMAN, Matthew, **The Internet Trap: How the Digital Economy Builds Monopolies and Undermines Democracy**, Princeton: Princeton University Press, 2018, p. 34.

informação e notícias para indivíduos diferentes que não estariam disponíveis em outra mídia; (ii) rápido acesso à informação e às notícias a qualquer tempo e lugar com acesso à internet; (iii) busca, seleção e retenção de informações e notícias; (iv) facilidade de comunicação e compartilhamento de informação; (v) grandes oportunidades de negócios na internet[120].

Este quadro se dá por conta do tráfego de dados e sua transformação em informação[121], gerando maior eficiência nas atividades empresariais, especialmente por conta da redução de custos e pela chamada desintermediação nas operações[122] proporcionadas pelas ICTs.

Marcut[123] sinaliza que a estrutura teórica (*theoretical framework*) que marcou as ICTs foi justamente a globalização como conceito e o liberalismo como teoria.

[120] Radovilsky, Zinovy, **Application Models for E-Commerce**, [s.l.]: Cognella Academic Publishing, 2015, p. 2.

[121] Doneda pontua que tanto o dado quanto a informação são expressões cujo conteúdo "se sobrepõe em várias circunstâncias, o que justifica uma certa promiscuidade na sua utilização", mais adiante, esclarece que: "o termo dado apresenta uma conotação um pouco mais primitiva e fragmentada como se fosse uma informação em estado potencial". Ao passo que a informação: "alude a algo além da representação contida no dado, chegando ao limiar da cognição". Doneda, Danilo, O direito fundamental à proteção de dados pessoais, *in*: Martins, Guilherme Magalhães; Longhi, João Victor Rozatti (Orgs.), **Direito digital: direito privado e internet**, Indaiatuba: Foco, 2019, p. 37; Oportuno observar que, no contexto da economia digital, as palavras dado e informação são tratadas de modo distinto. Em sentido estrito, dado é o resultado de experimentos científicos ou mensurações, ao passo que em sentido amplo, dado é qualquer informação ou representação desta informação. AUTORITÉ DE LA CONCURRENCE; BUNDESKARTELLAMT, Competition Law and Data, 2016; Contudo, esta diferenciação não tem recebido grande atenção, a exemplo, Varian e Shapiro utilizam a expressão informação como "qualquer coisa que pode ser digitalizada - codificada em uma rede de bits" (tradução livre). Shapiro, Carl; Varian, Hal R, **Information Rules: A strategic guide to the network economy**, Boston: Harvard Business School Press, 1999, p. 3; e, por sua vez, a expressão digitalização tem sido compreendida como a conversão de um sinal analógico para bits. OECD, **OECD Digital Economy Outlook 2017**, Paris: OECD Publishing, 2017, p. 24.

[122] Schiller, Dan, **Digital Capitalism: Networking the Global Market System**, Cambridge: MIT, 1999, p. 22.

[123] Marcut, **Crystalizing the EU Digital Policy: An Exploration into the Digital Single Market**, p. 2.

De fato, antes do quadro atual, no qual se discute a regulação dos componentes chave do ecossistema digital[124], a internet surge nos EUA como um sistema de troca de informações durante períodos de conflito (ARPANET) e só depois passa a ser concebida como um bem público a ser financiado pelo Estado.

A ideia de regulação do sistema de troca de informações descentralizado e disruptivo é deixada de lado na década de 1980[125] (liberalismo), seguindo-se ainda da imposição de desregulação ou ausência de regulação à internet como condição para o auxílio econômico dos EUA aos países em desenvolvimento (globalização)[126].

Por conta desta pressão por uma internet livre e desregulada, Holroyd e Coates[127] pontuam que a revolução digital foi recebida de modo entusiástico e acrítico pelo mundo e sem muita atenção ou intervenção governamental, sendo que esta ausência de restrições à internet deu vazão a desejos de convergência entre todas as mídias e mercados, como pontua Schiller:

> "Os arquitetos do capitalismo digital perseguiram um objetivo principal: desenvolver uma rede econômica que suporte uma gama cada vez maior de processos de negócios intra e intercorporativos. Esse objetivo abrange tudo, desde programação de produção e engenharia de produtos até contabilidade, publicidade, bancos e treinamento. Somente uma rede capaz de lançar sinais – incluindo vozes, imagens, vídeos e dados – para os confins do mundo seria adequada para sustentar essa migração aberta para o comércio eletrônico." (tradução livre)[128]

Este ponto de vista, adotado pela chamada teoria da convergência, caiu momentaneamente em descrédito por conta da bolha dos anos 2000[129], mas permitiu a progressiva digitalização de setores tradicionais

[124] Os componentes são a Internet das Coisas (IoT), a análise de Big Data, a Inteligência Artificial e a tecnologia de Blockchain. Cf. OECD, **OECD Digital Economy Outlook 2017**, p. 24-25.

[125] Smyrnaios, **Internet Oligopoly: The Corporate Takeover of Our Digital World**, p. 9.

[126] Cf. Schiller, **Digital Capitalism: Networking the Global Market System**, p. 75.

[127] Holroyd, Carin; Coates, Ken, **The Global Digital Economy: A Comparative Policy Analysis**, Nova York: Cambria Press, 2015, p. 2.

[128] Schiller, **Digital Capitalism: Networking the Global Market System**, p. 1.

[129] Smyrnaios, **Internet Oligopoly: The Corporate Takeover of Our Digital World**, p. 48-62.

da economia através da utilização das ICTs[130], dando vazão aos efeitos da internet na economia da informação[131], tais como: (i) a ausência de rivalidade no consumo; (ii) ausência de exclusão; (iii) vantagens distributivas; (iv) externalidades positivas; (v) redução dos custos de transação; e (vi) facilidade de constituição de monopólios ou oligopólios.

Dentre os aspectos positivos das tecnologias digitais no plano econômico, a Organização para a Cooperação e Desenvolvimento Econômico – OCDE ressalta que "a internet reduz as barreiras ao empreendedorismo e torna mais fácil começar, crescer e administrar um negócio" (tradução livre)[132], além de "reduzir os custos de transação, aumentar a transparência de preço e melhorar a competição" (tradução livre)[133].

Todos os pontos de vista acima analisados passam pelo reconhecimento dos benefícios oriundos da maior velocidade no envio e recebimento de informações por parte dos usuários de Internet.

Note-se que, como pontua Carlsson, a informação não é nova, o que mudou foi a forma com que ela é reunida, manipulada, armazenada e transferida e é justamente este ambiente de interconectividade que possibilita novas combinações técnicas que produzem novas oportunidades de negócio[134].

De acordo com as visões mais otimistas, a economia digital permitiria a superação dos padrões então vigentes[135], sendo necessária a criação de uma nova teoria econômica, um novo Direito e uma nova relação entre as pessoas e a inteligência artificial.

Outros, porém, compreendem que, embora a economia digital traga consigo inovações tecnológicas, não se trata de uma violenta quebra

[130] Cf. Marcut, **Crystalizing the EU Digital Policy: An Exploration into the Digital Single Market**, p. 7.

[131] Cf. Smyrnaios, **Internet Oligopoly: The Corporate Takeover of Our Digital World**, p. 56.

[132] OECD, **OECD Digital Economy Outlook 2017**, p. 199.

[133] *Ibid.*

[134] Carlsson, Bo, The Digital Economy: what is new and what is not?, **Structural Change and Economic Dynamics**, v. 15, n. 3, p. 245–264, 2004.

[135] Schiller, **Digital Capitalism: Networking the Global Market System.**, p. xiii sintetiza o discurso otimista: "We have all heard the prognostications: the Internet will vault us into global brotherhood, revitalize our children's education, usher in an era of robust direct democracy – and, ultimately, create the conditions for the development of what the chief executive officer of Microsoft hails as a 'friction-free capitalism.'.

de paradigma a ponto de que se tenha de abandonar o conhecimento produzido até então, esta corrente de pensamento pode ser sintetizada na frase de Shapiro e Varian: "A tecnologia muda, as leis da economia não" (tradução livre)[136].

As visões otimistas, que acreditavam que a internet poderia propiciar um comércio sem fricções no qual "os consumidores estavam perfeitamente informados, o varejo entrava em intensa competição, o preço estava no custo marginal e a lei do preço único governava" (tradução livre)[137], mas o quadro não se realizou, pois fatores como as preferências dos consumidores, a variedade de produtos e a conduta dos varejistas em obstaculizar o fluxo de informação atuaram para impedir este cenário[138].

Desta maneira, é possível observar diversas falhas de mercado na economia digital que são idênticas àquelas presentes em diversos setores da economia analógica, tais como o custo da informação[139], a tendência à concentração dos mercados[140] e a utilização de táticas de manipulação de mercado para lograr os consumidores[141].

Note-se que o próprio mercado pode produzir algumas correções de rumo dentro de suas falhas, tais como a inserção de sites de compras (*shopping robots, shopbots*)[142] para a redução dos custos de informação aos consumidores.

136 Shapiro; Varian, **Information Rules: A strategic guide to the network economy.**, p. 5-6. No mesmo sentido, Hindman, **The Internet Trap: How the Digital Economy Builds Monopolies and Undermines Democracy**, p. 5.

137 Ellison, Glenn; Ellison, Sara Fischer, Lessons About Markets from the Internet, **Journal of Economic Perspectives**, v. 19, n. 2, p. 139–158, 2005.

138 *Ibid.*

139 O custo da informação para o consumidor no ambiente eletrônico é inferior ao da pesquisa em compras offline, mas pesquisas trazidas por Liber e Syverson apontam que a existência de custos implícitos nas buscas em sites de compras. Cf. Lieber, Ethan; Syverson, Chad, Online versus Offline Competition, **The Oxford Handbook of the Digital Economy**, 2012.

140 "Porque o Facebook foi um pouco melhor um pouco antes e porque teve sorte, ele ganhou todo o mercado. (...) Uma vez que um campeão (winner) começa a emergir, o mercado se torna altamente inflexível." (tradução livre) Hindman, **The Internet Trap: How the Digital Economy Builds Monopolies and Undermines Democracy**.

141 Comércios eletrônicos de bens vistos como homogêneos se utilizam de táticas para ofuscar os preços reais a fim de que não seja possível a comparação dos preços nos sites dedicados a esta tarefa. Cf. Lieber; Syverson, Online versus Offline Competition.

142 Os sites de compras (shopping robots, shopbots) são tecnologias de busca voltadas a reunir informações sobre produtos ou serviços disponibilizados no mercado digital, apresenta-

Contudo, muitas destas ferramentas de correção do mercado são acessíveis apenas a consumidores mais sofisticados ou com maior conhecimento da internet, mantendo-se distante dos usuários com menores recursos ou ainda desencadear uma nova leva de problemas regulatórios.

Além disso, a natureza ambígua da internet pode ser observada no comércio eletrônico[143], que possui peculiaridades que o diferenciam do comércio *in loco* e que afetam as relações de mercado produzindo assimetria informacional, tais como: (i) impossibilidade do consumidor analisar o bem antes da aquisição; (ii) maior quantidade de entrantes no mercado que não possuem capacidade de sinalizar qualidade ou reputação; e (iii) distanciamento temporal entre a compra e o consumo do produto. Além de possuir características positivas como: (i) redução do custo de pesquisa de preços; (ii) redução dos custos de distribuição; e (iii) melhora na qualidade dos serviços[144].

Hindman assinala que estes posicionamentos otimistas e pessimistas sobre a internet ocorrem porque se ignora a existência de duas internets, a real, que corresponde a um modelo estável e oligopolizado, e

do seus preços, métodos de pagamento, características e demais peculiaridades a fim de reduzir os custos de busca do consumidor (cf. Moraga-Gonzalez, Jose-Luis; Wildenbeest, Matthijs R., Comparison Sites, **The Oxford Handbook of the Digital Economy**, 2012.).

143 De acordo com de acordo com Radovilsky, a expressão e-commerce pode ser compreendida em três concepções, cada uma delas privilegiando um aspecto específico, conforme se observa na tabela abaixo, que traduzimos do original:

Aspectos do e-commerce	Definições de e-commerce
Tecnológico	e-commerce é a aplicação de tecnologia usada para automatizar e melhorar transações comerciais (business transactions) utilizando predominantemente sites baseados na internet (*Internet-based web sites*).
Comercial	e-commerce é usado para prover a capacidade de comprar e vender produtos, serviços e informação predominantemente em sites baseados na internet (*Internet-based web sites*).
Valorativo	e-commerce é a ferramenta que pode ser usada por comércios, clientes e consumidores para criar valor em transações baseadas na internet através do aumento de eficiência e redução de custos, enquanto aumentando a qualidade dos bens e serviços.

(Radovilsky, **Application Models for E-Commerce**, p. 3.)

144 Cf. Lieber; Syverson, Online versus Offline Competition.

uma representação idealizada de um sistema que está "democratizando a comunicação e a vida econômica" (tradução livre)[145].

A despeito deste embate a respeito das características positivas e negativas da economia digital em múltiplos campos da experiência humana[146], não se mostra sensato jogar junto com a água do banho todo o conhecimento estocado decorrente dos modelos clássicos de oferta e demanda e da estruturação dos incentivos das partes contratantes, ainda que ocorra redução de custos marginais ou mesmo dos custos de transação na economia digital.

A menos que sobrevenham estudos empíricos a demonstrar que os rudimentos da microeconomia não se mostram suficientes para a compreensão dos fenômenos na economia digital, o que, como veremos, não parece ser o caso, sensato manter e aprimorar os modelos atuais para a análise das relações de demanda e oferta, indispensáveis para a compreensão da precificação personalizada.

Da mesma forma, o ingresso de novas formas de negócios, fluxo de informação e até mesmo a tomada de decisão algorítmica não se mostram suficientes para decretar a aposentadoria dos modelos de responsabilidade civil, de direitos de personalidade e o conceito de contrato.

A adaptação dos modelos jurídicos existentes deve ocorrer mediante cuidadosa análise experiência nacional e estrangeira e só então, verificado o cenário, deduzir princípios setoriais referentes à relação do Direito com a Tecnologia, sob pena de impedir o desenvolvimento do mercado ou mesmo de inviabilizar soluções internas que prescindiriam da atuação do Estado.

Durante esta fase de aprendizado, deve-se trabalhar com as categorias já existentes, aplicando-as aos casos concretos, evitando partir para regulações de objetos ainda pouco conhecidos.

Por outro lado, há aqueles que, como Feilgelson sustentam que, à luz das novas tecnologias, o direito do consumidor não mais está apto a

145 Hindman, **The Internet Trap: How the Digital Economy Builds Monopolies and Undermines Democracy**, p. 163.

146 As alterações trazidas pela internet estão longe de se limitar às relações econômicas, pois afetam não apenas a organização industrial, o atendimento ao consumidor e a publicidade, mas até mesmo o jogo político. Cf. Chamoux, Jean-Pierre, Digital Omnipresence: Its Causes and Consequences, *in*: **The Digital Era 1: Big Data Stakes**, Hoboken: Wiley, 2018, p. 10.

dar conta das complexidades surgidas com o advento das ICTs[147], sendo necessária a criação de um direito do usuário.

De nossa parte, discordamos, no momento, de tal análise, visto que as falhas de mercado comportamentais ainda desempenham papel importante nas relações de consumo, seja ele analógico ou digital, além do fato de que poucas vezes há diferença entre o consumidor e o usuário.

Além disso, aponta-se que não raras tentativas de disrupção não chegam sequer a ser implementadas, sendo abandonadas pelos empresários antes mesmo da finalização dos estudos[148], de modo que uma posição marcada pela neofilia poderá pecar pelo excesso de inocência frente ao estoque de conhecimento já existente.

Em resumo, as ICTs, respaldadas pelos valores do liberalismo, proporcionaram maior velocidade na troca de informação entre os usuários, propiciando inúmeros benefícios à atividade econômica, assim como algumas falhas de mercado, todas elas, porém, compreensíveis a partir dos modelos teóricos preexistentes à Internet, desta maneira, ainda que haja respeitáveis vozes a indicar uma mudança profunda na economia digital, parece que estes câmbios não atingem a substância dos modelos econômicos, mas apenas servem para inserir novos dados para análise dos modelos existentes.

No que tange ao Direito, faz-se necessário compreender as novas tecnologias e seus impactos, mas isto não implica que o Estado deva se antecipar ao mercado, sob pena de que sua regulação termine por se mostrar pior do que os problemas que pretende solucionar. A regulação, portanto, exige cautela.

[147] Entende-se, sob esta ótica, que o direito do consumidor: "deve ser cindido, dando origem ao que compreendemos como direito do usuário. Isso porque os indivíduos que utilizam novos aplicativos e sistemas têm maior conhecimento e, principalmente poder frente às empresas, o que justifica uma nova forma do direito compreender e tratar o fenômeno" FEIGELSON, Bruno, A relação entre os modelos disruptivos e o direito: estabelecendo uma análise metodológica em três etapas, *in*: FREITAS, Rafael Véras de; RIBEIRO, Leonardo Coelho; FEIGELSON, Bruno (Orgs.), **Regulação e novas tecnologias**, Belo Horizonte: Fórum, 2018, p. 57–58.

[148] SCHILLER, **Digital Capitalism: Networking the Global Market System**, p. 15.

2. O Preço Personalizado

Este capítulo será dedicado à precificação personalizada, principiando pela exposição geral da técnica, os estudos desenvolvidos para a constatação de sua prática na economia e os empecilhos à sua implementação massiva.

Ao adentrar em qualquer estabelecimento comercial destinado à venda de bens, o consumidor brasileiro está habituado a observar o produto e, sobre ele, uma etiqueta contendo o preço do bem.

A imagem comezinha, porém, não era costumeira até que, no século XIX, período em que o vendedor observava o cliente, intuindo a partir de suas vestes, jeitos e comportamento a sensibilidade ao preço que ele possuiria.

Assim, um vendedor poderia adequar seu preço a clientes com maiores ou menores sensibilidades, não estando condicionado a uma prévia obrigação de informar a quantia que deseja receber pela coisa vendida.

Isto significa, evidentemente, um transtorno ao comprador, dado que a busca de informação do preço de bens homogêneos ou substitutos e a sua comparação se tornava extremamente custosa. A cada rodada de negociação, o cliente deveria ingressar no estabelecimento comercial, localizar o produto, negociar e, só então, transcorridas quase todas as etapas da compra, ter acesso ao preço efetivo pelo qual o vendedor aceitaria realizar o negócio.

No que toca o fornecedor, também se mostra extremamente dispendiosa a tarefa de ingressar na atividade de busca de informações do consumidor, formulação de preço e negociação a cada nova rodada de consulta por parte dos clientes, de modo que o desgaste afetava aos dois polos da relação de consumo.

Foi neste cenário que um Quaker, John Wanamaker, por motivos religiosos[149] ou econômicos[150], decidiu inserir uma etiqueta em seus produtos, sob o argumento de que seria imoral que pessoas diferentes pagassem preços diferentes por um mesmo bem.

A etiqueta de preço então serviu como instrumento de informação ao cliente e reduziu os custos de transação, popularizando-se massivamente em todo o globo.

No Brasil, a etiqueta contendo o preço do produto é obrigatória por conta da Lei 10.962 de 11 de outubro de 2004, que "Dispõe sobre a oferta e as formas de afixação de preços de produtos e serviços para o consumidor", inclusive no que se refere ao comércio eletrônico.

A popularização da etiqueta de preço não implicou no fim da prática de análise do cliente para a aferição dos limites de sua disposição em pagar pelos produtos, mas a deixou relegada a ambientes em que a circulação da informação é mais restrita, tais como a aquisição de unidades condominiais, veículos ou ainda ao folclore popular, como na figura do bazar oriental[151].

Outra forma de analisar a questão chega a ser ainda mais impactante, a precificação personalizada, que parece invasiva e vil ao primeiro olhar, mostra-se idêntica aos descontos concedidos pelos vendedores em qualquer processo de negociação.

Realmente, quando um vendedor customiza o preço de um produto a um cliente com base nas características (por ele percebidas) do consumidor, trata-se da figura do preço personalizado, criado exclusivamente para uma pessoa específica e diante de informações, verdadeiras ou falsas, que (a)pareceram ao vendedor.

Entretanto, não será apenas nos caricatos comércios orientais que esta formulação de preço aparecerá, dado que a tecnologia permitiu aos

[149] PBS, **Who Made America? | Innovators | John Wanamaker**, disponível em: <https://www.pbs.org/wgbh/theymadeamerica/whomade/wanamaker_hi.html>, acesso em: 14 set. 2019.

[150] WALLHEIMER, **Are you ready for personalized pricing?**

[151] OPPERMANN *et al*, **É justo cobrar um preço diferente de cada cliente? – Época NEGÓCIOS | Visão**.

varejos capturar informações referentes aos hábitos de consumo dos clientes, sua frequência de aquisição de bens, sensibilidade ao preço e até mesmo conexões usualmente imperceptíveis que criam um perfil apurado do demandante e de sua disposição em pagar por um determinado bem.

As evidências de que os fornecedores de produtos e serviços passaram a utilizar a precificação personalizada têm se alastrado, havendo quantidade razoável de estudos e reportagens a pontuar que a prática deixou de ocupar apenas o campo dos sonhos dos empresários para adentrar na vida cotidiana.

No ano de 2012, descobriu-se que o site de viagens Orbitz ajustava os preços para usuários de computadores Mac, que estavam dispostos a gastar 30% a mais em quartos de hotel quando comparados a usuários de outros dispositivos. No mesmo ano, uma matéria do Wall Street Journal pontuou que o site Staples variava preços conforme a proximidade do usuário a lojas de concorrentes[152].

Chegando a conclusões diferentes, outra pesquisa, ocorrida também em 2012, não localizou diferença de preço por conta de sistemas operacionais ou navegadores, mas características como localização geográfica e URL de origem impactaram os preços visualizados pelos consumidores[153].

O Gazdasági Versenyhivatal – GVH (autoridade de concorrência da Hungria) analisou caso no qual se descobriu que a Airbnb estava oferecendo preços variados aos consumidores sem um critério evidente, sendo que a investigação somente se encerrou por conta de acordo no qual a sociedade se comprometia empreender maior transparência em sua formulação de preços[154].

Um estudo conduzido no ano de 2014 observou sinais de diferença de preço em varejistas online, discriminação de preços entre grupos

[152] WALKER, Tim, **How much ...? The rise of dynamic and personalised pricing | Money | The Guardian**, disponível em: <https://www.theguardian.com/global/2017/nov/20/dynamic-personalised-pricing>, acesso em: 9 ago. 2019; WILSON, **Buyer beware, online shopping prices vary user to user**; SECRETARIAT, **Personalised Pricing in the Digital Era – Background Note by Secretariat**, Paris: OECD, 2018, p. 14.

[153] MIKIANS, Jakub *et al*, Detecting price and search discrimination on the Internet, **Hotnets**, n. 12, p. 1–6, 2012.

[154] HUNGRIA, **Personalised Pricing in the Digital Era – Note by Hungary**, Paris: OECD, 2018, p. 4–5.

de consumidores a partir do sistema operacional utilizado, navegador escolhido ou mesmo se a busca foi realizada através de celular ou computador[155].

Note-se que algumas das dificuldades de pesquisa empírica a respeito da precificação personalizada residem no fato de que, ainda que se possa localizar preços diferentes na internet, cada usuário possui históricos de navegação, cliques, hábitos de compra e tantas outras particularidades que tornam difícil a identificação das causas subjacentes[156].

Estas dificuldades foram vencidas através da criação de contas falsas com ligeiras alterações entre si, tais como navegador, sistema operacional, conta de usuário, histórico de compras etc. Através deste expediente foi possível descobrir que sites como Travelocity apresenta descontos de 5% para usuários de smartphones, sites como Interestingly e Cheaptickets igualmente dão descontos de 5% para usuários logados em seus sites e o Home Depot cobrava US$ 0,41 a mais de usuários de smartphone com o sistema operacional android[157].

No mesmo sentido, a pesquisa conduzida por Hindermann aponta uma série de diferenças de preço em companhias como Capital One, Kayak, Hotwire, Orbitz e Ryanair com base em critérios que vão desde a localização do consumidor até o navegador utilizado[158].

Assim como o *Bureau Européen de Consommateurs* – BEUC traz notícias de preços diversos em pesquisas realizadas ao mesmo tempo em sites de passagens e acomodações com variações de preços de 5% a 23% na Itália, ao passo que estudos na Áustria mostram variações de preço, mas foram inconclusivos[159].

Por outro lado, as buscas conduzidas pela OCDE, envolvendo oito estados membros e quatro mercados, não localizaram evidência de precificação personalizada consistente e sistemática no ambiente eletrônico, mas a pesquisa apontou que 34 sites ofereciam preços persona-

[155] Hannak, Aniko *et al*, Measuring Price Discrimination and Steering on E-commerce Web Sites, **IMC**, v. 14, 2014.

[156] *Ibid.*; Wilson, **Buyer beware, online shopping prices vary user to user**.

[157] Hannak *et al*, Measuring Price Discrimination and Steering on E-commerce Web Sites; Wilson, **Buyer beware, online shopping prices vary user to user**.

[158] Hindermann, Christoph Michael, Price Discrimination in Online Retail, **ZBW – Leibniz Informarmation Centre for Economics**, 2018.

[159] Beuc, **Personalised Pricing in The Digital Era – Note by BEUC**, Paris: OECD, 2018, p. 5.

lizados, dos quais 19 eram referentes a passagens aéreas, 9 no setor de reserva de hotéis, 4 para calçados e 2 para televisores[160].

Além disto, outras pesquisas a respeito da prática de precificação personalizada possuem resultados extremamente divergentes, um estudo conduzido pela *Competition and Markets Authority* – CMA no ano de 2017 não identificou precificação com base nos consumidores, embora tenha notado personalização nas páginas apresentadas[161].

Via de regra, os motivos para a não utilização em massa da precificação personalizada no mercado digital seriam: (i) a concepção popular de que as formas de discriminação de preços não são éticas; (ii) há empecilhos legais como a *General Data Protection Regulation* – GDPR no âmbito da União Europeia; (iii) a precificação personalizada necessita de expertise técnica; e (iv) há razões econômicas como o volume de informação necessário, possíveis condutas dos consumidores e forças competitivas[162].

Da mesma forma, MILLER entende que a precificação de primeiro grau sofre sérios obstáculos pela necessidade de constituição de monopólio perfeito, ainda que exista monopólio perfeito, o monopolista terá que dividir em alguma medida os excedentes com os consumidores e dificilmente há informação completa a respeito da disposição do consumidor em pagar pelo produto[163].

Além destes empecilhos, deve-se considerar também os obstáculos referentes a: (i) descobrir a disposição do consumidor em pagar pelo produto; (ii) elevar estes preços dentro de um ambiente competitivo; e (iii) evitar a ocorrência de arbitragem (revenda por parte dos consumidores que pagaram menos)[164].

[160] EUROPEAN COMMISSION, **Consumer market study on online market segmentation through personalised pricing/offers in the European Union**, Bruxelas: European Commission, 2018.

[161] Para um quadro geral das pesquisas de ponta a respeito de evidências de precificação personalizada, veja-se: CMA, **Pricing algorithms: economic working paper on the use of algorithms to facilitate collusion and personalised pricing**, Londres: CMA, 2018, p. 37.

[162] HINDERMANN, Price Discrimination in Online Retail.

[163] MILLER, Akiva, What do we worry when we worry about price discrimination? The law and ethics of using personal information for pricing, **Journal of Technology, Law and Policy**, v. 19, p. 41–104, 2014.

[164] EXECUTIVE OFFICE OF THE PRESIDENT, **Big Data and Differential Pricing**, p. 4; EU, **Personalised Pricing in the Digital Era – Note by the European Union**;

Dentre tais restrições, provavelmente a mais pujante é a das instituições informais, ou seja, o conjunto de práticas culturais[165], pois algumas questões referentes às normas sociais afetam as práticas do mercado, ainda que exista uma explicação econômica extremamente razoável para a sua implementação.

Um exemplo é o aumento do preço de pás de neve após uma nevasca, este aumento de preço pode ser explicado pelo aumento da demanda e a manutenção da quantidade ofertada, contudo, o consumidor entende que esta prática é abusiva a partir de seus critérios de justiça (*fairness*)[166].

Neste sentido, a pesquisa de KAHNEMAN, KNETSCH e THALER pontua que, dentro de um senso de justiça, o consumidor repudia a discriminação de preços, havendo incentivos para o melhor comportamento dos varejistas "se um grande número de clientes estiver preparado para dirigir mais cinco minutos para evitar fazer negócios com uma empresa (*firm*) injusta" (tradução nossa)[167].

Estas punições sociais, contudo, perdem força ao passo que as interações aumentam em complexidade e os contratos ultrapassam a barreira da pessoalidade, de modo que a importância das instituições formais e suas sanções ganham força[168].

Pois bem, com base em informações captadas do cliente ou através de terceiros, que atravessam a caixa preta de algoritmos. Estes podem ser desde muito simples, como uma sequência de condicionais – por exemplo, "se usa Apple, aumente em 2%", "se mora em Belo Horizonte reduza em 3%", etc. – até extremamente complexos como algoritmos modernos de aprendizado de máquina em tempo real. Com essa tecnologia, o varejista pode tentar estimar quais consumidores têm maior ou

SECRETARIAT, **Personalised Pricing in the Digital Era – Background Note by Secretariat**, p. 12.

165 "Instituições são restrições inventadas pelo ser humano (humanly devised constraints) que estruturam as interações políticas, econômicas e sociais. Elas consistem tanto em restrições informais (sanções, tabus, costumes, tradições e códigos de conduta) quanto em regras formais (constituições, leis e direitos de propriedade)." (tradução livre). Cf. NORTH, Douglass C., Institutions, **The Journal of Economic Perspective**, v. 5, n. 1, p. 97–112, 1991.

166 KAHNEMAN, Daniel; KNETSCH, Jack; THALER, Richard, Fairness as a Constraint on Profit Seeking: Entitlements in the Market, **The American Economic Review**, v. 76, n. 4, p. 728–741, 1986.

167 *Ibid.*

168 NORTH, Institutions.

menor disposição a pagar por um dado produto, fornecendo o preço *num piscar de olhos*. No entanto, essa estimação é imperfeita e sempre é acompanhada de alguma margem de erro, que precisa ser pequena o suficiente para, sob certas condições, ter ganhos marginais sobre o preço padronizado.

Assim, todo o processo que se realizava nos primórdios do século XIX retorna ao contexto das negociações contemporâneas com roupagem diferente, oriunda da aplicação de métodos estatísticos onde havia o instinto do vendedor e a correção e aprimoramento do modelo onde residia a experiência do mercante.

Os próximos itens tratarão de descrever o preço personalizado utilizado na economia digital, através de (i) diferenciação conceitual entre discriminação de preço e preço personalizado; (ii) etapas do varejista para a utilização da precificação personalizada; (iii) reflexos do preço personalizado no ambiente competitivo; e (iv) relação entre o preço personalizado e a discriminação.

2.1. Discriminação de preço e preço personalizado (*price discrimination* e *personalized price*) no contexto da teoria econômica

Este item pretende discutir a discriminação de preço e a precificação personalizada no contexto da teoria econômica, a fim de explorar as diferenciações conceituais e os estudos teóricos a respeito dos benefícios e prejuízos causados ao bem-estar social (considerado aqui como a maior quantidade possível de indivíduos atendidos pelo comércio).

Antes de adentrarmos especificamente na precificação em voga no comércio eletrônico, mostra-se necessário aclarar algumas expressões que acima foram tocadas apenas de modo lateral, a saber: discriminação de preço e preço personalizado.

Pois bem, a discriminação de preço pode ser definida como a cobrança de preços diferentes por um mesmo produto a pessoas diferentes quando os custos são idênticos para o fornecedor. Esta definição, contudo, possibilita mais de uma interpretação, pois a diferença de preços pode ocorrer para uma pessoa específica, um grupo de pessoas ou ainda por conta de uma aquisição de uma quantidade de produtos acima de um gatilho de preço.

Por conta destas diferenciações que estão inseridas no conceito de discriminação de preço, convencionou-se a sua divisão em três níveis:

a) Discriminação de preço de primeiro nível (*first degree price discrimination*): Referente à diferenciação de preços entre consumidores individualizados por um mesmo produto;
b) Discriminação de preço de segundo nível (*second degree price discrimination*): Referente à diferenciação de preços por conta da quantidade de bens adquiridos pelo demandante ou utilização de versões diferentes do produto (versionismo);
c) Discriminação de preço de terceiro nível (*third degree price discrimination*): Referente à diferenciação de preços entre grupos de consumidores por um mesmo produto.

O preço personalizado, por sua vez, é uma espécie da discriminação de preço entre o primeiro e terceiro níveis[169], na qual o preço dos produtos será elaborado para um consumidor específico ou um grupo pequeno de consumidores, dada a sua disposição individual ou coletiva em adquirir um produto ou serviço a partir de seus dados pessoais.

A teoria da discriminação de preço surgiu a partir do estudo dos monopólios e toca profundamente a relação de demanda do monopolista.

Como vimos, a curva de demanda do monopolista seria negativamente inclinada, pois, ao passo que o monopolista aumenta sua produção, o preço do bem decresce, dado que a escassez diminui.

Para contornar este cenário, o monopolista poderia então discriminar o preço dos produtos oferecidos aos consumidores, tal como ocorre com edições especiais de livros com preços maiores para demandantes dispostos a pagar preços superiores e edição de bolso do mesmo produto para o consumidor mais sensível ao preço[170].

Utilizando este modelo de discriminação, o monopolista alcança razoável sucesso na venda dos bens sem incorrer na depreciação do valor de seu produto, contudo, verifica-se claramente que a discriminação apresentada está longe do quadro de perfeição tal como o descrito na discriminação de preço de primeiro nível.

169 PORTUGAL, **Personalised Pricing in the Digital Era – Note by Portugal**, Paris: OECD, 2018, p. 5.

170 Ainda que exista alguma alteração cosmética no produto, o bem efetivamente adquirido pelo consumidor é o texto inserido no livro, a informação nele constante, não se justificando o acréscimo de preço senão por algum valor idiossincrático que o adquirente nele insira.

Este modelo de discriminação de preço somente seria possível ao monopolista, pois o ofertante que compete no mercado de concorrência perfeita e sem custos de informação teria contra si uma curva de demanda horizontal, na qual está impossibilitado de oferecer preço maior que o do equilíbrio de mercado.

Estes pressupostos funcionam quando se está diante do modelo do agente racional e se considera que o custo de obtenção da informação (preço) é negligenciável por parte dos consumidores.

Noutras palavras, o demandante não teria qualquer dispêndio de energia para descobrir se o preço do fornecedor é superior ou inferior ao de seus concorrentes, de tal sorte que o produtor que oferecesse seus produtos acima do preço de mercado teria uma receita igual a zero.

Pois bem, isto implica que qualquer tentativa de precificação personalizada de um produto em um mercado competitivo estaria fadada ao fracasso, salvo se este preço personalizado fosse inferior ao preço de mercado.

No plano concreto, o papel das variações de preço no mercado pode ser explicado como a tentativa dos varejistas em discriminar os consumidores informados e desinformados a respeito dos preços de mercado, de modo que as promoções seriam meio de alcançar os consumidores mais bem informados a respeito dos preços[171].

Outra possível forma de compreensão da discriminação de preços é a heterogeneidade de racionalidade entre consumidores, modelada na forma de custos diferentes para a aquisição de informação, a qual explica a dispersão de preços no mercado, tornando-o similar ao de concorrência monopolística mesmo que os produtos ou serviços sejam homogêneos[172].

Como se isto não bastasse, ao passo que a quantidade de fornecedores que utiliza precificação personalizada aumenta, torna-se mais difícil encontrar aquele que seria o preço de mercado[173].

[171] VARIAN, Hal R, A Model of Sales, **American Economic Review**, v. 70, n. 4, p. 651–659, 1980.

[172] SALOP, Steven; STIGLITZ, Joseph E, Bargains and Ripoffs: AModel of Monopolistically Competitive Price Dispersion, **Review of Economic Studies**, v. 44, n. 3, p. 493–510, 1977; conferir também STIGLITZ, Joseph E, Equilibrium in Product Markets with Imperfect Information, **The American Economic Review**, v. 69, n. 2, 1979.

[173] EZRACHI, Ariel; STUCKE, Maurice, **Virtual Competition: A promise and perils of the algorithm driven economy**, Londres: Harvard University Press, 2016, p. 114.

De modo geral, os estudos a respeito dos efeitos da precificação personalizada e da discriminação de preços são inconclusivos por conta da diversidade de pressupostos utilizados nos modelos (v.g. racionalidade dos agentes, comportamentos reativos, custo da informação etc.) e pela ausência de análises empíricas a respeito do tema, mas, em geral, pontua-se que, no ambiente competitivo, os efeitos de tais práticas seriam benéficos aos consumidores[174].

O modelo desenvolvido por FUDENBERG e VILLAS-BOAS aponta que as firmas aumentam seus recebimentos quando estão em monopólio, mas fazem com que os consumidores se tornem reticentes em fornecer seus dados pessoais. Por outro lado, havendo competição e conhecimento de que as concorrentes adquiriram informação sobre os consumidores, a utilização de precificação personalizada levará ao acirramento da competição[175].

A discriminação de preços pode ser utilizada como meio de buscar novos clientes que seriam inviáveis em um sistema de preços fixos[176], ao mesmo tempo, a discriminação de preços teria o condão de permitir que os preços de todos os produtos fossem reduzidos, assim como a receita das companhias, pois cada consumidor seria objeto de disputa acirrada entre os fornecedores[177].

Este raciocínio se mantém apenas de houver discordância entre os fornecedores a respeito de quais consumidores devem receber preços mais elevados ou mais baixos, pois, neste caso, a existência de benefício a consumidores ou a fornecedores dependerá dos níveis de aumento e redução de preços aos consumidores[178].

Os defensores de preços customizados argumentam que esta prática implicaria uma situação de ganha-ganha (*win-win*), pois os fornecedores

[174] A pesquisa de SHAW e VULKAN indica que os fornecedores tendem a discriminar preços, gerando maior competição e redução de preços. Cf. SHAW, Ingrid; VULKAN, Nir, **Competitive Personalized Pricing: An Experimental Investigation**, [s.l.: s.n.], 2012; EUA, **Personalised Pricing in the Digital Era – Note by the United States**, Paris: OECD, 2018, p. 5.

[175] FUDENBERG, Drew; VILLAS-BOAS, J. Miguel, Price Discrimination in the Digital Economy, *in*: , [s.l.: s.n.], 2012.

[176] COOPER, James C *et al*, Does Price Discrimination Intensify Competition? Implications for Antitrust, **Antitrust Law Journal**, v. 72, n. 2, p. 327–373, 2005, p. 338.

[177] *Ibid.*, p. 341.

[178] *Ibid.*, p. 343.

são beneficiados pelo aumento dos lucros e ganhos de escala, ao passo que a sociedade é beneficiada pela maior quantidade de consumidores atendidos. Entretanto, o excedente do consumidor é eliminado ou reduzido[179].

O Escritório Executivo da Presidência dos EUA entende que o prejuízo ou benefício do consumidor por conta da discriminação de preços está relacionado com a maneira com que a técnica é utilizada e onde ela é utilizada. Deste modo, em um ambiente de concorrência e informação, os benefícios sociais ultrapassariam os prejuízos, ao passo que em um ambiente em que não exista informação clara sobre os preços, a tendência é a de que a precificação personalizada seja danosa aos consumidores, especialmente os menos sofisticados[180].

Entretanto, o mesmo relatório pontua que os "grupos historicamente desfavorecidos (*disadvantaged groups*) são mais sensíveis ao preço que o consumidor médio (*avarage consumer*)" (tradução livre), de modo que seriam beneficiados com a discriminação de preços, desde que: (i) haja competição no mercado; e (ii) um ambiente regulatório que previna atuação discriminatória[181].

Outros estudos ainda pontuam que a ideia de que todo o excedente do consumidor seria removido pelo fornecedor não se mostra crível por conta da concorrência entre fornecedores de dentro e de fora da internet[182].

Cooper, Froeb, O'Brien e Tschantz assinalam que a "má fama" da discriminação de preços advém de uma equivocada associação com poder de mercado e intenções e efeitos anticompetitivos, derivando este engano dos estudos referentes ao monopólio quando comparado ao mercado de concorrência perfeita[183].

O modelo de Katz assinala que a discriminação de preços geraria bem-estar social quando a população é desinformada, permitindo aos

[179] Obermiller, Carl; Amesen, David; Cohen, Marc, Customized Pricing: Win-Win or End Run, **Drake Management Review**, v. 1, n. 2, p. 12–28, 2012.
[180] EXECUTIVE OFFICE OF THE PRESIDENT, **Big Data and Differential Pricing**, p. 6.
[181] *Ibid.*, p. 17.
[182] Varian, Hal R; Farrel, Joseph; Shapiro, Carl, **The Economics of Information Technology: An Introduction**, Cambridge: Cambridge University Press, 2004, p. 13.
[183] Cooper *et al*, Does Price Discrimination Intensify Competition? Implications for Antitrust, p. 369.

fornecedores explorar e reduzir preços de acordo com as peculiaridades dos consumidores. Por outro lado, quando a informação é disseminada, a discriminação de preços não conseguiria produzir um resultado superior àquele verificado no equilíbrio de mercado[184].

A UNIÃO EUROPEIA pontua que a precificação personalizada consistiria em uma expansão dos clientes atendidos (*output-expansion effect*), mas também em uma transferência de renda mediante a prática da redução do excedente do consumidor. Isto geraria problemas como: (i) o excedente do consumidor não poderia ser gasto em outros produtos, como poderia ocorrer em um ambiente de concorrência perfeita; (ii) a quantidade de pessoas beneficiadas através da precificação personalizada (*output-expansion effect*) é condicionada no caso dos bens tangíveis que possuem custos marginais crescentes a partir de certo nível; e (iii) não há qualquer garantia de que os consumidores com menor poder aquisitivo seriam beneficiados pela precificação personalizada, como pode ocorrer se a precificação tiver por base o risco de inadimplemento, por exemplo[185].

De acordo com o REINO UNIDO, os quatro principais efeitos econômicos da precificação personalizada seriam: (i) apropriação (o fornecedor se apropria do excedente do consumidor); (ii) expansão da produção (*output*); (iii) intensificação da competição; e (iv) comprometimento (as empresas não terão incentivos para se comprometer a não reduzir os preços no futuro)[186].

A precificação personalizada tem maior probabilidade de causar danos quando: (i) os consumidores não podem evitar facilmente a personalização ou não é claro como se apropriar (*take control*) e utilizar seus dados pessoais; (ii) o sistema de precificação é opaco ou complexo; (iii) os fornecedores têm capacidade e incentivo para explorar os vieses dos consumidores; (iv) os grupos prejudicados pela precificação personalizada forem vulneráveis; e/ou (v) os custos de implementação forem altos e possam ser passados aos consumidores[187].

[184] KATZ, Michael L., PrIce Discrimination and Monopolistic Competition, **Econometrica**, v. 52, n. 6, p. 1453–1471, 1984.

[185] EU, **Personalised Pricing in the Digital Era – Note by the European Union**, p. 5–6.

[186] REINO UNIDO, **Personalised Pricing in the Digital Era – Note by the United Kingdom**, Paris: OECD, 2018, p. 6.

[187] *Ibid.*, p. 8.

Outros entendem que a precificação personalizada pode ter efeitos benéficos ou maléficos dentro do total de consumidores. O SECRETARIAT da OCDE assinala que a pedra de toque será o nível de competição no mercado, pois a precificação personalizada tenderia a aumentar a disputa por consumidores quando há concorrência[188].

Estudos indicam que a precificação personalizada pode levar a cenários curiosos, tais como o de que a disseminação de informação em um mercado duopolístico pode elevar os níveis de competição entre fornecedores, mas que tal efeito será mitigado se os consumidores buscarem ocultar suas identidades (*identity management*). Isto ocorreria porque os fornecedores teriam então incentivos para elevar os preços para consumidores não identificados, destruindo os benefícios adquiridos pela competição por consumidores com base em seus perfis[189].

Bourreau e Streel pontuam que a configuração do mercado é relevante para a análise dos impactos da precificação personalizada. Isto se dá porque em ambientes monopolísticos, o fornecedor tem maior condição de coletar dados dos fornecedores e maior facilidade em aplicar o sistema de preços que bem entender. Por outro lado, em um ambiente competitivo, estas vantagens ficam diluídas pela dispersão da informação e pela força da concorrência[190].

Na visão de Ezrachi e Stucke, os efeitos positivos da discriminação de preços seriam: (i) aumentar o fornecimento (*output*); (ii) aumentar a escolha e acesso a produtos ou serviços; (iii) aumento da igualdade social; (iv) aumento das eficiências dinâmicas (com maior receita, os fornecedores poderiam realizar maiores investimentos em pesquisas ou atividades produtivas); (v) aumento da competição entre oligopolistas. Por outro lado, os efeitos negativos seriam: (i) exploração dos consumidores; (ii) excluir ou eliminar competidores que não poderiam implementar estas práticas; (iii) criar barreiras de entrada ou de expansão;

[188] SECRETARIAT, **Personalised Pricing in the Digital Era – Background Note by Secretariat**, p. 21.

[189] Chen, Zhijun; Choe, Chongwoo; Matsushima, Noriaki, Competitive personalized pricing, 2018, p. 30–31.

[190] Bourreau, Marc; Streel, Alexandre de, **The regulation of personalised pricing in the digital era – Note by Marc Bourreau and Alexandre de Streel**, Paris: OECD, 2018, p. 30–1.

(iv) impedir que novos entrantes ou competidores menores cheguem à eficiência de escala; (v) dificultar a competição a jusante (de cima para baixo)[191].

Para um estudo conjunto das autoridades concorrenciais da França e da Alemanha (AUTORITÉ DE LA CONCURRENCE e BUNDESKARTELLAMT), os efeitos negativos da discriminação de preços seriam: (i) violação da igualdade; (ii) aumento dos custos de transação; e (iii) aumento dos gastos de alguns consumidores. Por outro lado, a discriminação de preços pode aumentar o bem-estar social através da viabilização da aquisição de produtos por consumidores de menor renda e maior sensibilidade ao preço, os quais antes estariam impossibilitados de realizar as compras, o que não deve ser confundido com o aumento do excedente do consumidor[192].

Varian e Shapiro sintetizam as dificuldades técnicas da implementação da precificação personalizada (chamada de *perfect price discrimination* no texto) como a dificuldade em determinar o preço máximo que alguém pagará por um produto e como evitar que os consumidores beneficiados por um preço menor não procedam à arbitragem[193].

Note-se que todos os estudos acima apresentados devem ser observados *cum grano salis*, pois não há um critério objetivo para saber se o consumidor que paga relativamente mais pelo produto está ou não sendo explorado pelo fornecedor, valendo o mesmo raciocínio para o fornecedor que vende por um preço relativamente mais baixo para outros consumidores[194].

Em resumo, há inúmeros estudos teóricos a pontuar que a implementação da precificação personalizada pode aumentar a produção e levar produtos ou serviços a consumidores que antes não teriam acesso a tais comodidades. Contudo, isto se dá a um preço extremamente elevado, pois estes benefícios serão custeados por alguns consumidores,

191 Ezrachi; Stucke, **Virtual Competition: A promise and perils of the algorithm driven economy**, p. 118–119.

192 AUTORITÉ DE LA CONCURRENCE; BUNDESKARTELLAMT, Competition Law and Data, p. 21.

193 Shapiro; Varian, **Information Rules: A strategic guide to the network economy**, p. 39.

194 Machlup, Fritz, Characteristics and Types of Price Discrimination, *in*: NATIONAL BUREAU OF ECONOMIC RESEARCH (Org.), **Business Concentration and Price Policy**, [s.l.]: Princeton University Press, 1955, p. 429.

além do risco de que a discriminação de preços possa redundar na exclusão de alguns participantes do mercado.

Não se conhece qualquer estudo empírico que possa avalizar se os benefícios ou malefícios da precificação personalizada ocorrem no plano fático, dada a extrema dificuldade de caracterização de tais práticas e a insondabilidade dos dados financeiros das sociedades empresárias.

Assim, a validade dos modelos discutidos acima depende essencialmente de estudos empíricos cuja realização ainda não se tornou possível.

2.2. Etapas da precificação personalizada

Este item pretende discutir as etapas da precificação personalizada a fim de explorar os meios de coleta, tratamento e implementação por parte do fornecedor[195].

De fato, a precificação personalizada é o resultado de uma série de atividades desempenhadas pelo fornecedor, iniciando-se pela obtenção de informações a respeito do consumidor, seleção das informações relevantes, criação de perfil dos consumidores, modelagem do sistema de precificação e seu aperfeiçoamento[196].

Este capítulo não tem por objetivo minudenciar os procedimentos de ciência de dados e programação necessários para a elaboração da precificação personalizada, mas apenas a apresentação, por meio de visão panorâmica, das etapas que devem ser vencidas pelo fornecedor para precificar seus produtos de acordo com as peculiaridades do consumidor[197].

[195] A rigor, a LGPD inclui em seu conceito de tratamento de dados todo o processo realizado, inclusive a coleta, preferimos aqui diferenciar as etapas do tratamento através de expressões próprias a fim de facilitar a compreensão do leitor. Cf. art. 5º, X, da LGPD: "Art. 5º Para os fins desta Lei, considera-se: (...) X – tratamento: toda operação realizada com dados pessoais, como as que se referem a coleta, produção, recepção, classificação, utilização, acesso, reprodução, transmissão, distribuição, processamento, arquivamento, armazenamento, eliminação, avaliação ou controle da informação, modificação, comunicação, transferência, difusão ou extração;

[196] O Secretariado da OCDE assinala que há três passos para a precificação personalizada, consistentes em: (i) coleta dos dados; (ii) estimação da disposição em pagar dos consumidores; e (iii) escolha do preço ótimo a cobrar de cada cliente. Cf. SECRETARIAT, **Personalised Pricing in the Digital Era – Background Note by Secretariat**, p. 10; De modo similar, tratando sobre concessão de crédito: HURLEY, Mikella; ADEBAYO, Julius, Credit scoring in the era of big data, **Yale Journal of Law & Technology**, v. 18.

[197] Para um tratamento conceitual sobre algoritmos, inteligência artificial e machine learning cf. HURLEY; ADEBAYO, Credit scoring in the era of big data.

Pois bem, ao pensarmos na perfilização, vem à mente a ideia de intricados sistemas eletrônicos recheados de fórmulas matemáticas ou ainda a imagem uma tela negra com séries infindáveis de comandos pouco claros.

Estes modelos seriam construídos por um conjunto de algoritmos que formam entre si redes neurais de altíssima potência a possibilitar a chamada inteligência artificial, dotada de alta capacidade aprendizado.

Os tijolos de toda a infraestrutura a ser analisada são os algoritmos, conceituados pela CMA da seguinte forma: "(...) qualquer procedimento computacional bem definido que toma um valor ou conjunto de valores como entrada e produz um valor ou conjunto de valores como resultado" (tradução livre)[198], uma definição mais simples pontua o algoritmo como "uma sequência de instruções dizendo a um computador o que fazer" (tradução livre)[199].

Desta maneira, uma proposição prescritiva, tal como as regras jurídicas, pode ser vista como um algoritmo, a frase "se A, então B", é tomada como uma prescrição na qual se recebe um dado (*input*) e produz um resultado (*output*). Desta maneira, se o dado for A, o resultado será B, se o dado for C, o resultado será não-B.

O poder da computação advém da série de algoritmos que podem ir de muito simples até camadas de redes neurais ou mesmo que possibilitem a sua própria evolução na forma da inteligência artificial, que pode ser compreendida como "(...) qualquer coisa realizada por uma máquina que responda ao seu ambiente e tome ações para maximizar seu sucesso" (tradução livre)[200] ou ainda como "máquinas realizando funções cognitivas semelhantes aos humanos" (tradução livre)[201] e que possui três

[198] CMA, **Pricing algorithms.**, p. 9.

[199] DOMINGOS, **The Master Algorithm: How the Quest for the Ultimate Learning Machine Will Remake Our World**, p. 1; Ainda em outra formulação: "Algoritmos são processos estruturados de tomada de decisão que empregam um conjunto de regras ou procedimentos, tais como uma árvore de decisão, para automaticamente fornecer resultados baseados em dados inseridos e parâmetros de decisão." (tradução livre). GAL, Michal; ELKIN-KOREN, Niva, Algorithmic Consumers, **Harvard Journal of Law & Technology**, v. 30, n. 2, p. 309–353, 2017.

[200] STRUHL, Steven, **Artificial Intelligence Marketing and Predicting Consumer Choice: An overview of tools and techniques**, Londres: Kogan Page, 2017.

[201] OECD, **OECD Digital Economy Outlook 2017**, p. 25.

funções principais: (i) "organização de dados"; (ii) "auxílio à tomada de decisão"; e (iii) "automação da decisão"[202].

A diferença entre um algoritmo tradicional e um algoritmo de *machine learning* (um campo da inteligência artificial[203]) se dá pela possibilidade de alteração dos parâmetros internos do *learner*, de modo a torná-lo apto a alcançar os resultados desejados pelo programador.

O *machine learning* pode ser dividido em três grandes grupos a partir do feedback dado aos algoritmos: (i) Aprendizado supervisionado, no qual o algoritmo recebe um conjunto de entradas e saídas tomadas como modelo e cujos resultados a partir destas instruções iniciais podem ser comparados com os resultados de um grupo separado e analisado por humanos; (ii) Aprendizado não supervisionado, no qual o algoritmo recebe apenas os dados, devendo providenciar uma função que descreva a estrutura dos dados; e (iii) Aprendizado reforçado, que se diferencia pela utilização de um sistema de dados dinâmico, onde o algoritmo deve responder ao ambiente para alcançar um dado objetivo[204].

Por conta de seu constante aperfeiçoamento, o *machine learning* pode se tornar extremamente opaco, de modo que nem mesmo os programadores compreendem exatamente quais "variáveis ele está utilizado para estabelecer um preço particular e podem não estar cientes de quando um aumento nos lucros é decorrente da atração de novos consumidores, cobrança de preços maiores a consumidores leais ou coordenação tácita" (tradução livre)[205], noutras palavras: "uma desvantagem das técnicas de aprendizado complexas é que quando o modelo está funcionando bem (*performing well*), geralmente não se sabe o porquê." (tradução livre)[206].

[202] Steibel, Fabro; Vicente, Victor Freitas; Jesus, Diego Santos Vieira de, Possibilidades e potenciais da utilização da inteligência artificial, *in*: Frazão, Ana; Mülholland, Caitlin (Orgs.), **Inteligência Artificial e Direito**, São Paulo: Revista dos Tribunais, [s.d.], p. 58–59.
[203] Domingos, **The Master Algorithm: How the Quest for the Ultimate Learning Machine Will Remake Our World**, p. 8.
[204] CMA, **Pricing algorithms**, p. 11.
[205] *Ibid.*, p. 10.
[206] Hindman, **The Internet Trap: How the Digital Economy Builds Monopolies and Undermines Democracy**, p. 52.

Além disto, há um *trade-off* entre compreensibilidade e acurácia dos modelos, de modo que, quanto mais preciso for o modelo utilizado, menor será a compreensão de seu funcionamento[207].

Por conta disto, torna-se muito mais difícil descobrir se um algoritmo com capacidade de aprendizado é em si mesmo discriminatório ou se os dados nele inseridos é que possuem este viés, de modo que surgem as preocupações com "oportunidades iguais por design" (*equal opportunity by design*) através de "sistemas de dados que promovam justiça e proteção contra discriminação" (tradução livre)[208].

Verificados os rudimentos tecnológicos que permitem a realização da precificação personalizada, importante observar os obstáculos para a sua implementação, quais sejam: (i) ausência de dados suficientes para estimação; (ii) dificuldade de estimação dos preços de reserva dos consumidores e (ir)racionalidade; (iii) tamanho das amostras para a realização de testes com significância estatística[209]; e (iv) os custos de desenvolvimento e processamento de um sistema de precificação personalizada que consiga bater a eficiência da precificação padrão. Por conta disto, estaríamos próximos da entrada da discriminação comportamental "quase perfeita", na qual os indivíduos são divididos em grupos cada vez menores[210], ou seja, uma lenta transição da discriminação de preços de terceiro grau para a de primeiro grau, ao menos para os fornecedores que puderem alcançar este nível de sofisticação.

Nos próximos tópicos, veremos como se implementa a precificação personalizada a fim de compreender como o processo de coleta e tratamento dos dados, além da modelagem e correção dos modelos vem a ocorrer.

2.2.1. Obtenção de informações do consumidor

A economia digital é marcada por um grande fluxo de dados[211], sendo comum ver frases como "os dados são o novo petróleo" ou ainda tomar

[207] Silva, Nilton Correia da, Inteligência Artificial, *in*: Frazão, Ana; Mülholland, Caitlin (Orgs.), **Inteligência Artificial e Direito**, São Paulo: Revista dos Tribunais, 2019, p. 46–47.

[208] EXECUTIVE OFFICE OF THE PRESIDENT, **Big Data: A Report on Algorithmic Systems, Opportunity, and Civil Rights**, [s.l.]: The White House, 2016.

[209] Ezrachi; Stucke, **Virtual Competition: A promise and perils of the algorithm driven economy**, p. 96–99.

[210] *Ibid.*, p. 101.

[211] O CMA pontua que 90% dos dados no mundo foram criados nos anos de 2016-17. Cf. CMA, **Pricing algorithms**, p. 17.

conhecimento da existência de grandes companhias voltadas exclusivamente ao comércio de dados (corretoras de dados[212]), tais como a BlueKai, que detém um arquivo com um bilhão de perfis de consumidores, cada um deles com aproximadamente cinquenta atributos[213].

Ainda que os números do mercado de dados pessoais possam assustar, necessário pontuar que a obtenção de informações a respeito do consumidor não é algo inerentemente nefasto, pois possibilita o fornecimento de publicidade específica aos interesses do consumidor e permite a customização de produtos e serviços, gerando maior eficiência para fornecedores e demandantes.

Feita esta ponderação, devemos notar que a obtenção dos dados pessoais que servirão de matéria prima para o tratamento pode ocorrer por inúmeros caminhos, tais como, exemplificativamente: (i) obtidos voluntariamente dos titulares; (ii) observados; e (iii) inferidos através da combinação de dados[214].

O debate a respeito do fornecimento de dados e da privacidade/autodeterminação informativa é marcado pela árdua escolha entre aceitar o acompanhamento de suas atividades na internet pelos fornecedores ou sofrer a privação de praticamente todos os meios de acesso à internet[215], sendo que a captura de dados hoje é realizada não apenas no ambiente eletrônico, mas também através de câmeras de reconheci-

[212] Os corretores de dados (Data Brokers) são aqueles que reúnem informações sobre os consumidores na forma de um perfil e as revendem aos fornecedores interessados em seu conteúdo. Cf. EXECUTIVE OFFICE OF THE PRESIDENT, **Big Data: Seizing Opportunities Preserving Values**, [s.l.]: The White House, 2014, p. 44.

[213] Smyrnaios, **Internet Oligopoly: The Corporate Takeover of Our Digital World**, p. 121.

[214] Cf. AUTORITÉ DE LA CONCURRENCE; BUNDESKARTELLAMT, Competition Law and Data, p. 7.

[215] Smyrnaios, **Internet Oligopoly: The Corporate Takeover of Our Digital World**, p. 130; De fato o cenário atual está distante dos bancos de dados iniciados de maneira analógica para auxiliar as compras e crédito, de modo que o candidato "precisava preencher minucioso cadastro, não só com seus dados pessoais, mas indicando ainda os locais onde habitualmente adquiria produtos e serviços como o armazém, a alfaiataria e, em especial, outros estabelecimentos onde já comprara a prazo". Grinover *et al*, **Código Brasileiro de Defesa do Consumidor: Comentado pelos Autores do Anteprojeto**, p. 417.

mento facial[216], acompanhamento dos clientes através de celulares e até mesmo etiquetas com frequência de rádio[217].

Assim, deixando de lado por alguns instantes a estrutura jurídica da privacidade, que será objeto de tópico específico mais adiante, os dados podem ser objeto de captura através da observação do comportamento do titular dos dados dentro e fora do ambiente eletrônico.

A princípio, os mecanismos de rastreamento surgiram como meio de verificação de falhas na internet, mas logo despertaram o interesse dos publicitários pela possibilidade de direcionamento da publicidade aos clientes[218], pois o comportamento do usuário na internet deixa um rastro que pode ser seguido com valiosas informações a respeito das vulnerabilidades do consumidor, ainda que o fornecedor não saiba exatamente a identidade do usuário[219], possibilitando a manipulação do mercado digital, que tem sido considerada uma nova forma de falha de mercado[220].

Os dados pessoais coletados de modo indireto podem ser obtidos através do IP[221], pedidos de HTTP, pesquisas em buscadores, programas como JavaScript e Flash e chegam a revelar o navegador, sistema ope-

216 Valente, Jonas, **Hering terá de explicar uso de reconhecimento facial ao Idec**, Agência Brasil, disponível em: <http://agenciabrasil.ebc.com.br/geral/noticia/2019-03/hering-tera-de-explicar-uso-de-reconhecimento-facial-ao-idec>, acesso em: 17 jan. 2020.

217 Miller, What do we worry when we worry about price discrimination? The law and ethics of using personal information for pricing.

218 Cf. Smyrnaios, **Internet Oligopoly: The Corporate Takeover of Our Digital World**, p. 117–8.

219 "... o modo pelo qual a Internet funciona não torna necessário saber a identidade do usuário para lhe direcionar um conteúdo, ou, mesmo, sujeitá-lo a um processo de decisão automatizada. Basta lhe atribuir um identificador eletrônico único que permita separá-lo dos milhões de usuários da rede, como, por exemplo, em relação ao computador ao qual ele está conectado, o que é feito por meio do número de conexão a ele atribuído (o chamado protocolo de endereço – IP...)" Evidentemente, o fornecedor saberá de quem se trata a partir do momento em que o usuário acessa seu perfil. Bioni, Bruno, **Proteção de dados pessoais: a função e os limites do consentimento**, Rio de Janeiro: Forense, 2019, p. 77.

220 Calo, Digital Market Manipulation.

221 "O protocolo TCP/IP funciona da seguinte forma: o Protocolo de Controle de Transmissão (TCP) divide os dados a ser transmitidos em pequenos pedaços chamados de pacotes e, após efetuado a transmissão, reúne-os para formar novamente os dados originalmente transmitidos. O Protocolo de Internet (IP) adiciona a cada pacote de dados o endereço do destinatário, de forma que eles alcancem o destino correto. Cada computador ou roteador participante do processo de transmissão de dados utiliza o endereço constante dos pacotes,

racional, endereço de IP, espécie de aparelho utilizado, localização geográfica, preferências e histórico de pesquisa na Internet[222], sendo que alguns deles têm a capacidade de fazer com que cookies antes deletados possam reaparecer[223].

Os sistemas de rastreamento podem estar vinculados a, exemplificativamente: (i) apenas uma utilização (*session-only tracking mechanisms*); (ii) armazenamento no computador do usuário (*Storage-based tracking mechanisms*), tais como os HTTP *cookies* (que são armazenados no navegador do usuário e podem ser deletados), Flash cookies (que permitem maior armazenamento de dados no computador do usuário e seu rastreamento através de diferentes navegadores), Silverlight (similar aos Flash cookies, mas que é desabilitado quando o usuário entra no modo anônimo) entre outros; (iii) os mecanismos baseados em cache (armazenamento de páginas visitadas); (iv) Evercookies (elaborados a partir da utilização de diversos mecanismos conjuntos, de modo que a exclusão de um deles não afeta o rastreamento); e (v) Fingerprints (um conjunto de peculiaridades de um aparelho, sistema operacional ou versão de navegador que deixa rastros de utilização como uma impressão digital)[224].

De todos estes instrumentos, o mais popular é o cookie, um arquivo de texto que é enviado do servidor web para o navegador do internauta, gravando então seus movimentos na internet, dividindo-se entre os cookies tradicionais, os quais gravam as movimentações apenas e tão somente em benefício do *site* visitado pelo titular dos dados e os *third-party cookies*, que gravam os dados e os remetem a terceiros sem que o titular dos dados tenha visitado seus sites[225].

A rigor, os cookies podem ser desabilitados, deletados ou ainda evitados por meio de utilização dos mecanismos de configuração dos navegadores, além de opções como o "modo anônimo" ou ainda combatidos

de forma a saber para onde encaminhar a mensagem." Leonardi, **Fundamentos de Direito Digital**, p. 10.

[222] Bujilow, Tomasz *et al*, Web Tracking: Mechanisms, Implications, and Defenses, 2015.

[223] Hoofnagle, Chris *et al*, Behavioral Advertising: The Offer You Can't Refuse, **Harvard Law & Policy Review**, v. 6, p. 273–296, 2012, p. 278.

[224] Lista elaborada a partir dos trabalhos de Bujilow *et al*, Web Tracking: Mechanisms, Implications, and Defenses; Hoofnagle *et al*, Behavioral Advertising: The Offer You Can't Refuse.

[225] Cf. Smyrnaios, **Internet Oligopoly: The Corporate Takeover of Our Digital World**, p. 119–20.

por meio de tecnologias de aprimoramento da privacidade, conhecidas como PETs (*Privacy Enhacing Technologies*), tais como o não rastreamento (*Do Not Track – DNT*) e as Plataformas para Preferência de Privacidade (*Platform Privacy Preferences – P3P*), as quais não foram implementadas de maneira efetiva no quotidiano dos usuários[226].

O modelo P3P nos parece justamente o mais adequado para a efetivação da autodeterminação informativa do titular dos dados, que poderia então personalizar os dados que deseja compartilhar com o agente de tratamento[227].

Esta tecnologia, porém, esbarra na problemática de que nem todo titular dos dados seja efetivamente capaz de compreender e escolher por si mesmo suas configurações de privacidade, especialmente diante da possibilidade de enquadramento (*framing*) das opções, o que pode conduzir o titular a receios ou excessos de confiança.

Ao mesmo passo, a tecnologia de não rastreamento (*do not track technology*) não tem evitado o acompanhamento do usuário de internet, havendo *sites* que deliberadamente ignoram o pedido de não rastreamento e outros que realizam rastreio parcial[228].

Para que se possa ter uma ideia da larga utilização de tais instrumentos de rastreamento na internet, um estudo de 2011 com base nos 100 sites mais acessados dos EUA detectou o número total de 5.675 cookies, dentre os quais 4.915 eram relacionados a terceira parte (*third-party cookies*), além de modelos menos populares como os Flash cookies (100 encontrados) e HTML5 (60 encontrados)[229].

Uma pesquisa a respeito de mecanismos de rastreamento ocorrida em março de 2018 com base em 22.484 sites relacionados a pornografia indica que 93% dos sites compartilha os dados com terceira parte, 79% possui cookies de terceira parte, 17% deles são encriptados, o que possibilitaria interceptação de dados dos usuários. Dentre as terceiras partes, o Google rastreia 74% dos sites, a Oracle 24% e o Facebook 10%[230].

[226] Para um estudo nacional destes temas, confira-se: Bioni, **Proteção de dados pessoais: a função e os limites do consentimento**, p. 176–185.

[227] *Ibid.*, p. 184.

[228] EXECUTIVE OFFICE OF THE PRESIDENT, **Big Data: Seizing Opportunities Preserving Values**, p. 43.

[229] Hoofnagle *et al*, Behavioral Advertising: The Offer You Can't Refuse.

[230] Maris, Elena; Libert, Timothy; Henrichsen, Jennifer, Tracking sex: The implications of widespread sexual data leakage and tracking on porn websites, **arXiv:1907.06520 [cs]**, 2019.

Ainda que o fluxo de dados seja massivo, isto não implica necessariamente em sua qualidade, podendo ocorrer problemas relacionados à seleção, completude, correção, atualidade ou até mesmo à perpetuação de certos preconceitos[231].

Desta maneira, o simples fato de que Maria "curtiu" a marca X em uma postagem na internet pode significar, isoladamente, uma infinidade de coisas, pois Maria pode ter gostado da publicidade, possuir algum sentimento pelo ator ou atriz que encabeça a comunicação, pode ter trabalhado na redação da peça publicitária ou ainda pode ter esbarrado no mouse enquanto tentava alcançar a xícara de café.

A coleta destas informações ao longo do tempo, a inserção de Maria em uma rede maior de usuários de internet que tende a se comportar de maneira uniforme e a análise de suas amizades podem trazer mais precisão à análise da curtida de Maria.

Isto implica que os dados são extremamente diversos da informação, ou seja, há uma diferença qualitativa entre receber dados a respeito de Maria e conseguir compreender em que contexto se inserem os dados, possibilitando o nascimento da informação.

No próximo tópico, exploraremos como o conjunto amorfo de dados começa a ganhar relevância, transforma-se em informação e permite a modelação do sistema de precificação.

2.2.2. Tratamento dos dados obtidos

Utiliza-se o nome *Big Data* para designar a análise de dados que ocorra em volume, variedade e velocidade elevados[232], ainda que não exista uma quantidade mínima de dados que deva existir para que se possa chamar um determinado conjunto de *Big Data*.

O número elevado de dados (volume) e a sua variedade são as pedras fundamentais da análise de dados, pois é através desta quantidade e

[231] EXECUTIVE OFFICE OF THE PRESIDENT, **Big Data: A Report on Algorithmic Systems, Opportunity, and Civil Rights**, p. 7–8.

[232] Outros ainda inserem o valor no conceito: "Big Data é entendido comumente como o uso do poder de computação em larga escala e de software tecnologicamente avançado para coletar, processar e analisar dados caracterizados por um grande volume, velocidade, variedade e valor." (tradução livre). Cf. OCDE, **Big Data: Bringing Competition Policy to the Digital Era**, Paris: OECD, 2016; AUTORITÉ DE LA CONCURRENCE; BUNDESKARTELLAMT, Competition Law and Data.

diversidade que se mostra possível estabelecer conexões (muitas delas não intuitivas) entre os dados obtidos, permitindo que sejam reveladas informações antes desconhecidas pelos processadores.

Necessário pontuar que a qualidade dos dados será fator determinante na análise, pois as correlações extraídas do conjunto de dados terão a mesma natureza dos dados inseridos no sistema (*garbage in, garbage out*; *bias in, bias out*). Como visto, dados imprecisos, desatualizados, inverídicos ou mesmo enviesados sofrerão análises marcadas pelos mesmos defeitos.

Ou seja, não se deve supor que a simples quantidade de dados resolverá o problema de encontrar quais são os *drivers* necessários para realizar a perfilização, pois "se você está procurando uma agulha em um palheiro, não ajuda você ter um palheiro maior" (tradução livre)[233], no mesmo sentido, VARIAN e SHAPIRO pontuam que o problema contemporâneo não é o acesso à informação, mas a sobrecarga de informação, ressaltando que o valor produzido pelo provedor de informação está na localização, filtragem e comunicação da informação útil[234].

Assim, a depender do caso, a análise de dados com critérios muito abrangentes (v.g. arregimentar dados de brasileiros com renda mensal de R$ 500,00 a R$ 2.000.000,00 em um mesmo grupo) poderá capturar ou deixar de capturar relações entre as variáveis que poderiam ser verificadas de modo muito mais eficiente com a divisão dos dados.

Da mesma forma, pouca será a utilidade de um banco de dados baseado nos habitantes da São Paulo do século XVIII para que se possa procurar o interesse em acesso à internet, assim como um banco no qual os dados são falsos ou houve coleta através de *cherry picking*.

Ainda que os dados obtidos sejam de excelente qualidade, necessário pontuar que a presença de correlação não atesta a causalidade entre dois fenômenos[235], noutras palavras, o fato de que dois ou mais eventos tenham ocorrido em momentos temporais próximos ou até no mesmo momento não implica que entre eles haja uma relação de causalidade.

233 STRUHL, **Artificial Intelligence Marketing and Predicting Consumer Choice**.

234 SHAPIRO; VARIAN, **Information Rules: A strategic guide to the network economy**., p. 6.

235 EXECUTIVE OFFICE OF THE PRESIDENT, **Big Data: Seizing Opportunities Preserving Values**, p. 7.

Um exemplo disso é a correlação entre os gastos dos Estados Unidos da América em ciência, espaço e tecnologia e a quantidade de suicídios por enforcamento, estrangulamento ou sufocamento, como podemos observar no gráfico abaixo[236]:

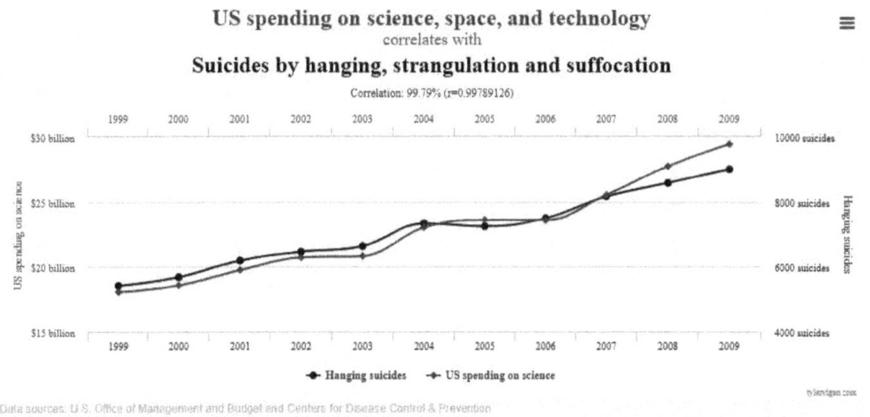

Assim, o simples fato de que exista correlação entre variáveis obtidas por meio dos dados não implica em um reconhecimento de causalidade entre os fenômenos do mundo, de tal sorte que algumas relações como horário de acesso à internet e orientação sexual poderá ser uma mera coincidência.

Vencidas as etapas da qualidade dos dados e da correlação entre as variáveis, pode-se montar o perfil (*profile*) de um dado cliente ou de um grupo de clientes, sendo este o objetivo no caso da precificação personalizada.

2.2.3. Modelagem da precificação personalizada

Como se verificou nos tópicos anteriores, o preço pode funcionar como uma informação referente à escassez de um produto, além de indicar o valor desejado pelo fornecedor para vender um bem.

A maneira pela qual o ofertante chega ao montante mínimo para a transação pode ter por base diversos modelos de precificação, principiando pela simples aposição de um *mark up* (uma "margem"), uma

236 Vigen, Tyler, **15 Insane Things That Correlate With Each Other**, disponível em: <http://tylervigen.com/spurious-correlations>, acesso em: 14 set. 2019.

comparação com os preços dos concorrentes ou técnicas mais refinadas, baseadas no valor do produto frente ao consumidor[237].

A economia digital possibilitou a criação de outros modos de precificação extremamente interessantes, como a precificação dinâmica, na qual o preço dos produtos muda constantemente a fim de testar a sensibilidade dos consumidores ao preço (elasticidade preço-demanda) ou ainda às variações de concorrentes, também se possibilitou a precificação com base nos movimentos da demanda e oferta, popularmente conhecida entre nós como tarifa dinâmica (*surge pricing*) e a precificação com base no perfil do consumidor ou de um dado grupo de consumidores, a precificação personalizada.

A atividade de criação destas representações digitais dos consumidores é chamada de perfilização e consiste na estimação de características sociodemográficas de um indivíduo baseadas em seu comportamento[238] e que tem como objetivo "(...) prover aos usuários o que eles querem ou precisam sem que seja necessário um pedido expresso (*without requiting them to ask for it explicitly*)." (tradução livre)[239].

Desta maneira, a partir do histórico de compras ou visitas a sites de uma pessoa, pode-se notar se há interesse específico por um produto, se este indivíduo consulta sites de comparação de preços, se busca informações em sites da concorrência, se realiza compras de modo impulsivo etc.

Assim, consumidores que possuem maior impulsividade, por exemplo, poderão ser considerados como mais propícios a aceitar um preço maior pelo produto, dado que sua predisposição os leva a adquirir os bens sem grandes elucubrações.

[237] Para que se tenha ideia da variedade de estratégias de precificação, uma pesquisa envolvendo dados de 200 varejistas nos EUA apontou que o varejo costuma empregar: (i) todo dia preço baixo; (ii) preços altos e baixos ao longo do tempo; (iii) precificação exclusiva (baseada no valor da marca do produto); (iv) precificação agressiva (menor valor acompanhado de menor suporte); e (v) precificação promocional moderada (preços promocionais que evitam os extremos de alto e baixo). Cf. Bolton, Ruth N.; Shankar, Venkatesh; Montoya, Detra Y., Recent Trend and Emerging Practices in Retailer Pricing, *in*: **Retailing in the 21st Century: Current and Future Trends**, Berlin Heidelberg: Springer-Verlag, 2010, p. 308–311.

[238] Tassi, Philippe, From Sample to Big Data, *in*: **The Digital Era 1: Big Data Stakes**, Hoboken: Wiley, 2018, p. 91.

[239] Massoud, Mohamed; Abo-Rizka, Mohamed, A Conceptual Model of Personalized Pricing Recommender System Based on Customer Online Behavior, **International Journal of Computer Science and Netwoerk Security**, v. 12, n. 6, p. 129–133, 2012.

Por outro lado, clientes que acompanham a "cotação" dos preços em diversos *e-commerces* poderão receber tíquetes de desconto ou visualizar um preço menor no produto, pois são mais sensíveis ao preço.

Da mesma forma, pode-se verificar se este indivíduo possui valor como cliente e apresentar maiores incentivos à sua manutenção, dando maior atenção aos consumidores desejados por um fornecedor.

Os critérios de seleção variarão de acordo com a postura adotada pelo fornecedor. Por exemplo, uma maneira de se calcular o valor de um consumidor seria através da expectativa de vida (*Life Time Value - LTV*) outra forma, proposta por Massoud e Abo-Rizka trata do consumidor como a soma ponderada de seus níveis de dedicação (quantas compras do consumidor são dedicadas ao fornecedor), cooperação (quanto de aprendizado o consumidor entrega ao fornecedor), curiosidade (quantas páginas o consumidor visita na página do fornecedor) e participação (o quanto o consumidor compartilha de informação sobre os produtos) multiplicados pelo nível de consumo do cliente[240].

Ainda seguindo o modelo de Massoud e Abo-Rizka, quanto mais alto o valor do consumidor para o fornecedor, maiores deveriam ser os descontos oferecidos[241].

Em que pese o teor do modelo apresentado, nada impede que o cálculo do valor do consumidor seja utilizado justamente para elevar o preço dos produtos, pois, quanto mais enredeado nas teias do fornecedor, maior a possibilidade de cobrança de preços mais caros ao consumidor através do aproveitamento do viés do *status quo*.

Nada garante, inclusive, que a precificação se dê exclusivamente com base em dados pessoais do consumidor, pois se tem discutido a avaliação de crédito por associação, na qual se deixa de lado a análise do indivíduo que postula o crédito para avaliar "amigos, vizinhos e pessoas com interesses, níveis de renda e histórico (*backgrounds*) similares ao do consumidor" (tradução livre)[242], sendo perfeitamente possível, havendo dados suficientes, transportar o modelo para a precificação.

Uma das práticas que melhor demonstra a utilidade da perfilização se encontra na publicidade comportamental, que nasce de uma relação

[240] *Ibid.*

[241] *Ibid.*

[242] Hurley; Adebayo, Credit scoring in the era of big data.

triangular entre o usuário de internet, o site de internet (*website publisher*) e uma rede de publicidade (*advertising network*), na qual a rede de publicidade monitora os passos do usuário para personalizar os anúncios com base no seu comportamento, de modo que as redes de publicidade financiam diversas atividades na internet para poder dispor seus anúncios[243].

O sucesso dos perfis é notório, como se nota do fato de que um terço dos negócios da Amazon e três quartos da Netflix vêm de recomendações[244] ou ainda porque a publicidade personalizada aumenta os cliques em notícias Today em 270% segundo o Yahoo![245] e os fornecedores estão dispostos a pagar prêmios de 60% a 200% para a publicidade personalizada[246].

Isto ocorre porque a perfilização permite que o fornecedor explore vieses do consumidor de modo a lhe vender produtos ou serviços que supostamente não seriam adquiridos de acordo com as "verdadeiras" preferências do consumidor.

Algumas das técnicas que podem ser utilizadas na exploração das fraquezas humanas são: (i) utilização de chamarizes, inclusive comparativos, a fim de estabelecer um foco específico na escolha do consumidor; (ii) direcionamento de preço (*price steering*) através da disposição dos produtos no marketplace; (iii) aumento da complexidade para evitar escolhas comparativas; (iv) apresentação do preço em camadas (*drip pricing*) de modo a elevar o preço aos poucos, de modo que a oferta atrativa inicial vai sofrendo incrementos até se igualar ou superar o preço de mercado; (v) exploração da força de vontade limitada (*imperfect willpower*); (vi) minimização de práticas injustas através do enquadramento (*framing*), exemplificativamente: "os fornecedores (*merchants*) sempre dizem aos consumidores a respeito do desconto se o preço for

243 Borgesius, Frederik Zuiderveen, Behavioural Sciences and the regulation of Privacy on the Internet, **Amsterdam Law School Legal Studies Research Paper nº 2014-54**, 2014.

244 Domingos, **The Master Algorithm: How the Quest for the Ultimate Learning Machine Will Remake Our World**, p. 184.

245 Hindman, **The Internet Trap: How the Digital Economy Builds Monopolies and Undermines Democracy**, p. 56.

246 EXECUTIVE OFFICE OF THE PRESIDENT, **Big Data: Seizing Opportunities Preserving Values**, p. 40.

pago em dinheiro. Os fornecedores nunca dizem que o consumidor terá de pagar mais se utilizar o cartão de crédito" (tradução livre).[247]

Deste modo, a interação entre perfilização e economia comportamental se mostra essencial, de modo que Bar-Gill e Stone chegam a argumentar que o sistema de tarifas de telefonia celular norte-americano é moldado justamente para explorar a racionalidade limitada dos consumidores[248].

Ainda há que se notar que, de acordo com a teoria microeconômica, a disposição em pagar (*willingness to pay*) seria deduzida a partir das preferências do consumidor e de sua restrição orçamentária. A esta proposição, Bar-Gill levanta uma objeção extremamente importante, pois considera que a disposição em pagar também "é afetada pelas percepções ou percepções equivocadas do consumidor (*perceptions or misperceptions*)." (tradução livre)[249].

De um modo geral, isto significa que um consumidor pode equivocadamente entender que um dado bem vale $5, quando, na verdade, o valor do bem para ele é de $4 ou ainda perceber o produto como menos valioso do que ele efetivamente seria.

Interessa-nos o primeiro caso, ou seja, um equívoco que majora o valor do produto, nesta hipótese, o consumidor seria levado a equívoco e o fornecedor que conseguisse perceber esta limitação de racionalidade não apenas receberia o excedente do consumidor, mas também uma quantia além deste.

Esta objeção é muito importante, pois, se verdadeira, indica que o consumidor não sairá da transação, no limite, indiferente entre comprar ou não o bem, pelo contrário, receberá um prejuízo efetivo em suas finanças[250].

Além destes elementos comportamentais, a perfilização pode capturar dados pessoais sensíveis direta ou indiretamente, criando cenário

[247] Ezrachi; Stucke, **Virtual Competition: A promise and perils of the algorithm driven economy**, p. 105–113.

[248] Bar-Gill, Oren; Stone, Rebecca, Pricing Misperceptions: Explaining Pricing Structure in the Cell Phone Service Market, **Journal of Empirical Legal Studies**, v. 9, n. 3, p. 430–456, 2012.

[249] Bar-Gill, Algorithmic Price Discrimination When Demand Is a Function of Both Preferences and (Mis)perceptions.

[250] *Ibid.*

no qual se mostra possível a prática de atitudes discriminatórias através da modelagem.

De fato, a montagem de perfil com base em dados étnicos, religiosos, sexuais ou mesmo de saúde podem levar a constante prejuízo de um grupo de pessoas, ainda que os modelos sejam baseados em aproximações de características de indivíduos determinados.

Noutras palavras, a modelagem utilizada pode conter parâmetros que vão de simples banalidades, como o signo de um cliente, até dados extremamente mais sensíveis, devendo haver extremo cuidado na seleção das varáveis independentes para a formação do preço.

De um modo geral, alguns conjuntos de dados que podem ser fornecidos ao algoritmo de precificação são: (i) preço dos concorrentes; (ii) preços anteriores, lucros e receitas do fornecedor; (iii) informações sobre o consumidor, tais como seu histórico de compras e navegação; (iv) custos, produção e estoque do fornecedor[251].

A partir do conjunto de dados fornecidos ao algoritmo de precificação e com base na estrutura de pesos conferidos a cada um dos elementos, o fornecedor poderá ter seu sistema de precificação personalizada apto a indicar para cada consumidor ou grupo de consumidores o valor desejado para vender qualquer produto ou serviço.

Enfim, uma vez coletados os dados dos consumidores e verificada sua qualidade, o fornecedor poderá tratar estes dados a fim de estimular perfis dos consumidores, os quais servirão de base para a implementação de critérios precificação.

Estes modelos, porém, podem estar equivocados ou ainda podem ser objeto de constante aprimoramento ao longo do tempo, como passaremos a estudar.

2.2.4. Correção do modelo através da experiência (*machine learning*)

A criação do modelo com base em critérios selecionados a partir dos dados colhidos e das correlações entre as variáveis não encerra os trabalhos para que se possa utilizar o mecanismo de precificação personalizada.

Isto ocorre porque há necessidade de verificar se o sistema de precificação capturou efetivamente as sensibilidades dos clientes, elevando os preços daqueles que estão dispostos a pagar mais e reduzindo o

[251] CMA, **Pricing algorithms**, p. 15.

valor àqueles mais sensíveis à variação do preço ou implementando seja lá qual for o critério de precificação escolhido pelo fornecedor.

O acompanhamento do modelo pode ocorrer por meio de separação dos consumidores em dois grupos, um deles sujeito à precificação personalizada e outro sujeito a um preço fixo normal ou ainda através de outros parâmetros de precificação personalizada, comparando-se os resultados (teste A/B) ou ainda por meio de técnicas para verificar se houve incremento ou redução de compras por parte de determinados consumidores a partir da utilização da precificação personalizada.

Contudo, pode ocorrer que o programador tenha se utilizado de um intrincado sistema de precificação personalizada, marcado pela utilização de algoritmos que realizam o próprio trabalho de aprimoramento ou ainda com diversas camadas de algoritmos (redes neurais).

Nestas situações, nem mesmo os programadores possuem exata ciência de quais são as variáveis analisadas pelos algoritmos e de que maneira estas análises estão ocorrendo, advindo daí as famosas comparações do algoritmo com a caixa preta (*black box*). Em síntese, nem mesmo o fornecedor pode não saber como o preço é formulado a um consumidor específico[252].

Estes sistemas certamente encontrarão obstáculos regulatórios na forma de pedidos de explicações e auditorias conduzidas pela Autoridade Nacional de Proteção de Dados – ANPD, dado que a atividade pública não poderá apenas e tão somente confiar na palavra do controlador ou do agente de tratamento e crer que todos os sistemas de precificação em conformidade com a legislação.

[252] Ezrachi; Stucke, **Virtual Competition: A promise and perils of the algorithm driven economy**, p. 113.

Parte II
A Defesa do Consumidor frente à Precificação Personalizada

1. O Mandamento Constitucional de Defesa do Consumidor e a Ordem Econômica

A segunda parte deste trabalho enfrenta a precificação personalizada à luz do ordenamento jurídico brasileiro, especialmente no que tange à defesa do consumidor prevista na Constituição Federal e conformada nas legislações específicas, tais como o CDC, LGPD e Lei do CADE[253].

Neste capítulo, discutiremos o mandamento da defesa do consumidor como determinação expressa do Constituinte originário e como princípio da ordem econômica, de modo que será necessária a compreensão do papel do Estado na regulação do consumo e dos processos de interpretação e aplicação das normas jurídicas, lembrando que "o estudo dogmático necessita de crenças a priori, que não repousam sobre hipóteses cientificamente verificáveis"[254].

Assim, será analisada a relação entre o paternalismo e o liberalismo/libertarianismo, modelos que partem de pressupostos absolutamente distintos para enfrentar a regulação da atividade social, além da alternativa do paternalismo libertário, que se apresenta como terceira via.

Com base nestas divisões, compreende-se que a Constituição Federal segue uma postura paternalista no trato de diversos assuntos por ela

[253] Para Nery Junior, O sistema de proteção do consumidor abrange tanto o CDC quanto "à proteção indireta do consumidor, como leis de combate à concorrência desleal e leis antitruste."., ao que nós acrescentamos, agora, a LGPD. Cf. Grinover *et al*, **Código Brasileiro de Defesa do Consumidor: Comentado pelos Autores do Anteprojeto**, p. 603.

[254] Timm; Guarisse, Análise econômica dos contratos, p. 158.

enfrentados e isto influencia os debates a respeito da correta interpretação da ordem econômica constitucional, ainda que tenha igualmente avançado no reconhecimento da livre iniciativa como fundamento da República[255].

Entretanto, mesmo a adoção de uma opção paternalista pelo Constituinte originário não implica em vedação à ponderação de princípios jurídicos de ordem econômica diante dos casos concretos, especialmente quando o embate se dá com respaldo no melhor interesse dos consumidores.

1.1. Nova Hermenêutica, técnica de redação contemporânea e interpretação pragmática do Direito

Este capítulo discute aspectos fundamentais da hermenêutica contemporânea e sua importância em um Direito no qual o legislador conscientemente transfere ao judiciário grande margem liberdade interpretativa, diferindo da simples aplicação da técnica de subsunção.

Realmente, o modelo hermenêutico tradicional compreendia uma série de métodos de interpretação para a descoberta do sentido da lei, que seria então idêntica à norma jurídica a ser (re)produzida na decisão judicial[256].

Esta ideia do juiz boca da lei atende perfeitamente aos desejos de um modelo de produção capitalista, que necessita de previsibilidade e calculabilidade dos fenômenos sociais[257], de tal sorte que a hermenêutica

[255] SCHMIDT, Gustavo da Rocha, Uma proposta de releitura da ordem econômica na constituição de 1988, *in*: GUERRA, Sérgio (Org.), **Teoria do Estado Regulador**, Curitiba: Juruá, 2015, p. 217–224.

[256] "Durante muitos anos a tradição hermenêutica associou o termo 'interpretação' à ideia de revelação do conteúdo contido no texto. Interpretar era mostrar o verdadeiro sentido de uma expressão, extrair da frase ou sentença tudo que ela contivesse. Tal ideia justificava-se na tradição filosófica anterior ao giro-linguístico, de que as coisas tinham um significado ontológico e que as palavras denotavam tal significado, de modo que, existia um conteúdo próprio a cada termo" CARVALHO, Aurora Tomazini, **Curso de Teoria Geral do Direito: O constructivismo Lógico-Semântico**, 6. ed. São Paulo: Noeses, 2019, p. 240; BOBBIO, Norberto, **O positivismo jurídico: Lições de filosofia do direito**, São Paulo: Ícone, 2006, p. 211 e seguintes; HESSE, **Elementos de direito constitucional da República Federal da Alemanha**, p. 56.

[257] "O chamado direito moderno é racional, na medida em que permite a instalação de um horizonte de previsibilidade e calculabilidade em relação aos comportamentos humanos –

tradicional se adequava perfeitamente ao modelo teórico desejado pela economia ortodoxa.

Contudo, passo a passo, a imagem de um juiz sem qualquer papel criativo e de uma legislação que inviabiliza toda e qualquer ambiguidade se desfez, principiando o reconhecimento de que os Tribunais terminam por criar direito[258].

Esta tendência se acentua com o surgimento do Estado Social e com a "revolta contra o formalismo"[259], quando se impôs aos juízes a necessidade de aplicação de normas de conteúdo extremamente vago para garantir direitos sociais.

Ao mesmo tempo, esta desmistificação do intérprete como simples reprodutor das palavras da lei[260] evidencia a inexistência de uma interpretação correta do texto legal e a existência de diversas possibilidades igualmente válidas[261], tornando a interpretação um ato de escolha[262].

Sendo diferente o texto da lei da norma a ser produzida pelo intérprete, as discussões se ampliam, pois cresce o papel do juiz e diminui o do legislador[263].

vale dizer: segurança" Grau, Eros Roberto, **Por que tenho medo dos juízes (a interpretação/aplicação do direito e os princípios)**, 9. ed. São Paulo: Malheiros, 2018, p. 15.

[258] "O intérprete constrói o conteúdo textual. O texto (em sentido estrito) é significativo, mas não contém em si mesmo, significações (seu conteúdo). Ele serve como estímulos para a produção de sentido" Carvalho, **Curso de Teoria Geral do Direito: O constructivismo Lógico-Semântico**, p. 241.

[259] Cappelletti, Mauro, **Juízes Legisladores?**, Porto Alegre: Sérgio Fábris, 1993, p. 31 e seguintes.

[260] "A interpretação é antes de mais nada uma atividade criadora. Em toda a interpretação existe portanto uma criação de direito. Trata-se de um processo no qual entra a vontade humana, onde o intérprete procura determinar o conteúdo exato de palavras e imputar um significado à norma. Nesse sentido, a interpretação é uma escolha entre múltiplas opções, fazendo-se sempre necessária por mais bem formuladas que sejam as prescrições legais." Bastos, Celso Ribeiro, As modernas formas de interpretação constitucional, *in*: Clève, Clèmerson Merlin; Barroso, Luís Roberto (Orgs.), **Doutrinas Essenciais de Direito Constitucional**, São Paulo: Revista dos Tribunais, [s.d.], v. 1.

[261] "... a interpretação de uma lei não deve necessariamente conduzir a uma única solução como sendo a correcta, mas possivelmente a várias soluções que – na medida em que apenas sejam aferidas pela lei a aplicar – têm igual valor" Kelsen, Hans, **Teoria Pura do Direito**, 7. ed. Coimbra: Almedina, 2008, p. 382; Grau, **Por que tenho medo dos juízes (a interpretação/aplicação do direito e os princípios)**, p. 63 e seguintes.

[262] Kelsen, **Teoria Pura do Direito**, p. 385.

[263] "A dificuldade que os juristas enfrentam para admitir que texto e norma não se superpõem opera como recusa inconsciente da ideia de que a construção das normas possa ser

Dentro desta pluralidade de respostas possíveis e por conta da ausência de um método de interpretação "vencedor", as portas do debate jurídico tornaram possível a ressurreição da tópica[264], ou seja, do pensamento orientado ao problema[265].

Noutras palavras, ocorre uma mudança de paradigma, pois antes o pensamento era voltado ao texto e sua interpretação, agora, a solução do problema, através de pontos de consenso (*topoi/loci*), passa a ter preponderância.

Além disto, também é possível ampliar a discussão a respeito da interpretação dos textos legais para todos aqueles que direta ou indiretamente são afetados pela norma jurídica a ser produzida[266].

O problema da tópica é, ao mesmo tempo, sua principal qualidade, a possibilidade de múltiplos pontos de vista e de diálogo sobre o problema, pois a certeza e a previsibilidade desaparecem em meio à discussão.

Visando limitar a quantidade de alternativas interpretativas, surgem então correntes de metodologia concretista, nas quais se atualiza a Constituição e permite o debate da tópica até "onde terminam as possibilidades de compreensão conveniente do texto da norma ou onde uma resolução iria entrar em contradição unívoca com o texto da norma"[267].

Desta maneira, há quem entenda que a norma "parcialmente preexiste, potencialmente, no invólucro do texto, no invólucro do enunciado

mais importante que a redação dos textos, que a hermenêutica jurídica é mais relevante que a técnica legislativa" GRAU, **Por que tenho medo dos juízes (a interpretação/aplicação do direito e os princípios)**, p. 45.

264 "... a exaustão posterior do positivismo racionalista, a par da descrença generalizada em suas soluções, fez inevitável a ressurreição da tópica como método" BONAVIDES, **Curso de Direito Constitucional**, p. 504; "Na tópica não há hierarquia de pontos de vista. Inexiste qualquer cânon que oriente o intérprete. Ao contrário, em consequência da negação de postulados intocáveis, as normas constitucionais não vinculam. A interpretação parte de pontos de vista considerados relevantes sempre ante o problema oriundo do caso concreto." PEIXINHO, Manoel Messias, **A interpretação da Constituição e os princípios fundamentais**, 4. ed. São Paulo: Atlas, 2015, p. 60.

265 "Com a tópica, a norma e o sistema perdem o primado. Tornam-se meros pontos de vista ou topoi, cedendo lugar à hegemonia do problema, eixo fundamental da operação interpretativa" BONAVIDES, **Curso de Direito Constitucional**, p. 510.

266 HÄBERLE, **Hermenêutica constitucional: A sociedade aberta dos intérpretes da constituição.**

267 HESSE, **Elementos de direito constitucional da República Federal da Alemanha**, p. 69.

normativo. Ela se encontra apenas parcialmente involucrada, porque a realidade também a determina"[268].

A interpretação concretista então é:

> "uma espécie de metodologia positivista, de teor empírico e casuístico, que aplica as categorias constitucionais à solução direta dos problemas, sempre atenta a uma realidade concreta, impossível de conter-se em formalismos meramente abstratos ou explicar-se pela fundamentação lógica e clássica dos silogismos jurídicos"[269]

Enfim, seguindo uma metodologia concretista, a norma jurídica é o produto do processo hermenêutico no qual são interpretados os fatos e os textos[270] visando a solução de um caso concreto para o qual não há resposta unívoca.

Contudo, há quem veja nestes métodos da Nova Hermenêutica a porta de entrada do subjetivismo, na qual o texto legal serve de "respaldo formal" para uma decisão[271], o que evidentemente contém boa dose de verdade, pois as soluções apresentadas pela doutrina são vagas o suficiente para permitir subjetivismos mesmo dentro de suas restrições.

Embora estas discussões a respeito da insuficiência dos métodos clássicos e das propostas da Nova Hermenêutica tivessem como endereço a interpretação da Constituição a ser realizada por Tribunais Superiores, fato é que o mesmo método pode ser aplicado na interpretação de qualquer legislação infraconstitucional.

Isto se dá especialmente por conta da utilização de conceitos jurídicos indeterminados[272] e cláusulas gerais[273] na redação de praticamente

[268] Grau, **Por que tenho medo dos juízes (a interpretação/aplicação do direito e os princípios)**, p. 46.

[269] Bonavides, **Curso de Direito Constitucional**, p. 497.

[270] Grau, **Por que tenho medo dos juízes (a interpretação/aplicação do direito e os princípios)**, p. 18.

[271] Bonavides, **Curso de Direito Constitucional**, p. 500.

[272] A rigor, conforme lição de Grau, não há que se falar em conceito jurídico indeterminado, pois os conceitos são determináveis por natureza, tratando-se, na verdade, de noções indeterminadas, sendo as noções temporais e históricas. Grau, **Por que tenho medo dos juízes (a interpretação/aplicação do direito e os princípios)**, p. 117 e seguintes; "Conceitos jurídicos indeterminados são expressões de sentido fluido, destinadas a lidar com situações nas quais o legislador não pôde ou não quis, no relato abstrato do enunciado normativo, especificar de forma detalhada suas hipóteses de incidência ou exaurir o comando a ser

todos os diplomas jurídicos contemporâneos, de tal sorte que o legislador conscientemente deixa ao juiz o papel de valorar as circunstâncias do caso concreto[274], havendo posicionamentos otimistas a respeito da relação entre tais dispositivos e a previsibilidade:

> "A função que é, em primeiro lugar, atribuída às cláusulas gerais é a de permitir, num sistema jurídico de direito escrito e fundado na separação das funções estatais, a criação de normas jurídicas com alcance geral pelo juiz. O alcance para além do caso concreto ocorre porque, pela reiteração dos casos e pela reafirmação, no tempo, da *ratio decidendi* dos julgados, se especificará não só o sentido da cláusula geral, mas a exata dimensão da sua normatividade. Nesta perspectiva o juiz é, efetivamente, a boca da lei, não porque reproduza, como um ventríloquo, a fala do legislador, como gostaria a Escola da Exegese, mas porque atribui a sua voz à dicção legislativa, tornando-a, enfim e então, audível em todo o seu múltiplo e variável alcance."[275]

Basicamente, a diferença entre conceitos jurídicos indeterminados e cláusulas gerais reside no fato de que os primeiros possuem consequências previamente determinadas pelo legislador, ao passo que na cláusula geral o juiz "construirá a solução que lhe parecer a mais adequada para o caso concreto"[276].

Nestes embates, pretendemos aqui defender a aplicação de uma metodologia pragmática baseada na análise das consequências da deci-

extraído" Barroso, **Curso de Direito Constitucional Contemporâneo: Os conceitos fundamentais e a construção de um novo modelo**, p. 339.

[273] "Os conceitos legais indeterminados e as cláusulas gerais são enunciações abstratas feitas pela lei, que exigem valoração para que o juiz possa preencher o seu conteúdo" Nery; Nery Junior, **Instituições de Direito Civil**, p. 464.

[274] "o CC/2002 deu um papel primordial e central à figura do juiz como legislador do caso concreto, o que, na hipótese específica da cláusula geral de função social do contrato, propiciou abertura normativa importantíssima para a construção de um 'direito de juízes'" *Ibid.*, p. 563.

[275] Martins-Costa, Judith, O direito privado como um "sistema em construção" – As cláusulas gerais no projeto do Código Civil, *in*: Tepedino, Gustavo; Fachin, Luiz Edson (Orgs.), **Doutrinas Essenciais de Obrigações e Contratos**, São Paulo: Revista dos Tribunais, 2011, v. 1.

[276] Nery; Nery Junior, **Instituições de Direito Civil**, p. 464.

são judicial através do ferramental da microeconomia e limitada pelo quadro de possibilidades interpretativas que podem ser extraídas do texto legal.

Por pragmatismo, entendemos aqui a busca de soluções que possam levar aos melhores resultados possíveis a partir de um dado conjunto de premissas selecionadas a partir da Constituição Federal[277].

Os limites de tal interpretação se encontram no texto a ser analisado[278] e nos valores fundamentais de uma dada sociedade, não podendo então haver contrariedade ao teor literal da legislação simplesmente porque uma dada interpretação levará a um resultado agregado superior.

Note-se que o método selecionado não está imune a vícios, sendo evidente que uma interpretação isoladamente pragmática pode levar a violações de direitos individuais em benefício da coletividade, o que sempre deve ser sopesado pelo aplicador do Direito.

A verdade é que não há metodologia perfeita de interpretação, de tal sorte que os modelos mais elásticos transmitem menor segurança e são portas do arbítrio, ao passo que os modelos mais rígidos podem comprometer os ideais de justiça ou levar a consequências práticas desastrosas[279].

Neste cenário, ganha importância a análise de elementos que são anteriores aos textos jurídicos, tais como as estruturas ideológicas e

[277] Portanto, não vamos tão longe quanto a definição dada por Barroso: "A melhor decisão, para o pragmatismo, é a que gera melhores consequências práticas, não a que seja mais coerente com o texto constitucional ou com seus valores fundamentais" Barroso, **Curso de Direito Constitucional Contemporâneo: Os conceitos fundamentais e a construção de um novo modelo**, p. 306.

[278] Embora não nos filiemos ao consctructivismo lógico-semântico, as restrições apresentadas à interpretação por esta corrente certamente devem ser levadas em consideração: "Podemos dizer que os limites construtivos da mensagem jurídica são: (i) o plano de expressão dos textos jurídicos; (ii) os horizontes culturais do intérprete; e (iii) todo contexto que os envolve. Isto causa um desconforto em muitos juristas, porque não há um padrão significativo para a construção normativa. Todas as palavras, expressões e frases presentes no texto produzido pelo legislador podem dar ensejo a inúmeras significações. Mas o fato é que o direito é assim." Carvalho, **Curso de Teoria Geral do Direito: O constructivismo Lógico--Semântico**, p. 251.

[279] Para observar a discussão pela ótica da AED, cf. Nóbrega, Custos e Benefícios de um Sistema Jurídico baseado em Standards: uma análise econômica da boa-fé objetiva.

discussões a respeito do papel do Estado, mas que atuam como lente a moldar a percepção do intérprete.

Por conta disto, o discutiremos agora as posturas do Estado na regulação do consumo e os modelos ideais as representam.

1.2. Estado e regulação do consumo: paternalismo, liberalismo/ libertarianismo e paternalismo libertário

De um modo geral, o papel do Estado na regulação do consumo pode ser dividido em ao menos duas visões clássicas a respeito da liberdade de escolha, a saber: (i) paternalista; e (ii) liberal ou libertária[280].

Pois bem, o modelo paternalista tende a compreender determinadas relações entre fornecedor e consumidor como assimétricas e que nem sempre o vulnerável possui as informações ou mesmo a capacidade de realizar as escolhas que atendam a seus melhores interesses, devendo o Estado intervir no domínio econômico através da regulação específica dos mais variados setores, tais como contratos, responsabilidade civil, publicidade e regras processuais aplicáveis.

Isto implica tomar como pressuposta uma desvantagem do consumidor ao receber uma oferta, ler os termos de um negócio jurídico ou mesmo necessitar da reparação de um dano oriundo do fornecimento de um produto ou serviço.

Desta maneira, ainda que exista argumento econômico a demonstrar que a intervenção do Estado deve ser cuidadosamente pensada, há uma série de argumentos que podem ser utilizados para fomentar a inter-

[280] Via de regra, há uma diferença entre as expressões, sendo o libertário uma tonalidade mais forte de aversão ao Estado e à intervenção do público na esfera privada. Neste texto, preferimos a expressão liberal, mas utilizada no Brasil para se referir à ideologia cujo valor supremo é a tomada de escolhas pelo indivíduo, sem que isto implique uma férrea aversão ao Estado. Utilizaremos aqui os termos como dispostos em: Sunstein, Cass R.; Thaler, Richard, Libertarian Paternalism is Not an Oxymoron, 2003; Uma outra forma de se observar a questão pode ser vista na ótica de Norbert Reich, que divide a proteção do consumidor em três fases "pré-intervencionista (paradigma desenvolvido na economia de mercado dos anos cinqüenta e sessenta), intervencionista (anos setenta) e pós-intervencionista (anos oitenta)", que corresponderiam basicamente à transição de um modelo liberal/libertário, passando pelo paternalismo e, por fim, buscando novos paradigmas após o insucesso de ambos os modelos. Reich, Norbert, Algumas proposições para a filosofia da proteção do consumidor, *in*: **Doutrinas Essenciais de Direito do Consumidor**, São Paulo: Revista dos Tribunais, 2011, v. 1, p. e-book.

venção do Estado e que não possuem qualquer relação com as discussões econômicas[281].

Além desta *microeconomia* dos conflitos entre consumidor e fornecedor, o Estado também atuaria na regulação da ordem econômica a fim de que seja possível tutelar o interesse do consumidor junto à defesa da concorrência, conciliando-os quando divergirem entre si.

Ao mesmo passo, a postura paternalista tende a compreender as esferas pública e privada como parte de uma mesma unidade, não havendo uma intervenção do Estado no domínio privado, pois se trata de um todo indivisível[282].

Esta caixa de ferramentas de intervenção permite então ao Estado estabelecer limites às relações privadas e supostamente corrigir os empecilhos oriundos das fricções da realidade social.

Entretanto, a posição paternalista parece ignorar as relações de concorrência, nas quais um fornecedor raramente se encontra sozinho no mercado, bem como a preocupação com a manutenção da autonomia da vontade, especialmente diante da pressuposição de igualdade entre os cidadãos.

De fato, a posição liberal não vislumbra o fornecedor como um ser místico dotado de poderio infinitamente superior ao do consumidor, mas observa-o como um átomo dentre de uma competição acirrada por preço e qualidade.

Esta disputa então forneceria ao consumidor uma miríade de bens e serviços com preços reduzidos, frutos de uma economia descentralizada

[281] Baptista e Keller salientam que "é possível legitimar a intervenção regulatória com base em outras justificativas como a promoção de direitos fundamentais e de valores sociais e culturais; a inclusão de grupos minoritários e excluídos; a proteção de interesses intergeracionais; demandas redistributivas; e por fim, as falhas de escolha". Baptista; Keller, Por que, quando e até onde regular as novas tecnologias? Entre inovação e preservação, os desafios trazidos pelas inovações disruptivas, p. 133.

[282] "(...) a ideia de intervenção tem como pressuposta a concepção da existência de uma cisão entre Estado e sociedade civil. Então, ao 'intervir', o Estado entraria em campo que não é o seu, campo estranho a ele, o da sociedade civil – isto é, o mercado. Essa concepção é, porém, equivocada Família, sociedade civil e Estado são manifestações, que não se anulam entre si, manifestações de uma mesma realizada, a realidade do homem associando-se a outros homens." Grau, **A Ordem Econômica na Constituição de 1988**, p. 19.

que permite a coordenação inconsciente dos membros da sociedade a fim de que seus desejos de consumo sejam saciados[283].

Desta maneira, a intervenção do Estado no domínio das relações de mercado pode se mostrar nociva ao equilíbrio entre demandantes e fornecedores, de tal sorte que o liberal moderado vê restrições a qualquer regulação que altere os incentivos dos agentes econômicos, ressalvadas as hipóteses de falhas de mercado e sempre acompanhadas de análise de custo-benefício[284]. O que não impossibilita que os paternalistas se utilizem do mesmo ferramental microeconômico para justificar a ampliação da intervenção do Estado.

Do mesmo modo, a restrição de liberdade por conta de cláusulas impositivas aos agentes econômicos não é bem recebida pelos liberais/libertários, que por princípio são avessos à invasão do domínio privado pelo Estado.

O embate entre estes posicionamentos recebe forte carga ideológica, tal como se observa nesta passagem de SILVA: "A atuação do Estado, assim, não é nada menos do que uma tentativa de pôr ordem na vida econômica e social, de arrumar a desordem que provinha do liberalismo"[285].

De todo modo, tanto para os liberais menos afoitos quanto para os paternalistas, não há qualquer dificuldade em aceitar que, vez ou outra, o Estado intervenha no domínio econômico, inclusive dentro de esferas como o contrato e a propriedade, para reduzir os custos de transação.

A diferença principal reside, então, no fato de que os liberais desejam a intervenção do Estado quando há falhas de mercado, ou seja, quando não for possível a alocação eficiente dos recursos por atividade

[283] HAYEK, The Use of Knowledge in Society.

[284] Como pontuou EASTERBROOK ao comentar que o Direito ainda não regulou de modo satisfatório problemas antigos: "(...) erro na legislação é comum, especialmente quando a tecnologia está galopando à frente. Não nos esforcemos em combinar um sistema jurídico imperfeito com um mundo em evolução que nós entendemos pobremente. Façamos, ao invés disso, o que é essencial para permitir que os participantes deste mundo em evolução façam suas próprias decisões. O que significa três coisas: criar regras claras; criar direitos de propriedade onde hoje eles não existem; e facilitar a formação de instituições de barganha. E então deixar o mundo do ciberespaço evoluir como ele deseja e aproveitar os benefícios" (tradução livre). EASTERBROOK, Frank, Cyberspace and the Law of the Horse, *in*: **The University of Chicago Legal Forum**, [s.l.: s.n.], 1996.

[285] SILVA, José Afonso da, **Curso de Direito Constitucional Positivo**, 30. ed. São Paulo: Malheiros, 2008, p. 786.

do próprio mercado, tal como nos casos de assimetria de informação, monopólio ou externalidades, por exemplo.

Por outro lado, os paternalistas compreendem que é possível alcançar resultados superiores aos de equilíbrio de mercado através da intervenção pura e simples, havendo ou não necessidade de corrigir falhas de mercado.

A realidade, por sua vez, mostra-se indiferente a estas disputas, pois, como anotam Grinover e Benjamin:

> "Nenhum país do mundo protege seus consumidores apenas com o modelo privado. Todos, de uma forma ou de outra, possuem leis que, em menor ou maior grau, traduzem-se em um regramento pelo Estado daquilo que, conforme preconizado pelos economistas liberais, deveria permanecer na esfera exclusiva de decisão dos envolvidos"[286].

Desta feita, a discussão entre os liberais/libertários e paternalistas, no plano concreto, não assume as proporções titânicas do embate teórico, visto que as escolhas dos Estados não seguem com adesão inconsequente qualquer dos modelos acima apresentados, mas influenciam fortemente a opinião dos comentaristas dos textos legais.

Além do liberalismo/libertarianismo e do paternalismo, surge hoje na discussão o paternalismo libertário de Sunstein e Thaler, o qual seria a união da liberdade de escolha libertária (ou seja, a não proibição de condutas sempre que possível) e da autorização para que as instituições públicas e privadas possam tentar influenciar o comportamento das pessoas em direção ao que for considerado mais benéfico aos indivíduos[287].

Esta união se baseia na evidência de que os agentes possuem racionalidade limitada, nem sempre conseguindo perseguir seus melhores interesses isoladamente, o que não significa uma autorização cega para que se possa escolher pelos indivíduos e simplesmente vedar alternativas à opção feita pelo regulador[288].

[286] Grinover *et al*, **Código Brasileiro de Defesa do Consumidor: Comentado pelos Autores do Anteprojeto**, p. 5.

[287] Sunstein; Thaler, Libertarian Paternalism is Not an Oxymoron.

[288] *Ibid.*

Wright, que trata o paternalismo libertário e a Análise Econômica e Comportamental do Direito como uma mesma ideia, sintetiza os objetivos desta nova proposta da seguinte maneira:

> "a promessa da Análise Econômica e Comportamental do Direito é regular para aumentar o bem-estar econômico através de um alinhamento mais próximo das escolhas de cada indivíduo com suas preferências 'verdadeiras' e não enviesadas sem reduzir sua liberdade representada ao menos como as escolhas disponíveis a ele" (tradução livre)[289].

Por sua vez, a leitura de Mitchell sintetiza os argumentos em favor do paternalismo libertário da seguinte maneira: (i) em muitas situações, os indivíduos não possuem preferências estáveis ou bem definidas; (ii) a forma com que as escolhas são apresentadas aos indivíduos pode afetar as decisões; (iii) por consequência, (iii.a) as instituições públicas e privadas possuem um poder inevitável de moldar as preferências individuais; e (iii.b) as escolhas individuais não levarão os agentes ao bem-estar a menos que as escolhas sejam moldadas para isto[290].

Passando às críticas ao paternalismo libertário, Sunstein e Thaler entendem que as objeções estão centradas no fato de que a intervenção do Estado é um caminho sem volta (*slippery slope*) no qual o regulador prossegue em direção a intervenções cada vez mais fortes e que o regulador pode não ter a habilidade necessária para escolher corretamente como intervir, além de críticas de paternalistas que desejam ver as opções dos indivíduos vedadas e não simplesmente ocultadas ou desfocadas[291].

Além disto, o paternalismo libertário sofreu forte oposição de Mitchell em seu artigo *Libertarian Paternalism is an Oxymoron*, no qual pontua que: (i) o paternalismo não é inevitável; (ii) a justificativa de colocar o bem-estar social acima da liberdade não convence; e (iii) haveria efeitos redistributivos no paternalismo libertário[292].

[289] Wright, Joshua, Behavioral Law and Economics: Its Origins, Fatal Flaws and Implications fo Liberty, **Northwestern University Law Review**, v. 106, n. 3, p. 12–63, 2012.

[290] Mitchell, Gregory, Libertarian Paternalism is an Oxymoron, **Northwestern University Law Review**, v. 99, n. 3, 2005.

[291] Sunstein; Thaler, Libertarian Paternalism is Not an Oxymoron.

[292] Mitchell, Libertarian Paternalism is an Oxymoron.

Para MITCHELL, o paternalismo é inevitável apenas se os indivíduos não puderem superar o enquadramento (*framing*), o que poderia ser debelado com maior informação para a tomada de decisão por parte dos regulados. Além disso, um libertário deveria considerar as restrições de racionalidade como motores para que se atue apenas para aumentar a liberdade de escolha e não como uma autorização para a intervenção das instituições com objetivos predefinidos. Por fim, o paternalismo libertário atuaria como um peso sobre o indivíduo racional e um benefício ao indivíduo irracional, tendo efeitos redistributivos entre os agentes[293].

Em resumo, na visão de MITCHELL, o paternalismo libertário atuaria para "capitalizar sobre as tendências irracionais para mover os cidadãos na direção em que o planejador paternalista considera melhor" (tradução livre)[294].

Uma crítica ainda mais forte pode ser encontrada no trabalho de WRIGHT a respeito da Análise Econômica e Comportamental do Direito, o autor pontua que o programa de pesquisa da Economia Comportamental busca o desenvolvimento de uma teoria compreensiva dos erros, cujos passos seriam: (i) catálogo dos erros e desvios sistemáticos do comportamento racional; (ii) mapeamento sob quais condições estes erros acontecem e os custos sociais que eles implicam; e (iii) comparar o custo-benefício da intervenção do Estado[295].

Na crítica de WRIGHT, a Economia Comportamental não avançou muito além do primeiro passo, visto que: (i) muitos dos experimentos controlados da EC não são comprovados em testes exteriores aos laboratórios onde foram conduzidos, ou seja, quando há disciplina de mercado e busca de lucro, os resultados não se reproduzem; (ii) não é fácil descobrir quais as verdadeiras preferências de um indivíduo, entendendo que o equívoco está na postura adotada pelos pesquisadores da EC[296]; e (iii) as políticas orientadas pela EC terminam por superes-

[293] *Ibid.*

[294] *Ibid.*

[295] WRIGHT, Behavioral Law and Economics: Its Origins, Fatal Flaws and Implications fo Liberty.

[296] "...quando um economista neoclássico descobre que o comportamento efetivo do agente diverge da predição do modelo econômico, ele suspeita que a culpa é do modelo, quando um economista comportamental observa uma lacuna entre o comportamento efetivo e o previsto, ele conclui que o agente está agindo contra seus próprios interesses"(tradução livre) *Ibid.*

timar os benefícios das políticas propostas e subestimar os custos por elas acarretados[297].

Uma outra formulação do argumento libertário é apresentada por ULEN em discussão a respeito do Direito Comportamental (*Behavioral Law*):

> "Se a autonomia pessoal é um valor independente pelo qual as pessoas lutam (*strive*) e as políticas governamentais devem promover (*foster*), então isto pode argumentar em favor dos indivíduos poderem fazer seus próprios erros, viverem suas vidas sob suas próprias direções (termos que requerem exploração) com proteção apenas contra fraude, danos aos outros e consequências catastróficas para eles mesmos." (tradução livre)[298]

Realmente, ainda que o paternalismo libertário não se julgue melhor sabedor das necessidades dos consumidores, a escolha do que seria caso de aplicação de *nudges* ou de matéria de livre apreciação do indivíduo carrega em si muita subjetividade, não havendo marcos claros a pontuar os limites do que se deve entender como caso de intervenção do Estado através de políticas comportamentais e daquilo deve ser deixado à auto-regulamentação do mercado.

As objeções trazidas por WRIGHT em relação ao programa da AECD são pertinentes, pois levam a discussão aos limites dos experimentos em laboratório e a possibilidade de sua reprodução em ambientes externos, os possíveis danos à sociedade oriundos de uma regulação equivocada e da necessidade de que os próprios *nudges* sejam levados em consideração dentro de seus custos e benefícios.

[297] *Ibid.* Talvez a crítica mais ácida de WRIGHT nem mesmo toque a discussão do paternalismo libertário, mas os motivos que conduziram ao surgimento da Análise Econômica e Comportamental do Direito, a qual teria ocorrido dado o avanço da popularidade da Análise Econômica do Direito e do insucesso da Critical Legal Studies nos EUA. Neste cenário, as Universidades passam a contratar professores economistas para ministrar as disciplinas e se torna difícil para os juristas não versados em economia e estatística galgar posições profissionais na área da AED, de maneira que a AECD, que seria menos rigorosa, permitiu rediscutir assuntos antigos, fornecendo um novo campo de investigação aos profissionais.

[298] ULEN, Thomas, The importance of Behavioral Law, *in*: **The Oxford Handbook of Behavioral Economics and the Law**, Londres: Oxford University Press, 2014, p. 93–124.

Contudo, a despeito de todos estes empecilhos teóricos, a literatura tem observado inúmeras explorações, por parte dos fornecedores de produtos e serviços, dos vieses dos consumidores, demonstrando que o mercado, antes mesmo do Estado, já passa não apenas a considerar, mas a implementar em suas transações, uma abordagem muito próxima da Economia Comportamental[299].

Justiça seja feita, um equívoco empresarial pode levar à falência de uma sociedade empresária, um equívoco do Estado pode levar à falência de algumas sociedades empresárias ou uma completa distorção das relações de mercado, havendo necessidade efetiva de um *caveat* na implementação de políticas públicas.

Antes mesmo da pacificação das discussões em relação à viabilidade do paternalismo libertário, o progresso tecnológico já coloca no horizonte das discussões a criação de um direito personalizado, fundando-se entre a EC e o modelo liberal[300].

O que se discute então é se, no futuro, através do Big Data, da capacidade de processamento de informação e da inteligência artificial será possível o desenvolvimento de normas personalizadas, de maneira que, por exemplo, com base no histórico do consumidor, seja possível deixar certas informações mais evidentes atendendo às necessidades específicas do indivíduo e não com base em parâmetros universais[301].

O argumento a sustentar tal posicionamento é o de que um sistema jurídico que estabelece regras padrão a todos os cidadãos de maneira inespecífica sempre será impreciso.

[299] Calo, Digital Market Manipulation; Loo, Helping Buyers Beware: The Need for Supervision of Big Retail; Loo, Rory Van, Digital Market Perfection, **Michigan Law Review**, v. 117, n. 5, p. 815–884, 2019; Bar-Gill; Stone, Pricing Misperceptions: Explaining Pricing Structure in the Cell Phone Service Market; Bar-Gill, Oren, Consumer Transactions, *in*: **The Oxford Handbook of Behavioral Economics and the Law**, Londres: Oxford University Press, 2014, p. 465–490; Ben-Shahar, Omri; Schneider, Carl E., The Failure of Mandated Disclosure, **University of Pennsylvania Law Review**, v. 159, p. 647–749, 2011.

[300] Busch, Christoph, Implementing Personalized Law: Personalized Disclosures in Consumer Law and Data Privacy Law, **The University of Chicago Law Review**, v. 86, p. 309–331, 2019; Ben-Shahar, Omri; Porat, Ariel, Personalizing Mandatory Rules in Contract Law, **The University of Chicago Law Review**, v. 86, p. 255–282, 2019; Bar-Gill, Algorithmic Price Discrimination When Demand Is a Function of Both Preferences and (Mis)perceptions.

[301] Busch, Implementing Personalized Law: Personalized Disclosures in Consumer Law and Data Privacy Law.

Por outro lado, um modelo estático também possui encantos consideráveis, pois:

> "(...) desenvolver um sistema complexo de regras, exceções e contraexceções é difícil não apenas para o legislador. Regras padronizadas são também mais fáceis para os destinatários das regras (por exemplo, empresários e consumidores) se comunicarem, entenderem e cumprirem preventivamente (*ex ante*). Por fim, regras menos complexas são mais fácies de serem administradas pelas Cortes posteriormente (*ex post*)" (tradução livre)[302].

Em todo caso, um sistema jurídico personalizado ainda se mostra razoavelmente distante de entrar em vigor, especialmente diante de pequenos comércios ou prestadores de serviços, que certamente encontrarão óbices no atendimento de um sistema jurídico personalizado.

Em resumo, evidente que os três posicionamentos acima são modelos ideais que cedem inúmeras vezes à complexidade das relações de mercado e das necessidades políticas do governo de turno, estando mais próximos de arquétipos do que de modelos implementados de maneira efetiva no quotidiano.

Contudo, estas lentes teóricas nos auxiliarão a compreender quais os principais referenciais para a análise dos problemas existentes nas relações de consumo e quais são as alternativas possíveis para que o Direito possa buscar o bem-estar social (repita-se, aqui compreendido como a maior quantidade de consumidores com seus desejos saciados) de maneira mais eficiente.

Verificados estes modelos regulatórios, passaremos agora a analisar o mandamento constitucional de defesa do consumidor, compreendido como o comando enviado pelo Constituinte ao legislador ordinário a fim de que seja implementado no ordenamento jurídico brasileiro a conformação e concreção da defesa do consumidor.

1.3. A defesa do consumidor na Constituição Federal de 1988

A Constituição Federal e os Atos das Disposições Constitucionais Transitórias dispõem a respeito da defesa do consumidor de três maneiras, a

[302] *Ibid.*

saber: (i) Garantia de promoção da defesa do consumidor pelo Estado (art. 5º, XXXII, da CF); (ii) Princípio da Ordem Econômica (art. 170, V, da CF); e (iii) Mandamento de elaboração de um Código de Defesa do Consumidor no prazo de 120 dias após a promulgação da Constituição Federal (art. 48 da ADCT).

Ainda que se trate de uma Constituição analítica, a intenção do Constituinte em criar camadas de proteção legislativa aos consumidores diferentes do Direito Civil e Comercial se mostra patente.

Não se pode deixar de notar que a Constituição de 1988 veio carregada de um espírito interventor no domínio econômico, de tal sorte que o Constituinte, além de determinar a regulação das relações de consumo, tratou das relações trabalhistas[303], minudenciou a ordem econômica[304], tratou da taxa de juros a ser aplicada[305], dispôs a respeito da justiça desportiva[306] e de relações familiares[307], ainda que tenha elaborado ressalva a indicar que o planejamento estatal é meramente indicativo aos agentes privados[308].

No mesmo espírito, o Constituinte determinou que o Estado tenha papel proativo na defesa do consumidor, como se infere do art. 5º,

303 Cf. art. 7º e seguintes da CF.

304 Cf. art. 170 e seguintes da CF.

305 Veja-se a redação original do art. 192, § 3º, da CF: "Art. 192. O sistema financeiro nacional, estruturado de forma a promover o desenvolvimento equilibrado do País e a servir aos interesses da coletividade, será regulado em lei complementar, que disporá, inclusive, sobre: § 3º As taxas de juros reais, nelas incluídas comissões e quaisquer outras remunerações direta ou indiretamente referidas à concessão de crédito, não poderão ser superiores a doze por cento ao ano; a cobrança acima deste limite será conceituada como crime de usura, punido, em todas as suas modalidades, nos termos que a lei determinar."

306 Cf. art. 217, CF.

307 Cf. art. 226, CF.

308 Cf. art. 174, CF: "Art. 174. Como agente normativo e regulador da atividade econômica, o Estado exercerá, na forma da lei, as funções de fiscalização, incentivo e planejamento, sendo este determinante para o setor público e indicativo para o setor privado". Leite e Brandão destacam que a CF/88 manteve "o modelo de atuação direta do Estado", passando nos anos 90 por uma mudança do "perfil do Estado brasileiro" através da flexibilização de monopólios, redução das restrições ao capital estrangeiro e privatização ou desestatização. Leite, Leonardo Barén; Brandão, Felipe Montalvão, Regulação moderna e sustentável, *in*: Freitas, Rafael Véras de; Ribeiro, Leonardo Coelho; Feigelson, Bruno (Orgs.), **Regulação e novas tecnologias**, Belo Horizonte: Fórum, 2018, p. 177.

XXXII, o qual dispõe que "o Estado promoverá, na forma da lei, a defesa do consumidor"[309].

Isto implica na pressuposição jurídica (e não mais teórica, discursiva ou mesmo fática) de que há desnivelamento na relação entre consumidores e fornecedores, devendo então o Estado intervir no domínio econômico não apenas para harmonizar estas relações, mas efetivamente defender o consumidor, pois a razão de ser da defesa do consumidor (*consumer protection*) seria limitar o poder de monopólio das companhias e sua influência sobre o consumidor, devendo o Estado auxiliar a parte vulnerável da disputa[310].

A razão da existência de regras especiais tendentes a proteger o consumidor, como pontuam Grinover e Benjamin, advém do fato de que a sociedade de consumo não teria trazido apenas benefícios ao consumidor, mas também prejuízos decorrentes da vulnerabilidade para os quais o mercado não disporia de "mecanismos eficientes para superar"[311].

De certo modo, este discurso traz a distinção entre liberdade interna e externa trazida por Silva, na qual a liberdade interna (ou subjetiva) é referente ao querer e a liberdade externa (ou objetiva) diz respeito a poder realizar o que se deseja[312].

A presunção aqui é de que o consumidor quer, mas não pode, atuando o legislador para tornar o querer e o poder como idênticos, de tal sorte

309 Para interpretações do art. 5º, XXXII, veja-se: Comparato, Fábio Konder, A proteção ao consumidor na constituição brasileira de 1988, *in*: Marques, Cláudia Lima; Miragem, Bruno (Orgs.), **Doutrinas Essenciais de Direito do Consumidor**, São Paulo: Revista dos Tribunais, 2011, v. 2; Miragem, Bruno, O direito do consumidor como direito fundamental, *in*: Marques, Cláudia Lima; Miragem, Bruno (Orgs.), **Doutrinas Essenciais de Direito Constitucional**, São Paulo: Revista dos Tribunais, 2011, v. 2; Rodrigues, Geisa de Assis, A proteção ao consumidor como um direito fundamental, *in*: **Doutrinas Essenciais de Direito do Consumidor**, São Paulo: Revista dos Tribunais, 2011, v. 2.

310 Haupt, An Economic Analysis of Consumer Protection in Contract Law; "No âmbito da tutela especial do consumidor, efetivamente, é ele sem dúvida a parte mais fraca, vulnerável, se se tiver em conta que os detentores dos meios de produção é que detêm todo o controle do mercado, ou seja, sobre o que produzir, como produzir e para quem produzir, sem falar-se na fixação de suas margens de lucro" Grinover *et al*, **Código Brasileiro de Defesa do Consumidor: Comentado pelos Autores do Anteprojeto**, p. 74.

311 Grinover *et al*, **Código Brasileiro de Defesa do Consumidor: Comentado pelos Autores do Anteprojeto**, p. 4.

312 Silva, **Curso de Direito Constitucional Positivo**, p. 231–2.

que não será a posição privilegiada do fornecedor que será o motivo para a imposição de termos desfavoráveis ao consumidor.

Isto, contudo, deve ser analisado com cuidado para que não se verifique no texto constitucional um conjunto de disposições que possa levar instabilidade ao mercado por conta de voluntarismo excessivo, dado que o Estado e o Constituinte devem reconhecer os limites fáticos que se colocam entre a Constituição e o "mundo real".

Assim, há quem entenda que o art. 5º, XXXII, da Constituição implica em quatro conclusões, a saber: (i) "reconhecimento da vulnerabilidade do consumidor"; (ii) "princípio do não retrocesso no direito do consumidor"; (iii) defesa do consumidor e não "do consumo em si ou do mercado de consumo"; e (iv) a defesa do consumidor deverá ocorrer através de lei[313].

Parece-nos que algumas das conclusões apresentadas estão em franca discordância com os imperativos fáticos que devem ser considerados na aplicação do direito, pois determinados princípios, tais como a vedação ao retrocesso, devem ser considerados com extrema cautela, pois a dinâmica das relações de mercado não pode estar presa aos padrões de outros tempos e, mais importante, a definição de retrocesso é nebulosa[314].

Acrescente-se ainda que considerar a defesa do consumidor como único e solitário objetivo do Constituinte, isolada do mercado de consumo e das relações de consumo, não parece ser o caminho mais adequado para a interpretação do dispositivo.

Verdade que a CF aponta a promoção da defesa do consumidor, contudo, este mesmo consumidor faz parte de um mercado e não possui interesse, mediato, de receber uma proteção danosa às relações de mercado, pois as imposições sobre o fornecedor são repassadas justamente ao consumidor na forma de aumento de preços na exata proporção de sua sensibilidade (elasticidade preço-demanda).

[313] Garcia, Leonardo, **Código de Defesa do Consumidor Comentado**, 14. ed. Salvador: JusPodivm, 2019, p. 26.

[314] Tornando ao exemplo da intervenção do Estado através do teto de preços ou de uma majoração artificial de preço por meio de imposições regulatórias excessivas, medidas que, como visto, podem implicar na criação de um mercado informal, na perda da qualidade dos produtos ou mesmo na escassez, haveria uma vedação ao retrocesso caso o governo, após repensar a imposição legal, tenha interesse em revogar o dispositivo? Além disso, haverá situações nas quais não será possível identificar, através de critérios seguros, o que é ou não um retrocesso senão por meio de parâmetros idiossincráticos, colocando em risco até mesmo a estabilidade das relações econômicas.

Assim, cuidar somente dos interesses imediatos e isolados do consumidor individual pode levar a situações socialmente indesejáveis, o que parece extremamente distante da intenção do Constituinte ao disciplinar princípios que favorecem a atividade econômica, como veremos ainda neste capítulo.

Em suma, evidente que o Estado toma parte neste conflito social a fim de igualar a disputa entre consumidores e fornecedores e conciliar seus interesses, não para criar para qualquer dos lados regras jurídicas que instituam privilégios ou ainda que possam colocar em risco as relações de consumo e o próprio mercado.

Como já se observou, o equilíbrio econômico e a própria satisfação dos consumidores podem ser amplamente prejudicados, não se devendo compreender que medidas de imposição de teto de preços, restrição da atividade econômica ou mesmo imposição de barreiras de entrada desnecessárias sejam defesas do consumidor.

Pelo contrário, tais medidas se configuram verdadeiros ataques à parte vulnerável, que sofrerá com escassez de produtos ou serviços decorrentes da pressuposição de que é necessário prejudicar o fornecedor para beneficiar o consumidor ou o oposto.

Ultrapassada a discussão quanto ao art. 5º, XXXII, da CF, há de se rememorar que a defesa do consumidor é um dos princípios conformadores da ordem econômica prevista na Constituição Federal, sendo integrante de uma comunidade mais ampla de mandamentos constitucionais.

Realmente, o art. 170 da Constituição Federal apresenta amplo rol de princípios e fundamentos norteadores do dever ser da ordem econômica, podendo ser citados os seguintes: (i) valorização do trabalho humano; (ii) livre iniciativa[315]; (iii) existência digna; (iv) justiça social[316]; (v) soberania nacional; (vi) propriedade privada; (vii) função social da proprie-

[315] O princípio da livre iniciativa é observado geralmente como a liberdade de ingressar no mercado respeitadas as restrições legais impostas pelo Estado. A seguir, apresentamos breve lista de destaques da doutrina a respeito: "'livre-iniciativa', o sujeito é livre para a realização de qualquer negócio ou exercício de qualquer profissão, sendo, contudo, obrigado a se munir previamente de uma 'patente' (imposto direto) a pagar as taxas exigíveis e a se sujeitar aos regulamentos de polícia aplicáveis" GABAN, Eduardo Molan; Domingues, Juliana Oliveira, **Direito Antitruste**, 3. ed. São Paulo: Saraiva, 2013, p. 51.

[316] "Um regime de justiça social será aquele em que cada um deve poder dispor dos meios materiais para viver confortavelmente segundo as exigências de sua natureza física, espiritual ou política" (SILVA, **Curso de Direito Constitucional Positivo**, p. 789.)

dade; (viii) livre concorrência; (ix) defesa do consumidor; (x) defesa do meio ambiente; (xi) redução das desigualdades regionais e sociais; (xii) busca do pleno emprego; e (xiii) favorecimento das empresas de pequeno porte.[317]

Evidentemente, um rol de princípios tão vasto, ao qual se pode acrescentar ainda a dignidade da pessoa humana e os objetivos de solidariedade, desenvolvimento nacional, erradicação da pobreza e marginalização e promoção do "bem de todos"[318], certamente recai em inúmeras antinomias aparentes, ainda mais quando se deve ponderar os custos e benefícios de cada uma destes vetores de interpretação e aplicação da Constituição Federal.

Na verdade, a ordem econômica é uma das parcelas da Constituição cujos comentaristas raramente parecem estar de acordo quanto ao que se pode inferir do texto, havendo aqueles que compreendem se tratar de "uma estampa da antítese do neoliberalismo, pois não entrega a satisfatória organização da vida econômica e social a uma suposta (e nunca demonstrada) eficiência do mercado"[319], ao passo que outros observam, nos mesmos artigos, a entronização do "regime da livre-iniciativa e eco-

[317] Art. 170. A ordem econômica, fundada na valorização do trabalho humano e na livre iniciativa, tem por fim assegurar a todos existência digna, conforme os ditames da justiça social, observados os seguintes princípios: I – soberania nacional; II – propriedade privada; III – função social da propriedade; IV – livre concorrência; V – defesa do consumidor; VI – defesa do meio ambiente, inclusive mediante tratamento diferenciado conforme o impacto ambiental dos produtos e serviços e de seus processos de elaboração e prestação; VII – redução das desigualdades regionais e sociais; VIII – busca do pleno emprego; IX – tratamento favorecido para as empresas de pequeno porte constituídas sob as leis brasileiras e que tenham sua sede e administração no País. Parágrafo único. É assegurado a todos o livre exercício de qualquer atividade econômica, independentemente de autorização de órgãos públicos, salvo nos casos previstos em lei.

[318] Cf. arts. 1º e 3º da CF: "Art. 1º A República Federativa do Brasil, formada pela união indissolúvel dos Estados e Municípios e do Distrito Federal, constitui-se em Estado Democrático de Direito e tem como fundamentos: (...) III – a dignidade da pessoa humana; (...)
Art. 3º Constituem objetivos fundamentais da República Federativa do Brasil: I – construir uma sociedade livre, justa e solidária; II – garantir o desenvolvimento nacional; III – erradicar a pobreza e a marginalização e reduzir as desigualdades sociais e regionais; IV – promover o bem de todos, sem preconceitos de origem, raça, sexo, cor, idade e quaisquer outras formas de discriminação."

[319] Bandeira de Mello, Celso Antônio, **Curso de Direito Administrativo**, 26. ed. São Paulo: Malheiros, 2009, p. 787.

nomia de mercado", segundo a "tendência universal" que "reconhece na liberdade econômica a via natural de prosperidade das nações"[320].

SCHMIDT vai ainda mais longe em uma leitura liberal e entende que:

> "toda e qualquer intervenção estatal em âmbito econômico deve ser tida como suspeita, prima facie. Significa dizer que recai sobre o Estado um ônus argumentativo mais rigoroso, caso decida imiscuir-se no campo da economia de mercado. E compete ainda ao Poder Público a demonstração, por métodos empiricamente comprováveis, de que a intervenção no domínio econômico é efetivamente necessária e não mero capricho ou autoritarismo estatal".[321]

Igual polêmica se dá em relação a princípios como a função social da propriedade, o qual, para uns, "impõe ao proprietário – ou a quem detém o poder de controle, na empresa – o dever de exercê-lo em benefício de outrem e não, apenas, de não exercer em prejuízo de outrem"[322] ou ainda "justifica até a intervenção do Estado no domínio de sua distribuição, de modo a propiciar a realização ampla de sua função social", inclusive "para fomentar ou mesmo forçar o barateamento do custo de vida"[323].

A mesma carga ideológica se encontra no "quase-consenso"[324] da doutrina nacional a respeito do princípio da função social dos contratos, o qual "supera a visão individualística e atomizada dos pactos, cujos direitos e deveres não podem mais ser compreendidos com a abstração das circunstâncias sociais que os cercam"[325].

[320] MOREIRA NETO, Diego de Figueiredo, **Curso de Direito Administrativo**, 16. ed. Rio de janeiro: Forense, 2014, p. 497.

[321] SCHMIDT, Uma proposta de releitura da ordem econômica na constituição de 1988, p. 226.

[322] GRAU, **A Ordem Econômica na Constituição de 1988**, p. 246.

[323] SILVA, **Curso de Direito Constitucional Positivo**, p. 812–3.

[324] TIMM, Luciano Benetti, Ainda sobre a função social do direito contratual no Código Civil brasileiro: justiça distributiva versus eficiência, *in*: TIMM, Luciano Benetti (Org.), **Direito & Economia**, Porto Alegre: Livraria do Advogado, 2008, p. 73 e seguintes.

[325] BRAGA NETTO, **Direito do Consumidor: à luz da jurisprudência do STJ**, p. 421; Outra formulação da doutrina: "A função social do contrato se caracteriza como preceito destinado a integrar os contratos numa ordem social harmônica, visando impedir tanto aqueles que prejudiquem a coletividade quanto os que prejudiquem ilicitamente pessoas determinadas" NERY; NERY JUNIOR, **Instituições de Direito Civil**, p. 558–559.

Por outro lado, atentando-se a um escopo maior, FERNANDES argumenta que a função social, no âmbito do CDC, possui menor incerteza, pois

> "Não resta dúvida que a proteção do consumidor cumpre uma função social que não é, apenas, a sua proteção individual (embora também a proteção da parte vulnerável seja função social relevante no direito). Servem também a um estímulo ao consumo, à produção e ao desenvolvimento econômico."[326].

Sob a ótica da AED, a função social do contrato teria como conteúdo garantir previsibilidade, reduzir a assimetria informacional, "salvaguardar os ativos de cada um dos agentes", prevenir o comportamento oportunista (*moral hazard*), "gerar mecanismos de ressarcimento e de alocação de riscos" e permitir a relação com outras áreas do Direito[327].

No tocante à defesa do consumidor dentro do contexto da ordem econômica, a doutrina tende a considerá-lo como um contrapeso à livre iniciativa, tendo uma "função limitadora" "perante o regime liberal-capitalista da economia" de modo que se imporia a busca por um "caminho 'do meio'"[328], ao passo que MOREIRA NETO, comentando o art. 170, V, da CF, ressalta que a defesa do consumidor não deve levar ao engano de considerar "normalmente litigiosas" as relações ou desconfiar da existência de "qualquer preconceito contra o produtor"[329] e FERNANDES ressalta que "... a ordem econômica não opõe a defesa do consumidor à livre iniciativa, mas ressalta que ela é elemento de valorização da atividade empresarial."[330].

Como já salientado, no ordenamento jurídico contemporâneo, a livre iniciativa é um dos fundamentos da República (art. 1º, IV, CF) e da

[326] FERNANDES, Wanderley, O código de defesa do consumidor e o desenvolvimento do mercado, *in*: LIMA, Maria Lúcia Padua (Org.), **Agenda Contemporânea: Direito e Economia: anos de Brasil**, São Paulo: Saraiva, 2012, v. 2, p. 261.

[327] TIMM, Ainda sobre a função social do direito contratual no Código Civil brasileiro: justiça distributiva versus eficiência, p. 95.

[328] MARQUES, Cláudia Lima; BENJAMIN, Antônio Herman de Vasconcellos e; MIRAGEM, Bruno, **Comentários ao Código de Defesa do Consumidor**, 5. ed. São Paulo: Revista dos Tribunais, 2016, p. 266.

[329] MOREIRA NETO, **Curso de Direito Administrativo**, p. 537.

[330] FERNANDES, O código de defesa do consumidor e o desenvolvimento do mercado, p. 263.

ordem econômica (art. 170, caput), fato este que, conforme aponta a pesquisa de SCHMIDT, é o ponto mais alto já alcançado pela livre iniciativa na história constitucional brasileira[331].

Verificadas as divergências interpretativas e o dúbio texto da Lei Maior, nota-se que o Constituinte apresentou um texto altamente interventivo nos domínios da vida privada ao mesmo passo em que consagrou pela primeira vez a livre iniciativa como um dos fundamentos da República, de modo que não há qualquer critério seguro de interpretação constitucional que possa evitar as leituras dissonantes observadas acima.

Tratando do tema à luz da defesa do consumidor, NUNES apresenta uma visão moderada sobre a forma de compreensão da ordem econômica frente à defesa do consumidor, pontuando que: (i) o mercado é da sociedade e não de suas partes; (ii) o "explorador tem responsabilidades a saldar no ato exploratório, tal ato não pode ser espoliativo"; (iii) o lucro não pode ser ilimitado "e terá que ser refreado toda vez que puder causar dano ao mercado e à sociedade"; (iv) "excetuando os casos de monopólio do Estado", todas as "práticas tendentes à dominação do mercado" estão proibidas; e (v) "o lucro é legítimo, mas o risco é exclusivamente do empreendedor"[332].

Disto, deve-se apenas pontuar que o lucro não é algo ilimitado em si mesmo, como se fosse possível em uma economia de mercado forçar os consumidores a adquirir produtos com preços acima de sua restrição orçamentária ou de preço de reserva (valor máximo ao qual o consumidor está disposto a pagar por um produto ou serviço), salvo, como sempre, em relação a bens essenciais e em regime de monopólio[333].

Da mesma forma, a dominação de um mercado, decorrente de atividade lícita, v.g., otimização dos fatores de produção, publicidade (lícita) bem sucedida, qualidade do produto etc., não é algo contrário à lei,

[331] SCHMIDT, Uma proposta de releitura da ordem econômica na constituição de 1988, p. 217–24.

[332] NUNES, **Curso de Direito do Consumidor**, p. 100–1.

[333] Além disto, FORGIONI rememora que, havendo lucros elevados em um dado mercado, a tendência natural será a redução por conta de novos entrantes, desde que não haja barreiras naturais ou artificiais à entrada de competidores:"Há de se repisar que a repressão aos altos lucros, em princípio, não traz incentivo À concorrência ou à livre iniciativa. (...) Onde há lucros, se não houver elevadas barreiras à entrada, a concorrência potencial tende a transformar-se em efetiva" FORGIONI, Paula, **Os fundamentos do antitruste**, 6. ed. São Paulo: Revista dos Tribunais, 2013, p. 140.

como o diz o próprio art. 36, §1º, da Lei do CADE, ao qual tornaremos a nos referir ao tratar da precificação personalizada no contexto do Direito Concorrencial[334].

Verificada a quantidade de princípios seguidos de suas próprias exceções ou restrições, nota-se que o art. 170 da Constituição parece favorecer à tópica[335] e à consideração dos casos concretos, não apontando um caminho único a ser trilhado pelo intérprete, mas sim uma ampla gama de possibilidades interpretativas aptas a justificar todas as conclusões acima expostas em relação a princípios tão díspares.

Tendo em vista, então, a existência de uma ordem econômica embasada em um sistema de princípios que permite apenas a análise discursiva e retórica à luz do caso concreto, mostra-se possível especular como tais vetores interagem frente à possibilidade de implementação da precificação personalizada.

Pois bem, a precificação personalizada promove a livre iniciativa e a livre concorrência, compreendidos tais princípios como as liberdades positivas e negativas para entrada e manutenção no mercado, desde que a legislação de proteção de dados não tenda à criação de monopólios ou oligopólios de dados pessoais, bem como não se utilize da precificação personalizada como escusa para apresentar preços anticompetitivos.

Veja-se que a propriedade privada e a sua função social também não são desatendidas com a utilização da precificação personalizada, pois o simples fato de que se utilize um dado mecanismo de precificação não torna a utilização dos bens de produção nefasta, inclusive porque, ao mesmo passo em que o preço dos bens e serviços aumentará para determinados consumidores, os mesmos bens terão seu valor reduzido para outros (de acordo com a teoria econômica).

[334] Cf. art. 36, § 1º, da Lei do CADE: "Art. 36. Constituem infração da ordem econômica, independentemente de culpa, os atos sob qualquer forma manifestados, que tenham por objeto ou possam produzir os seguintes efeitos, ainda que não sejam alcançados: (...) § 1º A conquista de mercado resultante de processo natural fundado na maior eficiência de agente econômico em relação a seus competidores não caracteriza o ilícito previsto no inciso II do caput deste artigo."

[335] Como bem pontua Grau: "O que passa, em verdade, é que a interpretação constitucional impõe ao intérprete a utilização de múltiplos métodos, se bem que primordialmente informados – e conformados – por uma linha de atuação que menos reflete uma opção preferencial por qualquer deles do que adesão a uma determinada postura ideológica". Grau, **A Ordem Econômica na Constituição de 1988**, p. 163.

Noutras palavras, a precificação personalizada pode atender e até promover maior acesso aos bens de consumo por parte dos consumidores menos abastados, fomentando então a existência digna, a justiça social e a redução das desigualdades sociais.

Resta, por consequência, averiguar a defesa do consumidor, compreendida como a necessidade de que a ordem econômica permita que os consumidores, tidos como vulneráveis de partida, sejam submetidos a tratamento voltado exclusivamente a lhes reduzir o excedente.

Parece-nos que a resposta é afirmativa em ambientes concorrenciais[336], nos quais o consumidor pode se voltar a outro fornecedor e satisfazer seus desejos de consumo sem que isto implique em um grave prejuízo à defesa do consumidor.

Por outro lado, nos ambientes monopolísticos ou oligopolísticos[337], a mesma ótica pode sofrer restrições dada a impossibilidade de que o consumidor busque auxílio na concorrência, sendo então caso de se compreender que a precificação personalizada não passa incólume a toda e qualquer forma adotada pelo mercado, devendo o intérprete do texto legal ou constitucional verificar quais as condições vigentes no mercado a ser analisado.

Em resumo, compreende-se tradicionalmente o mandamento de defesa do consumidor como a tomada de posição do Estado frente à vulnerabilidade presumida de todos os consumidores, visando então adentrar no conflito para igualar a disputa e não criar privilégios a qualquer dos envolvidos[338].

[336] Ao aludirmos a "ambientes concorrenciais" não estamos a exigir o cenário de concorrência perfeita, mas apenas e tão somente que exista competição entre os fornecedores de modo que não seja possível a um deles ou a um grupo coordenado estabelecer preços.

[337] Ao analisar o Cadastro de Reclamações Fundamentadas de 2008, elaborado pela Fundação Procon do Estado de São Paulo, PFEIFFER verifica que "empresas componentes de mercados com estrutura concentrada são mais propícias a efetivarem práticas abusivas contra os consumidores, tendo, ainda, menor interesse em resolvê-los". PFEIFFER, **Defesa da concorrência e bem-estar do consumidor**, p. 142-3.

[338] "A assimetria no tratamento jurídico procura compensar a assimetria na relação social de vulnerabilidade que lhe subjaz. Mas a relação jurídica não é em si assimétrica: o fornecedor não tem a obrigação de aceitar qualquer desvantagem exagerada ao consumidor. Presumivelmente, essa proteção assimétrica não lhe causaria qualquer dano, dado que ele não se encontra na posição de vulnerabilidade, seja econômica, de informação, de razoável priorização etc. O que a regulação busca é a manutenção da equivalência das obrigações mútuas". MICHELON, Fundamentos econômicos e não econômicos para a defesa do consumidor, p. 289.

Especificamente em relação à precificação personalizada e com atenção aos demais princípios da ordem econômica, nota-se que a prática comercial não ofende tais vetores, desde que aplicada em um mercado em que haja concorrência.

Verificada esta análise extremamente genérica e abstrata dos princípios a reger a ordem econômica, necessário observar se as conformações realizadas pelo legislador (CDC, LGPD e Lei do CADE) vedam ou não a precificação personalizada.

Os próximos tópicos realizarão incursão nestes três diplomas a fim de compreender como se insere a precificação personalizada no ordenamento jurídico brasileiro.

2. A Precificação Personalizada e o Código de Defesa do Consumidor

A partir deste tópico, pretende-se debater a precificação personalizada à luz do CDC, de modo que iniciaremos com uma visão geral do diploma, seguida de debate do à luz dos modelos regulatórios já observados e então passaremos às objeções concretas quanto à licitude da precificação personalizada.

No item anterior, discutiu-se a inspiração ideológica que esteve presente na redação da Constituição Federal de 1988, restando evidente o caráter paternalista/intervencionista ao mesmo tempo em que o texto constitucional deu à livre iniciativa sua maior consideração à luz dos diplomas anteriores.

Naquele momento histórico, as relações de direito privado eram reguladas pelo Código Civil de 1916, dito de inspiração liberal, dado que inúmeras regras de seu corpo privilegiam a autonomia da vontade e a propriedade privada[339].

Assim, dentro do paradigma do Código de 1916, a liberdade de contratar é composta pela: (i) faculdade de contratar ou não; (ii) escolha do parceiro contratual; (iii) definição do conteúdo do contrato; e (iv) possibilidade de exigir o cumprimento do contrato[340].

[339] Para um aprofundamento na discussão a respeito da codificação e da descodificação, veja-se: Timm, **o novo direito civil: ensaios sobre o mercado, reprivatização do direito civil e a privatização do direito público**, p. 17 e seguitnes.

[340] Pereira, Caio Mário da Silva, **Instituições de Direito Civil**, 16. ed. Rio de Janeiro: Forense, 2012, p. 19; O paradigma voluntarista seria marcado pela liberdade contratual,

Desta maneira, abstraindo as posições concretas dos indivíduos, o consenso aparece como elemento determinante, pois o "modelo liberal ou moderno de contrato é genético, preocupando-se mais com a formação do consenso, com o procedimento de vinculação (geração da obrigação jurídica), do que com seu conteúdo"[341].

Entretanto, a utilização de um direito das obrigações único para as questões civis e de consumo não parecia atender aos anseios do Constituinte, que exigiu a criação de um diploma específico para a matéria.

Marques e Miragem fazem um diagnóstico da evolução legislativa no Direito Privado argumentando que o Código Comercial de 1850 e o Código Civil de 1916 se focaram

> "na conquista da liberdade do indivíduo na vida em sociedade (*libertas*), ao passo que a Consolidação das Leis do Trabalho de 1942, o Estatuto da Criança e do Adolescente de 1990, o Código de Defesa do Consumidor de 1990 e o Código Civil em vigor se concentraram na "igualdade (*aequalitas*)"[342].

Esta mudança estaria marcada por uma "valorização do status formal e material dos sujeitos de direito nestas relações privadas", que gerou novos diplomas que passaram a tutelar os interesses dos vulneráveis[343].

Sobre o Código Civil de 1916, especificamente, aduzem que "é considerada uma característica negativa da parte geral do Código Civil de 1916 não possuir normas gerais semelhantes ao § 138 BGB (violação dos bons costumes) e § 157 BGB (interpretação conforme a boa-fé e aos bons costumes)", acentuam ainda a formação romana das nulidades e as

intangibilidade do contrato e pela vinculação apenas entre os contratantes Farias, Cristiano Chaves de; Rosenvald, Nelson, **Curso de Direito Civil**, 3. ed. Salvador: JusPodivm, 2013, p. 139.

341 Timm, Luciano Benetti, **Direito contratual brasileiro: críticas e alternativas ao solidarismo jurídico**, 2. ed. São Paulo: Atlas, 2015, p. 65.

342 Marques; Miragem, **O novo direito privado e a proteção dos vulneráveis**, p. 27–8.

343 Ou seja, "levou a preocupações tutelares e equitativas com os parceiros mais fracos na relação jurídica (aequitas), a certa fragmentação multiplicadora do direito privado (microssistemas), e a pluralidade de novas fontes legislativas, sendo que algumas conseguiram superar a então típica visão atomística da sociedade (de indivíduos justapostos) e passaram a preocupar-se com a função social do próprio direito privado no 'jogo das solidariedades'" *Ibid.*, p. 28–9.

poucas disposições a respeito de interpretação dos contratos para concluir que "os valores liberais e individualistas da época encontraram aqui sua expressão no Código Civil brasileiro"[344].

Por sua vez, o Código Civil de 2002 apresentou mais disposições referentes à interpretação dos contratos e aberturas através de cláusulas gerais[345], as quais permitem a intervenção do Estado no domínio privado através do controle do conteúdo das disposições, tais como a boa-fé[346]

[344] *Ibid.*, p. 73–4 Deve-se notar, contudo, que o Código Comercial de 1850 dispunha a respeito da interpretação dos contratos, inclusive fazendo alusão expressa à boa-fé, sendo que tais regras davam abertura à utilização de usos e costumes comerciais, mas não se encaixam na tipologia do modelo solidarista de contrato: "Art. 130 – As palavras dos contratos e convenções mercantis devem inteiramente entender-se segundo o costume e uso recebido no comércio, e pelo mesmo modo e sentido por que os negociantes se costumam explicar, posto que entendidas de outra sorte possam significar coisa diversa. Art. 131 – Sendo necessário interpretar as cláusulas do contrato, a interpretação, além das regras sobreditas, será regulada sobre as seguintes bases: 1 – a inteligência simples e adequada, que for mais conforme à boa fé, e ao verdadeiro espírito e natureza do contrato, deverá sempre prevalecer à rigorosa e restrita significação das palavras; 2 – as cláusulas duvidosas serão entendidas pelas que o não forem, e que as partes tiverem admitido; e as antecedentes e subseqüentes, que estiverem em harmonia, explicarão as ambíguas; 3 – o fato dos contraentes posterior ao contrato, que tiver relação com o objeto principal, será a melhor explicação da vontade que as partes tiverem no ato da celebração do mesmo contrato; 4 – o uso e prática geralmente observada no comércio nos casos da mesma natureza, e especialmente o costume do lugar onde o contrato deva ter execução, prevalecerá a qualquer inteligência em contrário que se pretenda dar às palavras; 5 – nos casos duvidosos, que não possam resolver-se segundo as bases estabelecidas, decidir-se-á em favor do devedor."

[345] "Sempre que sou chamado a falar sobre esse aspecto do Código de Defesa do Consumidor insisto neste ponto: a cláusula geral, seja da boa-fé, seja da lesão enorme, contém implícita uma regra de direito judicial, dirigida à atuação do juiz, que lhe impõe, ao examinar o caso, primeiramente fixar a norma de dever de acordo com a realidade do fato e o princípio a que a cláusula geral adere, para somente num segundo momento confrontar a conduta efetivamente realizada com aquela que as circunstâncias recomendavam. Na cláusula geral há uma delegação, atribuindo ao juiz a tarefa de elaborar o juízo valorativo dos interesses em jogo. Ela é uma realidade jurídica diversa das demais normas (princípios e regras), e seu conteúdo somente pode ser determinado na concretitude do caso." AGUIAR JÚNIOR, A boa-fé na relação de consumo.

[346] "A aplicação da cláusula geral de boa-fé exige, do intérprete, uma nova postura, no sentido da substituição do raciocínio formalista, baseado na mera subsunção do fato à norma, pelo raciocínio teleológico ou finalístico na interpretação das normas jurídicas, com ênfase à finalidade que os postulados normativos procuram atingir." SILVA, AGATHE, Cláusula Geral de Boa-fé nos Contratos de Consumo, *in*: MARQUES, Cláudia Lima; MIRAGEM, Bruno

e a função social do contrato[347], representando então o modelo solidarista de contrato[348].

Noutras palavras, o paradigma voluntarista do contrato começa a desbotar em favor do modelo solidarista, de maneira que o Direito passa a restringir a autonomia da vontade (agora autonomia privada) e a concebê-la não como um direito subjetivo pré-existente ao Estado ou ainda um direto amparado na própria razão de ser do Estado e sim como uma mera concessão do legislador aos indivíduos.

Timm pontua que este modelo de contrato "promove a 'abertura do sistema jurídico' para fatores metajurídicos, especialmente aspectos

(Orgs.), **Doutrinas Essenciais de Direito do Consumidor**, São Paulo: Revista dos Tribunais, 2011, v. 1.

347 "Ao referir-se à função social do contrato, de uma primeira interpretação do próprio texto da norma do art. 421 já se retiram dois aspectos característicos do seu significado. Primeiro, de que configura um limite à liberdade de contratar; segundo, que apresenta um vínculo orgânico entre o exercício da liberdade/direito subjetivo de contratar e a finalidade social desta prerrogativa. Determina ao direito de contratar, pois, a natureza de um direito-função. Neste segundo caso, a previsão de uma finalidade social do direito de contratar assume então diferentes possibilidades de interpretação, que podem abranger tanto uma espécie de garantia de acesso ao contrato, quanto o direito de sua manutenção, bem como um controle de mérito e conteúdo do objeto contratado, de modo a adequá-lo ao que se considere sob certos padrões sociais vigentes, o justo em matéria contratual (do que se poderá, por exemplo, identificar o fundamento do equilíbrio das prestações em determinados contratos)." Miragem, Bruno, Diretrizes interpretativas da função social do contrato, *in*: Marques, Cláudia Lima; Miragem, Bruno (Orgs.), **Doutrinas Essenciais de Direito do Consumidor**, São Paulo: Revista dos Tribunais, 2011, v. 1, p. e-book; "A palavra função social deve ser visualizada com o sentido de finalidade coletiva, sendo efeito do princípio em questão a mitigação ou relativização da força obrigatória das convenções (pacta sunt servanda)" Tartuce, Flávio, **Manual de Direito Civil**, 9. ed. São Paulo: Método, 2019, p. 537; Advertindo a respeito da potencial subjetividade do art. 421 do Código Civil: Pereira, **Instituições de Direito Civil**, p. 11; Em sentido oposto a Miragem, veja-se: Timm, Ainda sobre a função social do direito contratual no Código Civil brasileiro: justiça distributiva versus eficiência.

348 "Em pleno século XXI, trouxe o novo Código Civil brasileiro de 2002 um revival de profunda intervenção estatal e muitas cláusulas gerais – de modelo alemão – a serem concretizadas pelos juízes (por exemplo, a boa-fé e probidade no art. 422, a função social do contrato no art. 421, o combate ao abuso de direito no art. 187, o combate à onerosidade excessiva no art. 498, responsabilidade pelo risco criado no art. 927 e a função social da propriedade no art. 1.228, assim como uma ampla noção de ordem pública [de direção], a aplicar-se de forma imediata mesmo a contratos assinalados anteriormente [art. 2.035 e seu parágrafo único]." Marques; Miragem, **O novo direito privado e a proteção dos vulneráveis**, p. 85; Timm, **o novo direito civil: ensaios sobre o mercado, reprivatização do direito civil e a privatização do direito público**, p. 42–43.

éticos e dados da realidade empiricamente constatável no caso"[349], de tal sorte que a atividade da subsunção se torna cada vez menos previsível, pois "troca-se a precisão dogmática da escola da exegese e da 'jurisprudência dos conceitos' pela fluidez casuística das decisões judiciais implementadoras de cláusulas gerais (somente executáveis por meio da racionalidade material)"[350].

Assim, o diagnóstico da evolução legislativa permanece adequado ao panorama atual, no qual o ordenamento jurídico se encontra fragmentado e as peculiaridades das relações pessoais (mundo do ser) são levadas em consideração nas relações jurídicas (mundo do dever ser) em cada exame[351].

O que se deve acrescentar, porém, ao solidarismo jurídico, é o estudo dos custos e benefícios de cada novo incremento de complexidade no ordenamento jurídico e quais são as medidas que reduzem o impacto do legislador sobre a livre circulação de bens e serviços no mercado[352], pois o modelo solidarista de contrato "peca pela renúncia que faz da racionalidade econômica", de tal sorte que a aplicação de seus parâmetros

[349] TIMM, **Direito contratual brasileiro: críticas e alternativas ao solidarismo jurídico**, p. 117.

[350] *Ibid.*, p. 118.

[351] A título de exemplo: "Muitas vezes, contudo, a vontade é mera ficção, porque presume a falácia da igualdade entre as partes. Por isso, operou-se a distinção entre liberdade para contratar e liberdade contratual. A primeira diz respeito à faculdade que assiste a cada um de decidir vincular-se juridicamente. A segunda refere-se à possibilidade de negociar livremente as cláusulas contratuais. Na sociedade moderna, a liberdade contratual passou a ser unilateral. Via de regra, a parte economicamente mais forte impõe à outra as condições da contratação, deixando-lhe apenas a alternativa entre 'pegar ou largar' ('take it or leave it')." PASQUALOTTO, Adalberto, Defesa do Consumidor, *in*: MARQUES, Cláudia Lima; MIRAGEM, Bruno (Orgs.), **Doutrinas Essenciais de Direito do Consumidor**, São Paulo: Revista dos Tribunais, 2011, v. 1, p. e-book.

[352] TIMM ressalta um pesado custo do modelo solidarista no Brasil: "Diante da grande complexidade social, sem um mecanismo de seleção próprio e eficiente das contingências políticas e sociais, as decisões judiciais passam a ficar aleatórias, deixando de fornecer um guia de comportamentos para situações semelhantes futuras (ou seja, o direito contratual perde sua característica normativa de 'generalização das expectativas normativas'). Essa situação torna-se quase dramática, se se pensá-la para o sistema jurídico nacional, cuja ordem recursal não dispõe de eficazes mecanismos de uniformização de jurisprudência (apesar da existência do recurso especial), como existe, por exemplo, nos países da família da *common law – doutrina do sare decisis*" (grifos no original). *Ibid.*, p. 148.

muitas vezes termina por criar embaraços àqueles que pretende proteger sem produzir um resultado social superior[353].

Além disso, o modelo solidarista dá pouca importância à autonomia dos indivíduos, visto que substitui a autonomia da vontade (elemento criador de direito que somente pode ser restringido pelo Direito) pela autonomia privada (espaço concedido pelo Direito ao indivíduo)[354].

Esta mudança tem lastro nas chamadas viradas "copernicanas"[355] pelas quais passou a autonomia da vontade ao longo do tempo.

Assim, a autonomia perde seu valor próprio[356], invertendo-se a ordem de prioridades da relação Estado e Sociedade, de modo que TARTUCE chega a vaticinar a tendência de que o princípio da obrigatoriedade venha a desaparecer ou ser substituído[357].

A transição entre os paradigmas dos Códigos Civis pode ser observada no Código de Defesa do Consumidor, legislação mais moderna a ponto de significar uma quebra de paradigma da simples subsunção e passar a utilizar com fartura normas abertas, conceitos jurídicos indeterminados e exigir um caráter proativo do juiz na aplicação da lei, ao mesmo tempo em que não possuía a abrangência e generalidade de um Código Civil, propiciando então um primeiro contato setorial com as novas técnicas de redação legislativas.

Note-se que o Código de Defesa do Consumidor foi publicado no início da década de 90, momento no qual a utilização das ICTs ainda

[353] *Ibid.*, p. 150.

[354] A autonomia privada é conceituada como: "o poder concedido ao sujeito para criar a norma individual nos limites deferidos pelo ordenamento jurídico" FARIAS; ROSENVALD, **Curso de Direito Civil**, p. 141.

[355] "Destarte, as duas grandes viradas 'copernicanas' dos últimos 50 anos em sede de autonomia privada são: a) a imposição de limites à autonomia contratual em prol da funcionalização da igualdade substancial, da solidariedade e da justiça contratual; b) a ampliação da incidência dos atos de autonomia, que passa a ter trânsito igualmente nas situações subjetivas existenciais" *Ibid.*, p. 148.

[356] "A força obrigatória constitui exceção à regra geral da socialidade, secundária à função social do contrato, princípio que impera dentro da nova realidade do direito privado contemporâneo" TARTUCE, **Manual de Direito Civil**, p. 544; "este poder concedido a um indivíduo ou grupo, para determinar o nascimento, modificação ou extinção de situações jurídicas não pode ser tomado como dogma, pois a autonomia não é um valor em si, porquanto o ato de liberdade se submete a uma valoração de merecimento. Tudo isto é incontroverso." FARIAS; ROSENVALD, **Curso de Direito Civil**, p. 146.

[357] TARTUCE, **Manual de Direito Civil**, p. 544.

não era pujante, não havia *smartphones* e a internet lentamente desembarcava no Brasil, estando muito distante da vida dos consumidores em geral, por consequência, o comércio eletrônico não adentrou na preocupação dos redatores do anteprojeto, não se localizando no diploma qualquer disposição a respeito de aquisições por meio de aplicativos de celular, coleta de dados pessoais dos usuários de plataformas eletrônicas e tampouco a respeito de "direitos do consumidor virtual".

Contudo, as novas técnicas de redação legislativa possibilitaram a adaptação das do Código de Defesa do Consumidor aos casos concretos de variadas espécies, não sendo então grave a omissão de tópicos a respeito da Internet[358].

Isto se dá porque o CDC é uma lei principiológica e não analítica[359] ou, noutra formulação, "... o direito atual se caracteriza por utilizar, cada vez mais, conceitos abertos e normas com conteúdo semântico flexível" os quais "possibilitam uma alteração do direito sem que o texto de lei tenha necessariamente que mudar"[360].

Nery Junior aduz que "o CDC rompe com a tradição do Direito Privado, cujas bases estão assentadas no liberalismo que reinava na época das grandes codificações europeias do século XIX", ressaltando ainda que a "dogmática liberal do século XIX" não satisfaz as "necessidades das relações jurídicas de hoje, notadamente em se tratando de negócios jurídicos de massa, realizados sob a forma de contratos padronizados de adesão"[361], acrescentando o "dirigismo contratual como uma espécie de elemento mitigador da autonomia privada, fazendo presente a influência do Direito Público no Direito Privado pela interferência estatal na liberdade de contratar" no século XIX[362].

[358] Marques e Miragem esclarecem que a influência do Direito Romano é de onde advém "nossa tendência – por vezes, considerada pesada – de positivar nossas leis", o que foi combatido através de conceitos indeterminados, cláusulas gerais, normas narrativas e normas de ajuda "a permitir e exigir do aplicador da lei uma interpretação mais aberta, em verdade, uma concretização da norma a preencher com valores no caso concreto". Marques; Miragem, **O novo direito privado e a proteção dos vulneráveis**, p. 40.

[359] Grinover *et al*, **Código Brasileiro de Defesa do Consumidor: Comentado pelos Autores do Anteprojeto**, p. 518.

[360] Braga Netto, **Direito do Consumidor: à luz da jurisprudência do STJ**, p. 55.

[361] Grinover *et al*, **Código Brasileiro de Defesa do Consumidor: Comentado pelos Autores do Anteprojeto**, p. 520.

[362] *Ibid.*

Passando a analisar a estrutura do CDC[363], nota-se que o diploma é dividido em três títulos, referentes aos seguintes temas: (i) direitos do consumidor; (ii) infrações penais; e (iii) defesa do consumidor em juízo.

Para nossa análise, interessa-nos o primeiro, concernente aos direitos do consumidor, cuja organização se dá através da apresentação: (i) das disposições gerais; (ii) da política nacional de relações de consumo; (iii) direitos básicos do consumidor; (iv) da qualidade de produtos e serviços, da prevenção e da reparação dos danos; (v) das práticas comerciais; (vi) da proteção contratual; e (vii) das sanções administrativas.

Tendo em vista que o escopo de nossa análise é a verificação da licitude ou ilicitude da precificação personalizada, interessa-nos os regramentos referentes às disposições gerais, a política nacional de relações de consumo, os direitos básicos do consumidor, as práticas comerciais e a proteção contratual.

De início, o art. 1º do CDC pontua que se trata de um código, conjunto organizado de disposições, cujo objetivo é a proteção e defesa do consumidor, enfatizando-se sua natureza de ordem pública[364] e interesse social[365].

A Política Nacional das Relações de Consumo, estabelecida no bojo do art. 4º do CDC tomou alguns pontos como indiscutíveis, interessando-nos nesta análise: (i) O "reconhecimento da vulnerabilidade do

[363] Para uma análise da estrutura do CDC, veja-se: Teixeira, Sálvio de Figueiredo, A proteção ao consumidor no sistema jurídico brasileiro, *in*: **Doutrinas Essenciais de Direito do Consumidor**, São Paulo: Revista dos Tribunais, 2011, v. 1.

[364] Como pontua Filomeno: "as normas ora instituídas são de ordem pública e interesse social, o que equivale a dizer que são inderrogáveis por vontade dos interessados em determinada relação de consumo, embora se admita a livre disposição de alguns interesses de caráter patrimonial". (Grinover *et al*, **Código Brasileiro de Defesa do Consumidor: Comentado pelos Autores do Anteprojeto**, p. 15.) ou ainda: "normas cogentes, isto é, normas que não toleram renúncia."(Braga Netto, **Direito do Consumidor: à luz da jurisprudência do STJ**, p. 46.)

[365] Para Marques, o CDC seria uma lei de função social, às quais se caracterizam "por impor novas noções valorativas que devem orientar a sociedade (...) são leis que nascem com a árdua tarefa de transformar uma realidade social, de conduzir a sociedade a um novo patamar de harmonia e respeito nas relações jurídicas." Marques; Benjamin; Miragem, **Comentários ao Código de Defesa do Consumidor**, p. 80 Cf. art. 1º, CDC: "Art. 1º O presente código estabelece normas de proteção e defesa do consumidor, de ordem pública e interesse social, nos termos dos arts. 5º, inciso XXXII, 170, inciso V, da Constituição Federal e art. 48 de suas Disposições Transitórias."

consumidor"; (ii) intervenção do Estado direta e indireta na economia "no sentido de proteger efetivamente o consumidor"; (iii) "harmonização dos interesses dos participantes das relações de consumo e compatibilização da proteção do consumidor com a necessidade de desenvolvimento econômico e tecnológico, de modo a viabilizar os princípios nos quais se funda a ordem econômica (art. 170, da Constituição Federal), sempre com base na boa-fé[366] e equilíbrio nas relações entre consumidores e fornecedores" ; (iv) "coibição e repressão eficientes de todos os abusos praticados no mercado de consumo (...) que possam causar prejuízos aos consumidores"; e (v) "estudo constante das modificações no mercado de consumo"[367].

Conforme a lição de Marques e observando a Política Nacional das Relações de Consumo, cumpre rememorar que as antigas normas programáticas se tornam "normas narrativa", cuja função seria narrar os objetivos pretendidos, de modo que "o papel do intérprete e aplicador da lei se multiplica"[368].

Dentro desta lista de objetivos dispostos pelo legislador, percebe-se a marca forte do paternalismo nas relações de consumo, julgando-se o Estado melhor preparado para compreender as necessidades dos consumidores, presumidos absolutamente como vulneráveis[369], do que eles próprios e capaz de intervir nestas relações gerando resultados sociais positivos.

[366] Sobre a boa-fé neste contexto: "O princípio da boa-fé está mencionado no texto do art. 4º, III , como critério auxiliar para a viabilização dos ditames constitucionais sobre a ordem econômica (art. 170 da CF/1988). Isso traz à tona aspecto nem sempre considerado na boa-fé, consistente na sua vinculação com os princípios socioeconômicos que presidem o ordenamento jurídico nacional, atuando operativamente no âmbito da economia do contrato. Isso quer dizer que a boa-fé não serve tão-só para a defesa do débil, mas também atua como fundamento para orientar interpretação garantidora da ordem econômica, compatibizando interesses contraditórios, onde eventualmente poderá prevalecer o interesse contrário ao do consumidor, ainda que o sacrifício deste, se o interesse social prevalente assim o determinar. Considerando dois parâmetros de avaliação: a natureza da operação econômica pretendida e o custo social decorrente desta operação, a solução recomendada pela boa-fé poderá não ser favorável ao consumidor." Aguiar Júnior, A boa-fé na relação de consumo.

[367] Cf. art. 4º e incisos do CDC

[368] Marques; Benjamin; Miragem, **Comentários ao Código de Defesa do Consumidor**, p. 260.

[369] Braga Netto, **Direito do Consumidor: à luz da jurisprudência do STJ**, p. 63.

Isto se verifica especialmente através do estabelecimento de obrigação de ação governamental, chamado de "princípio da intervenção do Estado" por Nunes, cuja função seria "(...) proteger efetivamente o consumidor, não só visando assegurar-lhe o acesso aos produtos e serviços essenciais como para garantir qualidade e adequação dos produtos e serviços (...)"[370].

De todo modo, esta mesma Política Nacional parece buscar harmonizar os "interesses dos participantes das relações de consumo", o que, ao menos a princípio, parece antagonizar os interesses de consumidores e fornecedores, colocando-os como titulares de interesses divergentes (maximização do lucro x menor preço, maior qualidade x redução de custo etc.), ainda mais pela predisposição a coibir e repreender "todos os abusos praticados no mercado de consumo".

Esta legislação deixa claro o rompimento com o modelo liberal de Estado e de contrato, adotando o desnivelamento entre os agentes econômicos[371], isto, porém, deve ser lido com cuidado, pois, como pontua Filomeno: "ao contrário do que se tem ouvido de alguns, o Código ora instituído entre nós não é instrumento de 'terrorismo' ou então de fomento de discórdia entre os protagonistas das relações de consumo", o professor ressalta que o objetivo do CDC é a harmonia das relações de consumo[372].

Contudo, não se pode deixar de notar que o CDC é uma opção política, dado que "a sociedade brasileira decidiu pela assunção de custos em favor de um mercado mais seguro e eficiente"[373].

[370] Nunes, **Curso de Direito do Consumidor**, p. 175.

[371] Bar-Gill pontua que as relações de consumo diferem da teoria geral do contrato e das relações às quais a teoria econômica neoclássica se foca por conta do desnivelamento (*imbalance*) de informação e sofisticação entre consumidores e fornecedores. Cf. Bar-Gill, Consumer Transactions; Um exemplo de análise do contrato a partir deste prisma se encontra nesta passagem: "O contrato é veículo de livre desenvolvimento da personalidade, meio de realização da dignidade da pessoa humana. Se, em virtude da disparidade de poderes for excluída a liberdade de decisão de uma das partes, não haverá nem liberdade como justiça contratual, pois a autodeterminação requer uma justa conformação de interesses" Farias; Rosenvald, **Curso de Direito Civil**, p. 45.

[372] Grinover *et al*, **Código Brasileiro de Defesa do Consumidor: Comentado pelos Autores do Anteprojeto**, p. 72; Também: "O CDC deseja a harmonia nas relações de consumo. O reconhecimento da vulnerabilidade do consumidor, e sua consequente proteção, não pode, naturalmente, implicar em tratamento hostil ao fornecedor". Braga Netto, **Direito do Consumidor: à luz da jurisprudência do STJ**, p. 103.

[373] Fernandes, O código de defesa do consumidor e o desenvolvimento do mercado, p. 277.

Note-se que esta oposição entre consumidor e fornecedor é mitigada com a adoção de políticas voltadas ao direito do consumidor à informação "adequada e clara", inclusive quanto ao preço dos produtos e serviços[374], bem como dos próprios termos do contrato, sob pena de nulidade[375].

Não se pode deixar de mencionar que o Plano Nacional de Consumo e Cidadania, Decreto de nº: 7.963, de 15 de março de 2013 estabeleceu como diretrizes itens muito caros à postura liberal, tais como (i) educação para o consumo; (ii) garantia do acesso à justiça pelo consumidor; e, sobretudo (iii) "autodeterminação, privacidade, confidencialidade e segurança das informações e dados pessoais prestados ou coletados, inclusive por meio eletrônico"[376].

O mesmo Plano Nacional ainda considera objetivo "promover a transparência e harmonia das relações de consumo", enfatizando, portanto, o caráter não beligerante da legislação de consumo[377].

Uma vez apresentada a infraestrutura das relações de consumo, o legislador passa então a enumerar um rol aberto de direitos do consumidor[378], dentre os quais nos interessam essencialmente os direitos de: (i) educação e divulgação sobre o consumo de produtos e serviços, assegurando-se a liberdade de escolha; (ii) "a informação adequada e clara sobre os diferentes produtos e serviços, com especificação correta de quantidade, características, composição, qualidade, tributos incidentes e preço, bem como sobre os riscos que apresentem.", inclusive a pessoa portadora de deficiência; (iii) "a proteção contra a publicidade enganosa e abusiva, métodos comerciais coercitivos ou desleais, bem como contra práticas e cláusulas abusivas ou impostas no fornecimento de produtos e serviços".

Disto se observa que a informação a ser transmitida ao consumidor, ainda que sob a forma de publicidade, deve respeitar a boa-fé contratual, obrigando o fornecedor, integrando o contrato e sendo caracterizada por sua correção, clareza, precisão, ostensividade e utilizando o vernáculo[379].

[374] Cf. Art. 6º, III, do CDC.

[375] Cf. art. 46 do CDC

[376] Cf. art. 2º do Decreto de nº: 7.963, de 15 de março de 2013.

[377] Cf. art. 3º do Decreto de nº: 7.963, de 15 de março de 2013.

[378] Cf. art. 6º, CDC.

[379] Cf. arts. 30 e 31 do CDC.

O mesmo caminho foi tomado no Decreto de nº 2.181 de 20 de março de 1997, que estipulou como uma das atribuições da Secretaria Nacional do Consumidor – SENACON: "informar, conscientizar e motivar o consumidor, por intermédio dos diferentes meios de comunicação", além de "elaborar e divulgar o cadastro nacional de reclamações fundamentadas contra fornecedores de produtos e serviços".

Ou seja, o consumidor possui direito a ser educado e informado das peculiaridades das transações em que participar, fazendo jus a receber todas as informações necessárias para realizar uma aquisição consciente e que lhe permitam exercitar sua "liberdade de escolha".

Ao lado destas políticas voltadas a facilitar o curso da informação e permitir que as decisões dos consumidores sejam tomadas com os dados necessários para o exercício de sua liberdade, figuram também as medidas com maior grau de intervenção, tais como a proibição de práticas comerciais reputadas por abusivas e a nulidade de cláusulas contratuais, que serão tratas mais à frente.

A vedação a determinadas práticas pelo fornecedor inclui rol aberto no art. 39, mas que contempla o aproveitamento do fornecedor sobre a "fraqueza ou ignorância do consumidor" para a venda de produtos ou serviços, além da proibição de elevação "sem justa causa" de preços, dispositivos estes que são extremamente similares a outros previstos como cláusulas abusivas no mesmo diploma.

A dinâmica do CDC a respeito dos dados pessoais é evidentemente anterior à economia digital, regulando as informações "existentes em cadastros, fichas, registros e dados pessoais e de consumo", porém, as pedras basilares da tutela da privacidade lá estão assentadas, pois as obrigações de veracidade, comunicação ao titular dos dados a respeito da abertura do cadastro, direito de acesso etc. foram contempladas na legislação[380].

Como visto, pode-se afirmar sem dúvida que, a despeito da ausência de disposições sobre o comércio eletrônico, a estrutura legislativa das relações de consumo anda junto às mais modernas técnicas europeias de regulação, tais como: (i) disposições pró-consumidor obrigatórias (*mandatory pro-consumer arreangements*); (ii) divulgação obrigatória (*mandated disclosure*); (iii) regulação de formação e resilição de contratos

[380] Cf. art. 43 do CDC.

(*regulation of entry to and withdraw from contracts*); e (iv) regras-padrão e interpretação do contrato em favor do consumidor (*pro-consumer default rules and contract interpretation*)[381].

As críticas lançadas sobre estas técnicas são as seguintes: (i) disposições pró-consumidor obrigatórias terminam por alterar o comportamento dos fornecedores e elevar seus custos, os quais são repassados ao menos em parte ao consumidor. Desta maneira, todos os consumidores são submetidos a um único regime jurídico quando alguns deles podem preferir menor proteção e menor preço; (ii) a divulgação obrigatória peca pela baixa atenção dos consumidores às disposições informadas pelo fornecedor, inclusive porque parte destes documentos é escrita sem levar em consideração as "habilidades cognitivas e níveis de alfabetização" dos consumidores; e (iii) regulação de formação e resilição de contratos e regras-padrão e interpretação do contrato em favor do consumidor sofrem dos mesmos males dos dois itens anteriores[382].

O debate a respeito das escolhas ideais de regulação das relações de consumo é amplo e provavelmente infindável, pois, exemplificativamente, o maior dispêndio de energia na criação de um sistema de transmissão da informação beneficia o empoderamento do consumidor sofisticado, mas a regra, por sua universalidade, causa danos ao consumidor menos educado, o qual arca com os custos de uma informação para ele imprestável[383].

Outro argumento contrário à regulação seria o de que os consumidores sofisticados elevariam o nível dos produtos exigidos e terminariam por proteger os consumidores não sofisticados, noutras palavras, o mercado poderia se autocorrigir. A suposição é persuasiva, mas, como pontua Loo, o problema dos *lemons*[384] e a crise de 2008 demonstram

[381] Ben-Shahar, Omri; Bar-Gill, Oren, Regulatory Techniques in Consumer Protection: A Critique of European Consumer Contract Law, **Common Market Law Review**, v. 50, p. 109–126, 2013.

[382] *Ibid.*

[383] Haupt, An Economic Analysis of Consumer Protection in Contract Law.

[384] A expressão *lemon* deriva de gíria norte-americana similar ao abacaxi no português. O problema econômico ocorre quando há assimetria de informação entre comprador e vendedor (seleção adversa), de maneira que o consumidor não possui condições de atestar a validade de um dado produto ou serviço. Cf. Akerlof, George A., The Market for "Lemons": Quality Uncertainty and the Market Mechanism, **The Quarterly Journal of Economics**, v. 84, n. 3, p. 488, 1970.

que nem sempre o mercado conseguirá sozinho realizar a correção de rota necessária[385].

A despeito dos argumentos contrários, evidencia-se que o CDC foi elaborado com base em um paradigma paternalista ou ainda um paternalismo libertário mais extremado, dado que inviabiliza determinadas escolhas por parte do consumidor às quais julga nocivas ao bem-estar ou ainda que restariam selecionadas caso fosse deixada a redação dos contratos sob os cuidados dos fornecedores.

Em resumo, o CDC é fruto de um mandamento constitucional, tratando-se de lei dividida em três eixos centrais, dos quais os direitos do consumidor são aqueles que interessam para o estudo da precificação personalizada.

Dentro deste rol de direitos, as regras tendentes ao fluxo de informação e à vedação de determinas práticas e cláusulas abusivas ganharão maior importância, conforme trataremos nos próximos tópicos.

2.1. Perspectivas de atualização do CDC ao comércio eletrônico

Como visto, a estrutura do CDC resistiu bem às inovações tecnológicas através da utilização de cláusulas gerais e conceitos jurídicos indeterminados, embora sinais de embotamento do diploma possam ser vistos em dispositivos a respeito de bancos de dados e cadastro de consumidores[386].

Para fazer frente às exigências das peculiaridades que advieram na Quarta Revolução Industrial, a função executiva se valeu do Decreto de nº: 7.962/13 a fim de regulamentar o CDC.

Dentre as principais disposições do Decreto, tem-se o tratamento do direito à informação, do atendimento ao consumidor e do direito de arrependimento[387], determinando que os *sites* dos fornecedores contenham dados que possam individualizar o comerciante, apresentar dados sobre o produto ou serviço e forma de pagamento[388].

[385] Loo, Helping Buyers Beware: The Need for Supervision of Big Retail.

[386] Cf. art. 43 e seguintes do CDC.

[387] Cf. art. 1º do Decreto de nº: 7.962/13: "Art. 1º Este Decreto regulamenta a Lei nº 8.078, de 11 de setembro de 1990, para dispor sobre a contratação no comércio eletrônico, abrangendo os seguintes aspectos: I – informações claras a respeito do produto, serviço e do fornecedor; II – atendimento facilitado ao consumidor; e III – respeito ao direito de arrependimento."

[388] Cf. art. 2º do Decreto de nº: 7.962/13: "Art. 2º Os sítios eletrônicos ou demais meios eletrônicos utilizados para oferta ou conclusão de contrato de consumo devem disponibilizar,

Também foi objeto da legislação a disponibilização de informações a respeito do contrato, aceitação da oferta e meios de comunicação entre fornecedor e consumidor, de modo que não mais se mostrou necessário recorrer à boa-fé objetiva para que determinados deveres anexos fossem atendidos[389].

Além disto, regulou-se a oferta de "compras coletivas"[390] e o direito de arrependimento, de tal sorte que não há qualquer lastro para argumentos contrários à possibilidade do exercício de arrependimento nas compras online[391].

em local de destaque e de fácil visualização, as seguintes informações: I – nome empresarial e número de inscrição do fornecedor, quando houver, no Cadastro Nacional de Pessoas Físicas ou no Cadastro Nacional de Pessoas Jurídicas do Ministério da Fazenda; II – endereço físico e eletrônico, e demais informações necessárias para sua localização e contato; III – características essenciais do produto ou do serviço, incluídos os riscos à saúde e à segurança dos consumidores; IV – discriminação, no preço, de quaisquer despesas adicionais ou acessórias, tais como as de entrega ou seguros; V – condições integrais da oferta, incluídas modalidades de pagamento, disponibilidade, forma e prazo da execução do serviço ou da entrega ou disponibilização do produto; e VI – informações claras e ostensivas a respeito de quaisquer restrições à fruição da oferta."

[389] Cf. art. 4º do Decreto de nº: 7.962/13: "Art. 4º Para garantir o atendimento facilitado ao consumidor no comércio eletrônico, o fornecedor deverá: I – apresentar sumário do contrato antes da contratação, com as informações necessárias ao pleno exercício do direito de escolha do consumidor, enfatizadas as cláusulas que limitem direitos; II – fornecer ferramentas eficazes ao consumidor para identificação e correção imediata de erros ocorridos nas etapas anteriores à finalização da contratação; III – confirmar imediatamente o recebimento da aceitação da oferta; IV – disponibilizar o contrato ao consumidor em meio que permita sua conservação e reprodução, imediatamente após a contratação; V – manter serviço adequado e eficaz de atendimento em meio eletrônico, que possibilite ao consumidor a resolução de demandas referentes a informação, dúvida, reclamação, suspensão ou cancelamento do contrato; VI – confirmar imediatamente o recebimento d as demandas do consumidor referidas no inciso, pelo mesmo meio empregado pelo consumidor ; e VII – utilizar mecanismos de segurança eficazes para pagamento e para tratamento de dados do consumidor. Parágrafo único. A manifestação do fornecedor às demandas previstas no inciso V do caput será encaminhada em até cinco dias ao consumidor."

[390] Cf. art. 3º do Decreto de nº: 7.962/13.

[391] Cf. art. 5º do Decreto de nº: 7.692/13: "Art. 5º O fornecedor deve informar, de forma clara e ostensiva, os meios adequados e eficazes para o exercício do direito de arrependimento pelo consumidor. § 1º O consumidor poderá exercer seu direito de arrependimento pela mesma ferramenta utilizada para a contratação, sem prejuízo de outros meios disponibilizados. § 2º O exercício do direito de arrependimento implica a rescisão dos contratos acessórios, sem qualquer ônus para o consumidor. § 3º O exercício do direito de arrependimento será comunicado imediatamente pelo fornecedor à instituição financeira ou à administradora do

Note-se, porém, que o Decreto de nº: 7.962/13 foi antecedido pela propositura do Projeto de Lei do Senado 281/12 de autoria do então Senador José Sarney e que atualmente se encontra na Câmara dos Deputados sob a alcunha de PL 3514/15, tendo por objetivo alterar:

> "(...) a Lei nº 8.078, de 11 de setembro de 1990 (Código de Defesa do Consumidor), para aperfeiçoar as disposições gerais do Capítulo I do Título I e dispor sobre o comércio eletrônico, e o art. 9º do Decreto Lei nº 4.657, de 4 de setembro de 1942 (Lei de Introdução às Normas do Direito Brasileiro), para aperfeiçoar a disciplina dos contratos internacionais comerciais e de consumo e dispor sobre as obrigações extracontratuais".

O projeto de lei possui disposições ambiciosas, tais como a imposição de que as "normas"[392] (e não mais apenas os contratos) deverão ser "interpretados e integrados da maneira mais favorável ao consumidor."[393], embora seja extremamente preocupante a forma com que o artigo poderá recepcionado pela jurisprudência.

De fato, já se disse à exaustão que o CDC é repleto de disposições com pouca densidade, transferindo ao juiz o encargo de produção do significado de expressões como "vantagem manifestamente excessiva" no caso concreto.

Ora, se o teor de tais expressões pouco ou nada diz, um mandamento de intepretação "mais favorável" termina por autorizar as leituras mais heterodoxas do que pode significar boa-fé, informação, lealdade etc., pois são de difícil compreensão os limites que podem ser conferidos ao intérprete nestes casos, gerando verdadeiro estado de insegurança jurídica.

Evidentemente é possível levantar contra os argumentos acima rememorando os deveres de fundamentação do juiz, especialmente com base

cartão de crédito ou similar, para que: I – a transação não seja lançada na fatura do consumidor; ou II – seja efetivado o estorno do valor, caso o lançamento na fatura já tenha sido realizado. § 4º O fornecedor deve enviar ao consumidor confirmação imediata do recebimento da manifestação de arrependimento."

392 Embora a expressão normas seja polissêmica, o projeto parece indicar o gênero a abranger princípios e regras e não norma como produto da interpretação/aplicação do direito ao caso concreto.

393 Isto se daria através da inclusão do art. 3º-A no CDC: "Art. 3º-A. As normas e os negócios jurídicos devem ser interpretados e integrados da maneira mais favorável ao consumidor."

no art. 489, §§1º e 2º, do CPC/15[394], contudo, o ônus de fundamentação é muito mais simples quando não há balizas claras a respeito do que pode ou não ser realizado pelo fornecedor.

Demais do exposto, a jurisprudência defensiva de Tribunais Superiores tem deixado a toda evidência que as disposições do art. 489 do CPC/15 não têm (e provavelmente não terão) a aplicação desejada pelos redatores do diploma, especialmente pelo reiterado posicionamento de que o órgão jurisdicional não é obrigado a repelir todos os argumentos das partes[395].

Prosseguindo, o projeto de lei pretende ampliar o rol dos direitos do consumidor previsto no art. 6º do CDC para incluir não apenas a proteção dos dados pessoais, mas também "a liberdade de escolha" e vedar "qualquer forma de discriminação e assédio de consumo" nos incisos XI e XII do dispositivo[396].

[394] Cf. art. 489, CPC/15: "Art. 489. São elementos essenciais da sentença: (...) § 1º Não se considera fundamentada qualquer decisão judicial, seja ela interlocutória, sentença ou acórdão, que: I – se limitar à indicação, à reprodução ou à paráfrase de ato normativo, sem explicar sua relação com a causa ou a questão decidida; II – empregar conceitos jurídicos indeterminados, sem explicar o motivo concreto de sua incidência no caso; III – invocar motivos que se prestariam a justificar qualquer outra decisão; (...) § 2º No caso de colisão entre normas, o juiz deve justificar o objeto e os critérios gerais da ponderação efetuada, enunciando as razões que autorizam a interferência na norma afastada e as premissas fáticas que fundamentam a conclusão."

[395] Exemplificativamente: "PROCESSUAL CIVIL E TRIBUTÁRIO. ISSQN. INCORPORAÇÃO INDIRETA. VIOLAÇÃO DO ART. 1.022 DO CPC/2015. NÃO OCORRÊNCIA. AUSÊNCIA DE PREQUESTIONAMENTO. SÚMULA 211/STJ. INAPLICABILIDADE DO ART. 1.025 DO CPC/2015. NECESSIDADE DE REVISÃO DO CONTEXTO FÁTICO-PROBATÓRIO. IMPOSSIBILIDADE. SÚMULA 7/STJ. (...) 3. O órgão julgador não é obrigado a rebater, um a um, todos os argumentos trazidos pelas partes em defesa da tese que apresentaram. Deve apenas enfrentar a demanda, observando as questões relevantes e imprescindíveis à sua resolução. Precedentes: AgInt nos EDcl no AREsp 1.290.119/RS, Rel. Min. Francisco Falcão, Segunda Turma, DJe 30.8.2019; AgInt no REsp 1.675.749/RJ, Rel. Min. Assusete Magalhães, Segunda Turma, DJe 23.8.2019; REsp 1.817.010/PR, Rel. Min. Mauro Campbell Marques, Segunda Turma, DJe 20.8.2019; AgInt no AREsp 1.227.864/RJ, Rel. Min. Gurgel de Faria, Primeira Turma, DJe 20.11.2018."(AREsp 1515423/SP, Rel. Ministro Herman Benjamin, SEGUNDA TURMA, julgado em 03/10/2019, DJe 18/10/2019)

[396] A redação do art. 6º do CDC então passaria a conter: Art. 6º (...) XI – a privacidade e a segurança das informações e dados pessoais prestados ou coletados, por qualquer meio, inclusive o eletrônico, assim como o acesso gratuito do consumidor a estes e a suas fontes; XII – a liberdade de escolha, em especial frente a novas tecnologias e redes de dados, vedada qualquer forma de discriminação e assédio de consumo;"

Dado o intervalo entre a propositura do projeto de lei no Senado e sua eventual aprovação, tais disposições serão recebidas já sem grande impacto nas relações de consumo, pois tanto a proteção de dados pessoais quanto a vedação à discriminação têm guarida na LGPD e, por conta disto, tais temas serão melhor desenvolvidos quando nos debruçarmos sobre a legislação de positivada.

Contudo, parece importante o reconhecimento de que o consumidor possui liberdade de escolha, não apenas por ser uma reafirmação de que a vontade ainda é um elemento jurídico que merece atenção, mas também por implicar que a informação deve ser providenciada pelo fornecedor ao consumidor para que seja possível efetivamente selecionar uma opção (v.g. escolha de contratar ou não, do parceiro contratual, do objeto do contrato etc.).

Embora louvável, a simples inserção do inciso XII no CDC parece não ser capaz de fazer frente à publicidade comportamental e às técnicas de manipulação dos mercados digitais[397], sendo um tema de urgente análise por parte da doutrina nacional, especialmente por colocar em risco a já combalida autonomia da vontade através da utilização de mecanismos de publicidade que podem passar despercebidos pelas ferramentas de controle dispostas no CDC.

No que tange à proibição da discriminação, o dispositivo deve ser interpretado com cuidado suficiente para notar que o interesse do legislador não está na proibição de qualquer diferenciação entre os consumidores, pois isto se trata de uma prática usual em qualquer segmento comercial[398], e sim que a vedação deve ocorrer diante dos critérios apontados pela Constituição Federal, como será minudenciado nos capítulos 2.2. e 3.2 desta dissertação.

Além destes "novos" direitos do consumidor, o projeto de lei prevê ainda a inclusão da Seção VII Do Comércio Eletrônico no CDC, que

[397] Calo, Digital Market Manipulation; Loo, Helping Buyers Beware: The Need for Supervision of Big Retail; Zamir; Teichman, **Behavioral Law and Economics**.

[398] Com efeito, caso a vedação de discriminação fosse tomada como um imperativo absoluto, seria impossível a divisão de ingressos em jogos de futebol, passagens de avião e toda e qualquer forma de segmentação de pessoas. Além disto, discriminações que primam por proteger ou auxiliar vulneráveis (filas preferenciais para idosos, grávidas, portadores de necessidade especiais etc.) não seriam admitidas, o que parece demonstrar à saciedade que a proibição da discriminação tem endereço muito mais restrito do que o padrão de igualdade formal.

aponta preocupação com temas caros à AED, especialmente no que toca à assimetria informacional e à segurança jurídica, além de contemplar a proteção de dados pessoais:

> "Seção VII
> Do Comércio Eletrônico
> "Art. 45-A. Esta seção dispõe sobre normas gerais de proteção do consumidor no comércio eletrônico e a distância, visando a fortalecer sua confiança e assegurar sua tutela efetiva, mediante a diminuição da assimetria de informações, a preservação da segurança nas transações e a proteção da autodeterminação e da privacidade dos dados pessoais."

Muitos dos dispositivos constantes na Seção VII do projeto de lei foram positivados pelo Decreto 7.962/13, tais como o arts. 45-B, 45-C e 45-D do PL 3514/15, que têm seus pares nos arts. 2º, 3º e 4º do Decreto citado acima.

Contudo, também há disposições que não foram positivadas até o momento, tais como os arts. 45-E, que possui teor consideravelmente redundante face ao CDC e às disposições referentes à informação previstas nos arts. 45-B e 45-D[399], 45-F, com importantes apontamentos sobre a publicidade por meio de mensagens eletrônicas, inclusive inserindo o dever de comunicar a origem da obtenção do contato do consumidor[400], e 45-G, que trata de concretização do princípio da minimização de dados (necessidade)[401].

[399] "Art. 45-E. Na contratação por meio eletrônico ou similar, o fornecedor deve enviar ao consumidor: I – em momento prévio à contratação, o contrato, em língua portuguesa, em linguagem acessível e com fácil visualização em sua página; II – confirmação imediata do recebimento da aceitação da oferta; III – via do contrato em suporte duradouro, assim entendido qualquer instrumento, inclusive eletrônico, que ofereça as garantias de fidedignidade, inteligibilidade e conservação dos dados contratuais e que permita sua fácil reprodução; IV – formulário, ou link para formulário, facilitado e específico para preenchimento pelo consumidor em caso de exercício do direito de arrependimento. Parágrafo único. Caso a confirmação e o formulário previstos, respectivamente, nos incisos II e IV não tenham sido enviados pelo fornecedor, o prazo previsto no caput do art. 49 deverá ser ampliado por mais 14 (quatorze) dias."

[400] "Art. 45-F. É vedado ao fornecedor de produto ou serviço enviar mensagem eletrônica não solicitada a destinatário que: I – não possua relação de consumo anterior com o fornecedor e não tenha manifestado consentimento prévio e expresso em recebê-la; II – esteja inscrito em cadastro de bloqueio de oferta; III – tenha manifestado diretamente ao fornece-

Além disto, o PL 3514/15 coloca a última pá de cal nas discussões referentes à viabilidade do direito de arrependimento nas compras realizadas por meio eletrônico e cristaliza entendimentos jurisprudenciais a respeito dos procedimentos e ônus do exercício de seu exercício, colocando sob os ombros do fornecedor todos os encargos[402].

dor a opção de não recebê-la. § 1º Se houver prévia relação de consumo entre o remetente e o destinatário, admite-se o envio de mensagem não solicitada, desde que o consumidor tenha tido oportunidade de recusá-la. § 2º O fornecedor deve informar ao destinatário, em cada mensagem enviada: I – o meio adequado, simplificado, seguro e eficaz que lhe permita, a qualquer momento, recusar, sem ônus, o envio de novas mensagens eletrônicas não solicitadas; II – o modo como obteve seus dados. § 3º O fornecedor deve cessar imediatamente o envio de ofertas e comunicações eletrônicas ou de dados a consumidor que manifeste recusa a recebê-las. § 4º Para os fins desta seção, entende-se por mensagem eletrônica não solicitada aquela relacionada a oferta ou publicidade de produto ou serviço e enviada por correio eletrônico ou meio similar. § 5º É vedado também: I – remeter mensagem que oculte, dissimule ou não permita de forma imediata e fácil a identificação da pessoa em nome de quem é efetuada a comunicação e a sua natureza publicitária; II – veicular, exibir, licenciar, alienar, compartilhar, doar ou de qualquer forma ceder ou transferir dados, informações ou identificadores pessoais sem expressa autorização e consentimento informado de seu titular. § 6º Na hipótese de o consumidor manter relação de consumo com fornecedor que integre conglomerado econômico, o envio de mensagem por qualquer sociedade que o integre não se insere nas vedações do caput deste artigo, desde que o consumidor tenha tido oportunidade de recusá-la e não esteja inscrito em cadastro de bloqueio de oferta. § 7º A vedação prevista no inciso II do § 5º não se aplica aos fornecedores que integrem um mesmo conglomerado econômico.". Cf. também o art. 6º, III, da LGPD referente ao princípio da necessidade no tratamento de dados.

401 "Art. 45-G. Na oferta de produto ou serviço por meio da rede mundial de computadores (internet) ou qualquer modalidade de comércio eletrônico, somente será exigida do consumidor, para a aquisição do produto ou serviço ofertado, a prestação das informações indispensáveis à conclusão do contrato. Parágrafo único. Quaisquer outras informações além das indispensáveis terão caráter facultativo, devendo o consumidor ser previamente avisado dessa condição."

402 "Art. 49. O consumidor pode desistir da contratação a distância no prazo de 7 (sete) dias a contar da aceitação da oferta, do recebimento ou da disponibilidade do produto ou serviço, o que ocorrer por último. (...) § 2º Por contratação a distância entende-se aquela efetivada fora do estabelecimento ou sem a presença física simultânea do consumidor e do fornecedor, especialmente em domicílio, por telefone, por reembolso postal ou por meio eletrônico ou similar. § 3º Equipara-se à modalidade de contratação prevista no § 2º deste artigo aquela em que, embora realizada no estabelecimento, o consumidor não tenha tido a prévia oportunidade de conhecer o produto ou serviço, por não se encontrar em exposição ou pela impossibilidade ou dificuldade de acesso a seu conteúdo. § 4º A desistência formalizada dentro do prazo previsto no caput implica a devolução do produto, com todos os acessórios recebidos pelo consumidor e a nota fiscal. § 5º Caso o consumidor exerça o direito de

Feitas estas considerações, nota-se que as perspectivas de atualização do CDC não criarão empecilhos consideráveis à precificação personalizada, pois os dispositivos são plenamente compatíveis com esta prática comercial, desde que respeitado o dever de informação já previsto no próprio diploma.

A única objeção relevante a ser levantada se encontra justamente diante da vedação a "qualquer forma de discriminação", embora nos pareça que este dispositivo não deve ser lido como uma proibição de diferenciação entre consumidores em todo e qualquer cenário.

Pois bem, nos próximos tópicos, iremos considerar os argumentos favoráveis à precificação personalizada e os contrários a partir das disposições existentes no CDC, buscando averiguar se há ou não ilicitude nesta técnica de precificação, mas sempre levando em consideração o ambiente fático que se pretende regular.

A argumentação se de desenvolve a partir da análise do princípio da igualdade, das práticas e cláusulas abusivas, do dever de informação e,

arrependimento, inclusive em operação que envolva retirada de recursos ou transação de financiamento, os contratos acessórios de crédito são automaticamente rescindidos, devendo ser devolvido ao fornecedor do crédito o valor total financiado ou concedido que tiver sido entregue, acrescido de eventuais juros incidentes até a data da efetiva devolução, tributos e tarifas, sendo estas cobradas somente quando aplicável. § 6º Sem prejuízo da iniciativa do consumidor, o fornecedor deve comunicar de modo imediato a manifestação do exercício de arrependimento à instituição financeira ou à administradora do cartão de crédito ou similar, a fim de que: I – a transação não seja lançada na fatura do consumidor; II – seja efetivado o estorno do valor, caso a fatura já tenha sido emitida no momento da comunicação; III – caso o preço já tenha sido total ou parcialmente pago, seja lançado o crédito do respectivo valor na fatura a ser emitida posteriormente à comunicação. § 7º Se o fornecedor do produto ou serviço descumprir o disposto no § 1º ou no § 6º, o valor pago será devolvido em dobro. § 8º O fornecedor deve informar, de forma prévia, clara e ostensiva, os meios adequados, facilitados e eficazes disponíveis para o exercício do direito de arrependimento do consumidor, que devem contemplar, ao menos, o mesmo modo utilizado para a contratação. § 9º O fornecedor deve enviar ao consumidor confirmação individualizada e imediata do recebimento da manifestação de arrependimento." (NR)

"Art. 49-A. Sem prejuízo do direito de rescisão do contrato de transporte aéreo antes de iniciada a viagem, nos termos do art. 740, § 3º, da Lei nº 10.406, de 10 de janeiro de 2002 (Código Civil), o exercício do direito de arrependimento do consumidor de passagens aéreas poderá ter seu prazo diferenciado, em virtude das peculiaridades do contrato, por norma fundamentada das agências reguladoras. Parágrafo único. A regulamentação prevista no caput deverá ser realizada no prazo máximo de 180 (cento e oitenta) dias após a entrada em vigor desta Lei."

ao final, algumas notas sobre a precificação personalizada e sua relação com os setores regulados.

O primeiro argumento a ser levantado se refere à igualdade entre os consumidores, pois se mostra incongruente, ao menos diante da ideia de igualdade formal, que consumidores diferentes paguem preços diferentes por um mesmo produto.

O segundo argumento a favor da ilegalidade seria a compreensão da precificação personalizada como prática abusiva levada a cabo pelo fornecedor, causando ao consumidor a minimização de seu excedente.

Por fim, trataremos da relação entre a informação e a autonomia da vontade para verificar qual o papel da compreensão e da escolha do consumidor em relação à precificação personalizada.

Vejamos os argumentos em detalhe:

2.2. Preço e igualdade

Este capítulo pretende realizar a discussão do princípio da igualdade na forma em que se encontra no CDC para aferir a sua adequação ou inadequação à precificação personalizada.

Pois bem, o ordenamento jurídico toma a igualdade como um valor extremamente importante[403], colocando-a sobre formas variadas, tais como a promoção do bem de todos (objetivo fundamental da república)[404] ou ainda como um direito fundamental daqueles que se encontrem no território brasileiro[405], devendo a lei punir a "discriminação atentatória aos direitos e liberdades fundamentais"[406].

[403] Alguns estudos teóricos sobre o princípio da igualdade podem ser encontrados em: BARROSO, Luís Roberto, Igualdade perante a lei, *in*: **Doutrinas Essenciais de Direitos Humanos**, São Paulo: Revista dos Tribunais, 2011, v. 2; BIANCHINI, Alice, A igualdade formal e material, *in*: PIOVESAN, Flávia; GARCIA, Maria (Orgs.), **Doutrinas Essenciais de Direitos Humanos**, São Paulo: Revista dos Tribunais, 2011, v. 2; RAMOS, Elival da Silva, O direito à igualdade formal e real, *in*: PIOVESAN, Flávia; GARCIA, Maria (Orgs.), **Doutrinas Essenciais de Direitos Humanos**, São Paulo: Revista dos Tribunais, 2011, v. 2; SABBAG, César de Moraes, O direito de igualdade, *in*: PIOVESAN, Flávia; GARCIA, Maria (Orgs.), **Doutrinas Essenciais de Direitos Humanos**, São Paulo: Revista dos Tribunais, 2011, v. 2.

[404] Cf. Art. 3º, IV, CF: "Art. 3º Constituem objetivos fundamentais da República Federativa do Brasil:

IV – promover o bem de todos, sem preconceitos de origem, raça, sexo, cor, idade e quaisquer outras formas de discriminação".

[405] Cf. art. 5º, CF: "Art. 5º Todos são iguais perante a lei, sem distinção de qualquer natureza, garantindo-se aos brasileiros e aos estrangeiros residentes no País a inviolabilidade do direito à

Além dos dispositivos acima, a igualdade também regula as relações entre empregador e empregado[407], os direitos políticos[408], as disputas em licitações[409], a tributação[410], a saúde pública[411], a educação[412], as relações conjugais[413], os direitos das crianças, adolescentes e jovens[414] e a relação entre filhos[415], sendo este rol meramente exemplificativo.

O direito à igualdade não é apenas a figura do dever de prestação negativa e positiva do Estado, constituindo também obrigação a ser respeitada por todos os cidadãos à luz a eficácia horizontal dos direitos fundamentais.

A análise dos dispositivos acima indica que o Constituinte repudia o tratamento desigual para contribuintes em situação equivalente, vedando-se "distinção em razão de ocupação profissional ou função por eles exercida, independentemente da denominação jurídica dos rendimentos, títulos ou direitos"[416] ou ainda aquela que toma por base "origem, raça, sexo, cor, idade e quaisquer outras formas de discriminação"[417], as quais são reprovadas com ênfase[418].

Contudo, a mesma Constituição autoriza que a tributação leve em conta a capacidade contributiva dos cidadãos[419], permitindo-se então a

vida, à liberdade, à igualdade, à segurança e à propriedade, nos termos seguintes:"

406 Cf. art. 5º, XLI, CF.

407 Art. 7º, XXXI e XXXIV.

408 Cf. art. 14.

409 Cf. art. 37, XXI.

410 Cf. art. 150, II, cf.

411 Cf. art. 196, CF.

412 Cf. art. 206, I, da CF.

413 Cf. art. 226, § 5º, CF.

414 Cf. art. 227, CF.

415 Cf. Art. 227, § 6º, CF.

416 Cf. Art. 150, II, CF: "Art. 150. Sem prejuízo de outras garantias asseguradas ao contribuinte, é vedado à União, aos Estados, ao Distrito Federal e aos Municípios: (...) II – instituir tratamento desigual entre contribuintes que se encontrem em situação equivalente, proibida qualquer distinção em razão de ocupação profissional ou função por eles exercida, independentemente da denominação jurídica dos rendimentos, títulos ou direitos;".

417 Cf. art. 3º, IV, CF.

418 Cf. arts. 4º, VIII, e 5º, XLII, da CF.

419 Cf. art. 145, parágrafo único, CF: "Art. 145. A União, os Estados, o Distrito Federal e os Municípios poderão instituir os seguintes tributos: § 1º Sempre que possível, os impostos terão caráter pessoal e serão graduados segundo a capacidade econômica do contribuinte, facultado à administração tributária, especialmente para conferir efetividade a esses obje-

discriminação com base em renda por parte do Estado. Significa dizer, o próprio Constituinte deixou vincado que a igualdade a ser protegida parte algumas vezes do critério formal (tratamento idêntico a todos, abstraindo-se as particularidades de cada indivíduo) e, noutras oportunidades, substancial (tratamento diferenciado aos indivíduos tendo em vista suas particularidades).

O mesmo conflito entre concepções diferentes a respeito da igualdade pode ser verificado na Carta de Direitos Fundamentais da União Europeia, que positivou expressamente a igualdade perante a lei, a vedação à discriminação e deu especial enfoque à igualdade entre homens e mulheres[420].

Contudo, o mesmo diploma especificou que: "o princípio da igualdade não obsta a que se mantenham ou adoptem medidas que prevejam regalias específicas a favor do sexo sub-representado."[421].

Diante desta pluralidade de sentidos da expressão igualdade, resta ainda mais difícil a compreensão do direito básico do consumidor à igualdade nas contratações, previsto no art. 6º, II, do CDC:

tivos, identificar, respeitados os direitos individuais e nos termos da lei, o patrimônio, os rendimentos e as atividades econômicas do contribuinte.". Na doutrina: "O princípio da capacidade contributiva hospeda-se nas dobras do princípio da igualdade e ajuda a realizar, no campo tributário, os ideais republicanos. Realmente, é justo e jurídico que quem, em termos econômicos, tem muito pague, proporcionalmente, mais imposto do que quem tem pouco". CARRAZZA, Roque Antônio, **Curso de Direito Constitucional Tributário**, 24. ed. São Paulo: Malheiros, 2008, p. 87.

420 Conferir arts. 20, 21 e 23 da Carta de Nice: "Article 20 Equality before the law Everyone is equal before the law. Article 21 Non-discrimination 1. Any discrimination based on any ground such as sex, race, colour, ethnic or social origin, genetic features, language, religion or belief, political or any other opinion, membership of a national minority, property, birth, disability, age or sexual orientation shall be prohibited. 2. Within the scope of application of the Treaty establishing the European Community and of the Treaty on European Union, and without prejudice to the special provisions of those Treaties, any discrimination on grounds of nationality shall be prohibited. (...) Article 23 Equality between men and women Equality between men and women must be ensured in all areas, including employment, work and pay. The principle of equality shall not prevent the maintenance or adoption of measures providing for specific advantages in favour of the under-represented sex."

421 Versão em português disponível em: https://www.europarl.europa.eu/charter/pdf/text_pt.pdf (acesso em 18.01.20).

> "Art. 6º São direitos básicos do consumidor: (...)
> II – a educação e divulgação sobre o consumo adequado dos produtos e serviços, asseguradas a liberdade de escolha e a igualdade nas contratações;"

Via de rega, tem-se analisado o referido princípio/direito à igualdade como equiparação entre fornecedor e consumidor[422] (igualdade substancial), não havendo grandes discussões a respeito da igualdade entre consumidores.

Contudo, ao defender a igualdade entre consumidores, Nunes pontua que não é possível qualquer forma de discriminação, salvo para conceder benefícios a grupos vulneráveis específicos:

> "Pela norma instituída nesse inciso, fica estabelecido que o fornecedor não pode diferenciar consumidores entre si. Ele está obrigado a oferecer as mesmas condições a todos os consumidores. Admitir-se-á apenas que se estabeleçam certos privilégios aos consumidores que necessitam de proteção especial, como, por exemplo, idosos, gestantes e crianças, exatamente em respeito à aplicação concreta do princípio da isonomia"[423].

Para a aferição da aplicação do princípio da isonomia, Nunes entende haver três critérios que devem ser satisfeitos: (i) "discriminação"; (ii) "correlação lógica da discriminação com o tratamento jurídico atribuído em face da desigualdade"; e (iii) afinidade da correlação com os valores constitucionais[424].

A grande questão se encontra, portanto, em descortinar se a Constituição e o CDC permitem ou não que se diferencie consumidores com base em seus dados pessoais utilizando critérios tais como a fidelidade

[422] Silva, Luis Renato Ferreira da, O princípio da igualdade e o código de defesa do consumidor, *in*: Marques, Cláudia Lima; Miragem, Bruno (Orgs.), **Doutrinas Essenciais de Direito do Consumidor**, São Paulo: Revista dos Tribunais, 2011, v. 1.

[423] Nunes, **Curso de Direito do Consumidor**, p. 181; No mesmo sentido, Rollo considera abusivas discriminações como benefícios inseridos em cartões de lojas, distinção de preços entre homens e mulheres e preços diferentes para pagamento em dinheiro e cartão. Rollo, Arthur Luis Mendonça, **Responsabilidade civil e práticas Abusivas nas relações de consumo**, São Paulo: Atlas, 2011, p. 147-152.

[424] Nunes, **Curso de Direito do Consumidor**, p. 72-73.

do consumidor, peculiaridades comportamentais como quantidade de pesquisas no processo de compra ou até mesmo a renda.

Para nós, não há uma vedação literal a esta prática, desde que respeite os limites impostos expressamente no art. 3º, IV, da Constituição e nos desdobramentos dos demais dispositivos constitucionais.

Ao mesmo tempo, não parece que tal prática arraigada no comércio seja ofensiva a uma interpretação sistemática ou teleológica da Lei Suprema, pois, caso a discriminação de preços ou a precificação personalizada se revelem inconstitucionais ou contrárias ao CDC, isto implicará que descontos dados por lojistas são igualmente ilícitos, o que parece ser totalmente contrário aos usos e costumes comerciais.

Além disso, há diferenciações de preço realizadas pelo próprio Estado, tais como gratuidade no transporte público[425] e meia-entrada nos ingressos de cinema para professores e alunos[426], não ocorrendo em boa parte dos casos nenhuma razão social para que esta política seja criada e mantida nos moldes atuais.

Em suma: (i) dentro da igualdade formal, não há justificativa para a precificação personalizada, ainda que houvesse motivo para vender produtos mais baratos ou mais caros a certos consumidores; e (ii) a partir da igualdade substancial, admissível a utilização da precificação personalizada desde que não se utilize critérios vedados pela Constituição e/ou pela legislação infraconstitucional[427].

Como vimos, o modelo adotado pelo Constituinte e pelo legislador infraconstitucional parece estar entre as duas balizar teóricas acima apresentadas, visto que abomina a discriminação fundada em determinados elementos ("raça", gênero, orientação sexual etc.) ao mesmo passo que admite a discriminação com base nos elementos não vedados literalmente ou implicitamente.

[425] Cf. Estatuto do Idoso, Lei Ordinária de nº: 10.741/03, art. 39.

[426] Cf. Lei Ordinária de nº: 12.933/13, art. 1º.

[427] Michelon, discorrendo a respeito da igualdade proporcional (justiça distributiva) e igualdade nominal (justiça corretiva), pontua que, pela ótica da igualdade nominal "O valor de um objeto em uma transação não é determinado por um critério subjetivo externo ao negócio. Dessa forma, a justiça corretiva não permitiria cobrar mais por canetas vendidas a bons alunos do que se cobra por canetas vendidas a maus alunos". Michelon, Fundamentos econômicos e não econômicos para a defesa do consumidor, p. 286–287.

Note-se, contudo, que mesmo a se tratar de sexo (ou das demais vedações), não ocorre imediatamente a ilicitude da conduta realizada por particular ou pelo Estado, visto que não se trata de uma proibição absoluta[428].

De fato, um exemplo típico de preços diferenciados através da utilização de custos diferentes é o dos contratos de seguro de automóveis, pois a sinistralidade do grupo masculino parece ser superior à feminina[429].

A questão foi objeto de amplo debate na União Europeia, visto que a Diretiva 2004/113/EC veda a discriminação com base em gênero, mas permitia que a diferença entre sexos fosse utilizada como variável explicativa no caso de avaliação de risco em seu artigo 5(2)[430], sendo considerada discriminatória pela Corte Europeia de Justiça[431].

Os Considerandos (*Receitals*) da Diretiva são esclarecedores ao pontuar alguns dos critérios utilizados para o estabelecimento da igualdade, demonstrando que a igualdade é percebida pelos ordenamentos jurídicos à luz de padrões culturais, de modo que temas polêmicos para determinados países podem ser pouco ventilados em outros sistemas:

> "(16) As diferenças de tratamento só podem ser aceites se forem justificadas por um objectivo legítimo. Pode considerar-se um objectivo legí-

[428] Barroso, Igualdade perante a lei.

[429] Monteiro, Maria Helena; Galiza, Francisco, **Mulheres no Mercado de Seguros no Brasil: 2º Estudo**, Rio de Janeiro: Escola Nacional de Seguros, 2016, p. 25.

[430] Cf. artigo da Diretiva 2004/113/EC: "Article 5 Actuarial factors 1. Member States shall ensure that in all new contracts concluded after 21 December 2007 at the latest, the use of sex as a factor in the calculation of premiums and benefits for the purposes of insurance and related financial services shall not result in differences in individuals' premiums and benefits. 2. Notwithstanding paragraph 1, Member States may decide before 21 December 2007 to permit proportionate differences in individuals' premiums and benefits where the use of sex is a determining factor in the assessment of risk based on relevant and accurate actuarial and statistical data. The Member States concerned shall inform the Commission and ensure that accurate data relevant to the use of sex as a determining actuarial factor are compiled, published and regularly updated. These Member States shall review their decision five years after 21 December 2007, taking into account the Commission report referred to in Article 16, and shall forward the results of this review to the Commission. 3. In any event, costs related to pregnancy and maternity shall not result in differences in individuals' premiums and benefits. Member States may defer implementation of the measures necessary to comply with this paragraph until two years after 21 December 2007 at the latest. In that case the Member States concerned shall immediately inform the Commission."

[431] Benöhr, Iris, **EU Consumer Law and Human Rights**, Oxford: Oxford University Press, 2013, p. 130 e seguintes.

timo, por exemplo, a protecção de vítimas de violência relacionada com o sexo (em casos como o estabelecimento de centros de acolhimento para pessoas do mesmo sexo), motivos de privacidade e decência (em casos como o fornecimento de alojamento por uma pessoa numa parte da sua própria casa), a promoção da igualdade dos sexos ou dos interesses de homens e mulheres (por exemplo, organizações voluntárias de pessoas do mesmo sexo), a liberdade de associação (por exemplo, clubes privados reservados a pessoas do mesmo sexo) e a organização de actividades desportivas (por exemplo, acontecimentos desportivos para pessoas do mesmo sexo). Qualquer limitação deve, no entanto, ser adequada e necessária de acordo com os critérios decorrentes da jurisprudência do Tribunal de Justiça das Comunidades Europeias.

(17) O princípio de igualdade de tratamento ao acesso a bens e serviços não exige que sejam sempre fornecidas instalações a homens e mulheres numa base partilhada, desde que não sejam fornecidas de modo mais favorável aos membro de um dos sexos.

(18) A utilização de factores actuariais em função do sexo é generalizada na prestação de serviços de seguros e outros serviços financeiros. Por conseguinte, para garantir a igualdade de tratamento entre homens e mulheres, a consideração do sexo enquanto factor actuarial não deve resultar numa diferenciação nos prémios e benefícios individuais. Para evitar reajustamentos bruscos do mercado, a implementação desta regra só deve ser aplicável a novos contratos celebrados após a data de transposição da presente directiva.

(19) Algumas categorias de riscos podem variar entre os sexos. Em certos casos, o sexo é um factor, mas não necessariamente o único factor determinante na avaliação dos riscos segurados. Para os contratos de seguros desses tipos de riscos, os Estados-Membros podem decidir autorizar derrogações à regra dos prémios e prestações unisexo, desde que possam assegurar que os dados actuariais e estatísticos em que se baseiam os cálculos são fiáveis, regularmente actualizados e postos à disposição do público. Só serão permitidas derrogações nos casos em que a legislação nacional ainda não tenha aplicado a regra unisexo. Cinco anos após a transposição da presente directiva, os Estados-Membros devem reanalisar a justificação para essas derrogações, tendo em conta os últimos dados actuariais e estatísticos e o relatório elaborado pela Comissão três anos após a data de transposição da presente directiva.

(20) O tratamento menos favorável das mulheres por motivos ligados à gravidez e à maternidade deve ser considerado uma forma de discriminação directa em função do sexo e, como tal, proibido nos serviços de seguros e outros serviços financeiros. Por conseguinte, os custos relacionados com a gravidez e a maternidade não devem ser atribuídos apenas aos membros de um sexo."[432]

Por outro lado, esta discriminação de preços pode ser vista de maneira diferente em uma casa noturna que cobra taxa inferior às mulheres para

[432] Trasncrevemos aqui a versão em inglês do document: "(16) Differences in treatment may be accepted only if they are justified by a legitimate aim. A legitimate aim may, for example, be the protection of victims of sex-related violence (in cases such as the establishment of single-sex shelters), reasons of privacy and decency (in cases such as the provision of accommodation by a person in a part of that person's home), the promotion of gender equality or of the interests of men or women (for example single-sex voluntary bodies), the freedom of association (in cases of membership of single-sex private clubs), and the organisation of sporting activities (for example single-sex sports events). Any limitation should nevertheless be appropriate and necessary in accordance with the criteria derived from case law of the Court of Justice of the European Communities. (17) The principle of equal treatment in the access to goods and services does not require that facilities should always be provided to men and women on a shared basis, as long as they are not provided more favourably to members of one sex. (18) The use of actuarial factors related to sex is widespread in the provision of insurance and other related financial services. In order to ensure equal treatment between men and women, the use of sex as an actuarial factor should not result in differences in individuals' premiums and benefits. To avoid a sudden readjustment of the market, the implementation of this rule should apply only to new contracts concluded after the date of transposition of this Directive. (19) Certain categories of risks may vary between the sexes. In some cases, sex is one but not necessarily the only determining factor in the assessment of risks insured. For contracts insuring those types of risks, Member States may decide to permit exemptions from the rule of unisex premiums and benefits, as long as they can ensure that underlying actuarial and statistical data on which the calculations are based, are reliable, regularly up-dated and available to the public. Exemptions are allowed only where national legislation has not already applied the unisex rule. Five years after transposition of this Directive, Member States should re-examine the justification for these exemptions, taking into account the most recent actuarial and statistical data and a report by the Commission three years after the date of transposition of this Directive. (20) Less favourable treatment of women for reasons of pregnancy and maternity should be considered a form of direct discrimination based on sex and therefore prohibited in insurance and related financial services. Costs related to risks of pregnancy and maternity should therefore not be attributed to the members of one sex only."

seu ingresso[433] ou em cafés que cobram "taxa de gênero"[434], variando as justificativas para cada uma destas discriminações.

Desta maneira, o critério de igualdade formal não se mostra um compromisso absoluto do Constituinte, sendo possível a justificativa da discriminação de preço a partir da capacidade econômica ou da sensibilidade do consumidor à demanda, desde que permita, tal como a capacidade contributiva, uma ampliação do bem-estar social.

Assim, viola a isonomia a segmentação de grupos sociais minoritários ou mesmo majoritários por conta de particularidades que não devem ser levadas em conta nas operações comerciais, ainda que possa existir alguma fundamentação econômica (sensibilidade ao preço) a amparar a discriminação, pois o Constituinte fez uma opção política e não técnica ao vedar certas formas de discriminação.

Este também parece ser o posicionamento de Drechsler e Sánchez que, com base no Direito Europeu, pontuam que o algoritmo não poderá elaborar a precificação com base em características tais como "origem racial ou étnica, gênero, deficiência, orientação sexual, idade etc", inclusive quando há discriminação indireta através de dados que, em si mesmos, não são, *prima facie*, discriminatórios, mas por qualquer motivo venham a ter mais impacto em "grupos protegidos"[435].

Em síntese, sob o prisma da isonomia, não há empecilho à utilização da precificação personalizada ou às discriminações de preços de primeiro ou terceiro níveis, salvo se realizada direta ou indiretamente com base em critérios vedados pela Constituição Federal, de modo literal ou através de interpretação sistemática do texto constitucional.

433 Cf. capítulo 2.2.1 desta dissertação.

434 Maccarthy, **In praise of personalized pricing**; Jones, Julia, **Café charges men 18% "gender tax" to highlight pay gap**, CNN, disponível em: <https://www.cnn.com/2017/08/08/world/cafe-gender-pay-gap-trnd/index.html>, acesso em: 28 ago. 2019.

435 Drechsler, Laura; Sánchez, Juan Carlos Benito, The Price Is (Not) Right: data Protection and Discrimination in the Age of Pricing Algorithms, **European Journal of Law and Technology**, v. 9, n. 3, 2018.

2.2.1. Sexo/gênero[436], igualdade e consumo: O caso das Notas Técnicas da SENACON

Diante dos pontos assinalados acima, parece oportuno realizar pequeno excurso para relatar e transcrever uma importante discussão referente à discriminação de preços com base no sexo dos consumidores para ingresso em casas noturnas.

De fato, a Nota Técnica nº 2/2017/GAB-DPDC/DPDC/SENACON no processo administrativo de nº: 08012.001609/2017-25, o qual analisou a questão da legalidade ou ilegalidade da "diferenciação de preços entre homens e mulheres no setor de lazer e entretenimento".

A Nota Técnica foi assim ementada:

> "EMENTA: Direito do consumidor. Diferenciação de preços entre homens e mulheres. Afronta ao princípio da dignidade da pessoa humana e princípio da isonomia. Prática comercial abusiva. Utilização da mulher como estratégia de marketing que a coloca situação de inferioridade."

No caso apreciado, discutiu-se a prática corriqueira de discriminação de preços entre homens e mulheres para o ingresso em casas noturnas, de tal sorte que, após considerações doutrinárias a respeito da igualdade entre os sexos, chegou-se à conclusão de que haveria ilicitude por conta da utilização das mulheres como forma de atrair os consumidores do sexo/gênero masculino[437].

[436] Como sempre, avolumam-se as questões bizantinas, o leitor pode escolher a palavra que mais se adeque às suas ideologias. Não será a utilização de uma palavra que efetivamente findará discriminações e preconceitos sofridos pelos mais variados grupos minoritários, mas apenas e tão somente a progressiva conscientização de que todos são, em igual medida, seres humanos titulares de direitos, inclusive o da mais ampla autodeterminação sem sofrer qualquer tipo de represália por suas escolhas existenciais. O autor, contudo, não pode deixar de se manifestar de maneira contrária à crescente polarização do debate público e acadêmico, especialmente à luz do chamado "cancelamento" no qual pessoas portadoras de entendimentos divergentes (mas dentro do espectro democrático) são colocadas em evidência e vítimas de linchamentos virtuais. O tema, inclusive, fez com que intelectuais de esquerda e direita apresentassem uma carta aberta publicada na Harper's Magazine enfatizando que: "The way to defeat bad ideas is by exposure, argument, and persuasion, not by trying to silence or wish them away". HARPER'S MAGAZINE, **A Letter on Justice and Open Debate**, Harper's Magazine, disponível em: <https://harpers.org/a-letter-on-justice-and-open-debate/>, acesso em: 5 ago. 2020.

[437] "2.11. A distinção entre homens e mulher na hora de se fazer o marketing para atrair os consumidores para aquela relação consumerista, no caso específico para adquirir um serviço

Além disto, a Nota Técnica ressalta que a defesa do consumidor é princípio limitador da livre iniciativa, de modo que, também por este prisma, haveria ilicitude na discriminação de preços, além de pontuar que o rol de práticas abusivas constante no art. 39 do CDC é meramente exemplificativo, de modo que pode ocorrer, à luz do caso concreto, ampliação das hipóteses lá dispostas.

A Nota Técnica também ressalta a infração ao Decreto de nº: 5.903/06, que trata de regulamentar a Lei Ordinária de nº: 10.962/04, e dispõe em seu art. 9º, VII, a vedação à atribuição de "preços distintos ao mesmo item."[438].

de lazer com preço diferenciado, é uma afronta à dignidade da mulher, pois, ao utilizá-la com a forma de atrair consumidores masculinos para aquele ambiente, o mercado a considera como um produto que pode ser usado para arrecadar lucros, ou seja, obter vantagens econômicas. 2.12. Partindo do pressuposto fundamental da dignidade da pessoa humana, conseguimos delinear outros princípios constitucionais a serem seguidos pela coletividade, como o princípio da igualdade/ isonomia. Posto isso, a equidade entre os seres humanos é a regra, e, dentro do sistema de pesos e contrapesos, só deve existir exceções à regra dentro do próprio texto constitucional, como aquelas relacionadas ao tempo de aposentadoria e à licença-maternidade, ou a partir de valores constitucionalmente estabelecidos. Ou seja, tratando a regra constitucional da igualdade entre homens e mulheres, qualquer exceção deve vir de princípios constitucionais seja por qual regulamentação legal for a escolhida para tratar do assunto apresentado. 2.13. No tocante às práticas mercadológicas diferenciando homens e mulheres, têm-se que elas partiram da própria conveniência do mercado e da livre iniciativa empresarial. Essa livre iniciativa, contudo, encontra limites na própria Constituição Federal que no seu art. 170, V, condiciona-a ao respeito ao consumidor. 2.14. O princípio legal da isonomia sofreu transmutações com o passar do tempo, sendo espelho do que é exigido na cultura daquela sociedade em sua época. Nessa senda, a isonomia de dias passados pode não corresponder ao que se vislumbra por igualdade na atualidade. 2.15. Se em algum dia mostrou-se tolerável, segundo o mercado, a utilização das mulheres como estratégia de marketing ou chamariz para atrair maior número de consumidores homens pagantes, isso não se admite nos dias atuais. O empoderamento das mulheres e a evolução do mercado não permitem mais esse tipo de prática abusiva. Como disse a Juíza Caroline Santos Lima, 'a mulher não pode servir de "isca" para atrair os consumidores do sexo masculino'. 2.16. Tal prática coloca a mulher em patamar de inferioridade no mercado de consumo, de forma indigna, em afronta ao art. 4º, 'caput' do CDC e ao art. 1º da Constituição Federal. A mulher não pode ser vista no mercado de consumo como uma 'isca', como um objeto e como um instrumento de atração de homens." BRASIL. SENACON, Nota Técnica nº 2/2017/GAB-DPDC/DPDC/SENACON, 2017.

[438] "Art. 9o Configuram infrações ao direito básico do consumidor à informação adequada e clara sobre os diferentes produtos e serviços, sujeitando o infrator às penalidades previstas na Lei no 8.078, de 1990, as seguintes condutas: (...) VII – atribuir preços distintos para o mesmo item; e"

Enfim, naquele momento, a SENACON considerou prática abusiva a discriminação de preços entre homens e mulheres e determinou a expedição de ofícios "endereçados às associações representativas desses setores a fim de que tomem conhecimento da presente nota técnica e de que ajustem seus comportamentos à legalidade, sob pena das sanções previstas no art. 56 do CDC...".

Inconformada com o teor da Nota Técnica nº 2/2017/GAB-DPDC/DPDC/SENACON, a Associação Brasileira de Bares e Restaurantes de Goiás - ABRASEL - GO moveu Ação Civil Pública de nº: 1002885-82.2017.4.01.3500, que tramitou perante a 6ª Vara Federal de Goiás.

A fundamentação da petição inicial pontuou que, na visão da ABRASEL - GO, não havia discriminação por conta de sexo, mas por razão da desproporcionalidade dos frequentadores (a maioria do público seria masculina), assim como há casos em que há fornecimento de bebidas e comidas no estabelecimento, sendo o consumo masculino em maior quantidade.

No plano jurídico, a argumentação se apoiou essencialmente na livre iniciativa, não devendo o Estado intervir nas relações comerciais sem devida justificativa.

Houve antecipação dos efeitos da tutela, cujos fundamentos principiam ressaltando os arts. 1º, 5º e 170 da Constituição Federal, passando então ressaltar que o "mercado nacional é autorregulador, onde vigora o princípio da livre concorrência" e que não havia cláusula abusiva na discriminação de preços nos moldes observados, além de destacar que não observou desvalorização da mulher[439].

[439] "A Constituição Federal, ao mesmo tempo em que garante a liberdade de comércio, a livre concorrência, mantém-se atenta aos efeitos desses direitos econômicos na esfera de cada pessoa e da coletividade. Ressalte-se que os primados da livre iniciativa e da livre concorrência, insculpidos no art. 170, caput e IV da CF/1988, respectivamente, formam a base do chamado livre mercado. Todavia, a livre concorrência nem sempre conduz a uma situação de livre mercado. Daí, por vezes, a presença do Estado regulador e fiscalizador, que deve atuar disciplinando esta competitividade, especialmente quanto aos fatores conformadores dos preços. O Estado deve exercer suas medidas regulatórias para prevenir ou evitar abuso do poder econômico. Este é o objetivo do art. 173, § 4º, da CF/88 – o qual, ao falar de mercado, estatui que a lei reprima o abuso do poder econômico que vise à dominação dos mercados, à eliminação da concorrência e ao aumento arbitrário de lucros. Lúcia Valle Figueiredo, alerta a esse respeito que "As balizas da intervenção serão, sempre e sempre, ditadas pela principiologia constitucional, pela declaração expressa dos fundamentos do Estado Demo-

crático de Direito, dentre eles a cidadania, a dignidade da pessoa humana, os valores sociais do trabalho e da livre iniciativa". Fora desses casos, a regra é não validar a intenção do Estado e de suas agências de se substituir aos agentes econômicos. Nesse contexto, verifica-se pautado nos dispositivos constitucionais acima, que o mercado nacional é autorregulador, onde vigora o princípio da livre concorrência. Essa forma de organizar a atividade econômica é embasada na valorização do trabalho humano e na livre iniciativa. A exceção surge a partir dos casos de abuso ou concorrência desleal, cuja intervenção estatal se faz necessária, consistente em medidas para impedir a formação de cartéis ou práticas comerciais abusivas ou de desrespeito às pessoas. Ademais, o artigo 4º, inciso III, da Lei 8.078/90 (Código de Defesa do Consumidor) dispõe que os objetivos e princípios da Política Nacional das Relações de Consumo, compreendendo a harmonização dos interesses dos participantes das relações de consumo, compatibilizando a proteção ao consumidor com a necessidade de desenvolvimento econômico, viabilizando os princípios nos quais se funda a ordem econômica, e resguardando o equilíbrio e a boa-fé. Tal programa deve ter por finalidade, em primeiro plano, o atendimento das necessidades dos consumidores – objetivo principal das relações de consumo –, mas deve preocupar-se também com a transparência e harmonia das relações de consumo, de molde a pacificar e compatibilizar interesses eventualmente em conflito. O objetivo do Estado, ao legislar sobre o tema, não será outro que não eliminar ou reduzir tais conflitos e anunciar sua presença como mediador, mormente para garantir proteção à parte mais fraca e desprotegida. Objetivo importante dessa política nacional é também a postura do Estado de garantir a melhoria de qualidade de vida da população consumidora, quer exigindo o respeito à sua dignidade, quer assegurando a presença no mercado de produtos e serviços não nocivos à vida, à saúde e à segurança dos adquirentes e usuários, quer, por fim, coibindo os abusos praticados e dando garantias de efetivo ressarcimento, no caso de ofensa a seus interesses econômicos. Nesse contexto, o Código de Defesa do Consumidor contempla a reciprocidade, equidade e moderação, devendo sempre ser buscada a harmonização dos interesses em conflito, mantendo a higidez das relações de consumo. Vale destacar o disposto no artigo 51, IV da referida lei: "Art. 51. São nulas de pleno direito, entre outras, as cláusulas contratuais relativas ao fornecimento de produtos e serviços que: (...) IV – estabeleçam obrigações consideradas iníquas, abusivas, que coloquem o consumidor em desvantagem exagerada, ou sejam incompatíveis com a boa-fé ou a equidade". Ao se revelar qualquer situação em relação de consumo que aponte violação ao inciso IV do artigo 51 do Código do Consumidor, ter-se-á ofensa direta à principiologia do artigo 170 da Constituição Federal. Contudo, não é o caso da situação versada nos presentes autos, uma vez que não se demonstrou qualquer abusividade pelos empreendedores na cobrança de preços diferenciados para homens e mulheres. Na hipótese dos autos, a Nota Técnica N. 2/2017 consignou que a diferenciação de preços entre homens e mulheres nos estabelecimentos (bares e restaurantes) afronta o princípio da dignidade humana e o princípio da isonomia, bem como consiste em prática comercial abusiva. Esclarece em seus termos que tal pratica acaba por utilizar a mulher como estratégia de marketing e a coloca em situação de inferioridade. Não se vislumbra, porém, a questão da diferenciação de preços como uma estratégia de marketing assentada na desvalorização da mulher. A diferença de preços nos estabelecimentos – objeto de discussão nestes autos – de forma alguma torna a mulher inferior ou tem

Ao final, a demanda foi julgada procedente com base na reiteração da fundamentação da decisão liminar, seguindo-se de interposição de recurso de apelação por parte da União Federal, não tendo sido julgado o mérito do recurso até o presente momento.

Neste meio tempo, contudo, a SENACON proferiu a Nota Técnica nº 11/2019/CGEMM/DPDC/SENACON/MJ, cuja função foi atualizar a Nota Técnica nº 2/2017/GAB-DPDC/DPDC/SENACON, objeto da disputa acima relatada.

O atual posicionamento da SENACON diverge integralmente do anterior, pois trata da discriminação de preços pelo prisma econômico, pontuando os benefícios do incremento da quantidade de consumidores atendidos por meio da discriminação de preços e asseverando que não há prova da utilização de mulheres como objeto de estratégias de marketing[440].

por intuito qualquer propósito de discriminação em sentido depreciativo. Por outro lado, o que não pode ocorrer é uma imposição sobre a gerência dos estabelecimentos comerciais, como pretende o ato administrativo regulador. As agências estatais devem abrir mão do desejo de dirigir a vida das pessoas, ou seja, que as pessoas, em suas relações pessoais, não se vejam forçadas a aceitar a vontade de uma entidade coletiva movida por um suposto critério mais elevado de julgamento da realidade. Ressalte-se ainda que não há demonstração de que a conduta de igualar o preço da entrada no estabelecimento implicaria em redução do valor, tornando assim o divertimento mais acessível para homens e mulheres. Não é legítimo que o Poder público crie cada vez mais embaraços à atividade econômica. Por não existir abuso por parte dos estabelecimentos comerciais, a liberdade econômica dos associados da entidade autora deve prevalecer sem a interferência indevida do Estado por meio dos atos administrativos em espécie. (...) Ante exposto, DEFIRO o pedido de antecipação de tutela para determinar que a ré ou qualquer agência estatal integrante do sistema de proteção ao consumidor abstenha-se de autuar ou aplicar punições aos estabelecimentos associados à autora, em razão da Nota Técnica Nº 2/2017/GAB-DPDC/DPDC/SENACON, bem como da Recomendação Conjunta feita pelo Ministério Público de Goiás, Procon Goiás e Procon Goiânia, ou de quaisquer atos regulamentares dessas fontes, até o julgamento desta ação."

[440] "2.1. O debate acerca da diferenciação de preços em boates e casas de festas, levando-se em consideração o gênero, gerou grande repercussão no noticiário. O enfoque dado nesta prática, na maioria das vezes, foi feito pelo lado negativo, de preconceito. No entanto, a diferenciação de preços por algum tipo de critério, como gênero ou faixa etária, sempre foi utilizada em setores de seguros e planos de saúde sem que houvesse esse tipo de debate. 2.2. Além disto, diversas políticas de inclusão são baseadas na diferenciação entre gênero ou raça, mostrando que a diferenciação por esses critérios pode ser utilizada de maneira a trazer benefícios. Outro exemplo positivo do uso da segmentação é a fila preferencial para idosos e gestantes. 2.3. Na própria norma jurídica a diferença entre homens e mulheres também é levada em conta, como na previdência social, em que homens trabalham um período

maior para se aposentar, sem que isso seja visto como algo negativo. 2.4. Para precificar um produto ou serviço, o fornecedor deve incorporar conceitos com abordagem econômica, de custos e de mercado (marketing). Na primeira abordagem, o fornecedor deve atentar para curva de demanda, elasticidade-preço da demanda, custo de oportunidade, dentre outros conceitos. Na abordagem de custos são considerados os custos fixos e variáveis, custos diretos e indiretos, custos dos insumos etc. E na abordagem do marketing, o fornecedor deve considerar os conceitos 'do ciclo de vida dos produtos, da segmentação de mercado, da análise da concorrência e das técnicas de mensuração e previsão de demanda' (Santos, 1997). 2.5. Sendo assim, para precificar o ingresso, o fornecedor irá segmentar os seus consumidores e avaliar a curva de demanda de cada um desses segmentos. Fazendo desta forma ele poderá otimizar o preço de maneira a conseguir a maior quantidade de consumidores que concordam em pagar o nível de preço ofertado do seu produto ou serviço, tendo a possibilidade desse preço ser diferente para cada segmento avaliado. 2.6. Havendo a possibilidade de diferenciação de preços para seus consumidores e, percebendo que uma parcela do seu público não está disposta a pagar um valor mais alto, enquanto outra parcela está disposta, o fornecedor poderá ofertar o ingresso com preços diferentes entre esses segmentos, de maneira a atrair a maior quantidade e diversidade de pessoas ao seu estabelecimento. Ou seja, discriminação de preços pode favorecer a diversidade de frequentadores de um ambiente que esteja precificando seu ingresso pelo valor do segmento que está disposto a pagar mais. 2.7. Apesar do inciso VII do art. 9º do Decreto nº 5.903/2006 dizer que atribuir preços distintos para o mesmo item configura infração ao direito básico do consumidor, não resta claro que a concessão de descontos para públicos diferentes seja vedado. Atualmente, com a difusão dos cupons de desconto, o mesmo item pode ser vendido a diversos preços diferentes a depender do cupom obtido. Ou seja, num mesmo restaurante você pode pedir o mesmo prato da mesa ao lado e pagar um preço mais alto, sem que isto seja considerado ilegal ou imoral. 2.8. Já o princípio da isonomia está disposto no caput do artigo 5º da Constituição e relacionasse com os princípios da igualdade e vulnerabilidade, bem como com o princípio da harmonia no mercado de consumo. Esse princípio é comumente utilizado para equiparar a força entre partes opostas de uma relação. 2.9. No artigo 4º do Código de Defesa do Consumidor – CDC, inciso I, existe o reconhecimento expresso da vulnerabilidade do consumidor em todas as relações de consumo, tendo em vista que na contraparte encontra-se o fornecedor, superior em caráter técnico, jurídico e econômico. Desta forma, para balancear essa relação, aplica-se o princípio da isonomia, adotando medidas de proteção ao consumidor. 2.10. A adoção do princípio da isonomia como argumento na Nota Técnica 2/2017 teve um intuito diferente do acima exposto. A intenção não era equiparar a relação entre fornecedor e consumidor (partes opostas da relação), mas sim dar igualdade no tratamento dado pelos fornecedores a homens e a mulheres, que estariam sendo tratadas como objetos de marketing para atrair o sexo oposto. No entanto, esta é somente uma opinião que não foi embasada em elementos fáticos, mas sim na existência de diferenciação de preços em si. Conforme observado por Santos (1997), a precificação de um produto ou serviço leva em consideração diversas abordagens, dentre elas a de segmentação de mercado. Além disto, a simples diferenciação de preços não configura desigualdade de tratamento, desde que todos os direitos do consumidor estejam sendo respeitados. 2.11. De toda forma, o art. 37 do CDC reza que

Em resumo, a primeira Nota Técnica compreendeu que havia discriminação com base em sexo e, por tal motivo, mostrou-se inconstitucional, além de ofender a vedação à apresentação de sistema de preços igualitários.

A segunda Nota Técnica, por sua vez, tratou do tema sob a ótica da discriminação de preços, entendendo que a diferenciação praticada pelo fornecedor não ofendia qualquer direito fundamental, bem como permitia que maior quantidade de mulheres, cujo preço de reserva seria aparentemente inferior ao dos homens, também pudessem desfrutar das casas noturnas[441].

toda publicidade enganosa ou abusiva é proibida e no parágrafo 2º expressa o que é uma publicidade abusiva: '§ 2º É abusiva, dentre outras a publicidade discriminatória de qualquer natureza, a que incite à violência, explore o medo ou a superstição, se aproveite da deficiência de julgamento e experiência da criança, desrespeita valores ambientais, ou que seja capaz de induzir o consumidor a se comportar de forma prejudicial ou perigosa à sua saúde ou segurança.' 2.12. Então, caso o consumidor sinta-se ofendido por algum po de publicidade, ele também se encontra amparado no CDC. Portanto, o uso da mulher como objeto de publicidade abusiva pode sim ser passível de sanção. No entanto, a simples diferenciação de preços não configura essa abusividade. 2.13. Ademais, a determinação pelo Estado de como o fornecedor deve precificar cada produto e cada segmento, bem como intervir no seu modelo de negócio ferem a livre iniciava, que consta no art. 170 da Constituição Federal. Nesse artigo, os princípios de livre concorrência e defesa do consumidor são elencados conjuntamente para mostrar que um não deve existir em detrimento do outro. (...) 3.1. Não foi identificada nenhuma regra expressa no CDC proibindo o preço diferenciado a clientes. Assim, a prática comercial de cobrança de valores distintos para gêneros diversos somente poderia ser proibida – em afronta aos princípios constitucionais da legalidade e da livre iniciava –, caso se entendesse, em uma ponderação de princípios de natureza constitucional, que o princípio da igualdade de gênero teria preponderância no caso concreto aos demais princípios constitucionais antes citados. Sem essa ponderação principiológica, não há fundamentos jurídicos para se interferir na liberdade do comerciante, nem na liberdade dos consumidores que decidirem boicotar locais de entretenimento menos afinados com sua ideologia, por se sentirem lesados por prática supostamente inconstitucional. 3.2. De todo modo, não nos parece que esse debate constitucional seja afeito a um órgão regulador ou mesmo repartição integrante do Poder Executivo. É ao Poder Legislativo que esse debate deveria ser transferido (por exemplo, com a criação de uma proibição expressa à prática comercial em questão) ou então ao Poder Judiciário, preferencialmente no âmbito do Supremo Tribunal Federal." BRASIL. SENACON, Nota Técnica nº 11/2019/CGEMM/DPDC/SENACON/MJ, 2019.

[441] O argumento referente à aplicação do art. 9º, VII, do Decreto nº 5.903/06 será analisado no próximo item, dado o foco presente no princípio da igualdade e eventual maltrato pela prática de precificação personalizada.

Como verificado acima, a compreensão a respeito do que viola ou não um determinado conceito de igualdade parece ser também uma questão cultural e, portanto, vinculada a um conjunto de valores que não é plenamente sistematizável, mas que pode ser objeto de análise empírica para que os efeitos de uma dada prática sejam aferidos.

Na espécie, tanto a primeira Nota Técnica quanto a segunda deixaram de apresentar dados empíricos que pudessem justificar a exploração da figura feminina e a diferente sensibilidade ao preço, de modo que a produção de uma restrição à livre iniciativa com base em opiniões que se aproximam de concepções pessoais é medida arriscada por parte do Estado, pois não houve qualquer análise de custo-benefício da intervenção e muito menos da ocorrência de efeitos deletérios sobre as mulheres.

Diante disto, entendemos que não houve a apresentação de estudos a embasar a intervenção do Estado no domínio da precificação por parte dos fornecedores, pois: (i) a igualdade varia de acordo com padrões culturais e não se impõe apenas sobre o critério formal; (ii) a liberdade de precificação é a regra e a regulação é a exceção do mercado; (iii) não se apresentou qualquer dado empírico a embasar os efeitos nocivos de tal discriminação aos indivíduos; e (iv) não se apresentou qualquer motivo que pudesse evidenciar a impossibilidade do mercado se autorregular sobre o tema.

Ainda que tenhamos analisado a questão pelo prisma do princípio da igualdade, mostra-se necessário debater o artigo 9º, VII, do Decreto de nº: 5.903/06, que foi utilizado pela Nota Técnica nº 2/2017/GAB-DPDC/DPDC/SENACON como fundamento para a proibição da discriminação de preços.

2.2.2. A exposição da precificação: Lei Ordinária de nº: 10.962/04 e Decreto de nº: 5.903/06

Como visto acima, não houve debate aprofundado em relação ao Decreto de nº: 5.903/06, especialmente no que tange ao art. 9º, VII, que foi arregimentado para vedar a discriminação de preço com base em seu conteúdo literal.

Para que esta análise seja possível, contudo, mostra-se necessário interpretar o dispositivo à luz do que efetivamente pretende o Decreto como um todo e não como artigo isolado.

Pois bem, o Decreto 5.903/06 pretende regulamentar as disposições da Lei 10.962/04, que "Dispõe sobre a oferta e as formas de afixação de preços de produtos e serviços para o consumidor".

A Lei Ordinária de nº: 10.962/04 estabelece regras para a afixação de preços em diversas formas de comércio, todas elas partindo do princípio de que os preços devem ser visíveis ao consumidor e de fácil compreensão, como se infere de seu art. 2º[442].

Ou seja, o texto da lei permite compreender que o regramento tem por finalidade resguardar o direito do consumidor a visualizar e entender os preços antes pagamento, tendo um caráter informacional.

O Decreto de nº: 5.903/06, por sua vez, procura minudenciar o que foi disposto na legislação ordinária, estabelecendo um glossário das expressões[443] utilizadas pelo legislador e tratando dos modelos de afixação de preços.

[442] Cf. Art. 2º, Lei Ordinária de nº: 10.962/04: "Art. 2º São admitidas as seguintes formas de afixação de preços em vendas a varejo para o consumidor: I – no comércio em geral, por meio de etiquetas ou similares afixados diretamente nos bens expostos à venda, e em vitrines, mediante divulgação do preço à vista em caracteres legíveis; II – em auto-serviços, supermercados, hipermercados, mercearias ou estabelecimentos comerciais onde o consumidor tenha acesso direto ao produto, sem intervenção do comerciante, mediante a impressão ou afixação do preço do produto na embalagem, ou a afixação de código referencial, ou ainda, com a afixação de código de barras. III – no comércio eletrônico, mediante divulgação ostensiva do preço à vista, junto à imagem do produto ou descrição do serviço, em caracteres facilmente legíveis com tamanho de fonte não inferior a doze. Parágrafo único. Nos casos de utilização de código referencial ou de barras, o comerciante deverá expor, de forma clara e legível, junto aos itens expostos, informação relativa ao preço à vista do produto, suas características e código."

[443] Cf. art. 2º do Decreto de nº: 5.903/06: "Art. 2º Os preços de produtos e serviços deverão ser informados adequadamente, de modo a garantir ao consumidor a correção, clareza, precisão, ostensividade e legibilidade das informações prestadas. § 1º Para efeito do disposto no caput deste artigo, considera-se: I – correção, a informação verdadeira que não seja capaz de induzir o consumidor em erro; II – clareza, a informação que pode ser entendida de imediato e com facilidade pelo consumidor, sem abreviaturas que dificultem a sua compreensão, e sem a necessidade de qualquer interpretação ou cálculo; III – precisão, a informação que seja exata, definida e que esteja física ou visualmente ligada ao produto a que se refere, sem nenhum embaraço físico ou visual interposto; IV – ostensividade, a informação que seja de fácil percepção, dispensando qualquer esforço na sua assimilação; e V – legibilidade, a informação que seja visível e indelével.

Justamente ao final do Decreto em comento vem o dispositivo referente à punição por descumprimento das disposições lá constantes, cujo rol é esclarecedor, vejamos:

> "Art. 9º Configuram infrações ao direito básico do consumidor à informação adequada e clara sobre os diferentes produtos e serviços, sujeitando o infrator às penalidades previstas na Lei no 8.078, de 1990, as seguintes condutas:
> I – utilizar letras cujo tamanho não seja uniforme ou dificulte a percepção da informação, considerada a distância normal de visualização do consumidor;
> II – expor preços com as cores das letras e do fundo idêntico ou semelhante;
> III – utilizar caracteres apagados, rasurados ou borrados;
> IV – informar preços apenas em parcelas, obrigando o consumidor ao cálculo do total;
> V – informar preços em moeda estrangeira, desacompanhados de sua conversão em moeda corrente nacional, em caracteres de igual ou superior destaque;
> VI – utilizar referência que deixa dúvida quanto à identificação do item ao qual se refere;
> VII – atribuir preços distintos para o mesmo item; e
> VIII – expor informação redigida na vertical ou outro ângulo que dificulte a percepção."

O rol de hipóteses acima transcrito e a interpretação sistemática do dispositivo permitem a percepção de que as punições endereçadas ao fornecedor estão vinculadas à forma de afixação de preços dos produtos no comércio, ou seja, de prática abusiva tendente a ludibriar o consumidor e não de discriminação de preços.

Ou seja, a redação do art. 9º, VII, do aludido diploma não é uma vedação à discriminação de preços, mas à prática de apontar mais de um valor para a mesma mercadoria no intuito de confundir o consumidor, tal como a fixação de duas etiquetas com preços divergentes, o que não ocorreu no caso analisado nas Notas Técnicas e não ocorreria na precificação personalizada.

Desta maneira, em que pese o teor das Notas Técnicas acima transcritas, evidente que o dispositivo utilizado para embasar o parecer administrativo não contemplou a essência do diploma normativo, que trata do direito à informação, visto que o interpretou extraindo um significado possível de seu teor literal, mas não do sistema.

Por conta disto, nota-se que o regramento em comento não discutia o princípio da igualdade entre consumidores, mas o direito à informação, restando inaplicável à discriminação de preços o disposto no Decreto de nº: 5.903/06, art. 9º, VII.

Em todo caso, ainda que não ocorra violação ao princípio da igualdade dentro de uma perspectiva substancial, caso respeite as limitações constitucionais à discriminação, não se pode olvidar que a precificação personalizada pode ser tomada como prática comercial abusiva ao menos em tese, ponto este que trataremos no próximo item.

2.3. A precificação personalizada e as práticas e cláusulas abusivas

Este capítulo tem como objetivo discutir a precificação personalizada no contexto das práticas e cláusulas abusivas, de tal sorte que tomaremos aqui um roteiro com ênfase nos arts. 39 e 51 do CDC dentro de sua dimensão textual.

Após, analisaremos a jurisprudência referente às práticas abusivas, comentando decisões que, de alguma forma, podem impactar no juízo de legalidade da precificação personalizada e, ao final, apresentaremos nossas considerações à luz dos estudos empreendidos.

2.3.1. Precificação personalizada e o rol de práticas abusivas do art. 39 do CDC

Tratamos de temas que, mesmo diante de opção do consumidor, não são lícitos, ou seja, nem mesmo a vontade do consumidor pode afastar proibição de práticas abusivas, inclusive por conta da natureza de ordem pública da legislação de consumo.

Como visto, o CDC parte do pressuposto de um conflito entre consumidores e fornecedores, de maneira que estabeleceu limites às práticas dos fornecedores em rol aberto sem vedar expressamente a precificação personalizada[444].

[444] A questão é interessante para efeitos comparativos, pois, em 1996, um grupo de consumidores processou a Victoria's Secret por conta do envio do envio de catálogos com preços diferentes para os mesmos itens a grupos diferentes de consumidores, o juiz do Distrito Sul

Pois bem, prática abusiva é uma espécie do gênero práticas comerciais, sendo estas: "os procedimentos, mecanismos, métodos e técnicas utilizados pelos fornecedores para, mesmo indiretamente, fomentar, manter, desenvolver e garantir a circulação de seus produtos e serviços até o destinatário final."[445]. Ao passo que "prática abusiva (*lato sensu*) é a desconformidade com os padrões mercadológicos de boa conduta em relação ao consumidor", sendo "apenas aquela que, de modo direito e no sentido vertical da relação de consumo (do fornecedor ao consumidor), afeta o bem-estar do consumidor"[446].

Um entendimento similar é o da *Unfair Commercial Practices Directive* da União Europeia, que veda "práticas contrárias aos requerimentos de diligência profissional que distorçam materialmente (...) o comportamento econômico do consumidor médio" (tradução livre), especialmente as "decisões transacionais"[447], como se infere de seu art. 5º[448].

de Nova York rejeitou a demanda e impôs sanções ao advogado dos autores, pois entendeu que não havia qualquer disposição legal que proibisse a prática. Ramasastry, **Web sites change prices based on customers' habits**; Tal situação não ocorreria no Direito Brasileiro, pois o legislador dispôs no art. 39 do CDC um rol aberto de condutas que reputa ilícitas, marcadamente pelas expressões "dentre outras práticas". Grinover *et al*, **Código Brasileiro de Defesa do Consumidor: Comentado pelos Autores do Anteprojeto**, p. 377.

[445] Grinover *et al*, **Código Brasileiro de Defesa do Consumidor: Comentado pelos Autores do Anteprojeto**, p. 261.

[446] *Ibid.*, p. 375; Rollo pontua que as práticas comerciais abusivas "são comportamentos dos fornecedores contrários à lei, aos regulamentos expedidos pelas autoridades administrativas competentes, aos princípios gerais do direito, à analogia, aos costumes e à equidade, em prejuízo dos consumidores". Rollo, **Responsabilidade civil e práticas Abusivas nas relações de consumo**, p. 121.

[447] Boom, Willem H van, Unfair commercial practices, *in*: Twigg-Flesner, Christian (Org.), **Research handbook on EU consumer and contract law**, Cheltenham: Edward Elgar, 2016, p. 389.

[448] "Artigo 5º Proibição de práticas comerciais desleais 1. São proibidas as práticas comerciais desleais. 2. Uma prática comercial é desleal se: a) For contrária às exigências relativas à diligência profissional; e b) Distorcer ou for susceptível de distorcer de maneira substancial o comportamento económico, em relação a um produto, do consumidor médio a que se destina ou que afecta, ou do membro médio de um grupo quando a prática comercial for destinada a um determinado grupo de consumidores. 3. As práticas comerciais que são susceptíveis de distorcer substancialmente o comportamento económico de um único grupo, claramente identificável, de consumidores particularmente vulneráveis à prática ou ao produto subjacente, em razão da sua doença mental ou física, idade ou credulidade, de uma forma que se considere que o profissional poderia razoavelmente ter previsto, devem ser avaliadas do ponto de vista do membro médio desse grupo. Esta disposição não prejudica a prática

A razão de ser desta vedação é o entendimento de que o consumidor pode ser seduzido pelo fornecedor a anuir a práticas que lhe são desfavoráveis ou ainda não possuir alternativas e ser forçado a pactuar em condições que não ocorreriam em igualdade de forças[449].

De fato, embora a teoria econômica prediga que os agentes econômicos tendem a realizar escolhas ótimas, evidências empíricas apontam que os consumidores pesquisam pouco, demonstram confusão ou inércia excessiva em relação a decisões que devem ser tomadas. Este quadro ocorre por diversos motivos, tais como a ideia de que a pesquisa não compensará o esforço físico ou mental, os fornecedores podem dificultar a busca pelas informações relevantes e, mesmo com os dados prontos, os consumidores podem visualizar qualidades imaginárias nos produtos ou ainda se confundir em relação à forma de disposição dos preços[450].

Aproximando-nos mais do objeto do estudo, dentre as condutas vedadas, o legislador entendeu por bem proibir a discriminação de preços de segundo grau, conhecida popularmente como "venda casada"[451], mas não dispôs especificamente a respeito de discriminações de primeiro e terceiro graus, assim como quanto à precificação personalizada.

Por outro lado, dentro de sua dimensão textual, o rol do art. 39 possui dois dispositivos que podem conduzir à conclusão de que o legislador reputou a precificação personalizada como abusiva, pois: (i) proíbe-se a exigência de "vantagem manifestamente excessiva"; e (ii) veda-se a elevação "sem justa causa" do preço de produtos e serviços. Vejamos seu teor:

publicitária comum e legítima que consiste em fazer afirmações exageradas ou afirmações que não são destinadas a ser interpretadas literalmente."

449 "... as práticas abusivas nem sempre se mostram como atividades enganosas. Muitas vezes, apesar de não ferirem o requisito da veracidade, trazem excessiva imoralidade econômica e opressão." Finkelstein, Maria Eugênia Reis; Sacco Neto, Fernando, **Manual de Direito do Consumidor**, Rio de Janeiro: Elsevier, 2010, p. 97.

450 Grubb, Michael D., Failing to Choose the Best Price: Theory, Evidence, and Policy, **Review of Industrial Organization**, v. 47; Loo, Digital Market Perfection Note-se que isto não implica que a intervenção do Estado seja a medida adequada para solução de tais problemas, visto que opções regulatórias que aumentam os custos dos fornecedores podem servir como pisos a influenciar o preço mínimo dos produtos ou serviços. Noutras palavras, algumas vezes, as falhas de mercado produzem resultados melhores do que os observados após a intervenção do Estado.

451 Cf. art. 39, I, CDC.

> Art. 39. É vedado ao fornecedor de produtos ou serviços, dentre outras práticas abusivas:
> (...)
> V – exigir do consumidor vantagem manifestamente excessiva;
> (...)
> X – elevar sem justa causa o preço de produtos ou serviços.

Ainda que se deva ter em mente a natureza principiológica do CDC e a abertura de suas disposições, há de se notar que os incisos possuem campos de incidência extremamente alargados, sendo efetivamente difícil intuir quais os seus parâmetros de aplicação.

Por conta disto, necessitaremos analisar os art. 39, V e X do CDC em sua dimensão textual, seguida então de análises a respeito de sua aplicação prática, considerando especialmente a maneira com que a jurisprudência tem se apropriado de tais normas abertas.

2.3.1.1. *Precificação personalizada e exigência de vantagem manifestamente excessiva*

A primeira prática abusiva que pode, em tese, inviabilizar a aplicação de precificação personalizada consiste na vedação de se exigir do consumidor uma "vantagem manifestamente excessiva".

Nota-se que aqui a utilização do verbo exigir, que se não possui a densidade de uma simples proposta indelicada, também não deve ser confundido com a figura da coação.

A rigor, a exigência então se encontra mais próxima de mercados concentrados, nos quais o consumidor não possua efetivamente condições de resistir ao comportamento do fornecedor.

No que tange à "vantagem manifestamente excessiva", deve-se notar que ela é idêntica à cláusula abusiva que coloque o consumidor em "desvantagem exagerada"[452], de maneira que as hipóteses do art. art. 51, §1º[453], do CDC teriam a função de aclarar o que se deve compreender na hipótese do art. 39, V, do mesmo diploma.

[452] Cf. art. 51, IV, do CDC: "Art. 51. São nulas de pleno direito, entre outras, as cláusulas contratuais relativas ao fornecimento de produtos e serviços que: (...) IV – estabeleçam obrigações consideradas iníquas, abusivas, que coloquem o consumidor em desvantagem exagerada, ou sejam incompatíveis com a boa-fé ou a eqüidade;"

[453] Grinover *et al*, **Código Brasileiro de Defesa do Consumidor: Comentado pelos Autores do Anteprojeto**, p. 385.

Contudo, as hipóteses do art. 51, § 1º, são igualmente abertas, de tal sorte que, ainda que o sistema faça referência a novos dispositivos, a compreensão do conteúdo normativo das expressões permanece difícil, vejamos:

> Art. 51. São nulas de pleno direito, entre outras, as cláusulas contratuais relativas ao fornecimento de produtos e serviços que:
> § 1º Presume-se exagerada, entre outros casos, a vantagem que:
> I – ofende os princípios fundamentais do sistema jurídico a que pertence;
> II – restringe direitos ou obrigações fundamentais inerentes à natureza do contrato, de tal modo a ameaçar seu objeto ou equilíbrio contratual;
> III – se mostra excessivamente onerosa para o consumidor, considerando-se a natureza e conteúdo do contrato, o interesse das partes e outras circunstâncias peculiares ao caso.

Como pontua NERY JUNIOR, o rol do art. 51, § 1º, é exemplificativo e a incidência é verificada apenas no caso concreto[454], sendo ainda possível acrescentar que, pela abertura dos dispositivos, mais uma vez, a tópica terá papel predominante na discussão de quais padrões argumentativos serão utilizados para a incidência dos dispositivos acima transcritos.

Em todo caso, o objetivo do legislador no art. 39, V, do CDC parece razoavelmente claro, visto que deseja atuar em favor de um equilíbrio contratual[455], o qual permitiria a harmonização das relações de consumo.

A respeito do princípio do equilíbrio contratual, o qual NUNES denominou de princípio da equivalência, entende-se que sua finalidade é a "manutenção de um equilíbrio entre prestações e contraprestações em relação não só ao objeto, mas também às partes, na medida em que é o consumidor vulnerável e hipossuficiente."[456], ao passo que MARQUES

[454] *Ibid.*, p. 604–5.

[455] "A preocupação do CDC como equilíbrio material das prestações é quase obsessiva. Transparece em inúmeros dispositivos do CDC. (...) Digamos, porém, que tal repetição – como já dissemos outras vezes – foi intencional. O legislador do CDC, com seu pragmatismo inteligente, plantou, em vários pontos da lei, o mesmo conteúdo normativo, buscando evitar que o veto presidencial, bloqueando certo dispositivo, restringisse a eficácia do CDC, uma vez que assume disposição estaria presta em outro ponto da lei". BRAGA NETTO, **Direito do Consumidor: à luz da jurisprudência do STJ**, p. 366–7.

[456] NUNES, **Curso de Direito do Consumidor**, p. 662.

ressalta que "com o advento do CDC o contrato passa a ter seu equilíbrio, seu conteúdo ou sua equidade mais controlados, valorizando-se o seu sinalagma"[457].

Por sua vez, Braga Netto aponta que o equilíbrio nas prestações seria um princípio decorrente do art. 4º, III, do CDC, de tal sorte que "serão inválidas as disposições que ponham em desequilíbrio a equivalência entre as partes. Se o contrato situa o consumidor em situação inferior, com nítidas desvantagens, tal contrato poderá ter sua validade judicialmente questionada, ou, em sendo possível, ter apenas a cláusula que fere o princípio afastada."[458].

Embora se diga que o princípio do equilíbrio contratual possa ser analisado através de critérios objetivos e bem definidos[459], parece-nos que a aferição de sua violação será marcada pela discussão casuística e pelo recurso a parâmetros variados sem maior grau de uniformidade.

Isto se dá tanto pela dificuldade de se estabelecer o que é ou não desequilibrado à luz de tal princípio quanto pela ausência de adoção de um marco teórico a respeito do que seria um valor objetivamente verificável para os produtos e serviços.

Partindo da análise isolada do contrato, o ideal de equilíbrio matemático das prestações[460] é evidentemente inatingível sob a ótica da economia ortodoxa, pois cada um dos contratantes possui apreciação subjetiva dos valores envolvidos na transação, sendo que estas avaliações serão ainda diversas da realizada por um juiz ou um experto.

Desta maneira, a questão a respeito de uma injustiça nas prestações contratuais pode ser resolvida a partir de duas teorias conflitantes[461].

De um lado, a teoria econômica ortodoxa pontua que a avaliação de utilidade que os contratantes fazem a respeito de um bem é subjetiva,

[457] Marques; Benjamin; Miragem, **Comentários ao Código de Defesa do Consumidor**, p. 330.

[458] Braga Netto, **Direito do Consumidor: à luz da jurisprudência do STJ**, p. 75.

[459] Neste sentido, veja-se: Zanetti, Andrea Cristina, **Princípio do equilíbrio contratual**, São Paulo: Saraiva, 2012, p. 228 e seguintes.

[460] "O princípio do equilíbrio contratual está intrinsecamente ligado à noção de justiça e configura-se como fator de apontamento da equação matemática de encontro do ponto de equilíbrio entre prestação e contraprestação devidas pelas partes" Nery; Nery Junior, **Instituições de Direito Civil**, p. 561.

[461] Miller, What do we worry when we worry about price discrimination? The law and ethics of using personal information for pricing.

não havendo um valor objetivo da mercadoria. Assim, não há um preço justo ou um equilíbrio prestacional a ser localizado, visto que a utilidade auferida e o valor derivado da coisa são particulares[462].

Por outro lado, os estudos da EC indicam que os agentes econômicos adotam ideais de equilíbrio em suas relações intersubjetivas, pois consideram que a equivalência de prestações é um dever em jogos como o ultimato[463], ao passo que o mesmo pensamento se encontra nos ensinamentos de determinadas religiões[464].

Além disto, a tradição usual em nosso sistema de direito é a de que há um preço de mercado (com base em uma transação de referência)[465] ou ainda que as prestações devem ser equitativas (pressupondo-se, obviamente, que há uma valoração objetiva das prestações), de tal sorte que o Estado-juiz teria legitimidade para intervir nos pactos privados a fim de trazer os valores pactuados ao valor objetivo, protegendo a parte vulnerável ou lesada.

Este ponto de partida então implica em adotar que o desequilíbrio entre as prestações não está no contrato isoladamente considerado, mas sempre a partir de um conjunto de outros negócios jurídicos a lhe servir de referência.

[462] O leitor poderá então argumentar que o preço de equilíbrio do mercado pode servir de obstáculo para esta conclusão, pois serviria de referencial para as transações realizadas entre os agentes.
Contudo, este raciocínio encontrará forte oposição no fato de que não há concorrência perfeita nos mercados reais, ainda que eles sejam extremamente competitivos, visto que a informação não é veiculada de forma livre.

[463] Um dos exemplos fortemente relacionados ao anseio de justiça nos contratos se encontra no jogo do ultimato, no qual os agentes devem dividir um montante entre si, sendo que a escolha da divisão será feita por um dos participantes e caberá ao outro aceitar ou rejeitar a oferta. Caso a oferta seja aceita, os agentes dividirão os benefícios na proporção acordada e, caso a oferta seja rejeitada, não haverá divisão da quantia que seria dividida, saindo os participantes sem qualquer ganho. A teoria econômica convencional diria que os agentes econômicos prefeririam qualquer ganho ao resultado de deixar o jogo sem ganho algum, contudo, o que se tem observado nos experimentos da EC é que os participantes preferem punir o outro jogador por uma divisão reputada injusta do que receber os dividendos daquela partilha. SUNSTEIN; JOLLS; THALER, A Behavioral Approach to Law and Economics.

[464] Algumas interpretações do Talmud geraram na figura da Ona'a a invalidade dos negócios jurídicos com venda cujo preço se encontre 1/6 acima do valor de mercado. MILLER, What do we worry when we worry about price discrimination? The law and ethics of using personal information for pricing.

[465] SUNSTEIN; JOLLS; THALER, A Behavioral Approach to Law and Economics.

Disto resulta que deve ser estipulando um mercado relevante[466] a servir de parâmetro para as transações, especialmente porque uma dada contratação pode estar cercada de peculiaridades que a distingam de outras aparentemente idênticas[467], pontos estes que não se vislumbra nas considerações a respeito do equilíbrio contratual.

No caso em apreço, as premissas diferentes levam a conclusões díspares, de modo que, partindo da ortodoxia, tal prática comercial não implica necessariamente em obter uma vantagem abusiva e sim em atacar a reserva de preço do consumidor a tal ponto que seja possível tornar o consumidor pouco menos do que indiferente entre adquirir o produto ou serviço ou deixar de fazê-lo (o que somente seria possível em casos extremados).

Por outro lado, partindo da concepção de que há um preço de mercado ou uma transação de referência, deve-se levar em consideração ainda dois pontos relevantes, a saber: (i) há algum limite objetivo que estipule o que é ou deixa de ser abusivo?; e (ii) tendo desejado o consumidor a mercadoria, haveria motivo para o Estado intervir na relação entre particulares?

Quanto ao primeiro questionamento, não há um marco claro na legislação a respeito do que pode ou não ser considerado um sobrepreço excessivo, tanto em termos percentuais como em termos absolutos.

Assim, a aquisição de um financiamento imobiliário por um valor acima do mercado e sob o qual incidirão juros pode desencadear consequências desastrosas para um dado consumidor, ao passo que a mesma margem de sobrepreço pode ser considerada irrelevante em compras de menor valor, mesmo se considerarmos o sobrepreço agregado em uma dada cesta de bens.

[466] Por mercado relevante, deve-se entender "o locus, na dimensão geográfica e de produto, no qual o poder de mercado é possível de ser exercido por uma forma atuando de forma isolada ou por um grupo de empresas agindo de forma coordenada". Pfeiffer, **Defesa da concorrência e bem-estar do consumidor**, p. 157.

[467] A título de exemplo, pode-se pensar na diferença de serviços de consultoria jurídica prestados por um renomado profissional com anos de experiência e diversos títulos acadêmicos e os serviços prestados pelo jovem recém-formado. Embora ambos os serviços se enquadrem como consultoria jurídica, a diferença entre os profissionais pode dar vazão a preços extremamente díspares.

Da mesma forma, um acréscimo percentual poderá ser percebido como grande ou pequeno quando comparado à inflação de um país ao longo do ano, tratando-se, mais uma vez, de conjuntura que escapa a uma teorização rígida.

Desta maneira, ainda que a doutrina busque dar ares de objetividade à análise do que se deve compreender por excesso manifesto ou ainda por desequilíbrio entre as prestações no contrato, parece evidente que não há um parâmetro seguro no teor da legislação e na jurisprudência analisada no capítulo 2.3.3. desta parte II.

Ao lado disto, o fato de que o consumidor desejou ou não realizar uma dada transação com base em seu conhecimento a respeito de sua limitação orçamentária, dentro de uma ótica paternalista, pouco importa, pois sua vontade não é tida com grande estima pelos defensores da autonomia privada.

Contudo, não parece haver justificativa para a revisão judicial de um contrato no qual o consumidor pôde cotar preços em ambiente competitivo e já conhecia os valores antes da contratação.

Diante deste cenário, entendemos que a aplicação do art. 39, V, do CDC deveria ser resguardada a casos em que há problemas informacionais no que diz respeito à compreensão dos valores ou dos termos contratuais ou ainda por variações posteriores à contratação, mas não como disposição aplicável em todo e qualquer negócio jurídico.

Evidentemente, uma leitura mais próxima dos interesses imediatos do consumidor certamente pode servir de apoio ao argumento de que se trataria de prática abusiva. Rollo, por exemplo, compreende que o art. 39, V, é uma atenuação do princípio do *pacta sunt servanda*, destaca que a o lucro do fornecedor não pode "ser exagerado" e assevera que "toda vez que as condições contratuais forem visivelmente desfavoráveis ao consumidor, pode ele (...) pedir a modificação das cláusulas contratuais desproporcionais, ou sua revisão..."[468], o que significa, em linhas gerais, que seria vedada a alteração excessiva na divisão de excedentes entre consumidor e fornecedor.

O problema de uma interpretação tão permissiva em relação ao conteúdo do art. 39, V, do CDC reside, além da evidente insegurança jurídica, no fato de que nem mesmo compensa ao Estado regular as tran-

468 Rollo, **Responsabilidade civil e práticas Abusivas nas relações de consumo**, p. 126.

sações individuais para a reanálise de tais contratos, pois o controle de excessividade forçaria a produção probatória para definir um mercado relevante, curvas de oferta e demanda, preços etc..

Por conta disto, os custos da demanda e o ônus probatório das partes se tornariam proibitivos à luz da necessidade de estipular qual seria o preço de mercado, ainda mais quando se tratar de estipulações contratuais personalizadas, escapando do âmbito dos Juizados Especiais Cíveis, por exemplo.

Assim, pode-se pensar que um dado processo possua o custo C para o Estado, seguindo-se então do custo A para o autor e R para o réu. Além disto, haveria um benefício B para o autor decorrente de sua vitória no processo.

A apreciação subjetiva de viabilidade da demanda é realizada pelo autor somente considerando o benefício a ser recebido, ponderado pela probabilidade de vitória, contra o custo individual da demanda, ponderada pela probabilidade de derrota. Ou seja, o autor move a ação quando: $B(P) \geq A(1 - P)$.

Este cálculo ignora os custos sociais decorrentes da manutenção do sistema de justiça e os custos incorridos pela parte sucumbente, de modo que a avaliação da utilidade social de uma demanda difere da apreciação individual.

Consideradas estas variáveis, o controle de preços manifestamente excessivos somente seria aceitável caso $B \geq C + A + R$ em números absolutos, o que dificilmente viria a ocorrer em um processo usual, embora se desconheça a existência de estudos empíricos neste sentido[469].

Desta maneira, os custos do processo somente justificariam a propositura de ações movidas por consumidores sofisticados, os quais têm acesso a maiores informações e não necessitariam, via de regra, de proteção específica quanto ao conhecimento do preço em suas aquisições ou através de ações coletivas, consideradas as limitações do modelo acima.

Note-se que a SENACON chegou a discutir a aplicação do art. 39, X, do CDC (a seguir analisado) com base em análise de custos do fornecedor, o que chega a ser impensável diante das demandas individualizadas:

[469] Pode-se considerar, para maior qualidade do modelo, que a variável B represente o benefício agregado dos autores, A, o custo agregado dos autores e assim sucessivamente.

"2.5. Sendo assim, frente as normas legais e constitucionais acima destacadas, faz-se necessário ter em mente que uma análise da abusividade dos preços ou aumento arbitrário de lucros segundo o CDC e as Leis Concorrenciais deve ocorrer caso a caso, mercado a mercado, sem que seja possível determinar aprioristicamente quais são os limites de elevação estabelecidos em lei. Há de se fazer esta distinção, pois cada setor possui um modelo de negócios que pode ser considerado coerente naquele setor e não em outros, observando, também, as regras impostas pelos órgãos reguladores dos setores regulados. Tal orientação hermenêutica deve-se, também, à presença nas legislações de termos jurídicos indeterminados, tais como "justa causa", "aumento arbitrário" e "livre iniciativa".

2.6. Nesse sentido, falando genericamente sobre as normas de contenção do aumento de preços ao consumidor, insta salientar que esses termos jurídicos abertos são essenciais para solução dos conflitos, posto que os dispositivos vagos possibilitam uma interpretação ampla em diversos cenários. Assim, por serem definições de grande amplitude e fluidez, têm a característica de serem sempre atuais e correspondentes aos anseios dos consumidores nos vários momentos históricos em que a lei é interpretada e aplicada, ao revés, elas necessitam de um esforço hermenêutico casuisticamente para que venham a ganhar a eficácia desejada.

2.7. Dessarte, para iniciar uma análise de eventual abusividade dos aumentos incidentes sobre produtos e serviços é necessário que o órgão solicite ao fornecedor e, posteriormente, realize uma análise pormenorizada das planilhas de custos referentes ao período anterior ao aumento para identificar quais foram as causas que deixaram o fornecedor sem escolhas a não ser elevar o preço do produto/serviço. Não se desprezando, também, a presença de concorrência, ou seja, há de ser realizada uma análise de oferta e demanda. Casos como a redução abrupta de concorrência podem levar a aumentos significativos nos preços, sendo de especial importância esta questão pela relação inversa entre a concorrência e o preço (quanto menor a concorrência, maior o preço)."[470]

Ainda seria possível considerar que a vedação de vantagem manifestamente excessiva pode atuar como teto de preços, causando então os

[470] BRASIL. SENACON, Nota Técnica n.º 35/2019/CGEMM/DPDC/SENACON/MJ, 2019.

efeitos negativos observados no capítulo 1 da Parte I desta dissertação, especialmente a escassez de produtos ou serviços ou o surgimento de mercado informal.

Em resumo, entendemos que a melhor interpretação do art. 39, V, do CDC impõe que ele não seja aplicável largamente à precificação personalizada dada a ausência de prejuízo efetivo ao consumidor caso o preço seja visualizado antes da contratação em um mercado de concorrência por conta dos empecilhos naturais que seriam acarretados caso se implementasse um controle *ex post* da precificação.

A conclusão, portanto, não alcança situações em que há problemas informacionais ou elevada concentração de mercado, dado que se trata de falhas de mercado.

2.3.1.2. *Precificação personalizada e elevação sem justa causa de preços*

Além da exigência de vantagem manifestamente excessiva, também se poderia argumentar, com base no teor literal, a possibilidade de ofensa ao art. 39, X, do CDC pela prática da precificação personalizada, pois se trataria de uma elevação sem justa causa de preços.

Sobre este artigo, BENJAMIN assinala que o principal objetivo estaria no controle por parte do Estado de preços que seriam abusivos, de tal sorte o fornecedor deveria acompanhar os movimentos da inflação na majoração do preço, vejamos:

> "Esse inciso, também sugerido por mim, visa assegurar que, mesmo num regime de liberdade de preços, o Poder Público e o Judiciário tenham mecanismos de controle do chamado preço abusivo (...) A regra, então, é que os aumentos de preço devem sempre estar alicerçados em justa causa, vale dizer, não podem ser arbitrários, leoninos ou abusivos. Em princípio, numa economia estabilizada, elevação superior aos índices de inflação cria uma presunção -relativa, é verdade – de carência de justa causa"[471].

Este posicionamento é acompanhado por GARCIA: "O que se veda é a possibilidade de uma elevação nos preços sem que se tenha um motivo

[471] GRINOVER *et al*, **Código Brasileiro de Defesa do Consumidor: Comentado pelos Autores do Anteprojeto**, p. 394.

(justa causa) como o aumento da matéria-prima, o aumento do salário mínimo, que reflita no preço final do produto ou serviço"[472].

Entretanto, NUNES pondera que a aplicação de tal dispositivo somente incide após o estabelecimento da relação contratual, sob pena de que se criasse verdadeiro sistema de restrição à liberdade de preços[473], ao passo que BRAGA NETTO entende que "não estão vedados, obviamente, qualquer aumento de preços. O que o inciso colima evitar é o aumento abusivo, divorciado de qualquer causa, de qualquer elemento de razoabilidade"[474].

ROLLO, por sua vez, afirma que o art. 39, X, foi positivado a fim de "proibir a especulação por parte dos fornecedores", ressaltando que há fornecedores que "se valem de calamidades públicas para elevar o preço de seus produtos e serviços"[475].

Dentre as alternativas apresentadas, a melhor interpretação do art. 39, X, do CDC é a proposta por NUNES, visto que a precificação por parte dos fornecedores é livre no mercado brasileiro, sendo exceção justamente a intervenção do Estado nestas questões.

Assim, o controle da majoração de preços após a contratação é a única das interpretações possíveis do dispositivo a privilegiar a livre iniciativa e o caráter meramente indicativo do planejamento estatal, conforme dispõe o art. 174 da Constituição da República.

Demais do exposto, ausente a colusão entre os fornecedores e havendo ambiente competitivo, não há plena liberdade de precificação por parte do fornecedor a ponto de que fosse possível a ele alterar preços com margens extremamente elevadas.

[472] GARCIA, **Código de Defesa do Consumidor Comentado**, p. 376.

[473] A disposição do art. 39, X, do CDC "somente pode ser entendida como a do tipo de prática abusiva pós-contratual. (...) No regime atualmente vigente no País de liberdade de preços não se pode falar em aumento abusivo antes da contratação ou da oferta tendente à contratação (que vincula o fornecedor)" NUNES, **Curso de Direito do Consumidor**, p. 612; No mesmo sentido FINKELSTEIN; SACCO NETO, **Manual de Direito do Consumidor**, p. 106.

[474] BRAGA NETTO, **Direito do Consumidor: à luz da jurisprudência do STJ**, p. 370.

[475] ROLLO, **Responsabilidade civil e práticas Abusivas nas relações de consumo**, p. 128 Necessário pontuar que o exemplo das "calamidades públicas" apresentado por ROLLO não acompanha o pensamento econômico ortodoxo, pois a catástrofe geralmente torna estável ou reduz a oferta, ao passo que eleva a demanda. Neste cenário, caso exista controle de preços, a quantidade de ingressantes no mercado será reduzida, ao passo que os preços mais altos servirão de informação a respeito da escassez e incentivarão novos entrantes.

Note-se, por fim, que o controle de preços em ambientes concentrados, nos quais o fornecedor possua elevado poder de mercado, poderá vir a ocorrer com base na ausência de rol taxativo de práticas comerciais abusivas, mas não com base nos dispositivos acima apresentados.

Da mesma forma, a ausência de informação quanto à personalização do preço deve ser considerada prática abusiva e violação do dever de informação por parte do fornecedor, mas, igualmente, não com base no art. 39, X, do CDC.

Em resumo, (i) as práticas comerciais abusivas são descritas em rol aberto previsto no art. 39 do CDC; (ii) dentre tais práticas, as hipóteses dos incisos V e X do dispositivo assinalado podem dar a (falsa) impressão de que seriam aplicáveis à precificação personalizada; (iii) dentro de uma economia de mercado, o controle de preços nos quais o consumidor pôde se valer da análise de preços de concorrentes e estando ele ciente do contrato e de seus termos, inclusive quanto à personalização do preço, não há motivo para a aplicação dos aludidos incisos; e (iv) havendo alteração de preços em ambiente concentrado ou por meio de colusão, a utilização de tais mecanismos de precificação poderá ser utilizada com lastro na natureza exemplificativa do art. 39.

2.3.2. Precificação personalizada e o rol de cláusulas abusivas do art. 51 do CDC

Ainda se mostra possível argumentar que, mesmo que não seja prática abusiva, a cláusula de preço quando utilizada precificação personalizada pode incorrer em nulidade por conta das vedações às cláusulas abusivas dispostas no art. 51 do CDC.

Por cláusula abusiva, deve-se entender aquela "(...) que viola o equilíbrio material que deve existir entre as prestações. Trata-se de um conceito aberto, com conteúdo semântico flexível, a ser topicamente preenchido pelo legislador à luz das variáveis concretas"[476] ou ainda "cláusula abusiva é aquela que é notoriamente desfavorável à parte mais fraca da relação contratual que, no caso da nossa análise, é o consumidor"[477].

[476] Braga Netto, **Direito do Consumidor: à luz da jurisprudência do STJ**, p. 446.

[477] Grinover *et al*, **Código Brasileiro de Defesa do Consumidor: Comentado pelos Autores do Anteprojeto**, p. 574; "A abusividade da cláusula contratual é o descompasso de direitos e obrigações entre contratantes, direitos e obrigações típicos daquele tipo de contrato, é a unilateralidade excessiva, é o desequilíbrio contrário à essência, ao objetivo contra-

Trata-se, evidentemente, de uma redução do campo de incidência da autonomia da vontade em privilégio de posturas paternalistas tendentes a impor um determinado caminho aos contratantes[478].

Saliente-se que as cláusulas abusivas são absolutamente nulas[479], não havendo prazo para a declaração judicial de sua ilicitude[480] e é desnecessária qualquer investigação em relação à boa ou má-fé subjetiva do fornecedor quanto à imposição da cláusula[481].

Pois bem, tal como o rol de práticas abusivas, as cláusulas abusivas estão marcadas pela mesma abertura conceitual, como se pode inferir dos dispositivos abaixo apresentados:

> Art. 51. São nulas de pleno direito, entre outras, as cláusulas contratuais relativas ao fornecimento de produtos e serviços que:
> (...)
> IV – estabeleçam obrigações consideradas iníquas, abusivas, que coloquem o consumidor em desvantagem exagerada, ou sejam incompatíveis com a boa-fé ou a eqüidade;
> (...)
> X – permitam ao fornecedor, direta ou indiretamente, variação do preço de maneira unilateral;

Como já ressaltado, o art. 51, IV e X, do CDC possuem expressões similares às do art. 39, V e X, do mesmo diploma, valendo então as mesmas considerações do item anterior, especialmente em relação à ausência de parâmetros objetivos que estipulem o comando do legislador.

tual, aos interesses básicos presentes naquele tipo de relação, é a autorização da relação desleal, maliciosa, de má-fé subjetiva, que esta cláusula, se cumprida, irá ocasionar." MARQUES; BENJAMIN; MIRAGEM, **Comentários ao Código de Defesa do Consumidor**, p. 338.

478 "É oportuno lembrar que as cláusulas contratuais, mesmo que livremente pactuadas (o que não ocorre nos contratos de adesão), não impedem que o judiciário redefina o conteúdo do contrato. O direito contemporâneo não atribui ao contrato força superior à justiça material. O efeito vinculante do contrato somente persistirá se condizente com a função social dos contratos e com a boa-fé objetiva..." BRAGA NETTO, **Direito do Consumidor: à luz da jurisprudência do STJ**, p. 460.

479 Salvo na hipótese da curiosa Súmula 381 do STJ, que assim dispõe: "Nos contratos bancários, é vedado ao julgador conhecer, de ofício, a abusividade das cláusulas."

480 GRINOVER *et al*, **Código Brasileiro de Defesa do Consumidor: Comentado pelos Autores do Anteprojeto**, p. 576; NUNES, **Curso de Direito do Consumidor**, p. 716.

481 GARCIA, **Código de Defesa do Consumidor Comentado**, p. 438.

Realmente, a hipótese prevista no art. 51, IV, do CDC, de redação similar ao art. 39, V, do mesmo diploma, ainda que acrescida das descrições já pontuadas do §1º, não nos deixa entrever quais os marcos de legalidade que não podem ser ultrapassados pelo fornecedor de serviços em sua técnica de precificação.

Além disto, a hipótese dos incisos X do art. 51 do CDC tem sido considerada como aplicável apenas e tão somente em variações após a aceitação da oferta[482], de tal sorte que não incide em caso de precificação personalizada.

Note-se, porém, que o Direito Europeu, que desenvolveu um "teste de abusividade" (*unfairness test*) a partir do art. 3º da *Unfair Terms in Consumer Contracts Directive*[483] para verificar se uma cláusula contratual é ou não abusiva (*unfair*) a partir dos seguintes itens: (i) a cláusula não foi

[482] Grinover *et al*, **Código Brasileiro de Defesa do Consumidor: Comentado pelos Autores do Anteprojeto**, p. 601; Nunes, **Curso de Direito do Consumidor**, p. 732.

[483] "Artigo 3º 1. Uma cláusula contratual que não tenha sido objecto de negociação individual é considerada abusiva quando, a despeito da exigência de boa fé, der origem a um desequilíbrio significativo em detrimento do consumidor, entre os direitos e obrigações das partes decorrentes do contrato. 2. Considera-se que uma cláusula não foi objecto de negociação individual sempre que a mesma tenha sido redigida previamente e, consequentemente, o consumidor não tenha podido influir no seu conteúdo, em especial no âmbito de um contrato de adesão. O facto de alguns elementos de uma cláusula ou uma cláusula isolada terem sido objecto de negociação individual não exclui a aplicação do presente artigo ao resto de um contrato se a apreciação global revelar que, apesar disso, se trata de um contrato de adesão. Se o profissional sustar que uma cláusula normalizada foi objecto de negociação individual, caber-lhe-á o ónus da prova. 3. O anexo contém uma lista indicativa e não exaustiva de cláusulas que podem ser consideradas abusivas.".

Versão em inglês: "Article 3 1. A contractual term which has not been individually negotiated shall be regarded as unfair if, contrary to the requirement of good faith, it causes a significant imbalance in the parties' rights and obligations arising under the contract, to the detriment of the consumer. 2. A term shall always be regarded as not individually negotiated where it has been drafted in advance and the consumer has therefore not been able to influence the substance of the term, particularly in the context of a pre-formulated standard contract. The fact that certain aspects of a term or one specific term have been individually negotiated shall not exclude the application of this Article to the rest of a contract if an overall assessment of the contract indicates that it is nevertheless a pre-formulated standard contract. Where any seller or supplier claims that a standard term has been individually negotiated, the burden of proof in this respect shall be incumbent on him. 3. The Annex shall contain an indicative and non-exhaustive list of the terms which may be regarded as unfair.". Disponível em: https://eur-lex.europa.eu/legal-content/EN/TXT/?uri=CELEX%3A31993L0013 (acesso em 19.01.20).

individualmente negociada; (ii) for contrária à boa-fé; e (iii) causa desnivelamento (*imbalance*) entre as prestações contratuais[484].

Assim como no CDC, a utilização de cláusulas gerais e conceitos jurídicos indeterminados ensejou então inúmeras disputas doutrinárias a respeito do que se deve compreender por boa-fé e pelo desnivelamento das prestações[485].

Contudo, a despeito da amplitude dos termos utilizados na redação da Diretiva, há uma exceção que retira do sistema de precificação personalizada qualquer espécie de nulidade, desde que o sistema de precificação tenha sido exposto de maneira clara, conforme o art. 4º(2), vejamos:

> "Artigo 4º
> 1. Sem prejuízo do artigo 7º, o carácter abusivo de uma cláusula poderá ser avaliado em função da natureza dos bens ou serviços que sejam objecto do contrato e mediante consideração de todas as circunstâncias que, no momento em que aquele foi celebrado, rodearam a sua celebração, bem como de todas as outras cláusulas do contrato, ou de outro contrato de que este dependa.
> 2. A avaliação do carácter abusivo das cláusulas não incide nem sobre a definição do objecto principal do contrato nem sobre a adequação entre o preço e a remuneração, por um lado, e os bens ou serviços a fornecer em contrapartida, por outro, desde que essas cláusulas se encontrem redigidas de maneira clara e compreensível."[486]

[484] ROTT, Peter, Unfair contract terms, *in*: TWIGG-FLESNER, Christian (Org.), **Research handbook on EU consumer and contract law**, Cheltenham: Edward Elgar, 2016, p. 296.

[485] *Ibid.*, p. 299 e seguintes.

[486] Versão em inglês: "Article 4 1. Without prejudice to Article 7, the unfairness of a contractual term shall be assessed, taking into account the nature of the goods or services for which the contract was concluded and by referring, at the time of conclusion of the contract, to all the circumstances attending the conclusion of the contract and to all the other terms of the contract or of another contract on which it is dependent. 2. Assessment of the unfair nature of the terms shall relate neither to the definition of the main subject matter of the contract nor to the adequacy of the price and remuneration, on the one hand, as against the services or goods supplies in exchange, on the other, in so far as these terms are in plain intelligible language.". Disponível em: https://eur-lex.europa.eu/legal-content/EN/TXT/?uri=CELEX%3A31993L0013 (acesso em 19.01.20).

Ou seja, o Direito Europeu compreende que as disposições sobre o preço, quando devidamente informadas aos consumidores, não poderão ser objeto de reclamação em juízo, demonstrando então maior espaço conferido à autonomia da vontade na formação dos contratos.

Em resumo, evidencia-se que os mesmos entraves à aplicação do art. 39, V e X, do CDC ocorrem em relação ao art. 51, IV e X, do mesmo diploma, de maneira que as razões apresentadas no capítulo anterior se mantêm em relação às cláusulas abusivas.

No próximo tópico, buscaremos avaliar, na jurisprudência, a existência de parâmetros para a verificação do juízo de legalidade.

2.3.3. A jurisprudência do STJ em relação à vantagem manifestamente excessiva

Nos itens anteriores, destacamos que os arts. 39 e 51 do CDC não devem ser aplicados em situações nas quais o consumidor tem acesso aos preços de forma clara e se encontra em ambiente no qual há concorrência entre fornecedores.

Contudo, este posicionamento não parece encontrar guarida na jurisprudência, que prefere aplicar indiscriminadamente tais disposições a toda espécie de contratos.

Neste cenário, consultamos os julgados referentes à matéria a fim de buscar entendimento a respeito do que deve ser compreendido como "vantagem manifestamente excessiva" no intuito de localizar parâmetros jurisprudenciais para a aferição dos limites da precificação personalizada.

Pois bem, em pesquisa realizada no site do Superior Tribunal de Justiça no dia 11.08.19, verificou-se que há 42 julgados referentes ao art. 39, V, do CDC, tendo sido consideradas as seguintes práticas como abusivas: (i) cobrança de "taxa de conveniência" na venda de ingressos por via eletrônica[487]; (ii) cobrança de multa penitencial por resilição de contrato com variação entre 25 a 100% do valor do contrato[488]; (iii) cobrança diferenciada de valores para pagamentos em dinheiro ou mediante cartão

[487] REsp 1737428/RS, Rel. Ministra Nancy Andrighi, TERCEIRA TURMA, julgado em 12/03/2019, DJe 15/03/2019.

[488] REsp 1580278/SP, Rel. Ministra Nancy Andrighi, TERCEIRA TURMA, julgado em 21/08/2018, DJe 03/09/2018.

de crédito[489]; (iv) cobrança de tarifas "pelo pagamento mediante boleto/ficha de compensação"[490]; (v) "cobrança de tarifa mínima de água com base no número de economias, sem considerar o consumo efetivamente registrado" quando há apenas um hidrômetro em condomínio[491]; (vi) cobrança de taxa de administração composta por encargos não relativos à administração e que forme quantia superior ao valor permitido em lei[492].

Não há nestes julgados uma regra específica a indicar o que se deve compreender por vantagem manifestamente excessiva, sendo oportuno buscar nos debates as razões que conduziram os julgadores a partir de situações concretas a verificar ou não a ocorrência de prática abusiva.

Assim, no REsp 1737428/RS, Rel. Ministra Nancy Andrighi, TERCEIRA TURMA, julgado em 12/03/2019, o Superior Tribunal de Justiça compreendeu que a cobrança de taxa de conveniência configurava prática abusiva[493].

[489] REsp 1479039/MG, Rel. Ministro Humberto Martins, SEGUNDA TURMA, julgado em 06/10/2015, DJe 16/10/2015

[490] REsp 794.752/MA, Rel. Ministro Luis Felipe Salomão, QUARTA TURMA, julgado em 16/03/2010, DJe 12/04/2010

[491] REsp 726.582/RJ, Rel. Ministra Eliana Calmon, Rel. p/ Acórdão Ministro Herman Benjamin, SEGUNDA TURMA, julgado em 15/09/2009, DJe 28/10/2009, também REsp 555.069/RJ, Rel. Ministro João Otávio De Noronha, Rel. p/ Acórdão Ministro Herman Benjamin, SEGUNDA TURMA, julgado em 15/09/2009, DJe 02/10/2009, REsp 1006403/RJ, Rel. Ministro José Delgado, PRIMEIRA TURMA, julgado em 20/05/2008, DJe 30/06/2008, REsp 655.130/RJ, Rel. Ministra Denise Arruda, PRIMEIRA TURMA, julgado em 03/05/2007, DJ 28/05/2007, p. 287.

[492] REsp 541.184/PB, Rel. Ministra Nancy Andrighi, TERCEIRA TURMA, julgado em 25/04/2006, DJ 20/11/2006, p. 300.

[493] "RECURSO ESPECIAL. AÇÃO COLETIVA DE CONSUMO. DIREITO DO CONSUMIDOR. ESPETÁCULOS CULTURAIS. DISPONIBILIZAÇÃO DE INGRESSOS NA INTERNET. COBRANÇA DE "TAXA DE CONVENIÊNCIA". EMBARGOS DE DECLARAÇÃO. OMISSÃO, CONTRADIÇÃO OU OBSCURIDADE. NÃO INDICAÇÃO. SÚMULA 284/STF. PROTEÇÃO DO CONSUMIDOR. CLÁUSULAS ABERTAS E PRINCÍPIOS. BOA FÉ OBJETIVA. LESÃO ENORME. ABUSIVIDADE DAS CLÁUSULAS. VENDA CASADA ("TYING ARRANGEMENT"). OFENSA À LIBERDADE DE CONTRATAR. TRANSFERÊNCIA DE RISCOS DO EMPREENDIMENTO. DESPROPORCIONALIDADE DAS VANTAGENS. DANO MORAL COLETIVO. LESÃO AO PATRIMÔNIO IMATERIAL DA COLETIVIDADE. GRAVIDADE E INTOLERÂNCIA. INOCORRÊNCIA. SENTENÇA. EFEITOS. VALIDADE. TODO O TERRITÓRIO NACIONAL.
(...) 5. A essência do microssistema de defesa do consumidor se encontra no reconhecimento de sua vulnerabilidade em relação aos fornecedores de produtos e serviços, que detêm todo o controle do mercado, ou seja, sobre o que produzir, como produzir e para quem pro-

No caso acima apontado, entendeu-se que a taxa de conveniência configurava venda casada, na qual os produtores do espetáculo impunham ao consumidor o pagamento do valor do ingresso e dos "custos de divulgação e segurança das transações" a terceiro contratado.

Na análise do caso, esta cobrança termina por dissolver os benefícios da venda pela internet, de tal sorte que ocorreria lesão entre as prestações, caracterizando-se prática abusiva. Vejamos:

> "Realmente, a potencial vantagem do consumidor em adquirir ingressos sem se deslocar de sua residência fica totalmente aplacada pelo fato de ser obrigado a se submeter às condições impostas pela recorrida no

duzir, sem falar-se na fixação de suas margens de lucro. 6. O CDC adotou formas abertas e conceitos indeterminados para definir as práticas e cláusulas abusivas, encarregando o magistrado da tarefa de examinar, em cada hipótese concreta, a efetiva ocorrência de referidas práticas ilegais. 7. A boa-fé objetiva é uma norma de conduta que impõe a cooperação entre os contratantes em vista da plena satisfação das pretensões que servem de ensejo ao acordo de vontades que dá origem à avença, sendo tratada, de forma expressa, no CDC, no reconhecimento do direito dos consumidores de proteção contra métodos comerciais coercitivos ou desleais bem como práticas e cláusulas abusivas ou impostas no fornecimento de produtos ou serviços (art. 6º, IV, do CDC). 8. Segundo a lesão enorme, são abusivas as cláusulas contratuais que configurem lesão pura, decorrentes da simples quebra da equivalência entre as prestações, verificada, de forma objetiva, mesmo que não exista vício na formação do acordo de vontades (arts. 39, V, 51, IV, § 1º, III, do CDC). (...) 12. A venda do ingresso para um determinado espetáculo cultural é parte típica e essencial do negócio, risco da própria atividade empresarial que visa o lucro e integrante do investimento do fornecedor, compondo, portanto, o custo básico embutido no preço. 13. Na intermediação por meio da corretagem, como não há relação contratual direta entre o corretor e o terceiro (consumidor), quem deve arcar, em regra, com a remuneração do corretor é a pessoa com quem ele se vinculou, ou seja, o incumbente. Precedente. 14. A assunção da dívida do fornecedor junto ao intermediário exige clareza e transparência na previsão contratual acerca da transferência para o comprador (consumidor) do dever de pagar a comissão de corretagem. Tese repetitiva. (...) 18. A potencial vantagem do consumidor em adquirir ingressos sem se deslocar de sua residência fica totalmente aplacada pelo fato de ser obrigado a se submeter, sem liberdade, às condições impostas pela recorrida e pelos incumbentes no momento da contratação, o que evidencia que a principal vantagem desse modelo de negócio – disponibilização de ingressos na internet – foi instituída em seu favor dos incumbentes e da recorrida. 19. In casu, não há declaração clara e destacada de que o consumidor está assumindo um débito que é de responsabilidade do incumbente – produtor ou promotor do espetáculo cultural – não se podendo, nesses termos, reconhecer a validade da transferência do encargo (assunção de dívida pelo consumidor). (...) 23. Recurso especial parcialmente conhecido e, no ponto, parcialmente provido." (REsp 1737428/RS, Rel. Ministra Nancy Andrighi, TERCEIRA TURMA, julgado em 12/03/2019)

> momento da contratação, entre eles o valor da taxa, o que evidencia, mais uma vez, que a principal vantagem desse modelo de negócio – disponibilização de ingressos na internet – não foi instituída em seu favor.
> Por fim, mas não menos importante, o serviço de intermediação oferecido pela recorrida apresenta mais uma peculiaridade: a de que não há declaração clara e destacada de que o consumidor está assumindo um débito que é de responsabilidade do incumbente – produtor ou promotor do espetáculo cultural – não se podendo, nesses termos, reconhecer a validade da transferência do encargo (assunção de dívida pelo consumidor), conforme definido em caso análogo submetido ao rito dos recursos especiais repetitivos.
> Verifica-se, portanto, da soma desses fatores, o desequilíbrio do "contrato, tornando-o desvantajoso ao consumidor enquanto confere vantagem sem correspectivo (sem "sinalagma", do grego, câmbio) ao fornecedor", o que também acaba por vulnerar o princípio da vedação à lesão enorme, previsto nos arts. 39, V, e 51, IV, do CDC.
> Desse modo, deve ser reconhecida a abusividade da prática da venda casada imposta ao consumidor em prestação manifestamente desproporcional, devendo ser admitido que a remuneração da recorrida mediante a "taxa de conveniência" deveria ser de responsabilidade das promotoras e produtoras de espetáculos culturais, verdadeiros beneficiários do modelo de negócio examinados nos autos, com a consequente condenação da recorrida em danos materiais, correspondentes ao ressarcimento aos consumidores dos valores cobrados a título de taxa de conveniência nos últimos 5 (cinco) anos."

Deste julgado, pode-se inferir: (i) a análise da vantagem será obtida por meio da análise do caso concreto; e (ii) o equilíbrio ou desequilíbrio das prestações é encontrado a partir de uma análise tópica, não havendo, necessariamente, fundamento econômico para justificar a conclusão adotada.

Analisando práticas mais próximas da discriminação de preços, há dois julgados a considerar abusiva a diferenciação entre consumidores por conta dos meios de pagamento utilizados (dinheiro ou cartão), ainda que exista efetivamente custo maior ao fornecedor nas compras realizadas por meio de cartão.

O primeiro deles é o REsp 1133410/RS, Rel. Ministro MASSAMI UYEDA, TERCEIRA TURMA, julgado em 16/03/2010, cuja ementa se transcreve:

> "RECURSO ESPECIAL - AÇÃO COLETIVA DE CONSUMO - COBRANÇA DE PREÇOS DIFERENCIADOS PRA VENDA DE COMBUSTÍVEL EM DINHEIRO, CHEQUE E CARTÃO DE CRÉDITO - PRÁTICA DE CONSUMO ABUSIVA - VERIFICAÇÃO - RECURSO ESPECIAL PROVIDO.
> I - Não se deve olvidar que o pagamento por meio de cartão de crédito garante ao estabelecimento comercial o efetivo adimplemento, já que, como visto, a administradora do cartão se responsabiliza integralmente pela compra do consumidor, assumindo o risco de crédito, bem como de eventual fraude;
> II - O consumidor, ao efetuar o pagamento por meio de cartão de crédito (que só se dará a partir da autorização da emissora), exonera-se, de imediato, de qualquer obrigação ou vinculação perante o fornecedor, que deverá conferir àquele plena quitação. Está-se, portanto, diante de uma forma de pagamento à vista e, ainda, pro soluto" (que enseja a imediata extinção da obrigação);
> III - O custo pela disponibilização de pagamento por meio do cartão de crédito é inerente à própria atividade econômica desenvolvida pelo empresário, destinada à obtenção de lucro, em nada referindo-se ao preço de venda do produto final. Imputar mais este custo ao consumidor equivaleria a atribuir a este a divisão de gastos advindos do próprio risco do negócio (de responsabilidade exclusiva do empresário), o que, além de refugir da razoabilidade, destoa dos ditames legais, em especial do sistema protecionista do consumidor;
> IV - O consumidor, pela utilização do cartão de crédito, já paga à administradora e emissora do cartão de crédito taxa por este serviço (taxa de administração). Atribuir-lhe ainda o custo pela disponibilização de pagamento por meio de cartão de crédito, responsabilidade exclusiva do empresário, importa em onerá-lo duplamente (in bis idem) e, por isso, em prática de consumo que se revela abusiva;
> V - Recurso Especial provido."

O argumento do voto, portanto, vai ao sentido de que o fornecedor não poderia conceder desconto ao consumidor que pague em dinheiro, pois seria dever do fornecedor realizar o pagamento da disponibilização da utilização de cartão de crédito diretamente à administradora do cartão.

A situação, porém, é mais complexa, visto que, caso não seja possível discriminar os consumidores a partir de seus custos, o fornecedor estabelecerá um "preço médio", ocorrendo invariavelmente subsídio cruzado dos consumidores que pagam em dinheiro em benefício daqueles que pagam através de cartão.

Noutras palavras, a internalização da externalidade referente à disponibilização de pagamento em cartão certamente é repassada de modo indistinto a todos os consumidores, o que impõe um solidarismo forçado entre consumidores.

Este argumento chegou a ser apreciado no voto, mas foi afastado pelo Ministro Relator, que considerou tratar-se de elevação injustificada de preços na hipótese (arts. 39, X, e 51, X, do CDC), vejamos:

> "Poder-se-ia, ainda, argumentar que a proibição de diferenciação de preços para o pagamento em espécie e o efetuado por meio de cartão de crédito teria, diversamente do que ora se propõe, o condão de fazer com que os estabelecimentos comerciais diluíssem o valor do qual são responsáveis no preço da mercadoria para todos os consumidores, mesmo para aqueles que pagassem em dinheiro. Tem-se, entretanto, que referida argumentação parte de premissa equivocada.
>
> Isso porque, não há qualquer imposição legal aos estabelecimentos comerciais de conceder desconto em razão de pagamento em dinheiro. E nem poderia haver, já que a mensuração do preço da venda cabe exclusivamente aos empresários (desde que, nos termos assentados, não repasse ao consumidor, custos inerentes ao risco de seu empreendimento).
>
> Na verdade, o impedimento à referida diferenciação de preços fará com que aquele estabelecimento comercial que, a seu alvedrio, prefira não conferir desconto em razão do pagamento à vista (seja ele por qualquer meio: dinheiro, cheque, cartão de crédito – não parcelado), perca um diferencial a seu negócio (e que, certamente, importe num menor fluxo de clientes) em relação àquele empresário, do mesmo ramo, que conceda o referido desconto para qualquer pagamento à vista. Esclareça-se: o que não se permite não é a concessão de desconto (este, salutar para

> as relações de consumo), mas sim a diferenciação de preços para formas de pagamentos que em muito se assemelham.
> Tem-se, assim, por qualquer aspecto que se aborde a questão, inexistir razões plausíveis para a existência de diferenciação de preços para o pagamento em pecúnia, por meio de cheque (no caso, assim reconhecido pelas Instâncias ordinárias, inclusive) e de cartão de crédito (não parcelado), constituindo, inclusive, prática de consumo abusiva, nos termos dos artigos 39, inciso X, e 51, inciso X, ambos do Código de Defesa do Consumidor."

Do trecho acima, mostra-se interessante notar que o voto salienta que não se está a vedar a prática de desconto "mas sim a diferenciação de preços para formas de pagamentos que em muito se assemelham".

Contudo, discriminação de preços, preço personalizado e diferenciação de preços são apenas nomes alternativos para a palavra desconto, pois não há alteração no substrato fático, sendo o caso de rememorar que os nomes não são consequências das coisas (*nomina non sunt consequentia rerum*).

Outro caso digno de nota em relação à averiguação de licitude da precificação personalizada é o REsp 1479039/MG, Rel. Ministro Humberto Martins, SEGUNDA TURMA, julgado em 06/10/2015, DJe 16/10/2015, o qual trata a respeito de diferenciação de preços no caso de pagamento por meios eletrônicos ou em dinheiro.

O voto merece destaque por afirmar que a diferenciação de preços seria prática abusiva com base no art. 39, V e X, do CDC e ainda violação da legislação antitruste com fundamento no art, 36, X e XI, da Lei do CADE. Vejamos as razões do voto:

> "O estabelecimento comercial tem a garantia do pagamento das compras efetuadas pelo consumidor por meio de cartão de credito, pois a administradora assume inteiramente a responsabilidade pelos riscos do crédito, incluindo as possíveis fraudes.
> O pagamento por cartão de crédito, uma vez autorizada a transação, libera o consumidor de qualquer obrigação ou vinculação junto ao fornecedor, pois este dará ao comprador total quitação. Assim, o pagamento por cartão de crédito é modalidade de pagamento à vista, pro soluto, porquanto implica, automaticamente, extinção da obrigação do consumidor perante o fornecedor.

A diferenciação entre o pagamento em dinheiro, cheque ou cartão de crédito caracteriza, portanto, prática abusiva no mercado de consumo, a qual é nociva ao equilíbrio contratual.
É a exegese do art. 39, V e X, do Código de Defesa do Consumidor:
"Art. 39. É vedado ao fornecedor de produtos ou serviços, dentre outras práticas abusivas:
(...)
V – exigir do consumidor vantagem manifestamente excessiva;
(...)
X – elevar sem justa causa o preço de produtos ou serviços".
Ademais, a Lei n. 12.529/2011, que estrutura o Sistema Brasileiro de Defesa da Concorrência, entre outros, considera infração à ordem econômica, a despeito de culpa ou de ocorrência de efeitos nocivos, a discriminação de adquirentes ou fornecedores de bens ou serviços mediante imposição diferenciada de preços, bem como a recusa à venda de bens ou à prestação de serviços em condições de pagamento corriqueiras na prática comercial.
Confira-se o art. 36, X e XI, da Lei n. 12.529/2011:
"Art. 36. Constituem infração da ordem econômica, independentemente de culpa, os atos sob qualquer forma manifestados, que tenham por objeto ou possam produzir os seguintes efeitos, ainda que não sejam alcançados:
(...)
X – discriminar adquirentes ou fornecedores de bens ou serviços por meio da fixação diferenciada de preços, ou de condições operacionais de venda ou prestação de serviços;
XI – recusar a venda de bens ou a prestação de serviços, dentro das condições de pagamento normais aos usos e costumes comerciais;"."

Noutras palavras, o voto acima apresentado considerou que a discriminação entre meios de pagamento seria uma forma de discriminação de preços que seria vedada pelo legislador não apenas na esfera consumerista, mas também na concorrencial.

O voto então considera que não seria lícito permitir ao fornecedor a cobrança de preços diferenciados com base em meios de pagamento diferentes, favorecendo o já salientado subsídio cruzado.

Aliás, foi justamente o ponto observado na Exposição de Motivos da MP 764/16, posteriormente convertida na Lei Ordinária nº: 13.455/17, cujo art. 1º permite expressamente "a diferenciação de preços de bens e serviços oferecidos ao público em função do prazo ou do instrumento de pagamento utilizado" [494].

O entendimento acima apresentado, a fim de proteger os interesses imediatos de um dado grupo de consumidores, feriu os interesses mediatos dos consumidores como um todo, pois nivelou os gastos e tolheu a possibilidade de redução de preços àqueles dispostos a pagar em dinheiro para a obtenção de desconto.

Desta maneira, o entendimento exposto no voto acima transcrito não pode ser utilizado na análise da licitude ou não da precificação personalizada e tampouco na busca de critérios para a aplicação correta do art. 39 do Código de Defesa do Consumidor[495].

Sobre o tema da vantagem exagerada, há diversos julgados do Superior Tribunal de Justiça a pontuar que o raciocínio é casuístico, impossi-

[494] "A possibilidade de diferenciação de preços constitui mecanismo importante para a melhor aferição do valor econômico de produtos e serviços e traz benefícios relevantes para a relação com os consumidores, entre os quais se destacam: i) permitir que os estabelecimentos tenham a liberdade de sinalizar, por meio de seus preços, os custos de cada instrumento de pagamento, promovendo maior eficiência econômica – a impossibilidade de diferenciar preços tende a distorcer a natureza da contestabilidade entre os diversos instrumentos de pagamento, dificultando a escolha do instrumento menos oneroso na relação de consumo; ii) alterar o equilíbrio de forças entre os agentes do mercado – o fato de os estabelecimentos terem a possibilidade de praticar preços diferenciados pode promover um maior equilíbrio no processo de negociação entres os agentes de mercado com benefícios para o consumidor; e iii) minimizar a existência de subsídio cruzado dos consumidores que não utilizam cartão (majoritariamente população de menor renda) para os consumidores que utilizam esse instrumento de pagamento (majoritariamente população de maior renda)." GOLDFAJN, Ilan; MEIRELLES, Henrique de Campos, EMI 00053/2016 BACEN MF, 2016 Cf. art. 1º, Lei 13.455/17: "Art. 1º Fica autorizada a diferenciação de preços de bens e serviços oferecidos ao público em função do prazo ou do instrumento de pagamento utilizado. Parágrafo único. É nula a cláusula contratual, estabelecida no âmbito de arranjos de pagamento ou de outros acordos para prestação de serviço de pagamento, que proíba ou restrinja a diferenciação de preços facultada no caput deste artigo."

[495] A interpretação dada ao art. 36 da Lei do CADE será objeto de análise no capítulo 4 desta dissertação, mas é o caso de antecipar que a precificação personalizada ou mesmo a discriminação de preços na relação de consumo não é objeto de tutela concorrencial, pois o Direito Antitruste tem como objetivo proteger diretamente a concorrência e apenas de modo mediato a relação de consumo.

bilitando então a construção de uma "teoria geral da vantagem manifestamente excessiva".

No REsp 647.838/RS, Rel. Ministro João Otávio de Noronha, SEGUNDA TURMA, julgado em 05/04/2005, DJ 06/06/2005, p. 275, discutiu-se a imposição ao consumidor de taxas de cobrança e administração.

O voto condutor do Ministro Relator pontuou expressamente que conceitos como "cobrança abusiva" devem ser lidos à luz do caso concreto:

> "Os recorrentes não demonstraram os elementos que indicariam a abusividade dessas taxas. Acontece que o conceito de cobrança abusiva não é absoluto, é, em princípio, indeterminado, ou seja, uma expressão abstrata, vazia de significado objetivo. Sua determinação exige do intérprete uma avaliação a partir das circunstâncias concretas dadas pela situação específica.
> Trata-se, portanto, de uma idéia bastante subjetiva que depende de parâmetros para sua averiguação em cada caso concreto. Nessa perspectiva, as cobranças seriam abusivas caso restasse comprovado estarem sendo praticadas em patamares superiores ao cobrado pelo mercado."

O voto, portanto, considera que haverá abusividade no caso acima se as taxas fossem cobradas acima do praticado no mercado.

O ponto é delicado, pois, como visto antes, um preço de mercado não existe objetivamente, havendo dispersão de preços até mesmo no ambiente eletrônico[496], além disso, também se verificou que os fornecedores podem adotar estratégias a fim de dificultar ao consumidor perceber efetivamente qual o preço cobrado ou ainda realizar comparações que lhe sejam benéficas.

Ao lado disto, dispor de maneira tão rígida a respeito dos preços pode terminar com a inviabilização de serviços customizados ou de melhor qualidade, que deveriam então se manter na "média do mercado" sob pena de serem considerados abusivos.

[496] Bock, Gee-Woo; Lee, Sang-Yong Tom; LI, Hai Ying, Price Comparison and Price Dispersion: Products and Retailers at Different Internet Maturity Stages, **International Journal of Electronic Commerce**, v. 11, n. 4, p. 101–124, 2007.

Isto se torna relevante porque o julgado deixou a prova da cobrança ao encargo do consumidor, que deveria provar que a abusividade do preço:

> "É certo que os contratos vinculados ao SFH sofrem as limitações impostas pelo CDC, especialmente por tratar-se de contrato de adesão. Entretanto, não havendo meios de apurar a suposta violação do diploma mencionado, nem mesmo tendo os recorrentes apontado o percentual relativo a essas taxas, torna-se impossível ao Poder Judiciário proceder à revisão do contrato para alterar ou excluir tais cobranças.
> O acórdão recorrido, ao enfrentar a questão em análise, considerou a legislação aplicável para concluir que não houve excesso ou abuso na cobrança efetuada pela instituição financeira. Isso não significa que as cláusulas abusivas, com prestações desproporcionais, não poderiam ser afastadas. Entretanto, caberia aos recorrentes a demonstração efetiva de que houve cláusula abusiva, ou seja, firmada em desvantagem exagerada ao consumidor, o que, como se viu, não ocorreu na espécie."

Impor ao consumidor a comprovação de que há um preço de mercado e que tal preço foi descumprido no caso concreto termina por inviabilizar o acesso dos consumidores à Justiça e seu direito à inversão do ônus da prova[497], além de desenhar incentivos favoráveis a práticas maliciosas por parte dos fornecedores.

Em resumo, do entendimento acima apresentado, necessário destacar que a abusividade sempre se dará à luz dos critérios do julgador, sendo um dos caminhos possíveis para a sua aferição a média de preços praticados no mercado.

Passando ao REsp 402.261/RS, Rel. Ministro Antônio de Pádua Ribeiro, Rel. p/ Acórdão Ministro Ari Pargendler, SEGUNDA SEÇÃO, julgado em 26/03/2003, DJ 06/12/2004, p. 188, discutiu-se a taxa de juros bancária, sendo interessante notar que as fundamentações de todos os Ministros foram metodologicamente diferentes.

O primeiro a se manifestar, relator original do caso, Ministro Antônio de Pádua Ribeiro, em voto vencido, assim se posicionou

> "O Código de Defesa do Consumidor, por meio dos artigos 6º, inciso V, 39, inciso V, 51, inciso IV e 52, possibilita que o Judiciário defina regras

[497] Cf. art. 6º, VIII, do CDC.

de eqüidade para implantar ou restabelecer o equilíbrio na relação dos bancos com os seus clientes quando estes se sintam em desvantagem exagerada. Não há lugar para o sofisma que as instituições costumam apresentar quando questionadas perante o Poder Judiciário, segundo o qual, se os juros não estão limitados é permitido cobrar qualquer taxa."

No mesmo julgado, acompanhando o voto do relator vencido, o Ministro Sálvio de Figueiredo Teixeira pontuou que a abusividade deveria ser compreendida a partir da prática de mercado e não à luz de lucros ou prejuízos do fornecedor:

> "4. A abusividade, entretanto, não pode ser aferida, a meu sentir, a partir de dados estranhos à atividade econômica que congrega o contrato em questão. Assim, o lucro das instituições financeiras não é fator determinante nessa operação lógica.
> A abusividade há de ser constatada considerando-se as variáveis que influenciam as operações realizadas no mercado de crédito de mesma espécie, na média."

Estes dois votos, portanto, vão na linha exposta anteriormente, ou seja, a abusividade não deve ser aferida a partir de parâmetros abstratos e os preços de mercado seriam a forma de se verificar se houve ou não abusividade.

Ainda no mesmo julgado, o Ministro Ari Pargendler apresentou as seguintes considerações em seu voto vencedor:

> "Quid, em relação ao argumento, de natureza econômica, de que, numa conjuntura de inflação mensal próxima de zero, os juros que excedam de 1% ao mês são abusivos? Com a devida licença, não há aí racionalidade alguma, muito menos de caráter econômico. Em qualquer atividade comercial ou industrial, o preço de venda do produto não pode ser menor do que o respectivo custo. A taxa básica de juros no nosso país é, hoje, de 26,5% ao ano. Se o dinheiro emprestado pelos bancos fosse do banqueiro e se ele se desfizesse de todos os seus imóveis e instalações, despedisse os empregados e descartasse qualquer outra despesa, poderia obter – líquidos e anualmente – rendimentos aproximados da aludida taxa de 26,5% ao ano. É o que está ao alcance de qualquer pessoa que tenha condições de adquirir títulos do governo vinculados à taxa Selic.

> Nesse contexto, como imaginar que, tendo despesas de manutenção (aluguéis, pessoal, propaganda, impostos, etc.), mais os riscos próprios da atividade e a exigência de um mínimo de lucro para suportar todos esses encargos, estivessem as instituições financeiras limitadas a emprestar por uma taxa de 12% a.a.? Sem nenhum trabalho e despesa, os rendimentos do banqueiro seriam de 26,5% a.a.; mantendo toda a estrutura produtiva, as instituições financeiras só receberiam juros de 12% a.a. Na verdade, toda a problemática resulta do fato de que o maior tomador de empréstimos é o governo e de que ele só obtém esses empréstimos se mantiver uma taxa de juros que compense o risco de quem empresta. No plano externo, por razões assemelhadas, os juros pagos pelo país também são elevados, e ninguém desconhece isso. Agora, qualificar de abusivos os juros, que, resultantes de política governamental, são praticados cotidianamente no país, não tem o menor sentido. Nem resulta do artigo 39, incisos V e XI, nem do artigo 51, IV, do Código de Defesa do Consumidor, menos ainda da realidade econômica, em que a taxa de juros está inteiramente desvinculada da inflação. A inflação é baixa, mas o custo do dinheiro é alto, como se lê diariamente nos jornais, e não pode ser reduzido por uma penada judicial."

Este voto, por consequência, parece partir da premissa de que a abusividade deveria ser analisada a partir do caso particular, contudo, não fez qualquer referência aos preços de mercado em suas considerações, mas sim ao custo de oportunidade do fornecedor.

Anuindo ao voto do Ministro Pargendler, o Ministro Aldir Passarinho Júnior pontuou:

> "(...) é essencial ao plano de ação uma visão global, porquanto uma medida isolada, sem levar em consideração outras circunstâncias, conduz ao equívoco de se acreditar em que um posicionamento, às vezes até simpático, pode resultar em uma boa solução, ao invés de, na prática, criar efeito oposto, justamente pela limitação com que se enxergou o problema.
>
> (...)
>
> Simplisticamente, portanto, proceder o Judiciário à empírica fixação de um limite para as taxas de juros – e ao que se tem notado – de forma indiscriminada, sem considerar qualquer outro fator, sequer a natureza

do empréstimo e a sua finalidade - se para bem de consumo, de produção, essencial à vida ou supérfluo, etc - me parece uma posição que, embora simpática, não leva em conta a real dimensão da questão, e se põe no campo do mais puro arbítrio e subjetivismo.
Não há, efetivamente, nas decisões que se vem assistindo de limitação da taxa de juros, nenhuma objetividade, qualquer critério, data maxima venia.
Afirmar, por exemplo, o Judiciário, que a taxa máxima de juros é de 12%, como o fez a Corte Riograndense, é desconhecer o óbvio: se o próprio Governo paga aos bancos cerca de 18,5% ao ano, e o banco, sem necessitar nada fazer afora uma transferência contábil, pode emprestar dinheiro a tais juros, como é que se pode esperar que o fará a 12% a clientes, ainda arcando com todo o custo administrativo e tributário dessa operação e os riscos da inadimplência?
O mesmo se diz, ainda com respeitosa vênia, da divergência aqui inaugurada, que propõe a taxa SELIC, no período posterior ao contrato, isto é, 18,5%.
Enfim, o critério é, exatamente, a falta de critério, e isso porque não é dado ao Judiciário legislar, notadamente em tema que não conhece, que reflete sobre inúmeras outras situações que também não domina, nem é de sua competência fazê-lo.
(...)
Destarte, não pode o Código de Defesa do Consumidor, seja porque lei ordinária, seja por ser norma genérica, seja por não traçar qualquer parâmetro para se dizer o que são ou não juros abusivos sem que haja a regulamentação necessária do art. 192, parágrafo 3º, da Carta Política, autorizar cada Juiz singular, cada Tribunal de 2º grau, cada Ministro de Tribunal Superior a, subjetivamente, arbitrariamente, individualmente, a opinar sobre a taxa de juros que considera razoável para cada financiamento concedido no país."

O voto do Ministro Aldir Passarinho Júnior, portanto, caminha no sentido de analisar as peculiaridades da relação estabelecida entre fornecedores e consumidores, mas critica a ausência de parâmetros para a aferição de quais os critérios foram utilizados pela jurisprudência para a limitação da taxa de juros cobrada pelas instituições financeiras.

Da análise dos casos acima, pode-se tomar como linha geral o seguinte: (i) a abusividade deve ser constatada a partir de casos concretos; e (ii) o judiciário tem utilizado a média do mercado em alguns casos para aferir se houve ou não abusividade, mas não estabelece qualquer parâmetro para a aferição do que deve ser considerado como mercado relevante, sua média e muito menos qual o percentual de discrepância inadmitido pelo ordenamento jurídico.

Enfim, mesmo com recurso à jurisprudência, não se mostra possível aferir critérios objetivos a considerar que a precificação personalizada seria ou não uma prática abusiva, seja pela ausência de linhas a demarcar a vantagem manifestamente excessiva, seja pela ausência de definição do que seria a média do mercado (e os malefícios deste parâmetro), seja pelo fato de que a jurisprudência a tratar do tema anteriormente diferenciou através de nomes uma mesma prática (desconto e discriminação de preços).

2.3.4. O caso Booking x Decolar – Processo Administrativo nº: 08012.002116/2016-21

A respeito da precificação personalizada como prática abusiva, há de se notar que já houve condenação em sede administrativa por utilização de *geopricing* (discriminação de preços com base na localização do consumidor) e *geoblocking* (negativa de fornecimento de produto ou serviço com base na localização do consumidor).

De fato, no processo de nº: 08012.002116/2016-21 a Booking.Com Brasil Serviços de Reserva de Hotéis Ltda. (BOOKING) apresentou representação em face da Decolar.com Ltda. (DECOLAR), junto ao Departamento de Proteção e Defesa do Consumidor (DPDC).

Conforme se infere da Nota Técnica nº 92/2018/CSA-SENACON/CGCTSA/GABDPDC/DPDC/SENACON/MJ:

> "a Decolar estaria oferecendo reservas a preços diferentes, a depender da localização do consumidor, identificado por intermédio do Internet Protocol – IP (identificação única para cada aparelho com acesso a Internet, conectado a uma rede), prática conhecida como geo pricing. Além disso, a Decolar estaria também ocultando a disponibilidade de acomodações a consumidores brasileiros, em favor de consumidores estrangeiros, conduta denominada geo blocking. Ambas as práticas discriminam consumidores em razão da localização geográfica destes.

> 3. Com vistas a comprovar o alegado, a empresa Booking colacionou aos autos pesquisa de simulação simultânea de reserva de hospedagem no site da empresa Decolar, por meio de computadores localizados nas cidades de São Paulo (Brasil) e Buenos Aires (Argentina), na qual foram registrados valores diferentes para as mesmas reservas (i.e., acomodações iguais, na mesma data), os preços alcançaram a margem de até 29% a mais para os consumidores brasileiros (número de fls. SEI):"

Em sua defesa, a DECOLAR recusou a imputação de prática de *geopricing*, assim como seria uma sociedade diferente da Despegar, que atua na Argentina, além de outros argumentos de cunho probatório.

Ao final da disputa, o entendeu-se que houve a ocorrência de *geopricing* e *geoblocking*, o que motivou a redação de parecer pela condenação da DECOLAR com base no art. 39, II, IX e X, do CDC.

Os dois primeiros incisos do art. 39 foram utilizados para fundamentar a abusividade da prática de *geoblocking*, cujo tratamento não será realizado nesta oportunidade.

Por outro lado, foram estas as considerações a respeito do *geopricing*:

> "37. Por sua vez, o inc. X fala em elevar sem justa causa o preço de produto ou serviço. A prática de precificar diferentemente as acomodações, com base apenas na localização geográfica do consumidor, é exatamente caso de elevação de preço sem justa causa.
> 38. A Decolar argumenta, porém, que a diferença cambial e o regime jurídico seriam suficientes para dar à prática de geo pricing conotação de prática "justa". A argumentação não se sustenta.
> 39. O termo "justo" remete à imparcialidade, à retidão, à conformidade com a razão e é certo que a justiça deva ser alcançada pela aplicação do princípio da igualdade material, ou seja, desigualandose os desiguais, na medida de sua desigualdade. Contudo, o câmbio não caracteriza a desigualdade que a Decolar deseja provar. Basta que o consumidor mude, no motor de busca, a moeda na qual deseja ver a oferta da acomodação. Se dois consumidores, um no Brasil e outro no exterior consultarem a oferta em dólares, ambos devem ver o mesmo valor.
> 40. Observe-se, aqui, que sequer a carga tributária pode justificar preço a maior, uma vez que a Decolar mostra o preço do serviço sem impostos, taxas e encargos, como se vê em seu site.

41. Também não é justa causa o regime jurídico a que o consumidor esteja subordinado, porque este não influi no preço contratado, a não ser, é claro, no caso da tributação, mas, como foi dito no parágrafo anterior, esse argumento não prospera."[498]

Seguiu-se então de conceituações a respeito da caracterização do abuso de direito, do tratamento jurisprudencial a respeito do abuso de direito, culminando nas seguintes conclusões:

"55. Por todo o analisado, é possível perceber que a abusividade nasce do transbordamento do exercício de um direito ou prerrogativa. Felizmente, o CDC traz, no art. 39, exemplos de condutas que são consideradas abusivas. O texto normativo específico serve de guia para a atuação do intérprete. Neste caso, os incisos II, IX e X tratam de condutas abusivas que se aplicam, com clareza, à conduta da Decolar, principalmente quando analisados com a noção de abusividade.
56. Assim é que a conduta da Representada, ao extrapolar prerrogativa que lhe é perfeitamente assistida, comete infração à ordem consumerista.
57. É claro que a Decolar pode precificar os serviços oferecidos em sua plataforma da maneira que lhe for melhor. Ainda que a empresa não determine o preço, como afirma, e que o valor a ser pago pela acomodação seja dado pelo hoteleiro, é evidente que à Decolar assiste o direito de mostrar esses preços em sua plataforma e, assim, exercer sua atividade empresarial como é comum no mercado.
58. Contudo, ao precificar – ou permitir que se precifique – o serviço de acomodação de acordo com a localização geográfica do usuário, a Decolar se conduz de forma a extrapolar o direito de precificar (ou permitir que serviço por ele anunciado seja precificado) de acordo com as práticas do mercado.
59. Com efeito, não se justifica, e nem é prática usual, o estabelecimento de preços diferentes de serviços que são prestados no mesmo local e nas mesmas condições a qualquer consumidor que esteja disposto a pagar por esses serviços."[499]

[498] BRASIL. SENACON, Nota Técnica nº 92/2018/CSA-SENACON/CGCTSA/GAB-DPDC/DPDC/SENACON/MJ, 2018.
[499] *Ibid.*

Em que pese o teor da Nota Técnica, parece-nos que não há qualquer ilicitude na conduta de precificação com base na localização, desde que os consumidores tenham efetivo conhecimento do que isto implica e exista concorrência no mercado.

De fato, assinalar que houve elevação de preço sem justa causa em um negócio jurídico que nem ao menos foi firmado parece medida demasiadamente gravosa para uma economia de mercado, ainda mais quando se trata de um setor da atividade econômica em que há competitividade.

Além disso, a necessidade de um sistema de preços idêntico em países diferentes implica que não será possível realizar promoções em determinados países ou acompanhar variações específicas de demanda de um país para o outro.

Noutras palavras, a vedação ao *geopricing* pode implicar no enrijecimento de práticas promocionais em todos os países, dado que sempre seria possível a qualquer localidade alegar que houve variação de preços e então responsabilizar o fornecedor.

Desta maneira, a imposição de um sistema de rigidez não parece adequado, especialmente se houver sensibilidades diferentes ao preço entre os consumidores, visto que seria possível otimizar a quantidade de clientes atendidos sem que isto implicasse necessariamente em uma violação dos direitos do consumidor.

Contudo, no caso em apreço, deve-se notar que não houve qualquer comunicação ao consumidor de que os preços a ele oferecidos eram diferentes daqueles apresentados a consumidores de outros países, o que deve ser considerado prática abusiva e violação do dever de informação.

Estas considerações se voltam exclusivamente ao *geopricing* nos moldes observados no caso sob análise, sendo possível que a discriminação com base na localização geográfica oculte práticas de racismo ou xenofobia, condutas evidentemente inaceitáveis à luz da Constituição Federal.

Note-se ainda que houve propositura de Ação Civil Pública por parte do Ministério Público do Estado do Rio de Janeiro visando a abstenção das práticas de *geoprincing* e *geoblocking* por parte da Decolar, além de pugnar pelos ressarcimentos dos consumidores lesados, processo este que recebeu o número 0018051-27.2018.8.19.0001 e está em curso perante o MM. Juízo da 7ª Vara Empresarial da Comarca do Rio de Janeiro.

Infelizmente, a disputa corre sob segredo de justiça, sendo que houve impetração de Mandado de Segurança pelo *Parquet* visando tornar públicas determinadas peças processuais[500], o que parece não ter sido possível.

Vencida a análise textual do CDC e seu entendimento pelo Superior Tribunal de Justiça e pela administração pública, passaremos agora às nossas considerações à luz da legislação e da jurisprudência analisadas.

2.3.5. Afinal, a precificação personalizada deve ser considerada prática abusiva?

O presente capítulo buscou respostas sobre a licitude da precificação personalizada a partir do texto do CDC, da jurisprudência e do entendimento da administração pública, localizando: (i) indefinição no texto legal; (ii) ausência de critérios objetivos na jurisprudência, ou até mesmo adoção de medidas danosas ao consumidor com base na intenção de protegê-lo; e (iii) adoção de fundamentos que impossibilitariam a concessão de descontos em qualquer local do mundo.

Mostra-se possível então utilizar o ferramental da AED para verificar qual das possibilidades (licitude ou ilicitude) seria preferível dentro de um objetivo de maximização do bem-estar social.

De acordo com a revisão de literatura realizada no Capítulo II da Parte I desta dissertação, o benefício social advindo da precificação personalizada seria a maior quantidade de consumidores atendidos, de modo que o fornecedor poderia ampliar o abastecimento de acordo com as reservas de preço dos consumidores, sendo que tal cenário ainda pode ser otimizado caso os fornecedores utilizem algoritmos de precificação diferentes entre si ou possuam bases de dados diversas, de modo que a competição seja incrementada.

O prejuízo adviria da cobrança de preços muito próximos à reserva dos consumidores, de tal sorte que cada um deles receberia um valor próximo ao custo da informação.

Este argumento precisa ser observado com cuidado, pois parte de alguns pressupostos que dificilmente serão encontrados na prática, tais

[500] MPJR, **MPRJ entra com mandado de segurança para anular segredo de Justiça em ação contra Decolar.com**, MPRJ, disponível em: <https://www.mprj.mp.br/home/-/detalhe-noticia/visualizar/61905?p_p_state=maximized>, acesso em: 6 ago. 2020.

como: (i) o mercado seria oligopolizado ou monopolizado, de modo que o consumidor não pudesse buscar preços mais vantajosos; (ii) o bem seria essencial ao indivíduo, de maneira que o consumidor não possa se recusar a adquiri-lo; e (iii) ainda que exista concorrência, o consumidor desconheceria quaisquer preços inferiores aos do fornecedor que utilizou o preço personalizado e o custo de obtenção de informação seja elevado.

Ao menos um dos três pressupostos apresentados deve ser verdadeiro para legitimar a intervenção do Estado em um contrato por conta do preço, caso este valor seja conhecido antes da formalização do negócio jurídico.

Sem o recurso a um destes motivos, resta difícil justificar a ausência de pesquisa de preços por parte do consumidor e legitimar a intervenção do Estado em um negócio jurídico feito por pessoas maiores e capazes.

Ainda que assim não fosse, há também empecilhos de ordem prática, tais como a necessidade de estabelecimento de um mercado relevante e tomada de preços dos concorrentes para só então se aferir se houve qualquer tipo de vantagem manifestamente excessiva, o que geraria custos processuais superiores à maior parte das demandas individuais.

Além disso, há de se pontuar que a utilização dos preços de mercado como critério balizador dos contratos terminará por permitir a revisão contratual sempre que as flutuações do mercado se mostrarem favoráveis aos consumidores, o que viola a autonomia da vontade e a própria noção de boa-fé, incentivando a prática de risco moral.

A legislação tem caminhado justamente para a liberdade de precificação, tal como a já citada Lei Ordinária nº: 13.455/17 e a Lei da Liberdade Econômica, cujo art. 3º, III, dispõe a respeito da liberdade de estabelecimento de preços, embora vede expressamente sua aplicação nas relações de consumo (§3º, II, do mesmo artigo)[501].

[501] "Art. 3º São direitos de toda pessoa, natural ou jurídica, essenciais para o desenvolvimento e o crescimento econômicos do País, observado o disposto no parágrafo único do art. 170 da Constituição: (...) III – não ter restringida, por qualquer autoridade, sua liberdade de definir o preço de produtos e de serviços como consequência de alterações da oferta e da demanda no mercado não regulado, ressalvadas as situações de emergência ou de calamidade pública, quando assim declarada pela autoridade competente; (...) § 3º O disposto no inciso III do caput deste artigo não se aplica: (...) II – à legislação de defesa da concorrência, aos direitos do consumidor e às demais disposições protegidas por lei federal."

No plano internacional, a COMISSÃO EUROPÉIA, comentando a *Unfair Commercial Practices Directive* pontua que tanto a discriminação de preços quanto a precificação personalizada são lícitas à luz do diploma analisado, desde que os consumidores sejam informados a respeito dos preços e de como eles são calculados. O mesmo documento, contudo, faz ressalva a respeito da *Services Directive* que proíbe a discriminação com base na nacionalidade ou no local de residência, além de ressaltar que a precificação personalizada deve cumprir a legislação de privacidade[502].

Ainda se pode objetar que o comportamento irracional do consumidor poderá ser explicado por artifícios do fornecedor para se aproveitar das vulnerabilidades do comprador, contudo, a obtenção de eventual vantagem manifestamente excessiva será então efeito de outro ilícito e não de conduta tipificada no art. 39, V, do Código de Defesa do Consumidor.

Em resumo, aferir que a vantagem manifestamente excessiva é o preço acima do cobrado no mercado (o que seria aferido por critérios pouco claros) não se mostra uma interpretação adequada do art. 39, V, do CDC, pois: (i) não esclarece quais parâmetros aplicáveis aos casos concretos; (ii) gera complexidade e custos processuais superiores aos benefícios da parte no processo; e (iii) autoriza a revisão contratual sempre que as flutuações do mercado se mostrarem favoráveis ao consumidor.

Diante deste cenário, o dispositivo somente deve ser aplicado quando há problemas informacionais ou em variações de preço posteriores à contratação, sendo indevida a utilização indiscriminada do artigo em comento.

Além disto, a precificação personalizada também poderá ser considerada prática abusiva quando não há alternativa ao consumidor para a aquisição de um dado produto ou serviço, de tal sorte que o fornecedor monopolista ou oligopolista se aproveita de sua posição favorável no mercado para extrair o excedente do consumidor, quando se tratar de produto ou serviço com demanda inelástica ou ainda quando houver custos de informação proibitivos, todas estas hipóteses com base na abertura do art. 39 do CDC.

Isto implica que, fora destas situações, não cabe ao judiciário interferir nas práticas comerciais, sob pena de conceder benefícios individuais cujos custos serão repassados aos consumidores como um todo.

[502] EUROPEAN COMMISSION, Guidance on the Implementation/Application of Directive 2005/29/EC on Unfair Commercial Practices, 2016, p. 133–6.

Além disto, "em que pese não ser impossível a convergência entre justiça redistributiva e eficiência nos contratos, a baixa probabilidade de os tribunais acertarem a medida correta em cada caso concreto faz exsurgir grande presunção em favor do pacta sunt servanda"[503].

Enfim, a precificação personalizada, no nosso entender, somente será prática comercial abusiva quanto utilizada por fornecedor com poder de mercado que se aproveita da inelasticidade da demanda para majorar os preços e reduzir o excedente do consumidor ou quando houver problema informacional relevante o suficiente para inviabilizar a devida compreensão por parte do consumidor da prática de precificação.

Portanto, entendemos que: (i) a abusividade deve ser medida a partir da análise dos casos concretos; (ii) a comparação de preços no mercado tem sido utilizada pelo judiciário para aferir se há ou não vantagem manifestamente excessiva, embora os critérios para tanto não sejam pacíficos na jurisprudência; (iii) a comparação de preços de mercado deve ser feita com cautela, fixando-se o mercado relevante a partir das peculiaridades do produto ou serviço objeto do contrato; (iv) ainda que tais medidas sejam tomadas, os custos serão, via de regra, superiores aos benefícios do processo judicial; e (iv) aproveitando-se o fornecedor de seu poder de mercado e da inelasticidade da demanda para reduzir o excedente do consumidor, a prática será ilícita.

Verificou-se que a precificação personalizada não ofende o princípio da igualdade e tampouco pode ser inserida no âmbito das práticas e cláusulas abusivas, ressalvadas as exceções acima pontuadas.

Resta ainda tratar a precificação personalizada no âmbito da autonomia da vontade/privada sob a ótica dos direitos à informação e ao arrependimento.

2.4. A tomada de decisão informada como meridiano entre a legalidade e a ilegalidade

Como vimos, a precificação personalizada não é ilícita em si mesma dentro dos parâmetros de igualdade ou das práticas abusivas, desde que se compreenda que o mandamento constitucional de defesa do consumidor não significa um comando de vedação a quaisquer práticas de

[503] Timm, Ainda sobre a função social do direito contratual no Código Civil brasileiro: justiça distributiva versus eficiência, p. 91.

mercado, mas apenas aquelas que reduzam o bem-estar dos consumidores em geral.

Pontuamos, igualmente, que o consumidor deve ser responsável pelas escolhas que realizar dentro do mercado de consumo, não podendo se considerar vantagem manifestamente excessiva um simples mau negócio realizado.

Para que isto possa ocorrer, contudo, há de se cumprir o dever de divulgação referente aos critérios de precificação utilizados pelo fornecedor, sob pena de ampliar os custos de transação e se criar um constante esforço de investigação por parte do consumidor, inclusive porque, conforme pontuou o Escritório Executivo da Presidência dos EUA: "os consumidores têm uma legítima expectativa em saber se os preços que lhes são oferecidos em produtos e serviços são sistematicamente diferentes do que os preços oferecidos a outros" (tradução livre)[504].

O caminho para solver este entrave estaria na divulgação obrigatória de informações por parte do fornecedor, esclarecendo ao consumidor a respeito não só dos produtos ou serviços contratados, mas dos mecanismos de precificação utilizados.

A divulgação obrigatória de informações (*mandated diclosure*) é um padrão (*standard*) utilizado pela regulação em geral que solucionaria o problema da escolha do consumidor ao lhe prover as informações necessárias para a tomada de decisão, além de ter apelo por sua facilidade, custo reduzido de fiscalização e aparência de eficiência[505].

Busch pontua que um dos motivos pelos quais a divulgação obrigatória de informações é popular advém justamente de sua "natureza ecumênica", pois atenderia tanto os partidários do livre mercado (por minimizar a interferência) quanto aqueles que entendem como "focados na autonomia do consumidor" (por aumentar sua autodeterminação)[506], além disto, o paradigma da divulgação obrigatória também mostraria uma mudança qualitativa do direito de proteção do consumidor

[504] EXECUTIVE OFFICE OF THE PRESIDENT, **Big Data: Seizing Opportunities Preserving Values**, p. 65.

[505] Ben-Shahar; Schneider, The Failure of Mandated Disclosure.

[506] Busch, Implementing Personalized Law: Personalized Disclosures in Consumer Law and Data Privacy Law.

(*consumer protection law*) para o direito do consumidor (*consumer law*)[507], até mesmo porque o conceito europeu de consumidor médio aponta para indivíduo razoavelmente bem informado, atento e circunspecto[508].

Esta possibilidade de reforço da autonomia da vontade está em linha com diversos parâmetros do CDC, inclusive com o princípio de liberdade de escolha estampado no art. 6º, II, do diploma.

Contudo, o paradigma da divulgação de informação como solução dos entraves das relações de consumo tem sofrido pesadas críticas oriundas de estudos empíricos a pontuar que não pode haver fé inabalável apenas e tão somente no envio da informação ao consumidor.

Ao mesmo passo, a tecnologia propicia mecanismos que tornam absolutamente despicienda a informação quanto à prática de precificação personalizada, especialmente por conta dos consumidores algorítmicos.

Diante deste quadro, o tratamento que será dado à matéria principiará com a descrição da estrutura normativa dada pelo CDC à informação, seguida dos ataques recebidos pelo paradigma da informação e das alternativas tecnológicas que possibilitam superar os problemas informacionais.

Ao final, o direito de arrependimento previsto no CDC como mecanismo que pode solucionar os conflitos de informação sem tornar ilícita a precificação personalizada.

2.4.1. A informação no contexto do CDC: da oferta à boa-fé contratual

Como visto acima, as ICTs propiciaram o aumento da circulação da informação, de maneira que seria razoável supor que não haveria problemas relacionados à autonomia da vontade e à liberdade contratual com o advento da Internet.

Entretanto, não é isso o que se verifica empiricamente, pois o consumidor decide que uma dada loja é mais barata que outra com base nos preços de três a cinco itens mais evidentes (*salient items*), ao passo que pode acabar pagando mais caro pelos itens não evidentes (*non-salient items*)[509].

507 Busch, Christoph, The future os pre-contractual information duties: from behavioral insights to big data, *in*: Twigg-Flesner, Christian (Org.), **Research Handbook on EU Consumer and Contract Law**, Cheltenham: Edward Elgar, 2016, p. 225.

508 Benöhr, **EU Consumer Law and Human Rights**, p. 17.

509 Loo, Helping Buyers Beware: The Need for Supervision of Big Retail.

Da mesma forma, a assimetria de informação e a irracionalidade do consumidor podem levar a situações nas quais o fornecedor que busque vender pelo menor preço nem sempre será devidamente recompensado, não tendo incentivos para competir com base no preço[510].

Além disso, no comércio eletrônico, já se descobriu que os varejistas aumentam os preços de 6 a 9% apenas ocultando custos ou tornando mais complexas as descrições dos produtos, ao passo que noutras situações, o consumidor realiza a aquisição no "piloto automático", não tendo foco na compra a ser realizada, de modo que práticas como o *downsizing* (redução do tamanho ou quantidade do produto) passam despercebidas pelo consumidor[511].

Todos estes pontos ampliam as evidências de que, embora se espere que a tecnologia da informação possa auxiliar na realização de boas compras por parte dos consumidores, também há de se considerar que esta mesma tecnologia possibilita novos comportamentos por parte dos fornecedores[512].

Por outro lado, o incremento da proteção do consumidor pode levar a cenários nos quais, mesmo ciente de todas as regras avençadas, o consumidor se aproveita de sua hipossuficiência para atuar a fim de maximizar seus benefícios de maneira não equitativa, aproveitando-se dos termos do contrato apenas e tão somente enquanto lhe forem benéficos, passando a questioná-los tão logo tenha usufruído de toda a utilidade possível (*moral hazard*).

Comentando o ambiente norte-americano, Loo pontua que, embora seja geralmente assumido que o consumidor deve se acercar de cuidados em suas compras, há necessidade do estabelecimento de um ambiente regulatório ao consumidor de produtos similar ao do consumidor de produtos financeiros, pois: (i) há falhas de mercado comportamentais; (ii) o dano agregado ao consumidor de produtos é grande e talvez até maior que o do consumidor de produtos financeiros; e (iii) os regu-

[510] *Ibid.*

[511] *Ibid.*

[512] "(...) os legisladores precisam entender que os varejistas de hoje não são apenas versões maiores da loja de ferramentas do bairro (mom-and-pop hardware store): eles são instituições psicologicamente informadas e dirigidas por dados (data-driven) que sistematicamente customizam preços e produtos para os hábitos de compra do consumidor (consumers shopping shortcomings)" (tradução livre) *Ibid.*

ladores não têm como monitorar o setor de produtos apenas com base nas informações publicamente disponíveis[513].

Desta maneira, ainda que a informação tenha se disseminado com as ICTs, isto não significa que o direito à informação deva ser mitigado nas relações contratuais entabuladas por meio da Internet, especialmente na precificação personalizada, tendo o Secretariado da OCDE sustentado que a prática deve ser proibida quando realizada sem transparência, além de investigar e punir condutas que reforcem os efeitos negativos da precificação personalizada[514].

Foi tomando por base o paradigma da informação que caminhou o CDC ao pontuar em inúmeros dispositivos o direito do consumidor à informação e o dever do fornecedor de provê-la, tal como o art. 6º, II, III e IV, além do Decreto de nº: 7.962/13 já analisado.

Contudo, as obrigações do fornecedor perante o consumidor ganham maior concretude ao passo que se aproximam das práticas comerciais, gênero que compreende tanto a oferta quanto a publicidade[515].

Nesta fase pré-contratual, o fornecedor já se encontra enredado no princípio da boa-fé e seus corolários, tendo obrigação de atuar com transparência[516] e vinculado pela publicidade que vier a utilizar, ainda que não seja formalmente denominada desta forma[517].

Para que a vinculação venha a ocorrer, devem ser preenchidos dois requisitos, a saber: (i) veiculação; e (ii) precisão da informação[518].

[513] *Ibid.*

[514] SECRETARIAT, **Personalised Pricing in the Digital Era - Background Note by Secretariat.**

[515] Cf. arts. 30 a 38 do CDC.

[516] "O CDC privilegia o princípio da transparência, compreendido este como dever de atuar sem embustes para ocultar reais intenções". Braga Netto, **Direito do Consumidor: à luz da jurisprudência do STJ**, p. 65.

[517] Como leciona Benajmin "por informação, quis o CDC, no art. 30, incluir todo tipo de manifestação do fornecedor que não seja considerado anúncio, mas que, mesmo assim, sirva para induzir o consentimento (=decisão) do consumidor". Grinover *et al*, **Código Brasileiro de Defesa do Consumidor: Comentado pelos Autores do Anteprojeto**, p. 276.

[518] Disto importar notar que, para ser vinculante, a oferta "deve ser suficientemente precisa, isto é, o simples exagero (puffing) não obriga o fornecedor (...) Contudo, até essas expressões, em alguns contextos, podem ganhar precisão, vinculando, então, o anunciante. Por exemplo, quando o fornecedor afirma ter 'o melhor preço da capital' ou 'a garantia mais completa do mercado'. A utilização do puffing em relação ao preço, impõe, em regra, a vinculação". *Ibid.*, p. 276-7.

No caso da precificação personalizada, isto implica que, caso o fornecedor, através de seus anúncios, veicule um determinado preço, estará por ele obrigado, não podendo oferecer outro ao consumidor, salvo se inferior, embora exista corrente doutrinária e jurisprudência a defender que o erro grosseiro não obrigará o fornecedor[519].

Por outro lado, o fornecedor também não poderá levar o consumidor a equívoco através de publicidade enganosa, inclusive por omissão, o que poderia ocorrer, por exemplo, quando não informar que se pratica precificação personalizada no ambiente eletrônico.

Como leciona Benjamin: "Em linhas gerais, o novo sistema pode ser assim resumido não se exige prova da enganosidade real, bastando a mera enganosidade potencial" à qual:

> "é apreciada objetivamente, alegações ambíguas, parcialmente verdadeiras ou até literalmente verdadeiras podem ser enganosas; o silêncio (...) pode ser enganoso; uma prática pode ser considerada normal e corriqueira para um determinado grupo de fornecedores e, nem por isso, deixar de ser enganosa; o standard de enganosidade não é fixo, variando de categoria a categoria de consumidores..."[520]

Isto é importante porque dificilmente o consumidor intuirá de imediato fórmulas como "emprega-se precificação personalizada" ou ainda "discriminação de preço", ou seja, como leciona Nery Junior: "deve-se evitar, tanto quanto possível, a utilização de termos linguísticos muito elevados, expressões técnicas não usuais e palavras em outros idiomas"[521].

Da mesma forma, havendo relação contratual entre fornecedor e consumidor, este último deve ter a possibilidade de compreender as disposições contratuais em sua inteireza, conforme estipulado no art. 46 do CDC[522].

[519] Garcia, **Código de Defesa do Consumidor Comentado**, p. 326.

[520] Grinover *et al*, **Código Brasileiro de Defesa do Consumidor: Comentado pelos Autores do Anteprojeto**, p. 343–4.

[521] *Ibid.*, p. 561.

[522] Cf. art. 46 do CDC: "Art. 46. Os contratos que regulam as relações de consumo não obrigarão os consumidores, se não lhes for dada a oportunidade de tomar conhecimento prévio de seu conteúdo, ou se os respectivos instrumentos forem redigidos de modo a dificultar a compreensão de seu sentido e alcance.".

A grande dificuldade, contudo, se encontra na "oportunidade de tomar conhecimento prévio" do contrato, visto que isto pode implicar em: (i) a mera faculdade já torna obrigatório o contrato; ou (ii) a oportunidade abrange um dever de explicação por parte do fornecedor.

Considerar a mera possibilidade de tomar conhecimento do contrato como elemento a obrigar o consumidor tende a ser uma alternativa liberal, competindo ao comprador se acercar dos cuidados necessários para realizar uma boa aquisição.

Entretanto, esta prática pode levar a situações nas quais o fornecedor utilize de mecanismos para inserir informações devidas, mas desfavoráveis em termos longos e complexos, de tal sorte que seja possível então a ele se furtar de suas responsabilidades simplesmente porque o consumidor teve a *oportunidade* de se inteirar dos termos do contrato.

Isto implica em um aumento dos custos de transação e a criação de um ambiente de desconfiança entre consumidores e fornecedores, algo bem distante da harmonização das relações de consumo objetivada pelo legislador[523].

Desta feita, parece mais fácil depositar sobre o fornecedor o ônus de apresentar as informações ao consumidor e torná-las compreensíveis a partir de todos os meios disponíveis para tanto que estejam à sua disposição[524].

[523] "A obediência à transparência e boa-fé, concretizada na veiculação de uma mensagem publicitária veraz, amplia o bem-estar do consumidor, que não é levado a engano e tem contato com elementos informativos e persuasivos que orientam o seu processo de escolha. Ademais, o padrão ético na veiculação publicitária beneficia a concorrência, pois confere lealdade ao processo competitivo. Portanto a repressão à enganosidade beneficia tanto o consumidor como a concorrência" Pfeiffer, **Defesa da concorrência e bem-estar do consumidor**, p. 89.

[524] "Dar oportunidade de tomar conhecimento do conteúdo do contrato não significa dizer para o consumidor ler as cláusulas do contrato de comum acordo ou as cláusulas gerais do futuro contrato de adesão. Significa, isto sim, fazer com que tome o conhecimento efetivo do conteúdo do contrato. Não satisfaz a regra do artigo sobre análise a mera cognoscibilidade das bases do contrato, pois o sentido teleológico e finalístico da norma indica dever o fornecedor dar efetivo conhecimento ao consumidor de todos os direitos e deveres que decorrerão do contrato, especialmente sobre as cláusulas restritivas de direitos do consumidor, que, aliás, deverão vir em destaque nos formulários de contrato de adesão (art. 54, §4º, CDC)". Grinover *et al*, **Código Brasileiro de Defesa do Consumidor: Comentado pelos Autores do Anteprojeto**, p. 559.

A divulgação de informação, portanto, assume uma importância extremamente elevada no CDC, de modo que o fornecedor deve se empenhar em fornecer ao consumidor todas as informações relevantes para que a tomada da decisão seja plenamente livre.

Estas discussões ganharam corpo em julgado paradigmático do STJ em discussão referente aos deveres do fornecedor em informar a composição de determinados alimentos, trata-se do REsp 586.316/MG, Rel. Ministro HERMAN BENJAMIN, SEGUNDA TURMA, julgado em 17/04/2007, vejamos alguns pontos da ementa[525]:

> "10. A informação deve ser correta (= verdadeira), clara (= de fácil entendimento), precisa (= não prolixa ou escassa), ostensiva (= de fácil constatação ou percepção) e, por óbvio, em língua portuguesa.
> 11. A obrigação de informação é desdobrada pelo art. 31 do CDC, em quatro categorias principais, imbricadas entre si: a) informação-conteúdo (= características intrínsecas do produto e serviço), b) informação -utilização (= como se usa o produto ou serviço), c) informação-preço

525 " (...) 3. As normas de proteção e defesa do consumidor têm índole de ?ordem pública e interesse social?. São, portanto, indisponíveis e inafastáveis, pois resguardam valores básicos e fundamentais da ordem jurídica do Estado Social, daí a impossibilidade de o consumidor delas abrir mão ex ante e no atacado. 4. O ponto de partida do CDC é a afirmação do Princípio da Vulnerabilidade do Consumidor, mecanismo que visa a garantir igualdade formal-material aos sujeitos da relação jurídica de consumo, o que não quer dizer compactuar com exageros que, sem utilidade real, obstem o progresso tecnológico, a circulação dos bens de consumo e a própria lucratividade dos negócios. 5. O direito à informação, abrigado expressamente pelo art. 5º, XIV, da Constituição Federal, é uma das formas de expressão concreta do Princípio da Transparência, sendo também corolário do Princípio da Boa-fé Objetiva e do Princípio da Confiança, todos abraçados pelo CDC. 6. No âmbito da proteção à vida e saúde do consumidor, o direito à informação é manifestação autônoma da obrigação de segurança. 7. Entre os direitos básicos do consumidor, previstos no CDC, inclui-se exatamente a ?informação adequada e clara sobre os diferentes produtos e serviços, com especificação correta de quantidade, características, composição, qualidade e preço, bem como sobre os riscos que apresentem? (art. 6º, III). 8. Informação adequada, nos termos do art. 6º, III, do CDC, é aquela que se apresenta simultaneamente completa, gratuita e útil, vedada, neste último caso, a diluição da comunicação efetivamente relevante pelo uso de informações soltas, redundantes ou destituídas de qualquer serventia para o consumidor. 9. Nas práticas comerciais, instrumento que por excelência viabiliza a circulação de bens de consumo, ?a oferta e apresentação de produtos ou serviços devem assegurar informações corretas, claras, precisas, ostensivas e em língua portuguesa sobre suas características, qualidades, quantidade, composição, preço, garantia, prazos de validade e origem, entre outros dados, bem como sobre os riscos que apresentam à saúde e segurança dos consumidores? (art. 31 do CDC). (...)"

(= custo, formas e condições de pagamento), e d) informação-advertência (= riscos do produto ou serviço).
12. A obrigação de informação exige comportamento positivo, pois o CDC rejeita tanto a regra do caveat emptor como a subinformação, o que transmuda o silêncio total ou parcial do fornecedor em patologia repreensível, relevante apenas em desfavor do profissional, inclusive como oferta e publicidade enganosa por omissão.
(...)"

Daí já se pode notar que o preço também é uma informação relevante a ser passada ao consumidor, não sendo absurdo considerar obrigatória a informação de que o mecanismo de precificação foi elaborado a partir de dados pessoais quando assim ocorrer.

Ainda que o dever de divulgação de informação possa surgir como instrumento de equilíbrio nas relações intersubjetivas, crescentes pesquisas têm demonstrado sua ineficácia no plano concreto, traduzindo-se em uma obrigação que, por um lado, gera custos aos fornecedores e, por outro, não tem atendido às necessidades dos consumidores.

2.4.2. Obstáculos concretos à informação, ataques ao paradigma da divulgação obrigatória e possíveis soluções à crise da autonomia da vontade

Como vimos, a informação possui grande importância no CDC e sua divulgação obrigatória recebe elogios por sua posição privilegiada entre o paternalismo e o liberalismo.

Contudo, há diversos problemas relacionados à divulgação obrigatória que atestam sua falha na prática, tais como: (i) os divulgadores nem sempre fornecem a informação e os consumidores nem sempre a recebem; (ii) quando o consumidor as recebe, nem sempre lê as informações; (iii) a divulgação obrigatória não melhora as decisões do consumidor[526]; e (iv) a quantidade de informações enviada pode ocasionar uma sobrecarga informativa (*cognitive overload*)[527].

Além disso, a divulgação obrigatória implica em custos de implementação, podem nublar informações importantes, ter efeitos anticom-

[526] Ben-Shahar; Schneider, The Failure of Mandated Disclosure.
[527] Zamir; Teichman, **Behavioral Law and Economics.**

petitivos, minar as proteções dos consumidores, jogando sobre ele o ônus de estar "bem informado" e causar desigualdades, pois os consumidores que necessitariam de menor proteção seriam justamente aqueles aptos a compreender as informações divulgadas pelo fornecedor[528].

Como pontuam Ben-Shahar e Schneider, o paradigma da divulgação toma por pressuposto que as pessoas estarão em melhor posição para a tomada de decisão com uma dada informação, contudo, esquece que os consumidores possuem diversas atividades e não apenas uma escolha a ser realizada, ou seja, "se as pessoas não tivessem mais nada na vida a não ser aquela decisão" (tradução livre), talvez estivessem efetivamente melhor com as informações que se revestem de quantidade e/ou complexidade excessivas, pois "mesmo que os consumidores pudessem ser adequadamente educados em uma área, eles não podem dominar várias. Consumidores fazem mais do que comprar produtos e serviços de forma inteligente (...)" (tradução livre)[529].

Desta maneira, as políticas de informação (*disclousure*) devem ser baseadas em como os indivíduos processam a informação, não se baseando apenas em quais informações devem ser passadas, mas também em como estas informações devem ser transmitidas[530].

Além disso, o problema referente à informação talvez seja mitigado apenas com o estabelecimento de cláusulas padrão ou modelos que devem ser seguidos pelos fornecedores e que somente poderão deixar de ser utilizados através de escolha do consumidor (*opt-out*).

O problema regulatório reside no fato de que a cláusula/regra padrão (*default rule*) deveria refletir aquilo que a maioria das pessoas escolheria se fosse propriamente informada, o que, no mais das vezes, implica em inúmeros empecilhos de ordem prática, de modo que o ideal é simplificar as escolhas dos agentes[531].

A resposta a tais desafios regulatórios se encontra justamente na discussão referente ao modelo de consumidor com o qual se trabalha, pois, quando os consumidores são perfeitamente informados e racionais, os

528 Ben-Shahar; Schneider, The Failure of Mandated Disclosure.

529 *Ibid.*

530 Sunstein, Cass R., Empirically Informed Regulation, **The University of Chicago Law Review**, v. 78, p. 1349-1429, 2011.

531 *Ibid.*

fornecedores elaboram seus produtos, contratos e preços a fim de maximizar os benefícios de rede, ao passo que, quando os consumidores são imperfeitamente informados e imperfeitamente racionais, os produtos, contratos e preços são elaborados para maximizar os benefícios percebidos[532].

Isto implica que, sendo o consumidor devidamente informado do modelo de precificação, não há óbice legal à utilização de seus dados pessoais para a composição do preço, salvo se a discriminação vier a ocorrer com base em dados não admitidos pela Constituição Federal[533].

Evidentemente, mostra-se possível argumentar que o consumidor, ainda que receba um longo documento referente a termos e condições do comércio eletrônico, não terá disposição para a leitura ou ainda não compreenderá os milhares de termos técnicos trazidos pelo fornecedor.

Realmente, a leitura de termos e condições possui um custo elevado dentro de uma sociedade na qual um norte americano médio passaria 250 horas por ano lendo seus contratos digitais[534].

Uma evidência da inutilidade prática de termos e condições no quotidiano está em um experimento realizado ao longo de duas semanas pela provedora de WiFi Purple. O teste consistia na inclusão de cláusula nos termos e condições de acesso a rede WiFi na qual o usuário concordava em limpar banheiros. De acordo com a provedora, 22.000 pessoas concordaram com a realização de tal tarefa e apenas uma percebeu a obrigação inscrita no documento[535]. De modo similar, 543 estudantes universitários concordaram em ceder seu primeiro filho conforme cláusula inserida nos termos de serviço constantes em uma rede social cria-

[532] Bar-Gill, Consumer Transactions.

[533] Neste tópico, discutiremos a utilização do consentimento quanto à submissão à precificação personalizada, adiante, discutiremos o consentimento à luz da LGPD, que tomará características diversas das aqui apresentadas.

[534] Berreby, David, Click to agree with what? No one reads terms of service, studies confirm, **The Guardian**, 2017.

[535] Cimpanu, Catalin, **22,000 People Agree to Clean Toilets Because Nobody Reads Terms & Conditions**, BleepingComputer, disponível em: <https://www.bleepingcomputer.com/news/technology/22-000-people-agree-to-clean-toilets-because-nobody-reads-terms-and-conditions/>, acesso em: 23 ago. 2019; Schwartz, Matthew S., **When Not Reading The Fine Print Can Cost Your Soul**, NPR.org, disponível em: <https://www.npr.org/2019/03/08/701417140/when-not-reading-the-fine-print-can-cost-your-soul>, acesso em: 29 ago. 2019.

da para a realização de um experimento[536] e, no ano de 2010, a varejista de jogos eletrônicos GameStation inseriu em seus termos e condições uma opção de reivindicar "para agora e para sempre, sua alma imortal" (tradução livre)[537].

Isto pode ser ampliado ainda por um excesso de informação doloso, no qual o consumidor recebe informações desnecessárias a fim de que seja mais difícil selecionar os dados relevantes para a sua tomada de decisão.

A dificuldade em compreender contratos é tamanha que EISENBERG noticia que, durante as discussões do caso Gerhardt contra Continental Insurence Cos. (224 A. 2d 238 (1996)), o *Chief Justice* Weintraub pontuou a respeito de uma apólice de seguro discutida: "Eu não sei o que isto significa. Estou perplexo. Eles dizem uma coisa em letras garrafais (*big type*) e nas letras minúsculas eles tiram" (tradução livre), no que foi acompanhado pelo *Justice* Haneman: "Eu não consigo compreender metade das minhas apólices de seguro" (tradução livre) e, de modo mais incisivo, pelo *Justice* Francis: "Eu tenho a impressão de que as companhias de seguro mantêm a linguagem de suas apólices deliberadamente obscura" (tradução livre)[538].

Tais dados demonstram à saciedade que a absorção das informações por parte dos consumidores está longe de satisfazer as necessidades de uma complexa economia de mercado, ainda mais quando há uma pluralidade de produtos, serviços e atividades da vida quotidiana.

Em síntese, a simples divulgação de informação não tem o condão de fazer frente aos algoritmos personalizados[539], principalmente quando há superestimação da qualidade do produto por parte do consumidor[540].

Contudo, embora exista crítica a respeito do paradigma da divulgação obrigatória, não há consenso sobre qual o modelo adequado para substituí-lo nas relações de consumo[541].

536 BERREBY, Click to agree with what?

537 SCHWARTZ, **When Not Reading The Fine Print Can Cost Your Soul**; BORGESIUS, Behavioural Sciences and the regulation of Privacy on the Internet.

538 EISENBERG, Behavioral Economics and the Contract Law.

539 WAGNER; EIDENMÜLLER, Down by Algorithms? Siphoning Rents, Exploiting Biases, and Shaping Preferences: Regulating the Dark Side of Personalized Transactions.

540 BAR-GILL, Algorithmic Price Discrimination When Demand Is a Function of Both Preferences and (Mis)perceptions.

541 BUSCH, The future os pre-contractual information duties: from behavioral insights to big data, p. 221.

Neste terreno de dúvidas, a crise do paradigma da divulgação obrigatória termina por dar uma aparente razão aos movimentos que visam justamente reduzir progressivamente a autonomia da vontade/privada, dada a sua aparente inutilidade diante das relações contemporâneas.

Os relatos da doutrina a respeito da transição dos modelos contratuais são uníssonos ao constatar a redução do escopo da liberdade de contratar.

Para Grau, a liberdade contratual compreende a liberdade de contratar ou não e a "liberdade de configuração dos contratos". Esta liberdade sofre restrições de normas impositivas "a definirem ora formas e fórmulas contratuais necessárias, ora a obrigação de contratar ou de não contratar". Além disso, o Estado passa a regular as disposições em contratos, inclusive mediante a imposição de cláusulas em situações como da "padronização dos contratos pela parte hiper-suficiente"[542].

Estes argumentos são extremamente pertinentes, pois a literatura comprova de modo suficiente que o consumidor se encontra distante de um ser com possibilidades infinitas de disposição para a leitura, capacidade de cognição e armazenamento de informações.

O primeiro ponto, referente à efetiva ciência por parte do consumidor do conteúdo dos termos e condições do ambiente eletrônico no qual se insere, mostra-se imbatível caso a utilização de longos documentos escritos seja utilizada pelo fornecedor, especialmente diante do fato

[542] Grau, **A Ordem Econômica na Constituição de 1988**, p. 94–5; Para Marques: "A limitação da liberdade contratual vai possibilitar, assim, que novas obrigações, não oriundas da vontade declarada ou interna dos contratantes, sejam inseridas nos contratos em virtude da lei ou ainda em virtude de uma interpretação construtiva dos juízes, demonstrando, mais uma vez, o papel predominante da lei em relação à vontade na nova concepção de contrato" Marques; Benjamin; Miragem, **Comentários ao Código de Defesa do Consumidor**, p. 328; "Reduz-se, assim, a autonomia da vontade para proteger a parte mais fraca. De pouco ou nada adiantaria estabelecer normas em favor da parte mais fraca se tais normas em favor da parte mais fraca se tais normas pudessem ser contratualmente afastadas. A função social dos contratos, inserindo-se no conteúdo dos pactos, atenua o valor do 'pacta sunt servanda' (princípio da força obrigatória dos contratos, que reza que os contratos devem ser cumpridos a qualquer custo) (...) Verifica-se, na sociedade atual, uma elevação da heteronomia, seja através das leis de ordem pública (heteronomia desejável e necessária), seja através do que poderíamos chamar de 'heteronomia privada', que se traduz no poder dos grandes complexos econômicos de ditar o conteúdo dos contratos para os consumidores, que outra alternativa não têm senão aceitar o que lhes é imposto ou não consumir o produto." Braga Netto, **Direito do Consumidor: à luz da jurisprudência do STJ**, p. 48–49.

de que não há uma curva de aprendizado ao longo das transações que envolvem este tipo de documento.

Noutras palavras, apenas por um acaso o consumidor viria a descobrir que seus dados foram captados e utilizados para a confecção do preço do produto ou serviço, de tal maneira que, ausente a percepção a ocorrência da prática comercial, o consumidor estaria impossibilitado de adquirir maior conhecimento sobre o sistema e adotar novas estratégias diante do fornecedor.

Contudo, não necessariamente há que se tomar medidas invasivas a ponto de proibir os agentes de entabular contratos, pois este problema pode ser vencido através de maior seletividade por parte do legislador nas informações a serem prestadas aos consumidores, especialmente através do fomento à prática de ferramentas visuais ou audiovisuais que expliquem o sistema adotado no comércio eletrônico.

Note-se que a simplificação de documentos complexos por meio visual ou audiovisual não deve ser um substituto dos termos e condições, das políticas de privacidade ou dos contratos eletrônicos, mas deve servir como meio de introdução aos elementos mínimos e indispensáveis para que possa exercitar a autonomia da vontade no ambiente eletrônico, coexistindo com outros documentos para consumidores mais sofisticados.

Discute-se ainda a existência de um direito à não informação, que seria referente ao direito do consumidor em não receber e-mails ou quaisquer outras formas de comunicação não solicitada por parte dos fornecedores[543], o que muito pode contribuir para a redução dos ruídos na recepção da informação relevante.

Evidentemente, a utilização de recursos visuais ou audiovisuais poderá se tornar verdadeira barreira de entrada aos comerciantes que estão adentrando no comércio eletrônico. Por conta disto, recomendável

[543] Este direito à não informação significa "que o consumidor tem o direito pleno de ser resguardado quanto ao recebimento de e-mails em sua caixa de mensagens eletrônicas com anúncio de produtos e serviços que não deseja e para cuja empresa não forneceu seus dados, bem como o direito a não receber chamadas em seus telefones móvel e fixo, especialmente me horários inoportunos e de fornecedores que compraram seus dados cadastrais..." Barbosa, Fernanda Nunes, Informação e consumo: a proteção da privacidade do consumidor no mercado contemporâneo da oferta, *in*: Martins, Guilherme Magalhães; Longhi, João Victor Rozatti (Orgs.), **Direito digital: direito privado e internet**, 2. ed. Indaiatuba: Foco, 2019, p. 360–361.

que a regulação se torne impositiva apenas a partir de um dado faturamento (transição de microempresa para empresa de pequeno porte, por exemplo[544]).

Esta mudança de postura caminharia no mesmo sentido do pensamento de MARQUES e MIRAGEM, os quais ressaltam a transição de normas de proteção do vulnerável para normas de inclusão[545].

No contexto atual, porém, estes métodos se encontram distantes de popularização entre fornecedores, de tal sorte que não constituem em si mesmos uma solução adequada ao problema do conhecimento.

Isto implica que o calcanhar de Aquiles da precificação personalizada será a garantia de ciência por parte do consumidor de que adentra um ambiente eletrônico elaborado com base em seus dados e que pode ser utilizado em seu benefício ou prejuízo, sendo que o juízo de legalidade da prática será refém do nível de informação proporcionado com clareza e simplicidade ao consumidor.

Outra ferramenta que pode auxiliar na preservação da autonomia da vontade advém da utilização de regras personalizadas, as quais podem ser embasadas em comportamentos anteriores do consumidor através de algoritmos.

Uma discussão interessante a respeito da liberdade contratual advém da personalização das regras aplicáveis aos contratos, visto que seria possível suavizar os regramentos em benefício de discussões a respeito de preços e condições contratuais, de maneira a melhor acomodar os diferentes perfis de consumidores[546].

[544] Cf. Lei Complementar de nº: 123/06, art. 3º.

[545] "Hoje o foco é a liberdade do outro, do mais fraco. Porém, como ensinava o pedagogo Freire, somente aquele que entenda sua situação pode ser verdadeiramente livre. Há um limite, apesar de sua importância, no dever de informar, de esclarecer de aconselhar. Compensar a fraqueza não pode ser apenas exercido mediante a valorização da informação no direito. O segundo foco é a inclusão. Passamos de medidas que restringiam a liberdade do mais fraco para protegê-lo, a medidas que visam sua integração na sociedade e o reforço de seu acesso igualitário aos bens, serviços e benesses da sociedade atual. Daí que muitas vezes estes dois focos se unem, por exemplo, na proteção contra o assédio de consumo, seja por meio do tempo (e direito de arrependimento ou de cooling-off), seja pela informação (da imposição de deveres para o mais forte, como o de crédito responsável)." MARQUES; MIRAGEM, **O novo direito privado e a proteção dos vulneráveis**, p. 209.

[546] BEN-SHAHAR; PORAT, Personalizing Mandatory Rules in Contract Law.

Da mesma forma, esta personalização pode ser utilizada para estipular as informações específicas que cada consumidor deve receber, como pontua BAR-GILL:

> "Em um mundo com precificação personalizada - o mundo da discriminação de preço - a divulgação obrigatória também deve ser personalizada. A saber, os vendedores devem ser obrigados a prover cada consumidor com informação individualizada sobre o benefício que o consumidor particular receberá do produto" (tradução livre)[547].

Este tipo de atividade poderá então viabilizar a personalização dos preços não apenas por conta dos dados pessoais do consumidor, mas também através da escolha de quais direitos o consumidor se encontra disposto a adquirir na compra de produtos ou serviços, ao invés de simplesmente ser obrigado a receber o "pacote completo" do CDC.

Outras soluções ainda são aventadas, como o estabelecimento de um direito à anonimidade, o qual protegeria dos perigos de influência nas preferências como também auxiliaria na proteção contra a discriminação de preços e a exploração dos vieses do consumidor[548].

Note-se, não se trata aqui da anonimização de dados prevista no art. 5º, XI, da LGPD, conceituada como a "utilização de meios técnicos razoáveis e disponíveis no momento do tratamento, por meio dos quais um dado perde a possibilidade de associação, direta ou indireta, a um indivíduo"[549] e sim como o direito do indivíduo a não ser identificado diretamente e/ou não ter utilizada a perfilização em suas interações com o ambiente eletrônico.

Esta alternativa, embora sedutora, pode nos levar ao quadro já explorado de uma guerra entre consumidores e fornecedores que pode elevar

[547] Bar-Gill, Algorithmic Price Discrimination When Demand Is a Function of Both Preferences and (Mis)perceptions.

[548] Wagner; Eidenmüller, Down by Algorithms? Siphoning Rents, Exploiting Biases, and Shaping Preferences: Regulating the Dark Side of Personalized Transactions.

[549] Cf. art. 5º, LGPD: "Art. 5º Para os fins desta Lei, considera-se: (...)

III - dado anonimizado: dado relativo a titular que não possa ser identificado, considerando a utilização de meios técnicos razoáveis e disponíveis na ocasião de seu tratamento; (...)

XI - anonimização: utilização de meios técnicos razoáveis e disponíveis no momento do tratamento, por meio dos quais um dado perde a possibilidade de associação, direta ou indireta, a um indivíduo;"

os custos de transação, por conta disto, mostra-se necessária a prática de maiores estudos para se aferir a viabilidade de um direito à anonimidade.

Em suma, o que se tem pontuado é que o novo modelo de divulgação obrigatória de informações terá que reduzir a quantidade de informações transmitidas e se focar naquilo que é útil ao usuário, inclusive se valendo dos novos meios tecnológicos para realizar divulgações personalizadas, mas permitindo aos consumidores mais curiosos ou sofisticados o acesso a maiores detalhes sobre o produto ou serviço[550].

Há de se pontuar, entretanto, que a mesma tecnologia que serve instrumento para a elevação dos preços por parte do fornecedor pode também auxiliar os consumidores a realizar boas aquisições sem mesmo ter ciência exata de como as fizeram.

Trata-se de sistemas de comparação de preços e consumidores algorítmicos, tema sobre o qual passaremos a nos debruçar.

2.4.3. As alternativas tecnológicas à informação quanto ao preço: consumidores algorítmicos e sites de comparação de preços

Como vimos, a informação é importante, mas não tem sido repassada de maneira eficiente ao consumidor, sugerimos então a utilização de meios audiovisuais e simplificação como alternativas à redução do campo da autonomia da vontade.

Passamos agora a investigar contextos nos quais a informação de que ocorre precificação personalizada pode se mostrar de utilidade mínima ao consumidor, de tal sorte que os benefícios dele serão maximizados independentemente da ciência do modelo de precificação utilizado pelo fornecedor.

Pois bem, na hipótese de que o consumidor não tenha recebido o efetivo acesso às informações relevantes, há de se ponderar algumas peculiaridades do caso concreto, dado que os sites de comparação de preços e os mecanismos algorítmicos de compras serão instrumentos relevantes para que o consumidor possa escolher o produto ou serviço com maior benefício individual.

Realmente, as contribuições da Internet à eficiência de mercado possibilitaram melhor comparação de preços, redução dos custos de

550 Busch, The future os pre-contractual information duties: from behavioral insights to big data, p. 230 e seguintes.

transação e das barreiras de entrada[551], havendo estudo com base nos mercados eletrônicos dos EUA e da China a pontuar que a maturidade da internet auxilia na redução a dispersão preços nos varejos online (*e-tailers*)[552].

Por outro lado, uma pesquisa com base em mais de mil produtos eletrônicos no site Shopper.com não encontrou evidências a embasar a lei do preço único, pontuando que a dispersão de preços está relacionada com a estrutura do mercado, havendo maior dispersão de preço nos mercados concentrados[553].

Nos *marketplaces*, a precificação personalizada pode ou não sofrer maiores complicações, visto que a comparação de preços de um dado produto homogêneo permite que o consumidor escolha o bem à luz de uma lista de diversos fornecedores, sendo então irrelevantes os métodos de precificação de cada um deles, devendo o consumidor velar pela escolha do preço que lhe parecer mais conveniente.

O estudo de Broeckelmann e Groeppel-Klein revela que a utilização de sites de comparação de preço pelo celular (*mobile price comparison sites*) influencia o comportamento do consumidor nas lojas físicas, embora a revisão de literatura pontue que os consumidores consideram "muito difícil, muito trabalhoso ou não valer a pena" (tradução livre) empreender referências de preços no mercado[554].

Entretanto, conforme o estudo de Soh, Markus e Goh, para que um *marketplace* aumente a transparência e reduza os preços, faz-se necessária a implementação de tecnologia da informação e que o *marketplace* seja bem-sucedido, ou seja, tanto consumidores quanto fornecedores

[551] Carlsson, The Digital Economy.

[552] Bock; Lee; Li, Price Comparison and Price Dispersion.

[553] Baye, Michael R.; Morgan, John; Scholten, Patrick, Price Dispersion in the Small and in the Large: Evidence from an Internet Price Comparison Site, **The Journal of Industrial Economics**, v. 52, n. 4, p. 463–496, 2004.000 consumer electronics products on the price comparison site Shopper.com. We find little support for the notion that prices on the Internet are converging to the 'law of one price.' In addition, observed levels of price dispersion vary systematically with the number of firms listing prices. The difference between the two lowest prices (the 'gap'

[554] Broeckelmann, Philipp; Groeppel-Klein, Andrea, Usage of mobile price comparison sites at the point of sale and its influence on consumers' shopping behaviour, **The International Review of Retail, Distribution and Consumer Research**, v. 18, n. 2, p. 149–166, 2008.

dele façam uso em suas transações. Porém, ao passo que o *marketplace* permite maior transparência e reduz os preços, desagrada os fornecedores e, ao passo que reduz a transparência e permite maior dispersão de preços, desagrada os consumidores[555].

Por outro lado, o estudo de MIAO e MATTILA sustenta que a percepção dos consumidores quanto à razoabilidade (*fairness*) do preço e a disposição em pagar é maior quando há transparência na precificação[556].

Note bem, a transparência pode ser uma arma dos fornecedores em sua disputa com a concorrência, beneficiando-se aqueles que praticam preços igualitários aos consumidores, pois:

> "(...) todas as avaliações de preço, inclusive juízos de justiça (*fairness assessments*), são comparativos. Tanto a teoria da igualdade formal (*equity theory*) quanto a teoria da igualdade material (*theory of distributive justice*) sugerem que as percepções de justiça são induzidas quando a pessoa compara um resultado (...) com um outro resultado comparativo" (tradução livre)[557].

Contudo, ainda que os *marketplaces* tenham efetivamente contribuído para a disseminação da informação no ambiente eletrônico, muita polêmica ainda reside nos intermediários digitais e como eles são utilizados nos casos de conflito de interesses entre o intermediário e o consumidor[558].

555 SOH, Christina; MARKUS, M. Lynne; GOH, Kim Huat, Electronic Marketplaces and Price Transparency: Strategy, Information Technology, and Success, **MIS Quarterly**, v. 30, n. 3, p. 705–723, 2006.

556 MIAO; MATTILA, How and How Much To Reveal? The Effects of Price Transparency On Consumers' Price Perceptions.

557 XIA, Lan; MONROE, Kent Bourdon; COX, Jennifer L., The Price Is Unfair! A Conceptual Framework of Price Fairness Perceptions, **Journal of Marketing**, v. 68, p. 1–15, 2004.

558 Os intermediários digitais são "aplicações interativas online que auxiliam as pessoas na realização de decisões de mercado" (tradução livre), dentro deste gênero, pode-se encontrar os marketplaces e sites meramente informativos, assim como sites que primam pela neutralidade ou pela promoção de determinados produtos e serviços. Os argumentos principais em favor dos intermediários digitais dizem respeito à sua possibilidade de: (i) igualar as relações entre consumidores e fornecedores; e (ii) reduzir a necessidade de regulação no mercado Loo, Rory Van, Rise of the digital regulator, **Duke Law Journal**, v. 66, p. 1267–1329, 2017.

Em todo caso, a tendência atual do desenvolvimento tecnológico aponta que, em breve, os consumidores poderão utilizar algoritmos para escolher o momento da compra a partir de tendências do mercado ou mesmo para "terceirizar" suas decisões, de modo que "agentes digitais podem usar dados para predizer preferências dos consumidores, escolher otimamente produtos ou serviços, negociar e executar transações e potencialmente formar coalizões de consumidores" (tradução livre)[559].

De fato, os assistentes digitais são o próximo passo da pesquisa das principais companhias do mundo, como se nota do desenvolvimento da Siri, Alexa, Google Assistant etc., de tal sorte que estes intermediários virtuais possivelmente ocuparão um local proeminente nas relações de consumo em um futuro próximo.

Em um cenário destes, ao invés de se questionar se o consumidor está ciente dos mecanismos de precificação, importará mais saber se o consumidor algorítmico possuía opções de aquisição do bem e pôde buscar com facilidade as melhores ofertas.

Realmente, a primeira geração algoritmos sugeria produtos ao consumidor, ao passo que os da segunda geração "fazem decisões para o usuário ao invés de meramente uma sugestão e automaticamente executam as ações ou transações baseadas na decisão sob a conta do usuário (*on the user's behalf*)" (tradução livre)[560].

Como pontuam Gal e Elkin-Koren:

> "Consumidores algorítmicos têm o potencial para mudar dramaticamente a forma com que conduzimos negócios, assim como as dinâmicas competitivas do mercado. Consumidores neste ecossistema não fazem decisões de compra diretamente, mas, ao invés disso, terceirizam estas tarefas aos algoritmos, minimizando, portanto, o papel direto que desempenham em decisões de compras. O uso de consumidores algorítmicos também afeta a demanda de mercado e condições de negócios (*trade conditions*). Isto ocorre em parte porque os consumidores algorítmicos podem reduzir significativamente a busca e os custos de transação, ajudar consumidores a superar vieses para permitir escolhas mais

559 CMA, **Pricing algorithms**, p. 21.

560 Gal, Michal, Algorithmic Challenges to Autonomous Choice, **Michigan Technology Law Review**, v. 25, n. 1, p. 59–104, 2018.

racionais e sofisticadas e criar ou aumentar o poder do comprador. Mais importante, algoritmos podem até influenciar as decisões de compra do consumidor, potencialmente distanciando-os das escolhas subjetivas dos usuários individuais. Tais efeitos podem ter impactos profundos na demanda de mercado assim como nas estratégias de marketing, termos de venda e ofertas de produtos dos fornecedores" (tradução livre) [561].

Com efeito, as discussões contemporâneas têm enfatizado a possibilidade de utilização dos consumidores algorítmicos como a solução de diversos entraves oriundos das relações de consumo, consideradas a racionalidade e capacidade de processamento limitadas do ser humano[562].

A visão inicial é a de que o consumidor algorítmico é uma espécie de *Übermann* (super-homem), discutindo-se que a complexidade das relações de mercado pode evoluir a ponto de se substituir os conceitos de homem médio (*reasonable person*) por "algoritmo médio" (*reasonable algorithm*)[563], de modo que os algoritmos podem impactar o conteúdo da escolha do consumidor da seguinte maneira: (i) a capacidade dos algoritmos de analisar mais informações aumenta a quantidade de opções ao consumidor; (ii) quando o usuário não estabelece exatamente os parâmetros de escolha, há possibilidade de resultados imprevisíveis; (iii) os algoritmos podem reduzir os vieses do consumidor que impactam em seu bem-estar; (iv) os algoritmos evitam o excesso de informação (*cognitive overload*) que pode prejudicar as escolhas dos consumidores; (v) os algoritmos podem ultrapassar técnicas de marketing manipulativas; e (vi) os algoritmos podem incentivar os fornecedores a investir na diversidade de produtos[564].

De fato, os consumidores algorítmicos poderão alterar severamente as relações de mercado, podendo até mesmo afastar qualquer efeito

[561] GAL; ELKIN-KOREN, Algorithmic Consumers; Em outro artigo, GAL salienta que: "a capacidade do algoritmo para cumprir tarefas é limitada apenas pelos dados e tecnologia; ele nunca se cansa, estressa ou adoece. Algoritmos podem também evitar os vieses dos usuários e superar técnicas de marketing manipulativas. Dadas essas vantagens comparativas, grandes companhias digitais já estão competindo para se tornar assistentes digitais dos usuários. Exemplos incluem o Google Assistant, a Siri da Apple e a Alexa da Amazon" (tradução livre) GAL, Algorithmic Challenges to Autonomous Choice.

[562] GAL; ELKIN-KOREN, Algorithmic Consumers.

[563] GAL, Algorithmic Challenges to Autonomous Choice.

[564] *Ibid.*

nocivo da precificação personalizada e conduzir as relações de consumo a um cenário mais próximo da Lei do Preço Único.

Entretanto, o consumidor algorítmico também impõe alguns fardos ao consumidor, os quais são os mesmos a ocorrer nas práticas de perfilização em geral, a saber, a opacidade, o afunilamento das escolhas e os conflitos de interesse entre o fornecedor do algoritmo e o consumidor, além do fato de que estes instrumentos serão utilizados primeiro pelos consumidores mais "espertos" (*savviest consumers*), os quais não são necessariamente aqueles que necessitam de maior apoio[565], devendo haver cautela ao supor que simplesmente ocorrerá a autocorreção do mercado.

O primeiro destes empecilhos é a já sabida opacidade dos algoritmos, seja por conta do segredo envolvido, seja pela baixa capacidade de compreensão de seus rudimentos por qualquer consumidor sem preparo específico.

Alguns caminhos para a redução da opacidade seriam a exigência de transparência nos algoritmos ou a criação de um mercado secundário que explique as decisões e compare algoritmos[566].

Ainda que superado este problema, as escolhas dos algoritmos podem ser mais estáticas que as humanas[567], dado que tenderão ao reforço de decisões anteriores, afunilando cada vez mais as opções do consumidor.

Esta discussão passa pela necessidade de certa aleatoriedade em algumas das opções a serem visualizadas pelo consumidor ou ao menos a possibilidade do consumidor não se ver obrigatoriamente dentro de um conjunto personalizado de opções[568].

Além disso, a utilização dos algoritmos não pode ser encarada como parâmetro de decisão para toda e qualquer escolha durante a existência, pois, como pontua Gal, há "esferas na vida nas quais escolher é mais importante do que chegar a um resultado ótimo" (tradução livre)[569].

565 Wagner; Eidenmüller, Down by Algorithms? Siphoning Rents, Exploiting Biases, and Shaping Preferences: Regulating the Dark Side of Personalized Transactions; EXECUTIVE OFFICE OF THE PRESIDENT, **Big Data: Seizing Opportunities Preserving Values**, p. 3.

566 Gal, Algorithmic Challenges to Autonomous Choice.

567 *Ibid.*

568 Wagner; Eidenmüller, Down by Algorithms? Siphoning Rents, Exploiting Biases, and Shaping Preferences: Regulating the Dark Side of Personalized Transactions.

569 Gal, Algorithmic Challenges to Autonomous Choice.

Não se pode esquecer que o fornecedor poderá moldar os algoritmos utilizados pelo consumidor para seu próprio benefício, desfazendo a utilidade de tal ferramenta a partir do momento que os algoritmos passem a trabalhar em benefício dos interesses de seu criador[570], pois, via de regra, os assistentes virtuais são "gratuitos" ao usuário, de tal sorte que o lucro do instituidor da plataforma advém de publicidade dos fornecedores ou ainda mesmo a partir da venda de seus próprios produtos (caso da Amazon), ampliando os conflitos de interesse[571].

Esta dificuldade, caracterizada aqui como um problema de agência, deverá ser superada através da implementação de ferramentas regulatórias tendentes a alinhar incentivos de consumidores e fornecedores, criação de mecanismos de transparência ou supervisão pela autoridade regulatória e fomento à concorrência no mercado através da remoção das barreiras de entrada.

Além disto, os assistentes digitais são impulsionados pela estrutura tendente à oligopolização da internet, que permite o incremento dos benefícios de rede a partir da maior quantidade de fornecedores e consumidores a utilizar uma dada plataforma[572].

Em resumo, a mesma tecnologia que permite o implemento da precificação personalizada pode dar lume a ferramentas que beneficiem o consumidor, havendo, contudo, empecilhos oriundos da perfilização, da concentração de mercado e do conflito de interesses que podem colar em risco sua utilização em massa.

Portanto, a análise realizada nesta oportunidade nos permite compreender que: (i) sendo a aquisição conduzida por ser humano no ambiente eletrônico sem o concurso de um mecanismo de comparação de preços ou consumidor algorítmico, há dever de informar efetivamente ao consumidor se há precificação personalizada; (ii) sendo a transação conduzida por ser humano através do auxílio de comparação de preços, não se mostra imprescindível a comunicação do modelo de precificação utilizado pelo fornecedor, desde que não exploradas suas debilidades de raciocínio; e (iii) sendo a transação conduzida por um consumidor algorítmico, desaparece o dever de informar o mecanismo de precificação utilizado.

[570] Gal; Elkin-Koren, Algorithmic Consumers.

[571] Stucke, Maurice; Ezrachi, Ariel, How digital assistants can harm our economy, privacy and democracy, **Berkeley Technology Law Journal**, v. 32, p. 1239-1298, 2017.

[572] *Ibid.*

2.4.4. Vícios de vontade e precificação personalizada

Além dos pontos já tratados acima, cumpre notar que o tema da precificação personalizada pode vir a colidir com institutos jurídicos mais antigos e alinhados com o modelo liberal de contrato, a saber, os vícios de vontade/defeitos do negócio jurídico.

A rigor, entendemos que a questão estará mais próxima de uma discussão eminentemente doutrinária do que prática, visto que se mostra muito mais fácil ao consumidor se utilizar do direito de arrependimento do que de uma ação anulatória para desconstituir o contrato entabulado junto ao fornecedor.

Em todo caso, a doutrina contemporânea aderiu à chamada escala ponteana, dividindo o negócio jurídico em três planos distintos, a saber: (i) existência; (ii) validade; e (iii) eficácia[573].

Interessa-nos aqui avaliar as condições do plano da validade que podem afetar o contrato entabulado entre as partes por conta de vícios de vontade que maculam a manifestação realizada pelo consumidor e que possam ter conexão direta com a precificação personalizada.

A rigor, o Código Civil prevê como causas de anulação do negócio jurídico: (i) erro; (ii) dolo; (iii) coação; (iv) estado de perigo; (v) lesão; e (vi) fraude contra credores. Sendo que todas as hipóteses acima apresentadas levam ao desfazimento do negócio jurídico a partir de decisão judicial[574] e restituem as partes ao status quo ante (ou autorizam a indenização das partes quando não for possível)[575].

Do rol acima, as figuras da coação[576] e da fraude contra credores[577] não possuem qualquer relação com o modo de precificação utilizado pelo

[573] Gonçalves, Carlos Roberto, **Direito civil brasileiro**, 15. ed. São Paulo: Saraiva, 2017; Venosa, Sílvio de Salvo, **Direito civil: parte geral**, 17. ed. São Paulo: Atlas, 2017; Tartuce, **Manual de Direito Civil.**

[574] Cf. art. 177 do CC: "Art. 177. A anulabilidade não tem efeito antes de julgada por sentença, nem se pronuncia de ofício; só os interessados a podem alegar, e aproveita exclusivamente aos que a alegarem, salvo o caso de solidariedade ou indivisibilidade."

[575] Cf. art. 182 do CC: "Art. 182. Anulado o negócio jurídico, restituir-se-ão as partes ao estado em que antes dele se achavam, e, não sendo possível restituí-las, serão indenizadas com o equivalente."

[576] Cf. art. 151 do CC: "Art. 151. A coação, para viciar a declaração da vontade, há de ser tal que incuta ao paciente fundado temor de dano iminente e considerável à sua pessoa, à sua família, ou aos seus bens."

[577] Cf. art. 158 do CC: "Art. 158. Os negócios de transmissão gratuita de bens ou remissão de dívida, se os praticar o devedor já insolvente, ou por eles reduzido à insolvência, ainda

fornecedor, podendo então ser afastadas de plano, o que não se dá com as demais hipóteses de defeitos do negócio jurídico, motivo pelo qual nos debruçaremos brevemente sobre o erro, dolo, estado de perigo e lesão.

Pois bem, do rol de vícios previsto no Código Civil, parece que o erro a respeito do sistema de precificação utilizado pelo fornecedor não poderá ensejar a anulação do contrato, dada a necessidade de que se trate de erro substancial[578].

De fato, o simples erro é a "manifestação de vontade em desacordo com a realidade, quer porque o declarante desconhece (ignorância), que porque tem representação errônea desta realidade (erro)"[579], porém, o erro que autoriza a anulação do negócio jurídico deve ser referente a elemento essencial[580], ao passo que o método de precificação utilizado é meramente acidental.

Com efeito, não se pode considerar substancial o erro referente ao modo de precificação utilizado pelo fornecedor, pois o consumidor concordou com o preço do produto ou serviço (parte essencial), sendo irrelevante a discussão quanto aos detalhes laterais da contratação (sistema de precificação), até mesmo porque a discussão não se insere nem mesmo no âmbito do erro de cálculo[581].

quando o ignore, poderão ser anulados pelos credores quirografários, como lesivos dos seus direitos."

578 Cf. art. 138 do CC: "Art. 138. São anuláveis os negócios jurídicos, quando as declarações de vontade emanarem de erro substancial que poderia ser percebido por pessoa de diligência normal, em face das circunstâncias do negócio."

579 VENOSA, **Direito civil: parte geral**, p. e-book não paginado.

580 Cf. art. 139 do CC: "Art. 139. O erro é substancial quando: I – interessa à natureza do negócio, ao objeto principal da declaração, ou a alguma das qualidades a ele essenciais; II – concerne à identidade ou à qualidade essencial da pessoa a quem se refira a declaração de vontade, desde que tenha influído nesta de modo relevante; III – sendo de direito e não implicando recusa à aplicação da lei, for o motivo único ou principal do negócio jurídico.". Desta maneira, o erro poderá ser a respeito da natureza do negócio jurídico, objeto da declaração, qualidades ou identidade da pessoa ou em relação ao objeto da negociação. ROSENVALD, Nelson; FARIAS, Cristiano Chaves de, **Curso de Direito Civil: Parte geral e LINDB**, 11. ed. Salvador: JusPodivm, 2013, p. 653.

581 Cf. arts. 143 e 144 do CC: "Art. 143. O erro de cálculo apenas autoriza a retificação da declaração de vontade. Art. 144. O erro não prejudica a validade do negócio jurídico quando a pessoa, a quem a manifestação de vontade se dirige, se oferecer para executá-la na conformidade da vontade real do manifestante."

Evidentemente, a fluidez das expressões pode permitir que algum intérprete veja no modelo de precificação um motivo que faria o consumidor deixar de contratar caso soubesse que seus dados pessoais serviram diretamente para a formação do preço, mas não parece ser esta a melhor interpretação da legislação, sob pena de inserir elemento de incerteza nas relações de mercado e dar grande relevância a um dado meramente lateral da contratação.

No que tange ao dolo[582], "expediente malicioso, astucioso empregado para induzir alguém em erro"[583], dificilmente o consumidor poderia comprovar em juízo que se negaria a adquirir um produto ou serviço por conta do sistema de precificação utilizado pelo fornecedor, inclusive porque o método de precificação toca apenas lateralmente a contratação realizada, mesmo que tenha ocorrido omissão dolosa[584], além de não ter ocorrido, como vimos acima, qualquer espécie de erro substancial.

Por fim, restam figuras mais polêmicas, tais como o estado de perigo e a lesão, cuja semelhança fez com que se manifestassem vozes em favor da unificação dos institutos[585].

O estado de perigo ocorre quando "alguém, premido da necessidade de salvar-se, ou a pessoa de sua família, de grave dano conhecido pela outra parte, assume obrigação excessivamente onerosa."[586]

Dentro deste quadro descritivo, ao menos em tese, caso o algoritmo de precificação tenha como saber que o consumidor, pessoa de sua família ou ainda pessoa com quem o consumidor tenha qualquer laço relevante, encontra-se em estado de perigo e, como base nesta situação, elabore preço excessivamente oneroso, será possível requerer a anulação do negócio jurídico ou a revisão do negócio jurídico[587].

[582] Cf. art. 145 do CC: "Art. 145. São os negócios jurídicos anuláveis por dolo, quando este for a sua causa."

[583] Nery, Rosa Maria de Andrade; Nery Junior, Nelson, **Instituições de Direito Civil**, São Paulo: Revista dos Tribunais, 2015, p. 263.

[584] Cf. art. 147 do CC: "Art. 147. Nos negócios jurídicos bilaterais, o silêncio intencional de uma das partes a respeito de fato ou qualidade que a outra parte haja ignorado, constitui omissão dolosa, provando-se que sem ela o negócio não se teria celebrado."

[585] Gonçalves, **Direito civil brasileiro**, p. e-book não paginado.

[586] Cf. art. 156 do Código Civil.

[587] Cf. Enunciado 148 da III Jornada de Direito Civil do CJF: "Art. 156: Ao "estado de perigo" (art. 156) aplica-se, por analogia, o disposto no § 2º do art. 157."

Note-se que o perigo deverá ser atual e grave, não podendo se constituir em mera possibilidade distante ou ainda em uma especulação teórica afastada de elementos concretos[588].

Assim, na hipótese de que um consumidor sofra grave problema de saúde e necessite com urgência de um veículo para se locomover a hospital, caso o algoritmo de precificação, ciente desta peculiaridade (talvez pela utilização de *smartwatch*?), formule um preço extremamente elevado, terá ocorrido estado de perigo.

A rigor, esta hipótese poderá muito bem caracterizar prática abusiva, ainda que não se enquadre exatamente nos dispositivos do art. 39, V e X, de acordo com nossa leitura.

O ônus da prova será então do fornecedor, que deverá comprovar que não teve acesso aos dados referentes à situação de perigo ou que eles não influenciaram a precificação, nos termos do art. 6º, VIII, do CDC, 373, §1º, do CPC e, a depender da interpretação judicial, art. 42, §2º, da LGPD.

Por fim, a figura da lesão ocorre "quando uma pessoa, sob premente necessidade, ou por inexperiência, se obriga a prestação manifestamente desproporcional ao valor da prestação oposta"[589].

Na hipótese da lesão, o fornecedor não necessariamente estará ciente[590] da "premente necessidade" ou da inexperiência do consumidor, bastando então que, presente uma destas causas, sobrevenha um desnivelamento manifesto entre as prestações.

A necessidade se refere "à impossibilidade de evitar o contrato"[591], não sendo exigido que ocorra uma situação extremamente cruel e calamitosa para que o ordenamento jurídico permita a anulação do contrato.

[588] Gonçalves, **Direito civil brasileiro**, p. e-book não paginado.

[589] Cf. art. 157 do CC: "Art. 157. Ocorre a lesão quando uma pessoa, sob premente necessidade, ou por inexperiência, se obriga a prestação manifestamente desproporcional ao valor da prestação oposta. § 1º Aprecia-se a desproporção das prestações segundo os valores vigentes ao tempo em que foi celebrado o negócio jurídico. § 2º Não se decretará a anulação do negócio, se for oferecido suplemento suficiente, ou se a parte favorecida concordar com a redução do proveito."

[590] Cf. Enunciado 150 da III Jornada de Direito Civil do CJF: "Art. 157: A lesão de que trata o art. 157 do Código Civil não exige dolo de aproveitamento."

[591] Gonçalves, **Direito civil brasileiro**, p. e-book não paginado.

Por outro lado, a figura da inexperiência contém em si maiores dificuldades, pois deve ser tomada como "falta de conhecimentos técnicos ou habilidades relativos à natureza da transação"[592], de maneira que, a depender do conceito de desproporcionalidade adotado pelo juiz, qualquer negócio jurídico realizado por consumidor poderia, em tese, ser anulado.

Dentro destes marcos teóricos, a lesão também pode ser utilizada pelo consumidor para anular um contrato entabulado com o fornecedor que tenha se utilizado de precificação personalizada, tal como na hipótese de aquisição de produtos indispensáveis (v.g. água ou mantimentos em local no qual o consumidor não possa se socorrer de outros fornecedores) ou ainda quando o consumidor, desconhecendo o funcionamento da precificação personalizada, contrata com o fornecedor a um preço "manifestamente desproporcional".

Cabe ainda frisar que, na hipótese de que o contrato seja celebrado em *marketplace* ou por meio de assistente digital e o preço do fornecedor tenha sido o menor cobrado dentro do mercado, dificilmente haverá lastro para a alegação de lesão, especialmente sob o argumento de inexperiência.

Note-se, por fim, que os negócios jurídicos que compadecem de vícios anuláveis podem ser confirmados pelos contratantes, desde que as partes manifestem vontade de mantê-lo[593] ou que o devedor tenha cumprido a prestação ciente do defeito do negócio jurídico[594].

No próximo item, trataremos da hipótese de exercício do direito de arrependimento e de sua utilização como regra de proteção do consumidor em ambientes que utilizam a precificação personalizada.

2.4.5. O direito de arrependimento como solução dos problemas de legalidade

Como visto, a precificação personalizada não implica em prática comercial abusiva ou mesmo em violação ao direito à igualdade, desde que respeitados os direitos fundamentais e as restrições apresentadas nos capítulos anteriores.

592 *Ibid.*

593 Cf. art. 173 do Código Civil: "Art. 173. O ato de confirmação deve conter a substância do negócio celebrado e a vontade expressa de mantê-lo."

594 Cf. art. 174 do Código Civil: "Art. 174. É escusada a confirmação expressa, quando o negócio já foi cumprido em parte pelo devedor, ciente do vício que o inquinava."

Este quadro ainda pode receber um reforço pragmático à luz do direito de arrependimento previsto no CDC, que faculta ao consumidor desfazer o negócio jurídico celebrado sem a exigência de motivos específicos ou penalidades, de modo que é considerado uma espécie de paternalismo[595].

A primeira dúvida existente a respeito do direito de arrependimento nos contratos eletrônicos de consumo se dá em relação à aplicabilidade ou não do art. 49 do CDC a tais figuras contratuais[596].

A legislação em vigor estabelece que o direito de arrependimento pode ocorrer "sempre que a contratação de fornecimento de produtos e serviços ocorrer fora do estabelecimento comercial", de modo que se questiona a natureza dos contratos eletrônicos[597] e se o site do fornecedor deve ser considerado estabelecimento comercial[598].

Adicione-se ainda que há diferentes possibilidades de contratação por meio da Internet, sendo que, para alguns, o contrato no comércio eletrônico seria entre ausentes, pois a transação se dá: "(i) pelo acesso, por parte do aceitante, à página eletrônica disponível na internet; ou (ii) mediante sucessivas trocas de mensagens eletrônicas (e-mails)"[599].

[595] CAMERER, Colin *et al*, Regulation for conservatives: Behavioral economics and the case for assymetric paternalism, **University of Pennsylvania Law Review**, v. 151, p. 1211–1254, .

[596] Cf. art. 49 do CDC: "Art. 49. O consumidor pode desistir do contrato, no prazo de 7 dias a contar de sua assinatura ou do ato de recebimento do produto ou serviço, sempre que a contratação de fornecimento de produtos e serviços ocorrer fora do estabelecimento comercial, especialmente por telefone ou a domicílio. Parágrafo único. Se o consumidor exercitar o direito de arrependimento previsto neste artigo, os valores eventualmente pagos, a qualquer título, durante o prazo de reflexão, serão devolvidos, de imediato, monetariamente atualizados."

[597] "O contrato é a união de dois ou mais indivíduos para uma declaração de vontade em consumo, mediante a qual se define a relação jurídica entre eles; o contrato eletrônico é a manifestação da vontade em consumo de dois ou mais indivíduos por meio eletrônico". KLEE, Antonia Espíndola Longoni, O conceito de estabelecimento empresarial virtual e a proteção do consumidor nos contratos eletrônicos: algumas reflexões, *in*: MARTINS, Guilherme Magalhães; LONGHI, João Victor Rozatti (Orgs.), **Direito digital: direito privado e internet**, 2. ed. Indaiatuba: Foco, 2019, p. 319.

[598] Cf. art. 1.142 do Código Civil: "Art. 1.142. Considera-se estabelecimento todo complexo de bens organizado, para exercício da empresa, por empresário, ou por sociedade empresária."

[599] SOUZA, Carlos Affonso Pereira de; GUITTON, Rachel Marques, Notas sobre relações de consumo e comércio eletrônico, *in*: WADA, Ricardo Morishita; OLIVEIRA, Fabiana Luci de (Orgs.), **Direito do Consumidor: Os 22 anos de vigência do CDC**, Rio de Janeiro: Elsevier, 2012, p. 61.

Klee, por sua vez, entende que o site do fornecedor é um elemento que compõe o estabelecimento comercial[600], de modo que, nos contratos celebrados por e-mail, considera-se a contratação entre ausentes, ao passo que, caso a contratação seja realizada no site do fornecedor, será entre presentes[601].

A despeito de que se considere o site do fornecedor como seu estabelecimento comercial, parece-nos que a *ratio legis* está em afastar problemas nas compras em que o consumidor não possui contato direto com a mercadoria ou ainda quando a compra é feita por conta de ato impensado.

Desta maneira, não há de se buscar uma definição técnica do direito empresarial para estabelecimento comercial a fim de afastar a incidência do art. 49 do CDC às compras realizadas pela internet, ainda mais quando o Decreto de nº: 7.962/13 e o PL 3514/15 parecem caminhar no mesmo sentido.

Assim, havendo efetivo distanciamento entre consumidor e fornecedor, bem como nem sempre haverá contato direto com o produto a ser consumido, mostra-se importante a possibilidade de um direito ao arrependimento ou à desistência.

Desta maneira, nas compras realizadas pela internet, o consumidor possui direito de arrependimento[602], o qual independe de qualquer vício da mercadoria adquirida, mas, sim, de um período de meditação do consumidor em relação à aquisição realizada[603].

[600] "... o site por meio do qual os consumidores negociam com seus fornecedores é uma representação do estabelecimento empresarial do fornecedor, é um local de acesso ... o site é um elemento imaterial que compõe o estabelecimento, não se pode confundi-lo com o estabelecimento em si". Klee, O conceito de estabelecimento empresarial virtual e a proteção do consumidor nos contratos eletrônicos: algumas reflexões, p. 330.

[601] *Ibid.*, p. 323–4.

[602] Para uma análise das discussões a respeito do art. 49 do CDC e sua aplciabilidade no comércio eletrônico, veja-se: De Lucca, Newton, Direito de arrependimento no âmbito do comércio eletrônico, *in*: mendes, Gilmar Ferreira; Sarlet, Ingo Wolfgang; Zavaglia, Alexandre (Orgs.), **Direito, Inovação e Tecnologia**, São Paulo: Saraiva, 2015, p. 273–4; Marques; Benjamin; Miragem, **Comentários ao Código de Defesa do Consumidor**, p. 1253; Nunes, **Curso de Direito do Consumidor**, p. 700–701.

[603] Braga Netto, **Direito do Consumidor: à luz da jurisprudência do STJ**, p. 433; Grinover *et al*, **Código Brasileiro de Defesa do Consumidor: Comentado pelos Autores do Anteprojeto**, p. 566.

Assim, tendo o consumidor realizado determinada compra por meio de precificação personalizada, nada impede que ele venha a se arrepender do negócio após receber o produto, de tal sorte que o contrato seja desfeito sem qualquer penalidade.

Discordamos, portanto, da posição sustentada por NERY JUNIOR, para quem caso exista frequência das tratativas fora do estabelecimento "não incide o dispositivo e não há o direito de arrependimento", assim como se for da "essência do negócio a realização fora do estabelecimento comercial"[604].

A despeito destas discussões, na era da perfilização, a doutrina internacional tende a considerar isto ainda mais importante nos casos em que há utilização de ferramentas de Big Data e inteligência artificial[605], especialmente porque entendemos que esta possibilidade de devolução do produto a partir de sua entrega, pode então servir de balanceamento a avaliações equivocadas dos consumidores quanto à utilidade esperada em relação ao produto, providenciando uma saída que, ainda que imperfeita, resolve parte das objeções levantadas por BAR-GILL quando alude à possibilidade de que o consumidor pague mais do que seu preço de reserva por conta de uma avaliação equivocada do produto ou do serviço[606].

Entretanto, há de se pontuar que mesmo o direito de arrependimento não garante que as escolhas ideais serão feitas pelos consumidores e ainda pode forçar um custo sobre o consumidor algorítmico, que em tese não necessitaria de arrependimento[607].

Além disto, argumenta-se que o efeito posse (*endowment effect*) pode tornar inócua a possibilidade de arrependimento ou ainda que o consumidor poderá se utilizar do direito de arrependimento de modo malicioso frente ao fornecedor[608], de modo que problemas deste jaez têm

[604] GRINOVER *et al*, **Código Brasileiro de Defesa do Consumidor: Comentado pelos Autores do Anteprojeto**, p. 568.

[605] WAGNER; EIDENMÜLLER, Down by Algorithms? Siphoning Rents, Exploiting Biases, and Shaping Preferences: Regulating the Dark Side of Personalized Transactions.

[606] Bar-Gill, Algorithmic Price Discrimination When Demand Is a Function of Both Preferences and (Mis)perceptions.

[607] WAGNER; EIDENMÜLLER, Down by Algorithms? Siphoning Rents, Exploiting Biases, and Shaping Preferences: Regulating the Dark Side of Personalized Transactions; Para uma análise em sentido contrário da aplicação de regras universais em relação ao direito de arrependimento BEN-SHAHAR; PORAT, Personalizing Mandatory Rules in Contract Law.

[608] ZAMIR; TEICHMAN, **Behavioral Law and Economics**.

levado o Direito Europeu a buscar um meio termo entre o direito ao arrependimento e os danos que ele pode causar ao mercado[609].

Embora estas observações sejam extremamente factíveis, o direito de arrependimento ainda se mostra uma política mais adequada às relações de consumo do que as demais alternativas referentes à anulação do contrato ou rediscussão das cláusulas contratuais por meio de processo judicial, visto que nem sempre a melhor alternativa é isenta de críticas.

Demais do exposto, a possibilidade de arrependimento dá ao consumidor a segurança necessária para realizar contratos eletrônicos que talvez não viessem a ser realizados sem a possibilidade de desfazimento do negócio, reduzindo então os custos de transação nas relações de consumo.

Verificados estes pontos, cumpre agora tratar da relação entre a precificação personalizada e os setores regulados.

2.5. Precificação personalizada e setores regulados

Como vimos, a precificação personalizada em si mesma não é ilícita, desde que atenda aos pressupostos da informação, exista concorrência no mercado, o produto ou serviço possua demanda elástica e não viole direitos fundamentais.

Contudo, há situações que, sob um prisma valorativo ou econômico não podem ser toleradas, especialmente diante do fornecimento de bens indispensáveis para a vida ou cuja fruição esteja vinculada ao próprio exercício da dignidade pessoa humana.

Exemplo disto são mercados referentes aos planos e seguros saúde, fornecimento de água e energia elétrica, visto que a busca da mera eficiência nas relações econômicas não satisfaz por completo os padrões sociais determinados pelo Constituinte e pela sociedade em geral.

Trata-se do que denominamos nesta dissertação de interesses imediatos (v.g. menor preço possível em uma contratação) face aos interesses mediatos (v.g. interesse de que a remuneração ao fornecedor não seja baixa o suficiente para permitir a concentração do mercado, escassez do produto ou serviço, elevação futura de preços etc.) do consumidor.

[609] Note-se, contudo, que o Direito Europeu possui prazo de 14 dias para o arrependimento e regras mais específicas que as dispostas no CDC. Watson, Jonathon, Withdrawal rights, *in*: Twigg-Flesner, Christian (Org.), **Research handbook on EU consumer and contract law**, Cheltenham: Edward Elgar, 2016, p. 246 e seguintes.

Para apaziguar estas disputas, criou-se a figura das autarquias sob regime especial (Agências Reguladoras) para que seja possível a mediação técnica da relação entre consumidores, fornecedores e Estado a fim de harmonizar os conflitos de interesse oriundos de alguns mercados peculiares.

Assim, a título de exemplo, compete à Agência Nacional de Saúde Suplementar (ANS) a autorização para a realização de reajustes e revisões e monitoramento da evolução de preços dos "planos de assistência à saúde"[610], assim como, no estado de São Paulo, compete à Agência Reguladora de Saneamento e Energia do Estado de São Paulo (ARSESP) tratar do reajuste e revisão de tarifas em setores de gás canalizado e saneamento básico estadual[611].

Via de regra, isto implica que, nestes setores, a precificação personalizada terá impacto muito reduzido, salvo autorização da Administração Pública, pois a flutuação de preços não se dá pela vontade do fornecedor e do consumidor ou pelo equilíbrio de mercado.

Estas considerações devem ser analisadas *cum grano salis*, visto que há especificidades em cada espécie de produto ou serviço regulado que alteram as regras aplicáveis aos casos concretos.

Pensemos nos planos de saúde, nestes contratos, há complicações referentes ao reajuste por faixa etária[612] ou ainda em virtude do modelo de contratação realizado pelo consumidor (v.g. familiar ou coletivo), o que criará severas distinções entre o regime jurídico a ser adotado e os critérios de reajuste que serão utilizados.

[610] Cf. Lei Federal de nº: 9.961/00: "Art. 4º Compete à ANS: (...) XVII – autorizar reajustes e revisões das contraprestações pecuniárias dos planos privados de assistência à saúde, ouvido o Ministério da Fazenda; (...) XXI – monitorar a evolução dos preços de planos de assistência à saúde, seus prestadores de serviços, e respectivos componentes e insumos.

[611] Cf. Lei Complementar Estadual de nº: 1.025/07: "Artigo 8º – Quanto aos serviços de gás canalizado, compete ainda à ARSESP, respeitadas as competências e prerrogativas federais e municipais: (...) III – aprovar níveis e estruturas tarifárias e proceder ao reajuste e à revisão de tarifas; (...) Artigo 10 – Quanto aos serviços públicos de saneamento básico de titularidade estadual, compete ainda à ARSESP, respeitadas as competências e prerrogativas federais e municipais: (...) IV – observadas as diretrizes tarifárias definidas em decreto, fixar as tarifas e outras formas de contraprestação dos serviços, bem como proceder a seu reajuste e revisão, tendo por objetivo assegurar tanto o equilíbrio econômico-financeiro da prestação como a modicidade das tarifas, mediante mecanismos que induzam à eficiência dos serviços e que permitam a apropriação social dos ganhos de produtividade;".

[612] Cf. Resolução Normativa 63 da ANS.

A título de exemplo, o reajuste dos planos individuais ou familiares é limitado pela própria ANS, conforme planilha divulgada no site da própria agência reguladora, ao passo que os planos coletivos com mais de 30 beneficiários seguem regra distinta, aplicando-se o que foi contratualmente convencionado pelas partes[613].

Desta maneira, o campo mais apto a permitir a precificação personalizada se encontra nos contratos coletivos, ainda que mesmo estes reajustes se encontrem limitados pelo art. 39, V e X, do CDC, visto que se trata de relação contratual já em andamento, diferindo então dos casos visualizados no capítulo 2.3. *supra.*

Portanto, a precificação personalizada em setores regulados deve ser analisada à luz das Resoluções das Agências Reguladoras e do CDC, atentando-se então à impossibilidade de sua aplicação pura e simples sem maior análise do caso concreto.

2.6. Precificação personalizada e situações excepcionais: elevação de preços e COVID – 19

As considerações lançadas no presente capítulo podem levantar discussões a respeito de como se situaria a precificação personalizada em relação a situações excepcionais, como a ocorrida em virtude da doença COVID-19[614].

Realmente, no capítulo 2.3 da Parte I desta dissertação, pontuou-se que as práticas abusivas previstas no art. 39, V e X, do CDC não podem ser utilizadas a fim de permitir ampla e irrestrita revisão dos pactos travados em relação de consumo quando presente ambiente competitivo e ausente grave problema de assimetria informacional.

Contudo, estas conclusões vão na contramão das políticas públicas recomendadas ou adotadas por conta de variações de preço em decorrência de assimetrias informacionais e evidente abalo na cadeia de fornecimento durante a pandemia.

[613] Disponível em: http://www.ans.gov.br/planos-de-saude-e-operadoras/espaco-do-consumidor/reajustes-de-mensalidade/reajuste-anual-de-planos-individuais-familiares/historico-de-reajuste-por-variacao-de-custo-pessoa-fisica (acesso em 28.01.20).

[614] COVID-19 é uma doença causada pelo coronavírus, uma família de vírus que causa doenças respiratórias. ORGANIZAÇÃO MUNDIAL DA SAÚDE – OMS, **Q&A on coronaviruses (COVID-19)**, disponível em: <https://www.who.int/news-room/q-a-detail/q-a-coronaviruses>, acesso em: 14 maio 2020.

Assim, necessário analisar como este cenário pode ou não alterar as conclusões apresentadas no capítulo 2.3. e debater o papel da precificação personalizada em um ambiente extremamente atípico.

Dentre os casos mais evidentes de alteração de preços durante a pandemia, destaca-se o álcool em gel, que sofreu variação de 14,8% no ano de 2020 em relação ao ano de 2019[615].

Em um ambiente de informação plena, por conta do incremento do preço do álcool em gel, os consumidores migrariam para um bem substituto extremamente conhecido, a saber, o sabonete líquido[616], mas não foi este o cenário observado, tendo ocorrido aumento da demanda de 122,95% pelo álcool em gel e não havendo notícias de semelhante incremento em relação ao sabonete líquido[617].

Note-se ainda que a expansão da curva de demanda força a adoção de um novo preço de equilíbrio até que venha a surgir redução da quantidade demandada ou incremento da oferta, não se podendo ignorar também o incremento dos custos de procura por parte dos consumidores em um ambiente de maior escassez.

Dentro deste panorama, as políticas públicas recomendadas ou adotadas por diversos Estados da Federação, ainda que bem intencionadas, não inovaram naquilo que já se encontra positivado no art. 39 do CDC, como se pode notar na Lei Estadual de nº: 8.769 de 23 de março de 2020 do Estado do Rio de Janeiro[618], na Lei Estadual de nº: 23.631 de 02 de abril de 2020 do Estado de Minas Gerais[619] e na Lei Estadual de

[615] SALOMÃO, Karin, **A corrida do álcool em gel: como o produto foi da escassez ao excesso**, Exame, disponível em: <https://exame.abril.com.br/negocios/depois-de-corrida-por-alcool-em-gel-estoque-estabilizou-e-ha-ate-sobra/>, acesso em: 14 maio 2020.

[616] CRF/RS, **Covid-19: qual o melhor produto para realizar a higienização das mãos?**, disponível em: <https://crfrs.org.br/noticias/covid-19--qual-o-melhor-produto-para-realizar-a-higienizacao-das-maos->, acesso em: 14 maio 2020.

[617] SALOMÃO, **A corrida do álcool em gel**.

[618] O art. 1º da referida Lei Estadual assim dispõe: "Art. 1º Fica vedada a majoração, sem justa causa, do preço de produtos ou serviços, durante o período em que estiver em vigor o Plano de Contingência do Novo Coronavírus da Secretaria de Estado de Saúde. § 1º Para os fins da definição de majoração de preços de que trata o caput deste artigo deverão ser considerados os preços praticados em 01 de março de 2020. § 2º A proibição de que trata o caput deste artigo se aplica aos fornecedores de bens e serviços nos termos do artigo 3º do Código de Defesa do Consumidor."

[619] O art. 10, IV, da referida Lei Estadual assim dispõe: "Art. 10 – Para fins de proteção do consumidor, o Estado poderá adotar as seguintes medidas: (...) IV – combate à elevação

nº: 16.870 de 23 de abril de 2020 do Estado de Pernambuco[620], exemplificativamente.

Também houve recomendação de que fossem adotadas medidas heterodoxas durante a pandemia, tal como o congelamento de preços proposto pela Ordem dos Advogados do Estado do Ceará[621] e congelamento de preços de medicamentos, conforme o Projeto de Lei nº 881, de 2020, de autoria do Senador Randolfe Rodrigues[622].

Estas medidas heterodoxas encontram pares no âmbito internacional no tabelamento de preços na Venezuela[623] e da fixação de preços de máscaras de proteção na França[624].

injustificada de preços de insumos, produtos ou serviços, em especial os utilizados no combate ou na prevenção da pandemia de Covid-19, ressalvada a oscilação natural de preço para adequação de oferta e demanda a fim de se evitar a escassez;".

620 O art. 1º da referida Lei inclui no rol de condutas vedadas aos fornecedores previsto no art. 23 da Lei de nº: 16.559, de 15 de janeiro de 2019, o quanto segue: "IV – elevar, de forma arbitrária e sem justa causa, o preço de produtos ou serviços, notadamente em decorrência de guerra, calamidade pública, pandemia ou outra grave circunstância de comoção social."

621 OAB-CE, OAB-CE recomenda ao Governo Federal congelamento de preços dos produtos de prevenção ao Coronavírus.

622 BRASIL, **Projeto de Lei n° 881, de 2020 – Pesquisas – Senado Federal**, disponível em: <https://www25.senado.leg.br/web/atividade/materias/-/materia/141185>, acesso em: 14 maio 2020.

623 JORGE, Elianah, **Venezuela reajusta salário mínimo e volta a tabelar preço dos produtos**, disponível em: <https://economia.uol.com.br/noticias/redacao/2020/04/30/venezuela-reajusta-salario-minimo-e-volta-a-tabelar-preco-dos-produtos.htm>, acesso em: 14 maio 2020.

624 O Decreto de nº 2020-506 de 02 de maio de 2020 fixa o preço das máscaras no varejo e no atacado: "Art. 1er. – Le décret du 23 mars 2020 susvisé est ainsi modifié : 1o Après l'article 11, il est inséré un article 11-1 ainsi rédigé: «Art. 11-1. – I. – Les dispositions du présent article sont applicables jusqu'au 23 mai 2020 à la vente de masques de type chirurgical à usage unique répondant à la définition de dispositifs médicaux, quelle que soit leur dénomination commerciale, et qu'il s'agisse: «– des masques anti-projections respectant la norme EN 14683 n'ayant pas fait l'objet de la réquisition mentionnée à l'article 12; «– des masques fabriqués en France ou dans un autre Etat membre de l'Union européenne, ou importés, mis à disposition sur le marché national et ayant bénéficié d'une dérogation consentie par le directeur général de l'Agence nationale de sécurité du médicament et des produits de santé en application de l'article R. 5211-19 du code de la santé publique. «II. – Le prix de vente au détail des produits mentionnés au I ne peut excéder 95 centimes d'euros toutes taxes comprises par unité, quel que soit le mode de distribution, y compris en cas de vente en ligne. Ce prix n'inclut pas les éventuels frais de livraison. «III. – Les dispositions du II sont également applicables à la vente des produits mentionnés au I lorsqu'elle est destinée à des utilisateurs finaux autres que les consommateurs au sens de l'article

Em relação ao CDC, há propostas de alteração do art. 39 visando "dispor sobre o aumento abusivo de preços por ocasião de endemias, epidemias e pandemias", conforme o PL 771, de 2020, de autoria do Senador Randolfe Rodrigues[625] e vedação de "elevação de preço de alimentos componentes da cesta básica durante estado de calamidade pública nacional", conforme o PL 1610, de 2020, de autoria do Senador Marcos do Val[626] (posteriormente retirado).

Dentre tais Projetos de Lei, a proposta do Senador Randolfe Rodrigues se mostra mais técnica, vejamos:

> "X – elevar sem justa causa o preço de produtos ou serviços, em especial em situação de endemias, epidemias e pandemias assim declaradas pelos órgãos competentes.
>
> § 1º ....
>
> § 2º Na caracterização do aumento de preços sem justa causa, além de outras circunstâncias econômicas e mercadológicas relevantes, considerar-se-á:
>
> I – o preço do produto ou serviço, ou sua elevação, não justificados pelo comportamento do custo dos respectivos insumos, ou pela introdução de melhorias de qualidade;
>
> II – o preço de produto anteriormente produzido, quando se tratar de sucedâneo resultante de alterações não substanciais;

liminaire du code de la consommation. «IV. – Le prix de vente en gros destinée à la revente des produits mentionnés au I ne peut excéder 80 centimes d'euros hors taxes par unité. «V. – Le ministre chargé de l'économie peut modifier par arrêté les prix maxima mentionnés au II et IV, pour tenir compte de l'évolution de la situation du marché constatée sur tout ou partie du territoire, dans la limite d'un coefficient correcteur qui ne peut être inférieur à 0,5 ou supérieur à 1,5. Cet arrêté peut également prendre en compte, sur proposition du représentant de l'État dans les collectivités d'outre-mer où les dispositions du présent article sont applicables, la situation particulière de ces collectivités en ce qui concerne le coût du transport ou les dispositions fiscales applicables."

625 BRASIL, **Projeto de Lei nº 771, de 2020 – Pesquisas – Senado Federal**, disponível em: <https://www25.senado.leg.br/web/atividade/materias/-/materia/141124>, acesso em: 14 maio 2020.

626 O aludido projeto de lei pretende inserir no art. 39 do CDC o seguinte parágrafo: "§ 2º Presume-se abusiva, nos termos do inciso X do caput, a elevação de preço de alimento componente da cesta básica durante a vigência de estado de calamidade pública nacional reconhecida pelo Congresso Nacional." **Projeto de Lei nº 1610, de 2020 – Pesquisas – Senado Federal**, disponível em: <https://www25.senado.leg.br/web/atividade/materias/-/materia/141450>, acesso em: 14 maio 2020.

> III – o preço de produtos e serviços similares, ou sua evolução, em mercados competitivos comparáveis;
> IV – a existência de ajuste ou acordo, sob qualquer forma, que resulte em majoração do preço de bem ou serviço ou dos respectivos custos;
> V – a dependência do consumidor em relação ao produto ou serviço, seja para sua subsistência ou para a proteção de sua segurança ou saúde." (NR)"

Contudo, o Projeto de Lei olvida alterações de oferta e demanda no mercado, tratando apenas e tão somente de hipóteses referentes a elevações de preços que não possam ser explicadas em virtude do aumento dos custos do fornecedor.

Também dispondo a respeito da precificação em situações excepcionais, o Projeto de Lei 1.453, de 2020, de autoria do Senador José Serra, dispõe a respeito da liberdade de precificação e veda o controle de preços por parte da União, Estados, Distrito Federal e Municípios[627].

Entretanto, o mesmo Projeto de Lei dispõe a respeito de imposição de teto de preços e subsídios, o que é manifestamente contraditório:

> Art. 3º É direito de toda pessoa privada, natural ou jurídica, observado o disposto no parágrafo único do art. 170 da Constituição Federa, definir livremente o preço de produtos e de serviços como consequência de alterações da oferta e da demanda, devendo o poder público coibir abusos e, se necessário, decretar reconversão da produção em setores selecionados para atender às demandas oriundas da situação de emergência ou calamidade.

[627] O Projeto de Lei assim dispõe: "Art. 2º Em caso de declaração de estado de emergência ou calamidade pública, a União, os Estados, o Distrito Federal e os Municípios não adotarão medidas de controle de preços de bens e serviços de qualquer natureza em mercados não regulados pelo poder público, e envidarão esforços para fiscalizar e garantir a produção, o transporte e o livre acesso da população aos bens e serviços. Art. 3º É direito de toda pessoa privada, natural ou jurídica, observado o disposto no parágrafo único do art. 170 da Constituição Federa, definir livremente o preço de produtos e de serviços como consequência de alterações da oferta e da demanda, devendo o poder público coibir abusos e, se necessário, decretar reconversão da produção em setores selecionados para atender às demandas oriundas da situação de emergência ou calamidade." BRASIL, **Projeto de Lei nº 1453, de 2020 – Pesquisas – Senado Federal**, disponível em: <https://www25.senado.leg.br/web/atividade/materias/-/materia/141412>, acesso em: 14 maio 2020.

> § 1º As empresas deverão garantir o amplo acesso, estabelecendo quantidades máximas por pessoa física quando necessário.
> § 2º O poder público poderá:
> I – definir limites de preços para bens essenciais ao enfrentamento da situação emergencial desde que considere o aumento de custos em toda a cadeia de suprimentos e o ajuste natural entre oferta e demanda;
> II – subsidiar preços de bens essenciais para segmentos sociais vulneráveis ou beneficiários de programas de transferência de renda.

Por fim, cabe ainda notar que a discussão em relação ao aumento de preços durante a pandemia foi analisada pela SENACON na Nota Técnica nº 8/2020/CGEMM/DPDC/SENACON/MJ[628] e no Parecer de Mérito nº 42/2020/CG-Penal/AEAL-Entrada/MJ[629].

Nas análises realizadas pela SENACON, levou-se em consideração os efeitos que eventual controle de preços poderia ter sobre a cadeia de fornecimento de produtos, salientando eventual desabastecimento ou criação de mercado informal:

> "2.31. Como não se permite que os preços aumentem, deverá haver algum mecanismo de ajuste para racionar este excesso de quantidade demandada sobre a ofertada de qd-qs. Este racionamento pode ocorrer por filas, alocação do bem ou serviço aos melhores amigos do ofertante, dentre outros mecanismos. Muitas vezes, este ajuste ocorrerá pelo mercado informal, criminalizando parte da atividade (como acontece com algumas atividades, ainda que minoritárias, no âmbito dos marketplaces, isto é, plataformas de comércio eletrônico).
> 2.32. A principal ineficiência é que há agentes demandantes que estariam dispostos a pagar um pouco mais para ter o bem ou serviço e agentes ofertantes dispostos a aumentar sua oferta em resposta a um aumento de preços. Os consumidores que conseguem ter acesso ao bem ou serviço, seja porque conseguem acordar cedo para ir para a fila, seja porque são amigos do ofertante, são beneficiados em detrimento dos que não conseguem acesso ao bem ou serviço e o empresário. Isto implica não se tratar de uma questão distributiva apenas entre consumidores e empresários, mas também entre consumidores que tem acesso e os que não

628 BRASIL. SENACON, Nota Técnica n.º 8/2020/CGEMM/DPDC/SENACON/MJ, 2020.
629 BRASIL. SENACON, Parecer de Mérito n.º 42/2020/CG-Penal/AEAL-Entrada/MJ, 2020.

têm acesso ao bem ou serviço ao preço Ps. Alternativamente, parte do mercado se transfere para o setor informal.
2.33. Um exemplo histórico foi o do Plano Cruzado de 1986, quando os controles de preços geraram massivo de desabastecimento de vários produtos, a formação de filas nas portas dos supermercados, açougues e outros comércios, além de migração para o mercado ilegal.
2.34. Em síntese, subverter o mecanismo de ajuste de mercado previsto na Constituição Federal e premissa do CDC, em resposta a um incremento de demanda como o álcool gel e máscaras decorrente do problema do coronavírus pode trazer consequências não esperadas. Poderá haver, por exemplo, o desabastecimento ou migração do produto para o mercado informal."[630]

No mesmo sentido, discutindo o Projeto de Lei 1.008, de 2020 de autoria do Deputado Túlio Gadelha, o Departamento de Estudos Econômicos do CADE assim se pronunciou na Nota Técnica 16/2020/DEE/CADE:

> "Caso se estabeleça o preço teto do produto abaixo do que seria ótimo do ponto de vista social, é possível gerar um desabastecimento do mercado, já que os produtores não estarão dispostos a produzir ao preço estabelecido pela autoridade. Com efeito, a estipulação de preços teto muito baixos com desabastecimento ocorreu de maneira muito clara no Brasil, com planos econômicos que buscavam congelar preços abaixo do que seria o equilíbrio de mercado e este tipo de fenômeno (desabastecimento) restou claro à população. Segundo Mariana Schimitt, que comentou que o erro do Plano Cruzado[1] com o congelamento de preços levou a uma "grave crise de abastecimento (prateleiras vazias)" e após alguns meses, a inflação que se buscava combater retornou. Ao congelar, cuida-se de um sintoma e não da causa principal dos preços altos.
> Na Argentina, a política de "preços cuidados" que também estabeleceu lá congelamento de preços, também, gerou elevados desabastecimentos, que foram da ordem de 46% do mercado.[2] Na Venezuela, em 2014, também foi noticiada que a Lei de Custos e Precios Justos[3] estaria sendo questionada por empresários que eram contrários ao tabelamento e que alertaram sobre a possibilidade de desabastecimento do mercado. Em

[630] BRASIL. SENACON, Nota Técnica nº 8/2020/CGEMM/DPDC/SENACON/MJ.

> 2018,[4] Sandra Cohen relatou que "Filas quilométricas nos postos de gasolina e prateleiras de feiras e supermercados vazias são imagens do Plano Cruzado, no governo Sarney, que os brasileiros apagaram da memória e habituaram-se a associar à realidade da Venezuela. Essa combinação de desabastecimento, hiperinflação e desnutrição forçou, nos últimos anos, o êxodo de 50 mil venezuelanos para território brasileiro. (...) No país de Nicolás Maduro, que controla forças armadas, Judiciário e Legislativo, a escassez é sistêmica, fruto do colapso produtivo, da inflação esmada em 14.000% em 2018, da incapacidade de importação e da inoperância do governo."
> Independentemente de qualquer julgamento ideológico, há que se recnhecer a correlação entre desabastecimento e políticas de congelamento de preços ou de estabelecimento de preços teto muito baixo.
> É possível que antigouging acts (políticas de fixação de preços máximos, mesmo que em períodos de crise e limitados temporalmente) tenham como efeito a diminuição do interesse de ofertantes em repor e abastecer o mercado de mercadorias das por essenciais. Neste aspecto, a política pública poderá gerar o efeito oposto ao que pretende.
> No Brasil, como já se disse, no âmbito de fármacos ao menos, não há necessidade sequer de se adotar tal medida extrema, porque já existe controle de preços. Cabe é aprimorar a atual regulação, tornando-a mais isonômica. Para outros setores da economia, o custo social de se adotar uma política de tabelamento de preços temporário (mesmo que sejam preços teto) pode gerar grandes ineficiências sociais."[631]

Pois bem, parece evidente que a pandemia causada pelo coronavírus levantou preocupações em todas as esferas da sociedade civil e da Administração Pública, bem como efetivamente houve elevação de preços de bens no mercado, especialmente aqueles relacionados aos cuidados de higiene.

Muitos destes aumentos podem ser explicados à luz do incremento dos custos de produção advindos do isolamento social, elevação do custo de matéria prima e mudanças dentro das preferências do consumidor, que buscará adquirir menos produtos dentro de um ambiente de incertezas.

[631] BRASIL. CADE. DEE, NOTA TÉCNICA Nº 16/2020/DEE/CADE, 2020.

Assim, o fornecedor pode buscar compensar perdas em dados setores (venda de itens frívolos, por exemplo) através da majoração de preços de máscaras ou de álcool em gel, buscando balancear seus custos totais.

A vedação ao incremento de preços, então, como já pontuado pela SENACON, atuaria como teto de preços a desincentivar o aumento da oferta ou ainda viabilizando o surgimento de mercados informais ou privilégios a determinadas pessoas[632].

Além disto, mostra-se necessário pontuar que os custos de eventual fiscalização de elevação de preços devem ser considerados, visto que a alocação de recursos escassos em atividades não diretamente relacionadas com a pandemia pode ser menos benéfica para a sociedade.

Por outro lado, o aumento desenfreado de preços agrava a diferença entre os consumidores, permitindo que apenas aqueles mais abastados possam ter acesso a bens de consumo extremamente relevantes durante a pandemia, o que pode ser um dos fatores explicativos para a maior mortalidade encontrada em minorias[633] e ignoraria alguns dos objetivos fundamentais da República, previstos no art. 3º, I e III, da Constituição Federal[634].

Seria possível argumentar que a concessão de subsídios seria uma alternativa viável ao controle de preços, mas tal medida recai no equívoco de criar falsa situação de abundância de bens escassos, interferindo na alocação eficiente de recursos.

Isto se dá porque os subsídios atuam como tributos negativos na formação do preço[635], de tal sorte que o preço final não será a exata medida da escassez do produto ou serviço subsidiado.

A distribuição direta dos bens aos consumidores também se afigura medida nociva, pois insere nas relações de mercado um comprador de pouca eficiência[636] que passa a distribuir os produtos sem se atentar

632 BRASIL. SENACON, Nota Técnica n.º 8/2020/CGEMM/DPDC/SENACON/MJ.

633 Aldridge, Robert W. *et al*, Black, Asian and Minority Ethnic groups in England are at increased risk of death from COVID-19: indirect standardisation of NHS mortality data, **Wellcome Open Research**, v. 5, p. 88, 2020.

634 Cf. Art. 3º, I e III, da CF: "Art. 3º Constituem objetivos fundamentais da República Federativa do Brasil: I – construir uma sociedade livre, justa e solidária; (...) III – erradicar a pobreza e a marginalização e reduzir as desigualdades sociais e regionais;".

635 Pindyck; Rubinfeld, **Microeconomics**, p. 359.

636 Veja-se, por exemplo, as compras realizadas em regime emergencial para o combate à pandemia causada pelo coronavírus. ISTOÉ, **Compras emergenciais para combate**

eficientemente às necessidades de cada indivíduo (v.g. um dado consumidor pode preferir uma unidade a mais de alimentos ao invés de álcool em gel).

Neste ambiente, a precificação personalizada poderia inserir uma solução pouco usual ao problema enfrentado, visto que seria possível discriminar consumidores através da renda e possibilitar então que diferentes camadas da população adquiram os produtos a preços diversos.

Entretanto, a utilização de precificação personalizada em um ambiente de pandemia possivelmente encontrará forte oposição dos consumidores, especialmente diante do tratamento diferenciado em uma situação de calamidade pública.

Nota-se, portanto, que não há solução perfeita a contemplar todos os aspectos do problema em análise, visto que qualquer das medidas provocará efeitos sociais indesejados, sendo o caso de se analisar qual o *trade-off* entre o controle de preços e a manutenção da concorrência.

Em um cenário ideal, seria possível à Administração Pública realizar os cálculos referentes aos ganhos e perdas sociais decorrentes da imposição de um regime de tabelamento, congelamento ou teto de preços frente à opção de manter a livre precificação no mercado.

Contudo, tal cálculo se mostra inviável frente ao ambiente incerto da pandemia, não sendo possível implementar uma política pública que seja tecnicamente perfeita e rápida a ponto de indicar uma solução incontestável frente ao problema que se apresenta.

Neste cenário, a solução com menores impactos imediatos no mercado e que não aumente ainda mais o fosso entre as classes sociais parece não se encontrar no controle de preços e tampouco em deixar a livre circulação de forças do mercado prover uma solução de médio prazo, mas na utilização de programas de transferência de renda para que os

à Covid-19 são investigadas em 11 Estados – ISTOÉ Independente, disponível em: <https://istoe.com.br/compras-emergenciais-sao-investigadas-em-11-estados/>, acesso em: 15 maio 2020; G1, **Polícia realiza operação em seis estados e expõe superfaturamento de compras na Saúde**, G1, disponível em: <https://g1.globo.com/fantastico/quadros/cade-o-dinheiro-que-tava-aqui/noticia/2020/05/10/policia-realiza-operacao-em-seis-estados-e-expoe-superfaturamento-de-compras-na-saude.ghtml>, acesso em: 15 maio 2020; Seabra, Catia, **Polícia faz operação para apurar suspeita de fraude em compra milionária de respiradores em SC**, Folha de S.Paulo, disponível em: <https://www1.folha.uol.com.br/cotidiano/2020/05/policia-faz-operacao-para-apurar-suspeita-de-fraude-em-compra-milionaria-de-respiradores-em-sc.shtml>, acesso em: 15 maio 2020.

agentes econômicos possam alocar eficientemente seus recursos diante de suas preferências[637].

Isto se daria porque a transferência direta de renda evita a necessidade de fiscalização constante da Administração Pública, não interfere na formação dos preços e viabiliza o acesso dos mais pobres aos bens de consumo de acordo com suas restrições orçamentárias e preferências individuais.

Contudo, programas de transferência de renda sofrem críticas por conta de eventuais desincentivos aos agentes econômicos e em virtude do crescimento econômico ser tomado como melhor redutor de desigualdade[638]. Embora pertinentes, tais objeções perdem vigor quando se trata de situação emergencial e transitória, pois não haverá abalos permanentes na estrutura de incentivos e o crescimento econômico não se mostra como saída viável em meio à crise.

Note-se, inclusive, que parece ter sido este o caminho eleito pelo Brasil através da Lei Ordinária de nº: 13.982/20, que instituiu auxílio emergencial em virtude do isolamento social necessário para conter a propagação da COVID-19 (popularmente conhecido como *coronavoucher*), assim como países da África, Ásia[639]e América do Norte[640].

[637] Sobre transferência direta de renda e seus benefícios pela não intervenção no mercado, veja-se: FRIEDMAN, Milton, **Capitalism and Freedom**, Chicago e Londres: The University of Chicago Press, 2002, p. 192; Apresentando pontos favoráveis e desfavoráveis da transferência de renda condicionada, veja-se: SHADY, Norbert; FISZBEIN, Ariel, **Conditional Cash Transfers: Reducing Present and Future Poverty**, Washington: The World Bank, 2009; Para uma revisão da literatura empírica, veja-se: BASTAGLI, Francesca *et al*, The Impact of Cash Transfers: A Review of the Evidence from Low- and Middle-income Countries., **Journal of Social Policy**, v. 48, n. 3, p. 569–594, 2019.

[638] SHADY; FISZBEIN, **Conditional Cash Transfers: Reducing Present and Future Poverty**, p. 46.

[639] JERVING, Sara, **Cash transfers lead the social assistance response to COVID-19**, Devex, disponível em: <https://www.devex.com/news/sponsored/cash-transfers-lead-the-social-assistance-response-to-covid-19-96949>, acesso em: 15 maio 2020.

[640] WORLD, Republic, **Coronavirus: US plans $1000 cash transfer per adult in $1 trillion stimulus package**, Republic World, disponível em: <https://www.republicworld.com/world-news/us-news/coronavirus-crisis-us-plans-cash-transfer-of-1000-dollars-per-adult-500-dollars-pe>, acesso em: 15 maio 2020; NEWS, KYODO, **Japan begins distributing cash handouts for virus relief**, Kyodo News+, disponível em: <https://english.kyodonews.net/news/2020/04/dd4382f2ebd5-japan-begins-distributing-cash-handouts-for-virus-relief.html>, acesso em: 15 maio 2020.

Em resumo: (i) as legislações adotadas pelos Estados por conta da pandemia causada pelo coronavírus não alteram o panorama jurídico existente no CDC; (ii) as propostas de alteração do art. 39 do CDC também não se apresentam como solução aos problemas enfrentados na pandemia; (iii) a SENACON se manifestou sinalizando os riscos do controle de preços no mercado, inclusive o de escassez de produtos; (iv) ainda que venha a ocorrer situação excepcional, o art. 39, V e X, do CDC não pode ser utilizado como meio de imposição de controle de preços sem que seja necessário recorrer à análise de custo-benefício da intervenção do Estado na economia, conforme pontuado no capítulo 1.5.2. desta dissertação; (v) em um ambiente de incerteza, no qual não se mostra possível aferir qual a política socialmente desejável (isto é, mais eficiente ou que cause menos danos), a transferência direta de renda parece ser a medida menos invasiva.

3. A Precificação Personalizada e a Lei de Geral de Proteção de Dados

Vencidas as análises de legalidade do direito do consumidor em sentido estrito, resta saber se há alguma ofensa na utilização da precificação personalizada frente à Lei Geral de Proteção de Dados.

Neste primeiro momento, interessa-nos a visão geral dos regramentos referentes à proteção dos dados pessoais para que se possa dissecar os pontos de possível conflito entre a LGPD e a precificação personalizada.

Entre nós, a proteção dos dados pessoais não foi positivada expressamente como direito fundamental ou garantia, mas pode ser inferida de do art. 5º em seus incisos, notadamente os referentes à privacidade[641].

Por outro lado, legislações mais recentes têm se empenhado em tratar da proteção dos dados pessoais, como se pode inferir da Carta de Direitos Fundamentais da União Europeia, que dispôs especificamente a respeito do tema em seus arts. 7º e 8º:

> "Artigo 7º
> Respeito pela vida privada e familiar
> Todas as pessoas têm direito ao respeito pela sua vida privada e familiar, pelo seu domicílio e pelas suas comunicações.

[641] Cf. art. 5º, X, da CF: "Art. 5º Todos são iguais perante a lei, sem distinção de qualquer natureza, garantindo-se aos brasileiros e aos estrangeiros residentes no País a inviolabilidade do direito à vida, à liberdade, à igualdade, à segurança e à propriedade, nos termos seguintes: (...) X – são invioláveis a intimidade, a vida privada, a honra e a imagem das pessoas, assegurado o direito a indenização pelo dano material ou moral decorrente de sua violação;"

Artigo 8º
Proteção de dados pessoais
1. Todas as pessoas têm direito à proteção dos dados de carácter pessoal que lhes digam respeito.
2. Esses dados devem ser objecto de um tratamento leal, para fins específicos e com o consentimento da pessoa interessada ou com outro fundamento legítimo previsto por lei. Todas as pessoas têm o direito de aceder aos dados coligidos que lhes digam respeito e de obter a respectiva retificação.
3. O cumprimento destas regras fica sujeito a fiscalização por parte de uma autoridade independente."[642]

As disposições da Carta de Direitos Fundamentais da União Europeia foram minudenciadas na Diretiva 95/46/CE, agora revogada pela GDPR (*General Data Protection Regulation – Regulation (EU) 2016/679*), que serviu de forte inspiração à LGPD, como teremos a oportunidade de analisar ao longo do presente capítulo.

Dentro do panorama europeu, o tratamento dos dados pessoais é visto de maneira funcionalista e antropocêntrica, como dispõe o *Recital* (4)[643], buscando então equacionar os diversos interesses conflitantes

[642] Na versão em inglês: "Article 7
Respect for private and family life
Everyone has the right to respect for his or her private and family life, home and communications.
Article 8
Protection of personal data
1. Everyone has the right to the protection of personal data concerning him or her.
2. Such data must be processed fairly for specified purposes and on the basis of the consent of the person concerned or some other legitimate basis laid down by law. Everyone has the right of access to data which has been collected concerning him or her, and the right to have it rectified.
3. Compliance with these rules shall be subject to control by an independent authority." Disponível em: https://www.europarl.europa.eu/charter/pdf/text_pt.pdf (acesso em 20.01.20).

[643] Na versão em português: "(4) O tratamento dos dados pessoais deverá ser concebido para servir as pessoas. O direito à proteção de dados pessoais não é absoluto; deve ser considerado em relação à sua função na sociedade e ser equilibrado com outros direitos fundamentais, em conformidade com o princípio da proporcionalidade. O presente regulamento respeita todos os direitos fundamentais e observa as liberdade e os princípios reconhecidos na Carta, consagrados nos Tratados, nomeadamente o respeito pela vida privada e familiar, pelo domicílio e pelas comunicações, a proteção dos dados pessoais, a liberdade de pensa-

dentro do tema ao dispor que a proteção aos dados pessoais não é um direito absoluto, estando condicionado à análise de sua função.

Estas preocupações inspiraram fortemente nosso direito positivo, que percorreu longo caminho antes de desaguar na LGPD, visto que os dados pessoais foram episodicamente regrados no CDC, na Lei Geral das Telecomunicações (Lei Ordinária de nº: 9.472/97) na Lei do Cadastro Positivo (Lei Ordinária de nº: 12.414/11) e no Marco Civil da Internet (Lei Ordinária de nº: 12.965/14).

Realmente, um dos primeiros contatos do legislador junto à proteção de dados em sua feição mais moderna veio na forma da regulação de bancos de dados e cadastro de consumidores tal como disposta nos arts. 43 e 44 do CDC.

Naquela oportunidade, disciplinou-se temas como o direito de acesso e correção dos dados, dever de veracidade, prazo de manutenção das informações negativas, dever de informação, transparência e demais diretrizes que formam a espinha dorsal do tema no Direito Brasileiro[644].

mento, de consciência e de religião, a liberdade de expressão e de informação, a liberdade de empresa, o direito à ação e a um tribunal imparcial, e a diversidade cultural, religiosa e linguística". Na versão em inglês: "(4) The processing of personal data should be designed to serve mankind. The right to the protection of personal data is not an absolute right; it must be considered in relation to its function in society and be balanced against other fundamental rights, in accordance with the principle of proportionality. This Regulation respects all fundamental rights and observes the freedoms and principles recognised in the Charter as enshrined in the Treaties, in particular the respect for private and family life, home and communications, the protection of personal data, freedom of thought, conscience and religion, freedom of expression and information, freedom to conduct a business, the right to an effective remedy and to a fair trial, and cultural, religious and linguistic diversity." Disponível em: https://eur-lex.europa.eu/legal-content/EN/TXT/HTML/?uri=CELEX:32016R0679&from=PT (acesso em 26.03.20).

644 Cf. art. 43 do CDC: "Art. 43. O consumidor, sem prejuízo do disposto no art. 86, terá acesso às informações existentes em cadastros, fichas, registros e dados pessoais e de consumo arquivados sobre ele, bem como sobre as suas respectivas fontes. § 1º Os cadastros e dados de consumidores devem ser objetivos, claros, verdadeiros e em linguagem de fácil compreensão, não podendo conter informações negativas referentes a período superior a cinco anos. § 2º A abertura de cadastro, ficha, registro e dados pessoais e de consumo deverá ser comunicada por escrito ao consumidor, quando não solicitada por ele. § 3º O consumidor, sempre que encontrar inexatidão nos seus dados e cadastros, poderá exigir sua imediata correção, devendo o arquivista, no prazo de cinco dias úteis, comunicar a alteração aos eventuais destinatários das informações incorretas. §4º Os bancos de dados e cadastros relativos a consumidores, os serviços de proteção ao crédito e congêneres são considerados entidades

As informações referentes ao adimplemento foram posteriormente tratadas de modo específico pela Lei do Cadastro Positivo, que apresenta uma significativa evolução na técnica de redação frente ao CDC e demais legislações que se utilizam de cláusulas gerais e conceitos jurídicos indeterminados.

De fato, a Lei do Cadastro Positivo apresentou esforço do legislador brasileiro em limitar o âmbito de incidência de suas disposições através da inclusão de definições/conceitos que antes eram preenchidos exclusivamente pela doutrina.

Desta maneira, a definição de "banco de dados" passa a ter sentido técnico como "conjunto de dados relativo a pessoa natural ou jurídica armazenados com a finalidade de subsidiar a concessão de crédito, a realização de venda a prazo ou de outras transações comerciais e empresariais que impliquem risco financeiro"[645], não se permitindo a proliferação de discussões bizantinas.

Além disto, houve esforço de delimitar obrigações de qualidade dos dados, minudenciando deveres que constavam apenas lateralmente no CDC, tais como objetividade, clareza e verdade[646], além de dar tratamento aos direitos do cadastrado/titular dos dados[647].

de caráter público. § 5º Consumada a prescrição relativa à cobrança de débitos do consumidor, não serão fornecidas, pelos respectivos Sistemas de Proteção ao Crédito, quaisquer informações que possam impedir ou dificultar novo acesso ao crédito junto aos fornecedores. § 6º Todas as informações de que trata o caput deste artigo devem ser disponibilizadas em formatos acessíveis, inclusive para a pessoa com deficiência, mediante solicitação do consumidor."

645 Cf. art. 2º, I, da Lei do Cadastro Positivo.

646 Cf. art. 3º da Lei do Cadastro Positivo: "Art. 3º Os bancos de dados poderão conter informações de adimplemento do cadastrado, para a formação do histórico de crédito, nas condições estabelecidas nesta Lei. § 1º Para a formação do banco de dados, somente poderão ser armazenadas informações objetivas, claras, verdadeiras e de fácil compreensão, que sejam necessárias para avaliar a situação econômica do cadastrado. § 2º Para os fins do disposto no § 1º, consideram-se informações: I – objetivas: aquelas descritivas dos fatos e que não envolvam juízo de valor; II – claras: aquelas que possibilitem o imediato entendimento do cadastrado independentemente de remissão a anexos, fórmulas, siglas, símbolos, termos técnicos ou nomenclatura específica; III – verdadeiras: aquelas exatas, completas e sujeitas à comprovação nos termos desta Lei; e IV – de fácil compreensão: aquelas em sentido comum que assegurem ao cadastrado o pleno conhecimento do conteúdo, do sentido e do alcance dos dados sobre ele anotados. § 3º Ficam proibidas as anotações de: I – informações excessivas, assim consideradas aquelas que não estiverem vinculadas à análise de risco de crédito ao consumidor; e II – informações sensíveis, assim consideradas aquelas pertinentes à origem

Assim, a Lei do Cadastro Positivo foi um momento importante da proteção de dados pessoais no Brasil, visto que colocou bases e limites na utilização dos bancos de dados de adimplementos, inclusive impossibilitando a concessão de informações para a precificação personalizada[648].

A mesma preocupação se encontra no Marco Civil da Internet, que tenta equacionar a proteção dos dados pessoais com valores da livre iniciativa e da livre concorrência[649], tendo avançado ainda mais na minimização dos dados e no dever de informação por parte dos provedores de acesso e nas aplicações de internet[650].

social e étnica, à saúde, à informação genética, à orientação sexual e às convicções políticas, religiosas e filosóficas."

[647] Cf. especialmente o art. 5º da Lei do Cadastro Positivo.

[648] Cf. art. 7º da Lei do Cadastro Positivo: "Art. 7º As informações disponibilizadas nos bancos de dados somente poderão ser utilizadas para: I – realização de análise de risco de crédito do cadastrado; ou II – subsidiar a concessão ou extensão de crédito e a realização de venda a prazo ou outras transações comerciais e empresariais que impliquem risco financeiro ao consulente. Parágrafo único. Cabe ao gestor manter sistemas seguros, por telefone ou por meio eletrônico, de consulta para informar aos consulentes as informações de adimplemento do cadastrado.

[649] Cf. arts. 2º, II e V, e 3º, I a III, do Marco Civil da Internet: "Art. 2º A disciplina do uso da internet no Brasil tem como fundamento o respeito à liberdade de expressão, bem como: (...) II – os direitos humanos, o desenvolvimento da personalidade e o exercício da cidadania em meios digitais; (...) V – a livre iniciativa, a livre concorrência e a defesa do consumidor; e Art. 3º A disciplina do uso da internet no Brasil tem os seguintes princípios: I – garantia da liberdade de expressão, comunicação e manifestação de pensamento, nos termos da Constituição Federal; II – proteção da privacidade; III – proteção dos dados pessoais, na forma da lei; Parágrafo único. Os princípios expressos nesta Lei não excluem outros previstos no ordenamento jurídico pátrio relacionados à matéria ou nos tratados internacionais em que a República Federativa do Brasil seja parte.

[650] Cf. arts. 7º, 8º e 16 do Marco Civil da Internet: "Art. 7º O acesso à internet é essencial ao exercício da cidadania, e ao usuário são assegurados os seguintes direitos: I – inviolabilidade da intimidade e da vida privada, sua proteção e indenização pelo dano material ou moral decorrente de sua violação; II – inviolabilidade e sigilo do fluxo de suas comunicações pela internet, salvo por ordem judicial, na forma da lei; III – inviolabilidade e sigilo de suas comunicações privadas armazenadas, salvo por ordem judicial; (...) VI – informações claras e completas constantes dos contratos de prestação de serviços, com detalhamento sobre o regime de proteção aos registros de conexão e aos registros de acesso a aplicações de internet, bem como sobre práticas de gerenciamento da rede que possam afetar sua qualidade; VII – não fornecimento a terceiros de seus dados pessoais, inclusive registros de conexão, e de acesso a aplicações de internet, salvo mediante consentimento livre, expresso e informado ou nas hipóteses previstas em lei; VIII – informações claras e completas sobre coleta, uso, armazenamento, tratamento e proteção de seus dados pessoais, que somente poderão ser

Ainda que tais precedentes normativos existam, não havia um diploma voltado especificamente aos dados pessoais e redigido com o propósito de inserir racionalização e sistematização da matéria, o que somente foi superado pela LGPD em 2019.

Dentro do debate regulatório, discute-se, como sempre, a regulação dos dados pessoais sob a perspectiva intervencionista/paternalista, marcada pela construção de normas que criam infraestrutura dentro da qual os controladores poderão utilizar os dados pessoais, e a chamada neoliberal/liberal/libertária, na qual se confere maior responsabilidade aos titulares dos dados[651].

Este debate perpassou a construção da legislação internacional de referência, a GDPR, e foi apropriada no contexto nacional em uma busca de harmonização consciente de limites axiológicos à liberdade

utilizados para finalidades que: a) justifiquem sua coleta; b) não sejam vedadas pela legislação; e c) estejam especificadas nos contratos de prestação de serviços ou em termos de uso de aplicações de internet; IX – consentimento expresso sobre coleta, uso, armazenamento e tratamento de dados pessoais, que deverá ocorrer de forma destacada das demais cláusulas contratuais; X – exclusão definitiva dos dados pessoais que tiver fornecido a determinada aplicação de internet, a seu requerimento, ao término da relação entre as partes, ressalvadas as hipóteses de guarda obrigatória de registros previstas nesta Lei; XI – publicidade e clareza de eventuais políticas de uso dos provedores de conexão à internet e de aplicações de internet; (...) XIII – aplicação das normas de proteção e defesa do consumidor nas relações de consumo realizadas na internet.
Art. 8º A garantia do direito à privacidade e à liberdade de expressão nas comunicações é condição para o pleno exercício do direito de acesso à internet.
Parágrafo único. São nulas de pleno direito as cláusulas contratuais que violem o disposto no caput, tais como aquelas que: I – impliquem ofensa à inviolabilidade e ao sigilo das comunicações privadas, pela internet; ou (...)
Art. 16. Na provisão de aplicações de internet, onerosa ou gratuita, é vedada a guarda: I – dos registros de acesso a outras aplicações de internet sem que o titular dos dados tenha consentido previamente, respeitado o disposto no art. 7º; ou II – de dados pessoais que sejam excessivos em relação à finalidade para a qual foi dado consentimento pelo seu titular."

[651] "(...) regulating the commercial use of personal data involves two opposing positions. One, interventionist, insists on the need for binding legislation to oblige market players to respect norms drawn up collectively for the general interest as defined by democratic process. The second, neoliberal, suggests making individual users responsible – who will thus be forced to make choices about their consumption according to their degree of willingness to protect personal data – as well as market players who they believe will eventually self-regulate." (Smyrnaios, **Internet Oligopoly: The Corporate Takeover of Our Digital World**, p. 131.)

dos agentes econômicos, impondo valores fundamentais que restringem as atividades empresariais.

Noutras palavras, a LGPD busca assegurar a possibilidade do tratamento de dados pessoais por terceiros, mas condiciona tal prática a garantias de acesso do titular dos dados às informações relevantes, veda algumas formas de discriminação e cria categoria de dados pessoais sensíveis ao mesmo passo que protege o controlador de ser forçado a revelar o segredo empresarial ou industrial[652] ao titular dos dados.

O sucesso ou fracasso de tais políticas somente será descoberto ao longo do tempo, pois a prática será a juíza dos resultados da adoção tanto da LGPD quanto da GDPR.

Deve-se, contudo, evitar posturas tendentes a dificultar a utilização dos dados pessoais em benefício da coletividade, pois, como pontua Domingos, a estratégia frente à dadificação da vida (*datification of life*) não é fugir para uma cabana de madeira, mas tomar controle dos dados que importam para que estes sirvam ao indivíduo e lhe tragam o que deseja, ao invés de trazer o que outros desejam que ele tenha[653].

Isto não implica, evidentemente, que se trate de uma escolha simples ou sem custos, pois a redução da quantidade de dados implica em menor nível de personalização no recebimento de informações ou na fruição de produtos e serviços[654].

Para que se tenha ideia dos impactos de uma política de restritiva quanto à captação e tratamento de dados, um estudo da LONDON ECONOMICS acentua que uma interpretação "forte" da GDPR pode levar a uma perda de £58 bilhões e perda de 1.3 milhão de empregos à União Europeia[655].

[652] "Por segredo comercial ou industrial devemos entender como método, técnica, prática, design, fórmula, padrão, know-how ou qualquer outra informação que coloque o controlador em vantagem sobre seus concorrentes" Cots, Márcio; Oliveira, Ricardo, **Lei Geral de Proteção de Dados Pessoais Comentada**, 3. ed. São Paulo: Revista dos Tribunais, 2019, p. 100.

[653] Domingos, **The Master Algorithm: How the Quest for the Ultimate Learning Machine Will Remake Our World**, p. 45.

[654] Busch, Implementing Personalized Law: Personalized Disclosures in Consumer Law and Data Privacy Law.

[655] LONDON ECONOMICS, **Analysis of the potential economic impact of GDPR: Implications of the ICO's Draft Guidelines on consent**, Londres: London Economics, 2017, p. 7.

Esta perspectiva é importante porque há inúmeras alternativas que podem tornar mais evidente a utilização de dados pessoais do que a simples proibição de sua utilização ou a imposição de regras de consentimento demasiadamente rígidas, havendo propostas que vão desde o maior cuidado com o consentimento, comunicação ao titular a respeito do valor de seus dados para o fornecedor[656] até a possibilidade de pagamento em dinheiro por parte do titular pelos serviços que seriam fornecidos mediante a aquisição de seus dados[657].

Dentro deste embate de perspectivas, a LGPD preferiu seguir a trilha da GDPR para exigir o consentimento do titular dos dados para o tratamento e, como veremos, o consentimento será tema de amplos debates justamente por conta de sua importância fundamental para a manutenção do tratamento de dados.

Descendo a questões mais específicas, a LGPD possui campo de incidência restrito, cuidando dos dados das pessoas naturais[658] com fundamento[659] na "autodeterminação informativa"[660], liberdade de infor-

[656] Malgieri, Gianclaudio; Custers, Bart, Pricing privacy – the right to know the value of your data, **Computer Law & Secutiry Review: The International Journal of Technology Law and Practice**, p. 1–15, 2017.

[657] Calo, Digital Market Manipulation.

[658] Cf. art. 1º da LGPD: "Art. 1º Esta Lei dispõe sobre o tratamento de dados pessoais, inclusive nos meios digitais, por pessoa natural ou por pessoa jurídica de direito público ou privado, com o objetivo de proteger os direitos fundamentais de liberdade e de privacidade e o livre desenvolvimento da personalidade da pessoa natural.". Cf. também o art. 1º da GDPR: "Artigo 1º Objeto e objetivos 1. O presente regulamento estabelece as regras relativas à proteção das pessoas singulares no que diz respeito ao tratamento de dados pessoais e à livre circulação desses dados. 2. O presente regulamento defende os direitos e as liberdades fundamentais das pessoas singulares, nomeadamente o seu direito à proteção dos dados pessoais."

[659] Veja-se a distinção doutrinária entre princípio e fundamento: "Fundamento de algo é a sua base, o suporte sobre o qual se sustenta alguma coisa. Já princípios, para qualquer área do conhecimento, são as estruturas ou colunas sobre as quais cresce uma ciência, ou ainda, a ideologia que, primeira, imanta-se sobre a construção do saber, conduzindo-o". Particularmente, entendemos que a distinção entre princípios e fundamentos é bizantina, pois ambas as normas são tratadas como princípios na prática jurídica. Cots; Oliveira, **Lei Geral de Proteção de Dados Pessoais Comentada**, p. 46.

[660] Cf. art. 2º, II, da LGPD. Limberger esclarece que a autodeterminação informativa se refere "à liberdade do indivíduo para determinar se deseja tornar públicas informações a seu respeito, bem como a quem cedê-las e em que ocasião". Limberger, Têmis, Informação em rede: uma comparação da lei brasileira de proteção de dados pessoais e o regulamento

mação[661], "desenvolvimento econômico e tecnológico e a inovação"[662] e livre iniciativa, livre concorrência e defesa do consumidor[663].

Para a LGPD, consideram-se dados pessoais a "informação relacionada a pessoa natural identificada ou identificável"[664], sendo estes os dados utilizados no tocante à precificação personalizada, pois, caso tais dados fossem anonimizados, dificilmente seria possível a sua utilização na precificação (dado que, em algum momento, será necessário descobrir quem é o consumidor)[665].

Além disto, os dados pessoais podem ser tomados como gênero que abarca os dados pessoais em sentido estrito e os dados pessoais sensíveis, referentes à "origem racial ou étnica, convicção religiosa, opinião política, filiação a sindicato ou a organização de caráter religioso, filosófico ou político, dado referente à saúde ou à vida sexual, dado genético ou biométrico, quando vinculado a uma pessoa natural"[666].

geral de proteção de dados europeu, *in*: Martins, Guilherme Magalhães; Longhi, João Victor Rozatti (Orgs.), **Direito digital: direito privado e internet**, 2. ed. Indaiatuba: Foco, 2019, p. 259.

[661] Cf. art. 2º, III, da LGPD.

[662] Cf. art. 2º, IV, da LGPD.

[663] Cf. art. 2º, VI, da LGPD. Bioni ressalta que a legislação de proteção de dados possui dupla função, resguardando a privacidade e o desenvolvimento econômico, sendo que a LGPD estabelece uma "dialética normativa de conciliação". Bioni, **Proteção de dados pessoais: a função e os limites do consentimento**, p. 108–110.

[664] Cf. art. 5º, I, da LGPD. O art. 4º (1) da GDPR assim define os dados pessoais: "1) «Dados pessoais», informação relativa a uma pessoa singular identificada ou identificável («titular dos dados»); é considerada identificável uma pessoa singular que possa ser identificada, direta ou indiretamente, em especial por referência a um identificador, como por exemplo um nome, um número de identificação, dados de localização, identificadores por via eletrónica ou a um ou mais elementos específicos da identidade física, fisiológica, genética, mental, económica, cultural ou social dessa pessoa singular;".

[665] Contudo, ainda que os dados pessoais sejam objeto de anonimização, a LGPD será aplicável na hipótese de que os dados sejam utilizados para a "formação do perfil comportamental de determinada pessoa, se identificada". Pela "letra da lei", caso os dados pessoais estejam anonimizados e não seja possível identificar a pessoa, não seria aplicável a LGPD, de tal sorte que, embora não livre de amarras, o tratamento dos dados poderia ocorrer com muito menos entraves. Bioni entende que as "expressões 'determinada pessoa' e 'identificada', constantes do referido dispositivo da LGPD, devem ser compreendidas com relação aos desdobramentos que o tratamento de dados pode ter sobre um indivíduo...". Bioni, **Proteção de dados pessoais: a função e os limites do consentimento**, p. 80.

[666] Cf. art. 5º, II, da LGPD.

Como já visto, estes dados possuem relevância para o controlador quando reunidos em um "banco de dados"[667] (no sentido atribuído pela LGPD), que permite a utilização de métodos estatísticos para o tratamento dos dados[668].

A atividade de tratamento de dados é regida por uma série de princípios específicos nos quais possui papel preponderante a boa-fé e dentre os quais nos interessam a finalidade, adequação, necessidade, livre acesso, qualidade dos dados, transparência, não discriminação e prevenção[669], conjunto este de princípios bastante similar aos que regem o sistema da GDPR[670].

[667] Cf. art. 5º, IV, da LGPD: "IV – banco de dados: conjunto estruturado de dados pessoais, estabelecido em um ou em vários locais, em suporte eletrônico ou físico;".

[668] Cf. art. 5º, X, da LGPD: "X – tratamento: toda operação realizada com dados pessoais, como as que se referem a coleta, produção, recepção, classificação, utilização, acesso, reprodução, transmissão, distribuição, processamento, arquivamento, armazenamento, eliminação, avaliação ou controle da informação, modificação, comunicação, transferência, difusão ou extração;". A definição de tratamento (*processing*) na GDPR também possui sentido extremamente amplo, como se nota do art. 4º (2): "2) «Tratamento», uma operação ou um conjunto de operações efetuadas sobre dados pessoais ou sobre conjuntos de dados pessoais, por meios automatizados ou não automatizados, tais como a recolha, o registo, a organização, a estruturação, a conservação, a adaptação ou alteração, a recuperação, a consulta, a utilização, a divulgação por transmissão, difusão ou qualquer outra forma de disponibilização, a comparação ou interconexão, a limitação, o apagamento ou a destruição;".

[669] Cf. art. 6º da LGPD: "Art. 6º As atividades de tratamento de dados pessoais deverão observar a boa-fé e os seguintes princípios: I – finalidade: realização do tratamento para propósitos legítimos, específicos, explícitos e informados ao titular, sem possibilidade de tratamento posterior de forma incompatível com essas finalidades; II – adequação: compatibilidade do tratamento com as finalidades informadas ao titular, de acordo com o contexto do tratamento; III – necessidade: limitação do tratamento ao mínimo necessário para a realização de suas finalidades, com abrangência dos dados pertinentes, proporcionais e não excessivos em relação às finalidades do tratamento de dados; IV – livre acesso: garantia, aos titulares, de consulta facilitada e gratuita sobre a forma e a duração do tratamento, bem como sobre a integralidade de seus dados pessoais; V – qualidade dos dados: garantia, aos titulares, de exatidão, clareza, relevância e atualização dos dados, de acordo com a necessidade e para o cumprimento da finalidade de seu tratamento; VI – transparência: garantia, aos titulares, de informações claras, precisas e facilmente acessíveis sobre a realização do tratamento e os respectivos agentes de tratamento, observados os segredos comercial e industrial; (...) VIII – prevenção: adoção de medidas para prevenir a ocorrência de danos em virtude do tratamento de dados pessoais; IX – não discriminação: impossibilidade de realização do tratamento para fins discriminatórios ilícitos ou abusivos; X – responsabilização e prestação de contas: demonstração, pelo agente, da adoção de medidas eficazes e capazes

Dentre tais princípios, deve-se dar enfoque à finalidade, especialmente no que tange ao dever de informar claramente ao titular dos dados que o tratamento ocorrerá visando uma atividade específica, que tornará possível o consentimento[671].

Assim, o consentimento dado para uma atividade de tratamento voltado à publicidade dificilmente poderá implicar em autorização para que seja realizada operação voltada à precificação personalizada, pois

de comprovar a observância e o cumprimento das normas de proteção de dados pessoais e, inclusive, da eficácia dessas medidas."

[670] Cf. art. 5º da GDPR: "Artigo 5º Princípios relativos ao tratamento de dados pessoais 1. Os dados pessoais são: a) Objeto de um tratamento lícito, leal e transparente em relação ao titular dos dados («licitude, lealdade e transparência»); b) Recolhidos para finalidades determinadas, explícitas e legítimas e não podendo ser tratados posteriormente de uma forma incompatível com essas finalidades; o tratamento posterior para fins de arquivo de interesse público, ou para fins de investigação científica ou histórica ou para fins estatísticos, não é considerado incompatível com as finalidades iniciais, em conformidade com o artigo 89º, nº 1 («limitação das finalidades»); c) Adequados, pertinentes e limitados ao que é necessário relativamente às finalidades para as quais são tratados («minimização dos dados»); d) Exatos e atualizados sempre que necessário; devem ser adotadas todas as medidas adequadas para que os dados inexatos, tendo em conta as finalidades para que são tratados, sejam apagados ou retificados sem demora («exatidão»); e) Conservados de uma forma que permita a identificação dos titulares dos dados apenas durante o período necessário para as finalidades para as quais são tratados; os dados pessoais podem ser conservados durante períodos mais longos, desde que sejam tratados exclusivamente para fins de arquivo de interesse público, ou para fins de investigação científica ou histórica ou para fins estatísticos, em conformidade com o artigo 89º, nº 1, sujeitos à aplicação das medidas técnicas e organizativas adequadas exigidas pelo presente regulamento, a fim de salvaguardar os direitos e liberdades do titular dos dados («limitação da conservação»); f) Tratados de uma forma que garanta a sua segurança, incluindo a proteção contra o seu tratamento não autorizado ou ilícito e contra a sua perda, destruição ou danificação acidental, adotando as medidas técnicas ou organizativas adequadas («integridade e confidencialidade»);".

[671] Note-se, porém, que o princípio da finalidade "serve não apenas para delimitar o objetivo final do tratamento, mas para tornar previsível o dele se espera inviabilizando tratamento posterior desnivelado com a finalidade original" Cots; Oliveira, **Lei Geral de Proteção de Dados Pessoais Comentada**, p. 75; "O controlador deverá acompanhar o ciclo devido do tratamento de dados sob sua responsabilidade, pois, quando verificar que a finalidade foi alcançada ou que os dados deixaram de ser necessários ou pertinentes ao alcance da finalidade específica almejada, seja qual for a base legal utilizada, não haverá mais justificativa jurídica para a sua manutenção culminando no dever de descarte em razão do término do tratamento" Vainzof, Rony, *in*: Maldonado, Viviane Nóbrega; Blum, Renato Ópice (Orgs.), **LGPD: Lei Geral de Proteção de Dados comentada**, São Paulo: Revista dos Tribunais, 2019, p. 140.

não se dessume da finalidade consentida (publicidade) a utilização secundária (precificação)[672].

Esta vinculação entre o consentimento, a finalidade e o tratamento de dados é estabelecida pelo princípio da adequação, o qual faz o liame de todos estes elementos a fim de que o titular dos dados não seja surpreendido por utilizações não autorizadas de seus dados.

A operação de tratamento ainda é limitada pelo princípio da necessidade, que impõe um dever de difícil mensuração, a saber, que o tratamento esteja limitado ao "mínimo necessário para a realização de suas finalidades".

Vainzof entende que tal princípio pode resultar na proibição de "quaisquer políticas empresariais baseadas em 'reter tudo'"[673], de tal sorte que uma das possibilidades do Big Data, a verificação de correlações impensadas, acaba por ser seriamente prejudicada em favor da privacidade e da autodeterminação informacional.

Note-se que o princípio da finalidade anda junto com a transparência, a qual exige que "(...) os titulares dos dados devem estar em posição de entender como suas ações influenciam os resultados do algoritmo. Em outras palavras, eles devem ser informados a respeito da lógica básica por trás do algoritmo." (tradução livre)[674].

Neste traçado, o *Recital* (39) da GDPR apresenta claramente a síntese da relação entre os princípios que regem o tratamento de dados:

> (39) O tratamento de dados pessoais deverá ser efetuado de forma lícita e equitativa. Deverá ser transparente para as pessoas singulares que os

[672] "Eventual uso secundário somente poderá ser realizado quando for compatível com a finalidade original. Para essa verificação, o controlador deverá ter atenção, entre outros aspectos, acerca da existência de um elo entre a finalidade original e aquela a que se pretende posteriormente, especialmente: expectativas razoáveis do titular quanto à sua posterior utilização, baseadas em sua relação prévia com o responsável pelo tratamento; a natureza dos dados pessoais; as consequências que o posterior tratamento dos dados pode ter para o seu titular; e a existência de garantias adequadas, tanto no tratamento inicial, como nas operações pretendidas." Vainzof, p. 140–141.

[673] *Ibid.*, p. 145.

[674] Drechsler; Sánchez, The Price Is (Not) Right: data Protection and Discrimination in the Age of Pricing Algorithms; "Ao titular não incumbe presumir o que será feito com seus dados, sendo obrigação do controlador prestar quantas informações forem necessárias para que a tomada de decisão do titular se dê da melhor maneira possível" Cots; Oliveira, **Lei Geral de Proteção de Dados Pessoais Comentada**, p. 52.

dados pessoais que lhes dizem respeito são recolhidos, utilizados, consultados ou sujeitos a qualquer outro tipo de tratamento e a medida em que os dados pessoais são ou virão a ser tratados. O princípio da transparência exige que as informações ou comunicações relacionadas com o tratamento desses dados pessoais sejam de fácil acesso e compreensão, e formuladas numa linguagem clara e simples. Esse princípio diz respeito, em particular, às informações fornecidas aos titulares dos dados sobre a identidade do responsável pelo tratamento dos mesmos e os fins a que o tratamento se destina, bem como às informações que se destinam a assegurar que seja efetuado com equidade e transparência para com as pessoas singulares em causa, bem como a salvaguardar o seu direito a obter a confirmação e a comunicação dos dados pessoais que lhes dizem respeito que estão a ser tratados. As pessoas singulares a quem os dados dizem respeito deverão ser alertadas para os riscos, regras, garantias e direitos associados ao tratamento dos dados pessoais e para os meios de que dispõem para exercer os seus direitos relativamente a esse tratamento. Em especial, as finalidades específicas do tratamento dos dados pessoais deverão ser explícitas e legítimas e ser determinadas aquando da recolha dos dados pessoais. Os dados pessoais deverão ser adequados, pertinentes e limitados ao necessário para os efeitos para os quais são tratados. Para isso, é necessário assegurar que o prazo de conservação dos dados seja limitado ao mínimo. Os dados pessoais apenas deverão ser tratados se a finalidade do tratamento não puder ser atingida de forma razoável por outros meios. A fim de assegurar que os dados pessoais sejam conservados apenas durante o período considerado necessário, o responsável pelo tratamento deverá fixar os prazos para o apagamento ou a revisão periódica. Deverão ser adotadas todas as medidas razoáveis para que os dados pessoais inexatos sejam retificados ou apagados. Os dados pessoais deverão ser tratados de uma forma que garanta a devida segurança e confidencialidade, incluindo para evitar o acesso a dados pessoais e equipamento utilizado para o seu tratamento, ou a utilização dos mesmos, por pessoas não autorizadas.[675]

[675] Na versão em inglês: "(39) Any processing of personal data should be lawful and fair. It should be transparent to natural persons that personal data concerning them are collected, used, consulted or otherwise processed and to what extent the personal data are or will be processed. The principle of transparency requires that any information and communication relating to the processing of those personal data be easily accessible and easy to understand,

Ainda cabe notar que o legislador não viu com bons olhos a utilização dos dados pessoais sensíveis para finalidades econômicas, permitindo à ANPD a vedação ou a regulamentação de tais práticas, tendo ainda proibido expressamente a comunicação ou uso compartilhado de dados referentes à saúde, salvo exceções previstas na lei[676].

A LGPD ainda discorre a respeito do término de tratamento dos dados pessoais, que poderá ocorrer por interesse do controlador, do titular dos dados ou da ANPD[677], eliminando-se os dados após o encerramento do tratamento, via de regra[678].

À luz deste conjunto de regras, parece desnecessária a criação de disposições específicas na LGPD em relação à precificação personalizada, ponto este defendido pelo *Business and Industry Advisory Committee* – BIAC no âmbito da GDPR[679].

Em linhas gerais, portanto, o ambiente regulatório da LGPD legitima o tratamento de dados quando o titular dos dados consente expressa-

and that clear and plain language be used. That principle concerns, in particular, information to the data subjects on the identity of the controller and the purposes of the processing and further information to ensure fair and transparent processing in respect of the natural persons concerned and their right to obtain confirmation and communication of personal data concerning them which are being processed. Natural persons should be made aware of risks, rules, safeguards and rights in relation to the processing of personal data and how to exercise their rights in relation to such processing. In particular, the specific purposes for which personal data are processed should be explicit and legitimate and determined at the time of the collection of the personal data. The personal data should be adequate, relevant and limited to what is necessary for the purposes for which they are processed. This requires, in particular, ensuring that the period for which the personal data are stored is limited to a strict minimum. Personal data should be processed only if the purpose of the processing could not reasonably be fulfilled by other means. In order to ensure that the personal data are not kept longer than necessary, time limits should be established by the controller for erasure or for a periodic review. Every reasonable step should be taken to ensure that personal data which are inaccurate are rectified or deleted. Personal data should be processed in a manner that ensures appropriate security and confidentiality of the personal data, including for preventing unauthorised access to or use of personal data and the equipment used for the processing." Disponível em: https://eur-lex.europa.eu/legal-content/EN/TXT/HTML/?uri=CELEX:32016R0679&from=PT (acesso em 26.03.20)

676 Cf. art. 11, §§ 3º e 4º, da LGPD.

677 Cf. art. 15 da LGPD.

678 Cf. art. 16 da LGPD.

679 Biac, **Personalised Pricing in the Digital Era – Note by BIAC**, Paris: OECD, 2018, p. 11.

mente com a prática e permite à pessoa natural o direito de acesso aos dados e às informações referentes ao tratamento, além instituir a ANPD como socorrista dos titulares de dados e fiscal das práticas dos agentes de tratamento.

A precificação personalizada se insere justamente neste ambiente de tratamento de dados, cabendo então análise aprofundada do (i) papel do consentimento na coleta, tratamento e utilização das informações resultantes, além de investigação a respeito (ii) do princípio da não discriminação; e (iii) da tomada de decisão algorítmica e do direito à explicação.

3.1. Meus dados, minhas regras? O consentimento livre, informado e inequívoco

Como já se notou à saciedade, os debates entre a postura paternalista e liberal a respeito da regulação passam por uma discussão quanto à capacidade do indivíduo em defender seus melhores interesses frente ao fornecedor.

No plano concreto, a legislação busca respostas menos abstratas aos entraves dos sujeitos, aquiescendo ora aos paternalistas e ora aos liberais, sendo que a justa medida encontrada no caso da LGPD foi a figura do consentimento.

O consentimento que interessa ao legislador para que ocorra o tratamento dos dados se dá pela "(...) manifestação livre, informada[680] e inequívoca pela qual o titular concorda com o tratamento de seus dados pessoais para uma finalidade determinada"[681].

Disto se pode constatar que o titular dos dados deve consentir sem impedimentos (livre), tendo acesso às informações necessárias para a tomada de decisão (informada) e de modo expresso (inequívoca) em relação a uma finalidade determinada, ou seja, não se admite um "cheque em branco" do titular ao controlador dos dados[682].

[680] Bioni trata do dever de informação de duas maneiras, a saber: (i) formal, referente ao modo como a informação é passada ao titular dos dados; e (ii) utilidade, referente à imprevisibilidade e originalidade da informação. Bioni, **Proteção de dados pessoais: a função e os limites do consentimento**, p. 191-192.

[681] Cf. Art. 5º, XII, da LGPD.

[682] Cf. art. 8º, § 4º, da LGPD.

A LGPD dispõe que o consentimento "deverá ser fornecido por escrito ou por outro meio que demonstre a manifestação de vontade do titular"[683], destacando-o caso esteja inserido em contrato ou como condição para o fornecimento de produto ou serviço[684] e proibindo-se o tratamento no qual ocorra vício de consentimento[685].

Note-se que o consentimento sempre deverá ser atualizado quando ocorrer alteração das informações prestadas ao titular dos dados[686] e poderá ser revogado a qualquer momento[687], sendo tais possibilidades potencializadas pelo direito de acesso aos dados e às informações sobre o tratamento de dados[688].

Este consentimento integra a viga mestra do tratamento dos dados[689], excetuando-se apenas em caso de dados de acesso público e aqueles "tornados manifestamente públicos pelo titular", tais como as postagens em redes sociais, por exemplo, mas ainda com as limitações decorrentes dos direitos do titular e dos princípios do tratamento de dados[690].

A tendência internacional parece caminhar no sentido de que o consentimento não será tomado apenas dentro da estrutura formal, mas também envolverá a elementos fáticos buscando analisar a correlação de forças entre o titular dos dados e os agentes de tratamento, como se pode observar do *Recital* (43) da GDPR:

> (43) A fim de assegurar que o consentimento é dado de livre vontade, este não deverá constituir fundamento jurídico válido para o tratamento de dados pessoais em casos específicos em que exista um desequilíbrio

683 Cf. art. 8º da LGPD. Cots e Oliveira entendem que o consentimento deve ser coletado através de "manifestação de vontade (ação)" do titular dos dados, de modo que o modelo de opt out estaria rejeitado de plano. Cots; Oliveira, **Lei Geral de Proteção de Dados Pessoais Comentada**, p. 92.

684 Cf. arts. 8º, §1º, e 9º, §3º, da LGPD. O consentimento não precisa ser escrito, mas a manifestação deve ser: "(i) preservada e inequívoca; (ii) inteligível, ou seja, deve ser compreensível caso precise ser comprovada especialmente perante as esferas judiciais; e (iii) esteja adequadamente atrelada aos termos do tratamento de dados, isto é, é necessário comprovar que determinado consentimento se deu sobre determinado tratamento" *Ibid.*

685 Cf. arts. 8º, §3º, e 9º, §1º, da LGPD.

686 Cf. arts. 8º, §6º, e 9º, § 2º, da LGPD.

687 Cf. art. 8º, § 5º, da LGPD.

688 Cf. especialmente os arts. 9º, 18 e 19 da LGPD.

689 Cf. art. 7º, I, da LGPD.

690 Cf. art. 7º, §§ 3º e 4º, da LGPD.

manifesto entre o titular dos dados e o responsável pelo seu tratamento, nomeadamente quando o responsável pelo tratamento é uma autoridade pública pelo que é improvável que o consentimento tenha sido dado de livre vontade em todas as circunstâncias associadas à situação específica em causa. Presume-se que o consentimento não é dado de livre vontade se não for possível dar consentimento separadamente para diferentes operações de tratamento de dados pessoais, ainda que seja adequado no caso específico, ou se a execução de um contrato, incluindo a prestação de um serviço, depender do consentimento apesar de o consentimento não ser necessário para a mesma execução.[691]

A estrutura normativa acima apresentada[692] demonstra o papel central da regulação do consentimento no tratamento de dados, tendo o legislador brasileiro privilegiado a autodeterminação informacional do

[691] Na versão em inglês: "(43) In order to ensure that consent is freely given, consent should not provide a valid legal ground for the processing of personal data in a specific case where there is a clear imbalance between the data subject and the controller, in particular where the controller is a public authority and it is therefore unlikely that consent was freely given in all the circumstances of that specific situation. Consent is presumed not to be freely given if it does not allow separate consent to be given to different personal data processing operations despite it being appropriate in the individual case, or if the performance of a contract, including the provision of a service, is dependent on the consent despite such consent not being necessary for such performance." Disponível em: https://eur-lex.europa.eu/legal-content/EN/TXT/HTML/?uri=CELEX:32016R0679&from=PT (acesso em 26.03.20).

[692] A síntese deste modelo pode ser observada no Recital 32 da GDPR: "(32) O consentimento do titular dos dados deverá ser dado mediante um ato positivo claro que indique uma manifestação de vontade livre, específica, informada e inequívoca de que o titular de dados consente no tratamento dos dados que lhe digam respeito, como por exemplo mediante uma declaração escrita, inclusive em formato eletrónico, ou uma declaração oral. O consentimento pode ser dado validando uma opção ao visitar um sítio web na Internet, selecionando os parâmetros técnicos para os serviços da sociedade da informação ou mediante outra declaração ou conduta que indique claramente nesse contexto que aceita o tratamento proposto dos seus dados pessoais. O silêncio, as opções pré-validadas ou a omissão não deverão, por conseguinte, constituir um consentimento. O consentimento deverá abranger todas as atividades de tratamento realizadas com a mesma finalidade. Nos casos em que o tratamento sirva fins múltiplos, deverá ser dado um consentimento para todos esses fins. Se o consentimento tiver de ser dado no seguimento de um pedido apresentado por via eletrónica, esse pedido tem de ser claro e conciso e não pode perturbar desnecessariamente a utilização do serviço para o qual é fornecido."

titular dos dados sem tocar questões a respeito da granularidade mencionada no *Recital* (43).

Esta composição de interesses ganha relevância quando contraposta à prática adotada na internet na qual os titulares dos dados raramente se dispõem a ler os termos e condições e tampouco os contratos firmados junto aos controladores.

Isto implica que, dentro do quadro atual, o *enforcement* da LGPD terá de escolher entre a suavização dos requisitos de consentimento na prática ou a inviabilização da própria atividade de tratamento de dados, pois raros serão os casos em que os documentos produzidos pelo controlador serão lidos de modo atento pelo titular dos dados.

Sobre isto, os corretores de dados alegam que um regime forte de proteção dos dados pode levar à elevação dos custos de transação e impossibilitar a utilização das técnicas de Big Data[693].

Por outro lado, a ausência de um regime de proteção de dados pode forçar os consumidores a um eterno jogo de gato e rato, que igualmente elevará os custos de transação, pois o indivíduo que aprendeu a se tornar anônimo na Internet deve atualizar seus conhecimentos periodicamente[694], demonstrando que a tarefa é custosa mesmo após o investimento inicial.

Bioni, por sua vez, compreende que o papel do consentimento na proteção de dados pessoais atua como "um meio para legitimar os modelos de negócios da economia digital", ao invés de cuidar da proteção do titular, sendo necessário tratar da "assimetria do mercado informacional"[695].

Há literatura a ressaltar a ausência de leitura ou mesmo os problemas oriundos do consentimento em matéria de proteção de dados pessoais, visto que, em média, gasta-se 29 segundos para anuir aos termos e condições[696] e que leitura das políticas de privacidade consumiria dos norte-americanos 76 dias de trabalho[697].

693 EXECUTIVE OFFICE OF THE PRESIDENT, **Big Data and Differential Pricing**, p. 18.

694 Borgesius, Behavioural Sciences and the regulation of Privacy on the Internet.

695 Bioni, **Proteção de dados pessoais: a função e os limites do consentimento**, p. 167–168.

696 Luger, Ewa; Moran, Stuart; Rodden, Tom, Consent for All: Revealing the Hidden Complexity of Terms and Conditions, *in*: , Paris: CHI, 2013.

697 Wagstaff, Keith, You'd Need 76 Work Days to Read All Your Privacy Policies Each Year, **Time**, 2012.

A perspectiva comportamental também afeta o consentimento do titular dos dados, estimando-se que a saída do *opt-out* para o modelo *opt-in* representaria uma perda de anuências ao tratamento de dados, pois 83% dos consumidores não retiram sua concordância quando esta é estabelecida como padrão, mas apenas 42% dos consumidores dão sua anuência quando devem especificamente manifestar seu consentimento[698], sendo o motivo do sucesso do *opt-out* o viés do status quo[699].

Além disso, a racionalidade limitada tende a favorecer até mesmo práticas desleais por parte dos fornecedores, dado que políticas de privacidade imprecisas dão maior segurança ao usuário do que as políticas detalhadas[700] e a aparência do site influencia a análise de confiabilidade realizada pelo usuário de Internet[701].

Por outro lado, tratando especificamente da utilização de dados pessoais no sistema de precificação, Wagner e Eidenmüller entendem que a viabilização do *opt-out* poderia prover uma saída fácil e barata aos consumidores, responsabilizando-os pelo risco de que o preço de mercado seja superior ao preço personalizado inicialmente oferecido ou ainda que, após solicitar retorno à precificação personalizada, descubra-o mais caro do que antes[702].

O fundamento de tal pensamento reside no brocardo *volenti non fit iniura,* referente à impossibilidade de se reclamar por conta de danos decorridos de situação na qual o sujeito se colocou conscientemente[703].

[698] LONDON ECONOMICS, **Analysis of the potential economic impact of GDPR: Implications of the ICO's Draft Guidelines on consent**, p. 14.

[699] BORGESIUS, Behavioural Sciences and the regulation of Privacy on the Internet; No mesmo sentido, um dos motivos arguidos para as mudanças na Lei do Cadastro Positivo, destaca que a baixa adesão ao cadastramento seria decorrente do "excesso de burocracia", sendo que a solução seria justamente adentrar um modelo de inclusão automática no banco de dados, ou seja, troca-se um modelo de opt-in por um modelo de opt-out. BRASIL, Exposição de Motivos da Nova Lei do Cadastro Positivo, 2017; Bessa, Leonardo Roscoe, **Nova Lei do Cadastro Positivo**, São Paulo: Revista dos Tribunais, 2019, p. 39.

[700] Grossklags, Jens *et al*, User Choices and Regret: Understanding Users' Decision Process about Consensually Acquired Spyware, **I/S: A Journal of Law and Policy**, v. 2, n. 2, p. 283–344, 2006.

[701] Moores, Trevor, Do consumers understand the role of privacy seals in e-commerce?, **Communications of the ACM**, v. 48, n. 3, p. 86–91.

[702] Wagner; Eidenmüller, Down by Algorithms? Siphoning Rents, Explointing Biases, and Shaping Preferences: Regulating the Dark Side of Personalized Transactions.

[703] *Ibid.*

No tocante à polêmica entre utilização de modelos *opt-in* e *opt-out*, parece-nos que tal disposição, embora cause divergências em termos concretos, não se afigura como o maior problema da proteção dos dados pessoais, sendo mais relevante assegurar que as informações cheguem ao conhecimento do titular dos dados.

Desta forma, a utilização de imagens, áudios ou animações de visualização obrigatória contendo descrições básicas em linguagem acessível pode ser um ponto de estabilização de um mínimo informacional transmitido ao titular dos dados.

Com isto, evita-se que o consentimento seja viciado nos casos em que houve clara e expressa menção ao tratamento de dados (desde que todas as suas particularidades sejam bem identificadas), evitando-se discussões judiciais desnecessárias.

Evidentemente, isto não implica em prescindir de termos e condições, políticas de privacidade e outros documentos referentes ao tratamento de dados pessoais, mas os torna menos importantes, dado o fato de que, efetivamente, tais documentos não são de lidos pelos titulares dos dados em sua maioria.

Outra discussão em relação ao consentimento é a utilização de assistentes de privacidade personalizados (*personalized privacy assistants*), os quais captariam as preferências de privacidade do titular dos dados, simplificando sua aderência ou rejeição aos pedidos de acesso a dados ou tratamento por parte dos agentes de tratamento[704].

Esta ferramenta, caso devidamente implementada, tem o poder de facilitar a concessão do consentimento e simplificar as decisões do titular dos dados, contudo, ainda não há aplicação massiva dos assistentes de privacidade.

Até que surja uma resposta tecnológica ou novos estudos empíricos a indicar soluções, parece-nos que a melhor alternativa reside no fomento da utilização de meios visuais e audiovisuais para que o titular dos dados tenha acesso às informações indispensáveis a respeito do tratamento de dados, evitando-se introdução aos complexos cálculos estatísticos ou às regras de programação necessárias para a realização da precificação personalizada.

[704] Busch, Implementing Personalized Law: Personalized Disclosures in Consumer Law and Data Privacy Law.

Esta necessidade de didatismo se relaciona com o princípio da transparência, exigindo então criatividade dos agentes de tratamento de dados para a transmissão da informação, sendo recomendado no *Recital* (58) da GDPR a utilização de meios visuais quando necessário:

> (58) O princípio da transparência exige que qualquer informação destinada ao público ou ao titular dos dados seja concisa, de fácil acesso e compreensão, bem como formulada numa linguagem clara e simples, e que se recorra, adicionalmente, à visualização sempre que for adequado. Essas informações poderão ser fornecidas por via eletrónica, por exemplo num sítio web, quando se destinarem ao público. Isto é especialmente relevante em situações em que a proliferação de operadores e a complexidade tecnológica das práticas tornam difícil que o titular dos dados saiba e compreenda se, por quem e para que fins os seus dados pessoais estão a ser recolhidos, como no caso da publicidade por via eletrónica. Uma vez que as crianças merecem proteção específica, sempre que o tratamento lhes seja dirigido, qualquer informação e comunicação deverá estar redigida numa linguagem clara e simples que a criança compreenda facilmente.[705]

Note-se, porém, que as ferramentas que atendem ao CDC no plano da vontade não necessariamente servirão para autorizar o tratamento de dados pessoais, visto que há diferença essencial entre o consentimento para o tratamento de dados e o consentimento do modelo de precificação adotado pelo fornecedor de produtos e serviços analisado anteriormente.

[705] Na versão em inglês: "(58) The principle of transparency requires that any information addressed to the public or to the data subject be concise, easily accessible and easy to understand, and that clear and plain language and, additionally, where appropriate, visualisation be used. Such information could be provided in electronic form, for example, when addressed to the public, through a website. This is of particular relevance in situations where the proliferation of actors and the technological complexity of practice make it difficult for the data subject to know and understand whether, by whom and for what purpose personal data relating to him or her are being collected, such as in the case of online advertising. Given that children merit specific protection, any information and communication, where processing is addressed to a child, should be in such a clear and plain language that the child can easily understand." Disponível em: https://eur-lex.europa.eu/legal-content/EN/TXT/HTML/?uri=CELEX:32016R0679&from=PT (acesso em 26.03.20).

Realmente, ao passo que mecanismos como os sites de comparação de preços ou os consumidores algorítmicos podem tornar irrelevante o conhecimento das minúcias dos sistemas de precificação por parte do consumidor, o mesmo não ocorre com a autorização para a coleta e tratamento dos dados do titular.

Com efeito, ferramentas como os *cookies* adentram a esfera da privacidade dos indivíduos, acompanhando o titular dos dados em inúmeras atividades relacionadas à sua intimidade, tais como os desejos sexuais, práticas religiosas e as discussões políticas, afigurando-se uma indevida curiosidade do controlador que captura tais informações sem o conhecimento do titular dos dados.

Neste traçado, para que o tratamento de dados seja possível não importa que a escolha do consumidor seja a mais eficiente em termos econômicos, pois a disciplina do tratamento de dados não está buscando apenas e tão somente o resultado das transações, mas a proteção da pessoa natural em sua esfera mais secreta.

Isto, evidentemente, não pode ser tratado de maneira extremista, visto que o tratamento de dados também deverá ser interpretado à luz dos fundamentos do desenvolvimento econômico e tecnológico e da inovação[706], de tal sorte que a regulação não poderá servir como barreira de entrada para novos entrantes ou meio de impedir o incremento da eficiência no fornecimento de produtos ou serviços à população em geral.

De fato, uma interpretação exigente dos requisitos dispostos na LGPD poderá ensejar maior dificuldade para que o tratamento de dados seja realizado, proporcionando então empecilhos para que novos ingressantes no mercado possam investir em meios de comunicação aos titulares dos dados para garantir o efetivo consentimento, o que é contraproducente à luz de um mercado que pretende fomentar a concorrência em todos os setores.

Em uma perspectiva ampla, o tratamento de dados permite direcionar a publicidade aos consumidores de modo menos custoso aos interessados e propiciar ganhos mútuos aos participantes do mercado, evitando desperdícios com publicidade e incômodos a consumidores desinteressados nos produtos dos fornecedores.

[706] Cf. art. 2º, IV, da LGPD.

Em um ambiente no qual há grandes companhias já posicionadas, dotadas de benefício de rede[707], o fornecimento de dados a partir de estruturas pouco maleáveis e que exijam grandes esforços cognitivos para a compreensão dos dados fornecidos poderá beneficiar apenas aqueles que já se encontram inseridos no mercado, ocasionando então um cenário de difícil surgimento de novos concorrentes.

Como já visto, a tendência natural de concentração no ambiente eletrônico, ainda que a concorrência esteja "a um click de distância", poderá se mostrar nociva aos próprios titulares dos dados[708].

Neste ambiente, a interpretação da LGPD que privilegia e concilia os interesses dos titulares dos dados e do desenvolvimento econômico deve ser levada a cabo através da boa-fé como vetor que impede o comportamento oportunista (*moral hazard*) também diante do titular dos dados.

As exigências de consentimento para a coleta dos dados e sua utilização na precificação personalizada, portanto, não conflitam diretamente com a LGPD no tocante ao consentimento, mas o controle de legalidade das condutas dos controladores deverá ser realizado com especial atenção às repercussões econômicas dos níveis de exigência impostos para a obtenção do consentimento.

Ainda se deve notar que o tratamento de dados para a precificação personalizada não deve ocorrer sob a escusa de que se trata de um interesse legítimo do controlador sem que para tanto o consumidor tenha anuído.

Com efeito, o art. 7º, IX, da LGPD permite que o tratamento de dados ocorra "quando necessário para atender aos interesses legítimos do controlador ou de terceiros, exceto no caso de prevalecerem direitos e liberdades fundamentais do titular que exijam a proteção dos dados pessoais"[709].

As hipóteses de legítimo interesse foram exemplificadas na LGPD, incluindo-se o "apoio e promoção de atividades do controlador", expres-

[707] A HOUSE OF LORDS pontua, inclusive, que os efeitos de rede das plataformas online podem levar a um cenário monopolístico. Cf. HOUSE OF LORDS, **Online Platforms and the Digital Single Market**, Londres: House of Lords, 2016, p. 32.

[708] Cf. Capítulo 1.6 da Parte I.

[709] Cf. art. 7º, IX, da LGPD: "Art. 7º O tratamento de dados pessoais somente poderá ser realizado nas seguintes hipóteses: (...) IX – quando necessário para atender aos interesses legítimos do controlador ou de terceiro, exceto no caso de prevalecerem direitos e liberdades fundamentais do titular que exijam a proteção dos dados pessoais; ou"

sões estas que, tomadas em sentido amplo, significariam que qualquer atividade minimamente relacionada com o controlador justificaria a dispensa do consentimento[710].

Mais uma vez, os *Recitals* da GDPR auxiliam na compreensão da dimensão que deve ser dada ao legítimo interesse:

> (47) Os interesses legítimos dos responsáveis pelo tratamento, incluindo os dos responsáveis a quem os dados pessoais possam ser comunicados, ou de terceiros, podem constituir um fundamento jurídico para o tratamento, desde que não prevaleçam os interesses ou os direitos e liberdades fundamentais do titular, tomando em conta as expectativas razoáveis dos titulares dos dados baseadas na relação com o responsável. Poderá haver um interesse legítimo, por exemplo, quando existir uma relação relevante e apropriada entre o titular dos dados e o responsável pelo tratamento, em situações como aquela em que o titular dos dados é cliente ou está ao serviço do responsável pelo tratamento. De qualquer modo, a existência de um interesse legítimo requer uma avaliação cuidada, nomeadamente da questão de saber se o titular dos dados pode razoavelmente prever, no momento e no contexto em que os dados pessoais são recolhidos, que esses poderão vir a ser tratados com essa finalidade. Os interesses e os direitos fundamentais do titular dos dados podem, em particular, sobrepor-se ao interesse do responsável pelo tratamento, quando que os dados pessoais sejam tratados em circunstâncias em que os seus titulares já não esperam um tratamento adicional. Dado que incumbe ao legislador prever por lei o fundamento jurídico para autorizar as autoridades a procederem ao tratamento de dados pessoais, esse

[710] Cf. Art. 10 da LGPD: "Art. 10. O legítimo interesse do controlador somente poderá fundamentar tratamento de dados pessoais para finalidades legítimas, consideradas a partir de situações concretas, que incluem, mas não se limitam a: I – apoio e promoção de atividades do controlador; e II – proteção, em relação ao titular, do exercício regular de seus direitos ou prestação de serviços que o beneficiem, respeitadas as legítimas expectativas dele e os direitos e liberdades fundamentais, nos termos desta Lei. § 1º Quando o tratamento for baseado no legítimo interesse do controlador, somente os dados pessoais estritamente necessários para a finalidade pretendida poderão ser tratados. § 2º O controlador deverá adotar medidas para garantir a transparência do tratamento de dados baseado em seu legítimo interesse. § 3º A autoridade nacional poderá solicitar ao controlador relatório de impacto à proteção de dados pessoais, quando o tratamento tiver como fundamento seu interesse legítimo, observados os segredos comercial e industrial."

> fundamento jurídico não deverá ser aplicável aos tratamentos efetuados pelas autoridades públicas na prossecução das suas atribuições. O tratamento de dados pessoais estritamente necessário aos objetivos de prevenção e controlo da fraude constitui igualmente um interesse legítimo do responsável pelo seu tratamento. Poderá considerar-se de interesse legítimo o tratamento de dados pessoais efetuado para efeitos de comercialização direta.[711]

Ora, o tratamento de dados não consentido somente deve ser autorizado quando imprescindível ao controlador, cabendo a ele demonstrar que não havia meios de obter o consentimento ou a sua atividade seria inviabilizada sem o tratamento de dados.

Desta maneira, o varejista não poderá dizer que a sua atividade estaria inviabilizada caso não utilizasse precificação personalizada, pois é plenamente possível ao fornecedor precificar através de formas não invasivas.

Noutras palavras, o tratamento de dados para a precificação personalizada deve ser consentido em algum momento, não bastando a escusa de que o fornecedor necessita dos dados para formular seu preço, sob

[711] Na versão em inglês: "(47) The legitimate interests of a controller, including those of a controller to which the personal data may be disclosed, or of a third party, may provide a legal basis for processing, provided that the interests or the fundamental rights and freedoms of the data subject are not overriding, taking into consideration the reasonable expectations of data subjects based on their relationship with the controller. Such legitimate interest could exist for example where there is a relevant and appropriate relationship between the data subject and the controller in situations such as where the data subject is a client or in the service of the controller. At any rate the existence of a legitimate interest would need careful assessment including whether a data subject can reasonably expect at the time and in the context of the collection of the personal data that processing for that purpose may take place. The interests and fundamental rights of the data subject could in particular override the interest of the data controller where personal data are processed in circumstances where data subjects do not reasonably expect further processing. Given that it is for the legislator to provide by law for the legal basis for public authorities to process personal data, that legal basis should not apply to the processing by public authorities in the performance of their tasks. The processing of personal data strictly necessary for the purposes of preventing fraud also constitutes a legitimate interest of the data controller concerned. The processing of personal data for direct marketing purposes may be regarded as carried out for a legitimate interest." Disponível em: https://eur-lex.europa.eu/legal-content/EN/TXT/HTML/?uri=CELEX:32016R0679&from=PT (acesso em 26.03.20).

pena de que qualquer atividade seja considerada suficiente para que se justifique o interesse legítimo.

Resta, contudo, ponderar se é possível utilizar os dados pessoais do titular, fornecidos com vistas ao exercício regular de direito, na precificação personalizada, visto que o art. 21 da LGPD é expresso ao vedar a utilização de tais dados em prejuízo do titular[712].

Pois bem, como já ressaltado, a precificação personalizada não é inerentemente nociva ao consumidor, podendo até mesmo beneficiar aqueles que possuem maior sensibilidade às variações no preço ou menor disposição em pagar.

Entretanto, também já se observou que a precificação personalizada pode levar à majoração do preço dos produtos ou serviços sem que isto implique em qualquer ganho ao consumidor, de tal sorte que a utilização dos dados do titular que sejam obtidos por conta de exercício de direito não poderão ser utilizados para incrementar os preços a ele aplicados.

De todo modo, será extremamente difícil pontuar qual dado especificamente contribuiu com maior peso para que um dado preço seja formado sem que isso implique em prejuízo ao segredo comercial ou industrial e não raras vezes será possível obter os dados que o titular forneceu para o exercício regular do direito por outras vias não contaminadas pela restrição do art. 21 da LGPD.

Vencidas as considerações a respeito do consentimento para o titular de dados no âmbito da precificação personalizada, devemos nos preocupar com o caso específico das possíveis discriminatórias do tratamento, cujas peculiaridades devem ser consideradas em tópico separado.

3.2. Discriminação e tratamento de dados na precificação personalizada

A LGPD toma como princípio explícito a não discriminação, posicionando-se claramente contra o tratamento diferenciado entre indivíduos, mas deixa de estabelecer um rol de condutas às quais são reputadas como discriminatórias.

Como já visto em relação ao princípio da igualdade, isto poderia implicar em uma leitura tendente a considerar que a LGPD privilegie

[712] "Art. 21. Os dados pessoais referentes ao exercício regular de direitos pelo titular não podem ser utilizados em seu prejuízo."

critérios meramente formais, inviabilizando qualquer espécie de distinção entre os titulares dos dados.

Como visto anteriormente, a legislação discrimina inúmeras vezes os sujeitos, não sendo o caso de se realizar um compromisso tão ferrenho com a impossibilidade absoluta de diferenciação, mas sim de atuar conforme os parâmetros da boa-fé (inclusive com os deveres de informação e transparência), como leciona Vainzof:

> "... desde que haja transparência e a oferta diferenciada seja plenamente justificável e não discriminatória, tendo como principal parâmetro a boa-fé objetiva (isto é, a conduta seja correta e proba), as empresas de comércio eletrônico poderiam, de acordo com a livre-iniciativa, a livre concorrência e o seu livre exercício na realização de qualquer atividade econômica, precificar e ofertar seus produtos e serviços de forma diferenciada, bem como realizar promoções para consumidores de determinadas localidades. Ou, por exemplo, que fazem aniversário em determinado mês."[713]

Parece-nos, portanto, que a discriminação repudiada pelo legislador tem por base critérios axiológicos que estão na base da sociedade contemporânea, voltados a temas como "raça", religião, preferências sexuais, gênero etc.

Como visto, a Carta de Direitos Fundamentais da União Europeia parece caminhar neste sentido ao pontuar quais os tipos de discriminação não admitidos, assim como a Diretiva 2004/113/EC, não tratando o tema da igualdade e da não discriminação como um princípio formal.

A discriminação ilícita se entrelaça com o tratamento dos dados pessoais sensíveis, os quais exigem consentimento expresso e voltado a "finalidades específicas", não se permitindo, portanto, a simples anuência ao processamento de dados para que se possa julgar que houve autorização para o tratamento de dados pessoais sensíveis[714].

A questão é relevante no tratamento de dados pessoais porque nem sempre estaremos diante de uma simples diferenciação entre pessoas de modo proposital ou de fácil percepção (discriminação direta), visto

[713] Vainzof, p. 164.

[714] Cf. Art. 11, I, da LGPD.

que o tratamento diferenciado poderá estar escondido sob camadas de variáveis pouco claras ou na utilização de algoritmos complexos e opacos (discriminação indireta).

Realmente, enquanto a discriminação direta é o tratamento diferenciado voltado especificamente a dividir indivíduos entre si com base em um critério escolhido pelo discriminador, a discriminação indireta pode ocorrer com base em diversos elementos, tais como: (i) modo de estipulação da variável objetivo (variável analisada) e rótulo de classe (forma de divisão escolhida pelo agente de tratamento); (ii) rotulação dos dados de treinamento; (iii) forma de coleta dos dados de treinamento; (iv) seleção de características; e (v) representações (*proxies*)[715].

Assim, a discriminação indireta abrange inúmeros fatores pouco perceptíveis, não sendo necessariamente intencional, podendo surgir através do *machine learning*[716], de tal sorte que nem mesmo os agentes de tratamento poderão estar plenamente cientes do caráter discriminatório do tratamento de dados por eles realizado.

Embora não exista uma maneira correta de se dividir o assunto, a discriminação pode ser abordada através: (i) dos dados fornecidos ao sistema (*inputs*); (ii) do processo de tomada de decisão configurado no algoritmo; e (iii) do resultado do tratamento de dados[717].

Assim, o conjunto de dados coletado de maneira enviesada ou que contenha em si mesmo caracteres discriminatórios poderá ensejar respostas discriminatórias no tratamento de dados, especialmente porque a discriminação passada pode alimentar os conjuntos de dados utilizados e agravar ainda mais a divisão pré-existente[718].

Além disto, mesmo que um determinado dado esteja ausente do perfil do titular, a análise de perfis similares pode levar ao preenchimento da lacuna, dando razoável margem de segurança a respeito do comportamento a depender da quantidade e da qualidade do banco de dados[719]

[715] CONCIL OF EUROPE, Discrimination, artificial intelligence, and algorithmic decision-making; Barocas; Selbst, Big Data's Disparate Impact.

[716] Barocas; Selbst, Big Data's Disparate Impact.

[717] Gillist; Spiess, Big Data and Discrimination.

[718] FRA – EUROPEAN UNION AGENCY FOR FUNDAMENTAL RIGHTS, #BigData: Discrimination in data-supported decision making.

[719] Williams, Betsy Anne; Brooks, Catherine F.; Shmargad, Yotam, How algorithms discriminate based on data they lack, **Journal of Information Policy**, v. 8, p. 78–115, 2018.

ou ainda surtir efeito no resultado do tratamento de dados resultado por meio de representações (*proxies*)[720].

Desta maneira, pode ser até mesmo o caso de que as variáveis indesejadas em primeiro momento (v.g. etnia, orientação sexual, sexo/gênero etc.) tenham que ser incluídas no modelo para possibilitar o controle de seu impacto[721].

No que tange aos efeitos da discriminação, serve-nos de exemplo a experiência norte-americana a respeito da distinção entre *disparate treatment* e *disparate impact*[722], sendo que o último se refere à discussão judicial dos efeitos da discriminação a uma dada pessoa ou grupo de pessoas.

Para comprovação do *disparate impact* em juízo, o consumidor norte-americano deve ultrapassar pesadas barreiras processuais, de modo a comprovar uma prática ou política especificamente identificável da qual resulta uma disparidade estatisticamente significante no tratamento entre grupos[723].

Contudo, ainda que reste comprovado o nexo causal, o fornecedor poderá alegar "necessidade negocial" (*business necessity*) para a prática adotada (similar à regra da razão do direito antitruste), de tal sorte que caberá ao consumidor ainda demonstrar que há alternativas não discriminatórias à prática adotada pelo fornecedor[724].

Por sua vez, a legislação brasileira estipula que o ônus da prova se dê justamente sobre o agente de tratamento quando "for verossímil a alegação, houver hipossuficiência para fins de produção de prova ou quando a produção de prova pelo titular resultar-lhe excessivamente onerosa"[725].

[720] Gillist; Spiess, Big Data and Discrimination; Hurley; Adebayo, Credit scoring in the era of big data.

[721] Gillist; Spiess, Big Data and Discrimination.

[722] *Ibid.*; Barocas; Selbst, Big Data's Disparate Impact; Reinsch, Roger W.; Goltz, Sonia, Big Data: Can the attempt to be more discriminating be more discriminatory instead?, **Saint Louis University School of Law**, v. 61, p. 35–82, 2016.

[723] Hurley; Adebayo, Credit scoring in the era of big data; Gillist; Spiess, Big Data and Discrimination.

[724] Hurley; Adebayo, Credit scoring in the era of big data.

[725] Cf. art. 42, §2º, da LGPD: "Art. 42. O controlador ou o operador que, em razão do exercício de atividade de tratamento de dados pessoais, causar a outrem dano patrimonial, moral, individual ou coletivo, em violação à legislação de proteção de dados pessoais, é obrigado a repará-lo. (...) § 2º O juiz, no processo civil, poderá inverter o ônus da prova a

Evidentemente, não é possível saber qual seria a escolha dos contratantes se ausentes os custos de transação[726], mas a escolha do legislador pressupõe que, em termos concretos, o titular dos dados se veria desguarnecido em uma disputa judicial e valorou esta proteção acima do incremento de preços a ser causado no mercado, o que é uma opção política.

Assim, caso um consumidor ou grupo de consumidores se considere objeto de discriminação por conta da precificação personalizada e apresente argumentos verossímeis ou não tenha como comprovar de modo razoável suas alegações, a prova caberá à parte adversária, o que pode ser legitimado no plano discursivo por conta do desequilíbrio de conhecimentos técnicos entre o titular e os agentes de tratamento.

Com efeito, algumas formas de se auditar os algoritmos passam pela análise do código ou ainda a utilização de perfis criados para testar os resultados produzidos através da variação de características no perfil[727], o que dificilmente poderia ser conduzido pelo titular dos dados (sempre pessoa natural).

Dado este quadro, as propostas para a redução da discriminação se relacionam com o fomento à transparência, direito à explicação, aumento da qualidade dos dados e estudos relacionados à análise de impacto[728], contudo, ainda não há casos práticos a ponto de viabilizar um conjunto de dados suficiente para que se possa verificar a eficiência dos meios recomendados pela doutrina.

Desta maneira, ausente qualquer discriminação (direta ou indireta) de dados vedados pela Constituição Federal e as demais restrições já assinaladas nos itens anteriores, a operação de tratamento para a precificação personalizada será lícita em primeiro momento.

Entretanto, um grave problema que pode vir a ocorrer é o de que um determinado consumidor venha a ser sempre prejudicado na aferição

favor do titular dos dados quando, a seu juízo, for verossímil a alegação, houver hipossuficiência para fins de produção de prova ou quando a produção de prova pelo titular resultar-lhe excessivamente onerosa."

[726] Cf. Parte I, Capítulo 1.5.2. desta dissertação.

[727] FRA – EUROPEAN UNION AGENCY FOR FUNDAMENTAL RIGHTS, #BigData: Discrimination in data-supported decision making; WILLIAMS; BROOKS; SHMARGAD, How algorithms discriminate based on data they lack.

[728] FRA – EUROPEAN UNION AGENCY FOR FUNDAMENTAL RIGHTS, #BigData: Discrimination in data-supported decision making.

de preços, colocando-se então em manifesta desvantagem frente aos demais consumidores[729].

Este ponto, embora seja de difícil constatação prática (os fornecedores provavelmente utilização algoritmos de precificação e bases de dados próprios) pode sim ser considerado um tema de difícil solução a ser analisado pela ANPD e pelos órgãos de proteção do consumidor.

Entretanto, mais uma vez, trata-se de uma especulação teórica que necessita de maiores dados empíricos para que sua efetiva periculosidade venha a ser aferida, especialmente diante de um cenário ainda pouco claro a respeito dos caminhos tomados pelo tratamento de dados pessoais.

Em resumo, a discriminação não pode ser tomada pura e simplesmente como obrigação de tratamento idêntico a todos os indivíduos, sendo ainda necessário notar que o tratamento de dados pessoais pode fomentar a discriminação indireta ainda que os programadores do algoritmo não tenham qualquer intenção nociva em sua atividade.

O tratamento de dados deve passar por rigoroso processo de coleta e seleção de dados, configuração do algoritmo e avaliação de seus efeitos sem que isso necessariamente implique na desconsideração de dados pessoais sensíveis, que poderão ser utilizados para o controle da atuação do algoritmo e método de redução de impactos nocivos.

Ainda não há um quadro claro a respeito da eficácia dos métodos de redução da discriminação nociva sugeridos pela academia e por órgãos internacionais, sendo necessários novos estudos para configurar sua viabilidade prática.

Passemos agora a verificar como se dá a relação entre transparência e explicação no tratamento de dados e sua relação com a precificação personalizada.

3.3. A decisão algorítmica no contexto da precificação personalizada e o direito à explicação.

Como se sabe, após a etapa de captura dos dados e seu tratamento, a elaboração do preço personalizado será levada a cabo por algoritmos moldados especialmente para avaliar a disposição do consumidor em pagar pelo bem ou ainda outras informações relevantes, tais como a

[729] MILLER, What do we worry when we worry about price discrimination? The law and ethics of using personal information for pricing.

fidelidade do cliente ao fornecedor, seu perfil econômico e social, nível de açodamento nas compras realizadas pela internet etc.

Estas decisões são tomadas em impressionante velocidade, de tal sorte que o titular dos dados jamais desconfiaria que, ao adentrar no site do fornecedor, terá uma página com preços e disposição de produtos completamente personalizada.

Sendo então impossível ao ser humano realizar conscientemente tais cálculos em tão curto espaço de tempo, evidente que todo o ambiente explorado pelo consumidor será de moldado a partir de decisões algorítmicas, chamadas pelo legislador de "decisões tomadas unicamente com base em tratamento automatizado de dados pessoais".

Pois bem, frente a estas decisões tomadas somente por programas eletrônicos, ou seja, sem a participação humana na deliberação, o titular dos dados recebe o direito subjetivo de solicitar a revisão de tais decisões, além do direito subjetivo à explicação[730].

A revisão não será obrigatoriamente realizada por pessoa natural, dado que foi vetado o §3º do art. 20[731] da LGPD e não houve posterior modificação do artigo em comento. As razões do veto foram as seguintes:

> "A propositura legislativa, ao dispor que toda e qualquer decisão baseada unicamente no tratamento automatizado seja suscetível de revisão humana, contraria o interesse público, tendo em vista que tal exigência inviabilizará os modelos atuais de planos de negócios de muitas empresas, notadamente das startups, bem como impacta na análise de risco de crédito e de novos modelos de negócios de instituições financeiras,

[730] Cf. art. 20 da LGPD: "Art. 20. O titular dos dados tem direito a solicitar a revisão de decisões tomadas unicamente com base em tratamento automatizado de dados pessoais que afetem seus interesses, incluídas as decisões destinadas a definir o seu perfil pessoal, profissional, de consumo e de crédito ou os aspectos de sua personalidade. § 1º O controlador deverá fornecer, sempre que solicitadas, informações claras e adequadas a respeito dos critérios e dos procedimentos utilizados para a decisão automatizada, observados os segredos comercial e industrial. § 2º Em caso de não oferecimento de informações de que trata o § 1º deste artigo baseado na observância de segredo comercial e industrial, a autoridade nacional poderá realizar auditoria para verificação de aspectos discriminatórios em tratamento automatizado de dados pessoais."

[731] "§ 3º A revisão de que trata o caput deste artigo deverá ser realizada por pessoa natural, conforme previsto em regulamentação da autoridade nacional, que levará em consideração a natureza e o porte da entidade ou o volume de operações de tratamento de dados."

gerando efeito negativo na oferta de crédito aos consumidores, tanto no que diz respeito à qualidade das garantias, ao volume de crédito contratado e à composição de preços, com reflexos, ainda, nos índices de inflação e na condução da política monetária."[732]

Evidentemente, tais razões não convencem, pois o interesse em reduzir barreiras de entrada pode ser conciliado com a imposição de gatilhos regulatórios a determinar que a explicação seja realizada por pessoa natural a partir de um determinado faturamento ou por outro critério técnico a ser estipulado pela ANPD, respeitada a livre iniciativa.

O caminho tomado diverge do adotado pela GDPR, cujo art. 22 explicitamente pontua que o "titular dos dados tem o direito de não ficar sujeito a nenhuma decisão tomada exclusivamente com base no tratamento automatizado, incluindo a definição de perfis, que produza efeitos na sua esfera jurídica ou que o afete significativamente de forma similar"[733].

Evidentemente, é possível argumentar que a defesa da revisão do tratamento por pessoa natural seja uma posição neofóbica, na qual os indivíduos ainda são receosos em relação ao tratamento automatizado dos dados pessoais sem qualquer motivo relevante.

[732] BRASIL, **Mensagem n° 288**, disponível em: <http://www.planalto.gov.br/ccivil_03/_Ato2019-2022/2019/Msg/VEP/VEP-288.htm>, acesso em: 15 nov. 2019.

[733] Cf. art. 22 da GDPR: "Artigo 22º Decisões individuais automatizadas, incluindo definição de perfis
1. O titular dos dados tem o direito de não ficar sujeito a nenhuma decisão tomada exclusivamente com base no tratamento automatizado, incluindo a definição de perfis, que produza efeitos na sua esfera jurídica ou que o afete significativamente de forma similar. 2. O nº 1 não se aplica se a decisão: a) For necessária para a celebração ou a execução de um contrato entre o titular dos dados e um responsável pelo tratamento; b) For autorizada pelo direito da União ou do Estado-Membro a que o responsável pelo tratamento estiver sujeito, e na qual estejam igualmente previstas medidas adequadas para salvaguardar os direitos e liberdades e os legítimos interesses do titular dos dados; ou c) For baseada no consentimento explícito do titular dos dados. 3. Nos casos a que se referem o nº 2, alíneas a) e c), o responsável pelo tratamento aplica medidas adequadas para salvaguardar os direitos e liberdades e legítimos interesses do titular dos dados, designadamente o direito de, pelo menos, obter intervenção humana por parte do responsável, manifestar o seu ponto de vista e contestar a decisão. 4. As decisões a que se refere o nº 2 não se baseiam nas categorias especiais de dados pessoais a que se refere o artigo 9º, nº 1, a não ser que o nº 2, alínea a) ou g), do mesmo artigo sejam aplicáveis e sejam aplicadas medidas adequadas para salvaguardar os direitos e liberdades e os legítimos interesses do titular."

Contudo, as considerações apresentadas no item 3.2 *supra* da Parte II demonstram que a revisão por pessoa natural pode ser mecanismo de acompanhamento da tomada de decisão e a possibilidade de correção de discriminações indiretas praticadas nas decisões automatizadas.

A experiência comparada em relação à aplicação da LGPD e da GDPR será extremamente produtiva para avaliar a utilidade da revisão por pessoa natural caso seja possível verificar a quantidade de alterações de decisões automatizadas no âmbito europeu e eventuais demandas questionando tratamento discriminatório com base em nossa legislação.

Note-se, contudo, que se trata mais uma vez de situação na qual não houve especulação sobre qual seria o resultado da negociação entre os controladores e os titulares de dados quanto à explicação, ausentes os custos de transação[734].

Ainda que revisão não seja realizada por pessoa natural de forma obrigatória dentro de nosso panorama legal, nada impede que o fornecedor, visando obter ganhos comparativos frente a seus concorrentes, garanta ao titular dos dados esta faculdade.

Além disso, permanece assegurado o direito à explicação[735], derivado do princípio da transparência[736], a qual deverá ocorrer sob dois prismas:

[734] Cf. Parte I, Capítulo 1.5.2 desta dissertação.

[735] Note-se, para fins comparativos, que o direito à explicação não é garantido expressamente na GDPR, havendo quem localize no Recital 71 o suporte para uma interpretação conducente ao direito à explicação. Cf. Recital 71 da GDPR: "(71) O titular dos dados deverá ter o direito de não ficar sujeito a uma decisão, que poderá incluir uma medida, que avalie aspetos pessoais que lhe digam respeito, que se baseie exclusivamente no tratamento automatizado e que produza efeitos jurídicos que lhe digam respeito ou o afetem significativamente de modo similar, como a recusa automática de um pedido de crédito por via eletrónica ou práticas de recrutamento eletrónico sem qualquer intervenção humana. Esse tratamento inclui a definição de perfis mediante qualquer forma de tratamento automatizado de dados pessoais para avaliar aspetos pessoais relativos a uma pessoa singular, em especial a análise e previsão de aspetos relacionados com o desempenho profissional, a situação económica, saúde, preferências ou interesses pessoais, fiabilidade ou comportamento, localização ou deslocações do titular dos dados, quando produza efeitos jurídicos que lhe digam respeito ou a afetem significativamente de forma similar. No entanto, a tomada de decisões com base nesse tratamento, incluindo a definição de perfis, deverá ser permitida se expressamente autorizada pelo direito da União ou dos Estados-Membros aplicável ao responsável pelo tratamento, incluindo para efeitos de controlo e prevenção de fraudes e da evasão fiscal, conduzida nos termos dos regulamentos, normas e recomendações das instituições da União ou das entidades nacionais de controlo, e para garantir a segurança e a fiabilidade do serviço prestado pelo responsável pelo tratamento, ou se for necessária para a

(i) substancial (exposição dos critérios); e (ii) formal (procedimentos realizados), tomando por base a pessoa do titular dos dados para assegurar a clareza e adequação das informações.

Note-se que a explicação é essencial para a compreensão do tratamento de dados, pois dificilmente o consumidor poderá compreender a correlação entre um dado equivocado e o resultado produzido pelo algoritmo[737] se desconhecer o peso atribuído às variáveis explicativas.

Por outro lado, visando harmonizar os interesses dos titulares dos dados e dos controladores, a legislação determina que sejam "observados os segredos comercial e industrial", de tal sorte que o legislador deixou aos casos concretos a aferição de quanto maior ou menor detalhamento representará violação dos interesses empresariais.

Este segredo vem acompanhado do já analisado ônus da prova nas disputas judiciais e das auditorias conduzidas pela ANPD, visto que o controlador não poderá simplesmente se esquivar de respostas às indagações do titular dos dados.

Demais do exposto, um dos argumentos em defesa da proteção dos segredos comercial e industrial, principalmente na avaliação de crédito,

celebração ou execução de um contrato entre o titular dos dados e o responsável pelo tratamento, ou mediante o consentimento explícito do titular. Em qualquer dos casos, tal tratamento deverá ser acompanhado das garantias adequadas, que deverão incluir a informação específica ao titular dos dados e o direito de obter a intervenção humana, de manifestar o seu ponto de vista, de obter uma explicação sobre a decisão tomada na sequência dessa avaliação e de contestar a decisão. Essa medida não deverá dizer respeito a uma criança. A fim de assegurar um tratamento equitativo e transparente no que diz respeito ao titular dos dados, tendo em conta a especificidade das circunstâncias e do contexto em que os dados pessoais são tratados, o responsável pelo tratamento deverá utilizar procedimentos matemáticos e estatísticos adequados à definição de perfis, aplicar medidas técnicas e organizativas que garantam designadamente que os fatores que introduzem imprecisões nos dados pessoais são corrigidos e que o risco de erros é minimizado, e proteger os dados pessoais de modo a que sejam tidos em conta os potenciais riscos para os interesses e direitos do titular dos dados e de forma a prevenir, por exemplo, efeitos discriminatórios contra pessoas singulares em razão da sua origem racial ou étnica, opinião política, religião ou convicções, filiação sindical, estado genético ou de saúde ou orientação sexual, ou a impedir que as medidas venham a ter tais efeitos. A decisão e definição de perfis automatizada baseada em categorias especiais de dados pessoais só deverá ser permitida em condições específicas."

[736] MONTEIRO, Renato Leite, Existe um direito à explicação na Lei Geral de Proteção de Dados no Brasil, 2018.

[737] HURLEY; ADEBAYO, Credit scoring in the era of big data.

está no fato de que, conhecedores da estrutura do algoritmo, os consumidores poderão se adequar às suas exigências. Contudo, como apontam Hurley e Adebayo, os consumidores têm direito a alterar seus comportamentos para receberem uma resposta positiva do tomador de decisão[738].

Justamente por conta deste tipo de limitação, as preocupações a respeito dos mecanismos de ranqueamento de ofertas em sites de comparação de preços têm gerado debates a respeito da conciliação do sigilo dos algoritmos e a necessidade maior transparência nos critérios utilizados pelos sites[739].

Diante da criação de uma regra de exceção no regime do direito à explicação, o legislador autorizou a ANPD proceder a auditoria para a aferição de que há ou não "aspectos discriminatórios" no tratamento realizado, especialmente em um cenário no qual os titulares dos dados provavelmente terão dificuldade em compreender o tratamento de dados ainda que exista explicação por parte dos agentes de tratamento.

Com base no exposto, percebe-se que o regramento das decisões automatizadas não implica que qualquer decisão produzida seja lícita, visto que a decisão discriminatória que atente ao valor constitucional da igualdade implicará em ato ilícito.

Desta maneira, o titular dos dados possui direito subjetivo à revisão de decisões nas quais se utilize precificação personalizada a partir de seus dados, além do direito à explicação sobre os rudimentos do funcionamento do tratamento automatizado, vedando-se, como cediço, a utilização de discriminações não autorizadas pela Constituição da República na formação do preço.

Portanto, mesmo as decisões automatizadas não carregarão em si mesmas qualquer marca de ilicitude que possa macular sua utilização.

[738] *Ibid.*

[739] HOUSE OF LORDS, **Online Platforms and the Digital Single Market**, p. 74.

4. A Precificação Personalizada e o Direito Concorrencial

Ainda que a precificação personalizada seja inteiramente conforme ao CDC e à LGPD, cumpre agora questionar se há alguma violação à legislação antitruste, sendo tal posicionamento vislumbrado no REsp 1479039/MG[740], já citado no capítulo 2.2.1. da Parte II, que fez remição ao art. 36, §3º, X, da Lei de nº: 12.529/11 quando julgou prática abusiva a diferenciação de preços nos postos de gasolina em pagamentos ocorridos mediante cartão e dinheiro.

Pois bem, a Lei Ordinária de nº 12.529/11 trata da "estrutura o Sistema Brasileiro de Defesa da Concorrência – SBDC e dispõe sobre a prevenção e a repressão às infrações contra a ordem econômica, orientada pelos ditames constitucionais de liberdade de iniciativa, livre concorrência, função social da propriedade, defesa dos consumidores e repressão ao abuso do poder econômico."[741].

Isto implica que a ordem econômica será protegida levando-se em consideração alguns princípios norteadores, os quais não se esgotam no rol acima apresentado, compreendendo também os do art. 170 da Constituição Federal, sobre o qual já se discorreu e o comando do art. 173, § 4º, da Lei Maior, o qual impõe ao legislador reprimir "abuso do poder econômico[742] que vise à dominação dos mercados, à eliminação da

[740] REsp 1479039/MG, Rel. Ministro Humberto Martins, SEGUNDA TURMA, julgado em 06/10/2015, DJe 16/10/2015.

[741] Cf. art. 1º, Lei Ordinária nº: 12.529/11.

[742] Filomeno esclarece que, por abuso de poder econômico, deve-se entender "qualquer forma de manobra, ação, acerto de vontades, que vise à eliminação da concorrência, à domi-

concorrência e ao aumento arbitrário dos lucros", estabelecendo então o dever de tutela da concorrência[743].

Dentro deste conjunto de princípios, a depender dos conceitos empregados pelo intérprete, o maior conflito se daria entre a eficiência (tomada na acepção positiva da livre iniciativa e da livre concorrência) e a defesa do consumidor, sendo que isto ocorreria por conta da disputa entre economias de escala (representando a concentração dos mercados e a eficiência) e possibilidade de escolha pelo consumidor (teoricamente contrária à concentração do mercado)[744].

Na visão de Salomão Filho, a eficiência se tornou "sinônimo de sistema antitruste", sendo conceituada como "a habilidade de produzir a custos menores e, *consequentemente*, reduzir os preços para o consumidor" (itálico no original)[745], sendo que o autor não vislumbra qualquer implicação necessária entre redução de custos e redução de preços pelo monopolista[746].

No cerne desta discussão está o chamado paradoxo da concorrência e da defesa do consumidor, o qual residiria no fato de que a manutenção da concorrência inviabilizaria a economia de escala, redutora de custos, prejudicando o consumidor[747].

Por outro lado, Filomeno ressalta que é necessária a existência da: "livre concorrência entre empresas, já que é por seu intermédio que se obtém a melhoria da qualidade de produtos e serviços, o desenvolvi-

nação dos mercados e ao aumento arbitrário dos lucros.". Grinover *et al*, **Código Brasileiro de Defesa do Consumidor: Comentado pelos Autores do Anteprojeto**, p. 101.

743 Cf. art. 173, § 4º, CF: "Art. 173. Ressalvados os casos previstos nesta Constituição, a exploração direta de atividade econômica pelo Estado só será permitida quando necessária aos imperativos da segurança nacional ou a relevante interesse coletivo, conforme definidos em lei. (...)
§ 4º A lei reprimirá o abuso do poder econômico que vise à dominação dos mercados, à eliminação da concorrência e ao aumento arbitrário dos lucros."

744 "Como sabido, toda teorização econômica do direito concorrencial baseia-se na proteção do consumidor (...) A discordância maior está quanto ao sentido a ser dado à expressão 'bem-estar do consumidor'. Enquanto para os ordoliberais e para muitos dos defensores das teorias pós-Chicago ela significa liberdade de escolha, para os teóricos neoclássicos ela significa, simplesmente eficiência econômica". Salomão Filho, **Direito Concorrencial**, p. 104–5.

745 *Ibid.*, p. 40.

746 *Ibid.*, p. 40–1.

747 *Ibid.*, p. 76–80.

mento tecnológico na fabricação e melhores opções ao consumidor ou usuário final", além de complementar que, quando o "mercado é dominado por poucos, sem que haja fiscalização governamental, a tendência é o aumento de preços dos produtos e serviços, a queda da sua qualidade, a redução das alternativas de compra e a estagnação tecnológica."[748]

O paradoxo deve ser tomado com cuidado, visto que nem sempre a concentração do mercado limita opções ou inviabiliza a concorrência, tal como ocorre no duopólio entre Apple e Samsung, com renhida disputa entre as companhias, bem como deve ser delimitado o mercado relevante com extremo cuidado, especialmente em cenários nos quais a abertura econômica ou a presença de bens substitutos pode afetar a imagem de concentração de um dado segmento.

Desta maneira, não é possível salientar que uma política de defesa da eficiência ou do consumidor e outra visando promover a concorrência sejam excludentes entre si, pelo contrário, podem se complementar e não necessariamente haverá prejuízo de qualquer delas em detrimento da outra.

Portanto, neste tocante, nossa posição diverge, mas alcança as mesmas conclusões finais de SALOMÃO FILHO, para quem: "o bem-estar do consumidor posto como um dos fins da tutela antitruste repousaria no binômio da eficiência econômica e da liberdade de escolha pelo consumidor"[749].

Como veremos, este conflito estará presente nas discussões a respeito da precificação personalizada, que atua no ambiente concorrencial e produz resultados positivos ao evitar atos de colusão por parte dos fornecedores de produtos e serviços.

Contudo, também será necessário verificar se a diferenciação de preços prevista no art. 36, §3º, X, da Lei do CADE é empecilho à adoção desta modalidade de precificação ou se se trata de um dispositivo que pode levar a interpretações equivocadas.

[748] GRINOVER *et al*, **Código Brasileiro de Defesa do Consumidor: Comentado pelos Autores do Anteprojeto**, p. 101-2.

[749] GABAN; DOMINGUES, **Direito Antitruste**, p. 55.

4.1. Efeitos da precificação personalizada no ambiente concorrencial

A primeira preocupação que se coloca em relação à precificação personalizada e o Direito Antitruste reside no risco de colusão trazida pela utilização de algoritmos na formulação de preços por parte dos fornecedores.

Com efeito, os algoritmos trouxeram à baila a possibilidade de acordo entre fornecedores a fim de ampliar seus lucros em prejuízo dos consumidores sem a necessidade negociação direta entre as sociedades empresárias:

> "Estamos mudando de um mundo no qual executivos expressamente conluíam em quartos de hotel esfumaçados para um mundo em que os algoritmos de preços continuamente monitoram e se ajustam aos preços dos concorrentes e aos dados do mercado." (tradução livre)[750]

De fato, a tecnologia possibilita agora que se chegue a condutas anticoncorrenciais sem que seja necessária a intenção de colusão, bastando aos fornecedores elaborarem seus algoritmos de modo a responder ao preço dos concorrentes, pois a precificação dinâmica e responsiva não é em si mesma uma violação à legislação concorrencial[751].

Esta visão distópica, contudo, não corresponde totalmente às possibilidades de alteração no quadro fático, pois, ao menos em tese, a evolução tecnológica permitirá alcançar situação semelhante à concorrência perfeita através da utilização de algoritmos dos dois lados do mercado, desde que seja possível ultrapassar barreiras regulatórias, o fluxo de dados seja franco e desprovido de ofuscamento, não se pratique colusão algorítmica, seja possível transitar entre diversos produtos ou serviços sem custos significativos e os fornecedores possam existir em um mercado de constante velocidade de troca por parte dos consumidores (*hiperswitching*)[752].

No caso da precificação personalizada, por exemplo, os efeitos provavelmente serão amplamente positivos à concorrência, visto que, quanto

[750] Ezrachi, Ariel; Stucke, Maurice, Artificial Intelligence & Collusion: when computers Inhibit Competition, **University of Illinois Law Review**, v. 2017, p. 1775–1810, 2017.

[751] *Ibid.*

[752] Loo, Digital Market Perfection.

maior a transparência de preços em um mercado, maior a possibilidade de colusão[753].

Isto se sustenta, evidentemente, desde que os concorrentes se utilizem de algoritmos e/ou bancos de dados diferentes, sob pena de que o sistema de precificação se torne idêntico e autorize a realização de práticas colusivas.

Por outro lado, também se discute que, havendo custos diferentes entre os fornecedores, a precificação personalizada prejudicará o competidor menos eficiente, ainda que a implementação do sistema não possua qualquer custo[754].

Além disto, uma preocupação antitruste que não é diretamente voltada à precificação personalizada, mas que pode envolvê-la diz respeito à redução de preços apenas em mercados competitivos, aproveitando-se o fornecedor para lucrar em mercados com baixa concorrência[755].

Embora válida, a preocupação parece envolver não apenas a precificação personalizada ou mesmo a discriminação de preços, mas qualquer método de precificação, visto que os resultados analisados não são condicionados pela precificação personalizada.

Além desta preocupação, questiona-se se a discriminação de preços pode levar os fornecedores apenas e tão somente a uma competição por instrumentos de precificação ao invés de disputar consumidores por conta de qualidade, inovação etc[756].

O questionamento é pertinente apenas e tão somente para fornecedores em setores já estagnados (v.g. tabaco), não sendo crível que setores de constante desenvolvimento sejam afetados de tal maneira.

Assim, dentro do quadro teórico, a precificação personalizada possui potencial de auxiliar na redução da colusão e permitir que os fornecedores entrem em concorrência acirrada por consumidores, porém, visões mais pessimistas tendem a encontrar possibilidade de efeitos anticoncorrenciais oriundos de concentração de mercados ou de abu-

753 Ezrachi; Stucke, Artificial Intelligence & Collusion: when computers Inhibit Competition.; CMA, **Pricing algorithms**, p. 5.

754 Matsumura, Toshihiro; Matsushima, Noriaki, Should Firms Employ Personalized Pricing?, **Journal of Economics & Management Strategy**, v. 24, n. 4, p. 887–903, 2015.

755 Miller, What do we worry when we worry about price discrimination? The law and ethics of using personal information for pricing.

756 *Ibid.*

so de posição dominante. Diante deste cenário, mostra-se necessário o acompanhamento por parte da Administração Pública e da sociedade civil para averiguar se os impactos positivos previstos pela academia efetivamente foram alcançados e os riscos mitigados ou eliminados.

4.2. A precificação personalizada constitui infração à ordem econômica?

As investigações conduzidas até o presente momento apontam que há possível impacto positivo da precificação personalizada no ambiente concorrencial, mas isto não implica necessariamente em licitude de tal prática à luz da Lei do CADE.

A legislação assinalada, como já visto, possui "duas almas" na expressão de Forgioni em virtude de seu compromisso com a tutela da livre iniciativa e da livre concorrência e o objetivo direto de proteção ao consumidor[757].

Evidentemente, esta ponderação de custos e benefícios em relação à análise de condutas ou de estruturas será realizada pelo intérprete autêntico (CADE ou Judiciário a depender do caso) com base em parâmetros de eficiência, ponderação e recurso à tópica.

Entretanto, com a reforma da Lei de Introdução às Normas do Direito Brasileiro, a decisão não poderá ser baseada apenas na intuição de qual o dispositivo aplicável ou de qual o valor a preponderar em uma disputa jurídica, devendo a Administração Pública considerar "as consequências práticas da decisão (...) inclusive em face das alternativas possíveis"[758].

Assim, mostra-se uma evolução dos sistemas de controle das decisões administrativas e judiciais através da inserção do pensamento pragmático no momento da escolha realizada pelo intérprete, especialmente diante da redação do art. 36 da Lei do CADE:

> "Art. 36. Constituem infração da ordem econômica, independentemente de culpa, os atos sob qualquer forma manifestados, que tenham por

[757] Forgioni, **Os fundamentos do antitruste**, p. 143; Sobre o debate a respeito dos objetivos da defesa da concorrência, veja-se: Pfeiffer, **Defesa da concorrência e bem-estar do consumidor**, p. 98–142.

[758] Cf. art. 20 da Lei de Introdução às normas do Direito Brasileiro.

> objeto ou possam produzir os seguintes efeitos, ainda que não sejam alcançados:
> I – limitar, falsear ou de qualquer forma prejudicar a livre concorrência ou a livre iniciativa;
> (...)
> III – aumentar arbitrariamente os lucros; e
> IV – exercer de forma abusiva posição dominante.
> (...)
> § 2º Presume-se posição dominante sempre que uma empresa ou grupo de empresas for capaz de alterar unilateral ou coordenadamente as condições de mercado ou quando controlar 20% (vinte por cento) ou mais do mercado relevante, podendo este percentual ser alterado pelo Cade para setores específicos da economia."

Da simples leitura do dispositivo se pode notar que se trata de um tipo baseado: (i) na responsabilidade objetiva; (ii) cuja prática se aproxima dos crimes de forma livre; e (iii) que tenham por "objeto ou possam produzir" efeitos deletérios à ordem econômica.

O legislador compreendeu como efeitos indesejáveis que nos interessam aqueles que tendem a "prejudicar a livre concorrência ou a livre iniciativa", "aumentar arbitrariamente os lucros" ou propiciar exercício abusivo de posição dominante.

O prejuízo à livre concorrência ou à livre iniciativa se mostra como regra aberta construída para enquadrar hipóteses não contempladas nos demais incisos do art. 36, pois sua previsão extremamente genérica viabiliza a licitude ou ilicitude de qualquer conduta dentro de um contexto argumentativo.

Trata-se, evidentemente, de um tipo que somente será "descoberto" pelo agente econômico à luz de casos anteriores julgados pelo CADE (jurisprudência administrativa) ou posteriormente dentro de "casos inéditos".

No que tange à posição dominante, embora a legislação apresente critérios para sua interpretação no §2º do art. 36, da Lei do CADE[759],

[759] Confira-se o §2º do mesmo art. 36 da Lei do CADE: "§ 2º Presume-se posição dominante sempre que uma empresa ou grupo de empresas for capaz de alterar unilateral ou coordenadamente as condições de mercado ou quando controlar 20% (vinte por cento) ou

"não há métodos de interpretação jurídicos ou fórmulas matemáticas que levem à conclusão segura e definitiva sobre a existência de posição dominante em determinado mercado..."[760].

Buscando dar maior concretude ao art. 36, o § 3º do mesmo dispositivo traçará as linhas mestras das condutas vedadas, dentre as quais nos interessa a hipótese do inciso X:

> "§ 3º As seguintes condutas, além de outras, na medida em que configurem hipótese prevista no caput deste artigo e seus incisos, caracterizam infração da ordem econômica:
> (...)
> X – discriminar adquirentes ou fornecedores de bens ou serviços por meio da fixação diferenciada de preços, ou de condições operacionais de venda ou prestação de serviços;"

Diante do dispositivo assinalado, nota-se que a discriminação de preços pode ser considerada conduta anticoncorrencial, de modo que se mostra necessária pesquisa a respeito do conteúdo e extensão do significado da vedação de discriminação de preços para que se possa constatar se a precificação personalizada nas relações de consumo preenche ou não os requisitos do tipo legal.

Tendo em vista que a Lei do CADE trata de relação de concorrência, a discriminação à qual a legislação se refere é aquela tendente a prejudicar rivais no mercado, não sendo o caso de utilização do art. 36, § 3º, X, como forma de punição pela prática de precificação personalizada nas vendas ao consumidor.

Este posicionamento se encontra em julgado do CADE na Averiguação Preliminar 08012.007692/1999-11 – Auto Posto Esmeraldas Ltda. x Esso Brasileira de Petróleo Ltda., no qual o voto do Conselheiro Olavo Chinaglia pontuou que:

> "Impõe-se estabelecer, antes de tudo, que a prática de preços diferenciados não constitui por si só, segundo o direito antitruste brasileiro, uma infração à ordem econômica. Para que se possa afirmar o caráter

mais do mercado relevante, podendo este percentual ser alterado pelo Cade para setores específicos da economia."

[760] Forgioni, **Os fundamentos do antitruste**, p. 271.

ilícito dessa conduta, é necessário que se verifiquem certas condições. A primeira é que o agente imputado detenha posição dominante. Em seguida, deve-se observar se a conduta praticada tende a produzir efeitos anticompetitivos, como a exclusão de rivais, a elevação de custos (profit squeeze), alavancagem ou fechamento de mercado, etc. Por fim, a diferenciação de preços não pode ser justificada a partir de práticas comerciais legítimas e comprovadamente neutras do ponto de vista concorrencial."[761]

Com efeito, o que não se admite são os "Acordos de preço diferenciado pelos quais um só distribuidor vem a ser beneficiado pelo produtor, que passa com ele a praticar preços sistematicamente menores pela mesma mercadoria"[762]. Isto seria "Observável através da discriminação recorrente entre os distribuidores, não justificado pela existência de qualquer diferença mercadológica entre eles"[763].

Este também o entendimento de GABAN E DOMINGUES: "Como conduta anticoncorrencial, a discriminação de rivais usualmente envolve a fixação de preços (ou outras condições contratuais (...)) distintos para situações equivalentes, criando vantagens comparativas artificiais entre os players situados no mercado alvo de discriminação"[764].

Em sentido parcialmente contrário, VAINZOF entende que é possível a aplicação de punição por conta de discriminação de preços com base na legislação antitruste "Se houver aumento arbitrário dos lucros, domínio do mercado ou limitação da concorrência"[765].

Note-se que as disposições do direito da concorrência não regulam diretamente as relações de consumo, mas "tutelam interesses especiais dos consumidores, uma vez que sua aplicação redunda em preços competitivos (mais baixos do que aqueles praticados em situações sem con-

[761] Averiguação Preliminar 08012.007692/1999-11 – Auto Posto Esmeraldas Ltda. x Esso Brasileira de Petróleo Ltda., voto do Conselheiro Olavo Chinaglia, trecho citado também por GABAN; DOMINGUES, **Direito Antitruste**, p. 567.

[762] SALOMÃO FILHO, **Direito Concorrencial**, p. 593.

[763] *Ibid.*

[764] GABAN; DOMINGUES, **Direito Antitruste**, p. 142.

[765] VAINZOF, p. 164.

corrência efetiva), alternativas de escolha e melhores padrões de qualidade e inovação."[766].

Realmente, o que o legislador pretendeu proteger na diferenciação de preços é o abuso de poder de mercado no qual um dado agente econômico se aproveita de sua posição para inviabilizar a concorrência nos elos inferiores ou superiores da cadeia produtiva.

Desta maneira, se um fornecedor pratica diferenciação de preços sem justificativa econômica entre os varejistas que compram seus produtos para revenda, interferindo na competição, poderá incorrer em atitude anticoncorrencial, mas o mesmo não se dará se um fornecedor vende aos consumidores produtos com base em preços diferentes.

Este tem sido o entendimento no plano internacional, visto que, conforme pontua a UNIÃO EUROPEIA, o art. 102 (c) do tratado de lisboa possui previsão a respeito de discriminação de preços no ambiente concorrencial[767], mas tal disposição somente deve ser aplicada quando há concorrência entre a discriminante e a discriminada em seus mercados relevantes[768].

Além disso, mesmo que exista proibição de cobrança de valores desproporcionais ou excessivos, "não está claro que o preço cobrado sobre consumidores mais abastados (*wealthier consumers*) seria excessivo" (tradução livre) de acordo com o enquadramento dado pela eu à interpretação do art. 102 do tratado de lisboa[769], pois a cobrança de preços injustos (*unfair prices*) não deve ser considerada ilícito antitruste a menos que produza efeitos na concorrência[770].

[766] PFEIFFER, **Defesa da concorrência e bem-estar do consumidor**, p. 143.

[767] Segue a redação em português do dispositivo assinalado: "Artigo 102º É incompatível com o mercado interno e proibido, na medida em que tal seja suscetível de afetar o comércio entre os Estados-Membros, o facto de uma ou mais empresas explorarem de forma abusiva uma posição dominante no mercado interno ou numa parte substancial deste.
c) Aplicar, relativamente a parceiros comerciais, condições desiguais no caso de prestações equivalentes colocando-os, por esse facto, em desvantagem na concorrência;"

[768] EU, **Personalised Pricing in the Digital Era – Note by the European Union**, p. 9; EZRACHI; STUCKE, **Virtual Competition: A promise and perils of the algorithm driven economy**, p. 128.

[769] EU, **Personalised Pricing in the Digital Era – Note by the European Union**, p. 9; EZRACHI; STUCKE, **Virtual Competition: A promise and perils of the algorithm driven economy**, p. 128.

[770] BIAC, **Personalised Pricing in the Digital Era – Note by BIAC**, p. 9.

No mesmo sentido, o Robinson-Patman Act, legislação contra a discriminação dos eua, o qual veda a discriminação contra pequenos varejistas ou distribuidores em competição contra concorrentes de maior porte[771].

Elucidada esta minúcia da legislação concorrencial, nota-se que não há qualquer empecilho à precificação personalizada no direito antitruste, salvo se for praticada em detrimento de fornecedores e adquirentes causando prejuízos à concorrência.

Portanto, verificou-se que: (i) O direito da concorrência se preocupa tanto com a defesa do ambiente concorrencial quanto com a defesa do consumidor; (ii) Neste ambiente, a defesa do consumidor se dará de modo mediato e apenas será ilícito antitruste a discriminação de preços que caracterize prejuízo à concorrência; (iii) A precificação personalizada ou a discriminação de preços ao consumidor não se amoldam à hipótese do art. 36, §3º, x, da lei do CADE; e (iv) Ambos os métodos de precificação podem auxiliar a competitividade no mercado, pois os concorrentes disputarão os clientes individualmente[772].

[771] Ezrachi; Stucke, **Virtual Competition: A promise and perils of the algorithm driven economy**, p. 128.

[772] Cooper *et al*, Does Price Discrimination Intensify Competition? Implications for Antitrust.

Conclusão
O Preço Personalizado no Banco dos Réus: Implicações da Vedação e da Permissão do Preço Personalizado à Luz da Análise Econômica do Direito

Conforme observamos na Parte I desta dissertação, formas de discriminação de preços cada vez mais próximas da precificação personalizada estão sendo implementadas no comércio eletrônico, sendo que seus impactos podem levar a cenário em que a quantidade de consumidores atendidos seja superior ao equilíbrio de mercado, embora exista prejuízo a determinados indivíduos.

A tabela abaixo sintetiza os estudos a respeito do tema:

Estudo	Conclusões
FUDENBERG; VILLAS-BOAS, Price Discrimination in the Digital Economy, 2012.	Os empresários aumentam suas receitas em regime de monopólio, mas tornam os consumidores menos propensos ao fornecimento de dados. Nos ambientes concorrenciais, há acirramento da disputa.
COOPER et al, Does Price Discrimination Intensify Competition? Implications for Antitrust, 2005.	A discriminação de preços pode ser utilizada como meio de obtenção de novos clientes e o aumento da competição implicaria em queda de receita dos empresários, desde que o sistema de precificação não seja idêntico entre os competidores.
EXECUTIVE OFFICE OF THE PRESIDENT, Big Data and Differential Pricing, 2015.	Os benefícios ou malefícios da discriminação de preços estão relacionados com o ambiente em que eles são praticados, sendo necessárias concorrência e informação para que os ganhos dos consumidores ultrapassem as perdas.

Varian; Farrel; Shapiro, The Economics of Information Technology: An Introduction, 2004.	A ideia de que todo o excedente do consumidor será reduzido pela aplicação da discriminação de preços não se mostra crível por conta da concorrência dentro e fora da internet.
Katz, Price Discrimination and Monopolistic Competition, 1984.	A discriminação de preços seria bem-sucedida apenas quando a população é desinformada, pois a presença de informação levaria os preços a resultados não superiores ao equilíbrio de mercado.
EU, Personalised Pricing in the Digital Era – Note by the European Union, 2018.	A precificação personalizada pode gerar: (i) redução do excedente do consumidor; (ii) a quantidade de pessoas beneficiadas pela precificação personalizada no que diz respeito aos bens tangíveis está condicionada aos bens com custo marginal decrescente; e (iii) não há garantia de que as pessoas com menor renda serão beneficiadas pela precificação personalizada.
REINO UNIDO, Personalised Pricing in the Digital Era – Note by the United Kingdom, 2018.	Os efeitos da precificação personalizada seriam: (i) redução do excedente do consumidor; (ii) aumento da produção; (iii) aumento da competição; e (iv) ausência de incentivos por parte dos empresários em reduzir os preços no futuro. Os efeitos negativos da precificação personalizada podem ser sentidos em ambientes nos quais: (i) os consumidores não têm pleno controle de seus dados pessoais; (ii) o sistema de precificação é complexo ou opaco; (iii) os fornecedores estão aptos a explorar os vieses dos consumidores; (iv) os grupos vulneráveis são prejudicados pelo fornecedor; e (v) os custos de implementação da precificação personalizada forem altos e seja possível seu repasse aos consumidores.
SECRETARIAT, Personalised Pricing in the Digital Era – Background Note by Secretariat, 2018.	Nos ambientes de concorrência, a precificação personalizada aumenta os benefícios dos consumidores.
Bourreau; Streel, The regulation of personalised pricing in the digital era – Note by Marc Bourreau and Alexandre de Streel, 2018.	Nos ambientes monopolísticos, a possibilidade de que os ganhos sejam repartidos com os consumidores é menor, pois o fornecedor acesso aos dados e meios de impor preços aos consumidores, assim, apenas com o incremento da concorrência é possível a repartição dos ganhos através da precificação personalizada.
Ezrachi; Stucke, Virtual Competition: A promise and perils of the algorithm driven economy, 2016.	Os efeitos benéficos da discriminação de preços estariam: (i) aumento de produção; (ii) aumento de escolha e acesso aos produtos e serviços; (iii) aumento na igualdade social; (iv) aumento dos investimentos; (v) aumento da competição em cenários de oligopólio. Por outro lado, os efeitos maléficos seriam: (i) redução do excedente dos consumidores; (ii) exclusão de competidores sem capacidade de discriminar preços; (iii) barreiras de entrada ou expansão; (iv) impedimento ao crescimento de competidores menores; (v) dificuldade na competição a jusante (de cima para baixo).

AUTORITÉ DE LA CONCURRENCE; BUNDESKARTELLAMT, Competition Law and Data, 2016.	Os efeitos negativos da discriminação de preço seriam: (i) violação da igualdade; (ii) aumento dos custos de transação; e (iii) aumento dos gastos de alguns consumidores. Por outro lado, o efeito benéfico da discriminação de preços se encontraria no acesso a produtos e serviços por parte de consumidores com menor renda.

O critério de juízo político a definir se tal prática é ou não desejável se dá pela escolha de um conceito de eficiência de Pareto ou Kaldor-Hicks, escapando totalmente de uma questão que comporte resposta única, especialmente pendendo maiores estudos empíricos a respeito da discriminação de preços no mercado eletrônico.

Noutras palavras, trata-se de uma disputa entre dois critérios de eficiência, de maneira que a precificação personalizada não seria aceita pelos defensores de uma ótica paretiana, pois é impossível melhorar a situação de todos os consumidores sem que alguns deles restem prejudicados.

Por outro lado, caso os resultados agregados sejam superiores aos prejuízos agregados, mostra-se ao menos defensável a precificação personalizada a partir de um critério de eficiência Kaldor-Hicks.

No que tange aos aspectos jurídicos, verificamos a relação entre a precificação personalizada e os três principais diplomas legais que com ela se relacionam, a saber: CDC, LGPD e Lei do CADE.

Abaixo apresentamos a síntese dos argumentos e conclusões dos capítulos:

Capítulo	Argumentos	Conclusões
O mandamento constitucional de defesa do consumidor e a ordem econômica (Capítulo 1 da Parte II)	• O modelo clássico de subsunção foi substituído pela Nova Hermenêutica, dando ênfase à tópica e ao método concretista;	• Os modelos da Nova Hermenêutica são orientados à solução de casos concretos e reduzem a previsibilidade das decisões judiciais;
	• A discussão subjacente ao papel do Estado na relação com a esfera privada é discutida hoje em três principais correntes: (i) liberalismo/libertarianismo; (ii) paternalismo; e (iii) paternalismo libertário; e	• Embora as legislações não possuam adesão irrestrita a qualquer dos modelos expostos, a forma de compreensão do papel do Estado influencia as escolhas do legislador e do intérprete/aplicador do direito; e
	• A Constituição Federal determina a defesa do consumidor e a considera princípio da ordem econômica, mas não esclarece o peso dos princípios na tomada de decisão por parte do intérprete/aplicador do direito.	• Ressalvada as expressões fluidas, a precificação personalizada não parece constituir ofensa direta à Constituição Federal.

A Precificação personalizada e o Código de Defesa do Consumidor (Capítulo 2 da Parte II)	• O princípio da igualdade pode ser tomado em critério formal e substancial, sendo que a Constituição e a legislação não se aferram a um único critério. A igualdade a ser protegida impõe que o fornecedor não discrimine com base em dados expressamente proibidos pela Constituição Federal e pela legislação, embora se admita a discriminação em favor de grupos vulneráveis;	• A simples discriminação de preços, quando não vulnerada vedação constitucional ou infraconstitucional, deve ser considerada prática lícita, desde que respeitados os demais parâmetros apresentados nesta dissertação;
	• As práticas e cláusulas abusivas constituem rol aberto previsto no CDC. Contudo, nos ambientes em que há circulação de informação e concorrência entre fornecedores, não se deve permitir a discussão do preço apenas com base na utilização de mecanismo de precificação; e	• As condutas vedadas com base em exigência de vantagem manifestamente excessiva previstas no CDC não são argumento suficiente para impor a revisão dos contratos de consumo quando as partes se encontravam cientes do modelo de precificação e houve possibilidade de recurso à concorrência; e
	• O paradigma da informação foi modelo de consenso para a redução dos custos de transação nas relações de consumo, contudo, pesquisas empíricas apontam que há falhas distributivas e de transmissão de conteúdo em sua utilização.	• O fornecedor deverá transmitir de modo adequado e simplificado ao consumidor a informação a respeito do mecanismo de precificação, sendo recomendada a utilização de meios visuais e audiovisuais para garantir a compreensão da informação transmitida, além disto, o direito de arrependimento atua como mitigador dos custos de transação.
A precificação personalizada e a Lei Geral de Proteção de Dados (Capítulo 3 da Parte II)	• O consentimento previsto na LGPD é peça fundamental para a realização do tratamento de dados, não se permitindo a presunção de que a precificação personalizada seja realizada sem o consentimento do titular dos dados;	• O consentimento sofre os mesmos vícios do paradigma da informação, recebendo então a mesma recomendação de utilização de meios visuais e audiovisuais para a transmissão da informação ao consumidor;
	• A discriminação no tratamento de dados pode ocorrer com base na seleção de variáveis, processo de tomada de decisão e o resultado do tratamento de dados[1] e não ser um produto direto da intenção discriminatória dos agentes de tratamento; e	• Neste cenário nebuloso, o papel da ANPD e dos próprios fornecedores cresce em importância para que testes sejam realizados a fim de se verificar a existência de discriminação direta ou indireta, consistindo tais práticas em clara ofensa aos Direitos Fundamentais, ao CDC e à LGPD; e
	• A tomada de decisão algorítmica, sua revisão e o direito à explicação são disciplinados no Direito Brasileiro, sendo imprescindível seu franqueamento ao titular dos dados sempre que necessária.	• O cumprimento das determinações da LGPD e da ANPD são essenciais para a regularidade do tratamento de dados e devem ser acolhidas por qualquer sistema que utilize precificação personalizada.

A precificação personalizada e o Direito Concorrencial (Capítulo 4 da Parte II)	• A utilização de algoritmos de precificação aumentou o risco de colusão por parte de fornecedores, contudo, no caso específico da precificação personalizada, sua utilização dificulta a formação de acordos tácitos, desde que os fornecedores utilizem bancos de dados e algoritmos diferentes; e	• A precificação personalizada, portanto, fortalece o ambiente concorrencial ao evitar a realização de colusão tácita; e
	• Tanto a legislação quanto a jurisprudência administrativa do CADE a respeito da diferenciação de preços se dá com base nos efeitos anticoncorrenciais da discriminação entre competidores.	• Não se aplica à precificação personalizada o art. 36, §3º, X, da Lei do CADE às disputas envolvendo relação de consumo.

Em resumo, não se localizou nos Direito Positivo empecilhos jurídicos à implementação da precificação personalizada, embora a utilização de conceitos jurídicos indeterminados e clausulas gerais impossibilitem uma resposta categórica a respeito da licitude da prática.

Isto evidentemente não significa que a precificação personalizada sempre será lícita, devendo existir preocupação com sua utilização em setores de bens e serviços indispensáveis, dada a baixa elasticidade da demanda nestes mercados[773], além das demais recomendações acima apresentadas.

De fato, os estudos teóricos parecem indicar que a precificação personalizada não representará um mal em si à defesa do consumidor, desde que este compreenda que seus dados pessoais servirão para a base da formação do preço dos produtos e serviços, bem como não se utilize critérios de discriminação não permitidos pelo valor constitucional da igualdade.

Nossa visão, portanto, aproxima-se das medidas recomendadas pelo Escritório Executivo da Presidência dos EUA, as quais vão no sentido de: (i) apoiar a pesquisa para mitigar a discriminação algorítmica através de sistemas que apoiem a justiça (*fairness*) e a prestação de contas (*accountability*) e desenvolvam uma forte ética de dados; (ii) promover pesquisas acadêmicas e desenvolvimento da indústria de auditoria algo-

[773] BEUC, **Personalised Pricing in The Digital Era – Note by BEUC**, p. 4.

rítmica e testes externos dos sistemas de Big Data; e (iii) alargamento da participação na Ciência da Computação e na Ciência de Dados[774].

Ao fim e ao cabo, o papel da Análise Econômica do Direito não é fazer um juízo do que deve ser tomado como justo, mas desnudar as consequências da tomada de uma posição frente à realidade percebida[775].

[774] EXECUTIVE OFFICE OF THE PRESIDENT, **Big Data: A Report on Algorithmic Systems, Opportunity, and Civil Rights**, p. 22–24.

[775] "(...) o papel da economia no debate político e moral é trazer atenção a consequências e implicações que as pessoas ignorantes em economia geralmente deixam de considerar. O que você faz com essas consequências é uma escolha sua (is your business). O papel principal do economista é nos lembrar das consequências, geralmente embora nem sempre adversas ou custosas, de atos que nós poderíamos pensar claramente bons ou claramente ruins." (tradução livre) POSNER, Richard A., Values and Consequences: An Introduction to Economic Analysis of Law, **Coase-Sandor Institute for Law & Economics Working Paper**, v. 53, 1998.

REFERÊNCIAS

ABDE. **ABDE – Nota de esclarecimento oficial da Associação Brasileira de Direito e Economia**. ABDE. Disponível em: <https://abde.com.br/noticias/nota-de-esclarecimento-oficial-da-associacao-brasileira-de-direito-e-economia-abde-32>. Acesso em: 17 jan. 2020.

AGUIAR JÚNIOR, Ruy Rosado. A boa-fé na relação de consumo. *In*: **Doutrinas Essenciais de Direito do Consumidor**. São Paulo: Revista dos Tribunais, 2011, v. 1.

AKERLOF, George A. The Market for "Lemons": Quality Uncertainty and the Market Mechanism. **The Quarterly Journal of Economics**, v. 84, n. 3, p. 488, 1970.

ALDRIDGE, Robert W.; LEWER, Dan; KATIKIREDDI, Srinivasa Vittal; *et al.* Black, Asian and Minority Ethnic groups in England are at increased risk of death from COVID-19: indirect standardisation of NHS mortality data. **Wellcome Open Research**, v. 5, p. 88, 2020.

ARAÚJO, Fernando. Uma análise económica dos contratos – abordagem económica, a responsabilidade e a tutela dos interesses contratuais. *In*: **Direito & Economia**. Porto Alegre: Livraria do Advogado, 2008.

ARAÚJO JR., Ari Francisco de; SHIKIDA, Cláudio Djssey. Microeconomia. *In*: TIMM, Luciano Benetti (Org.). **Direito e Economia no Brasil**. 2. ed. São Paulo: Atlas, 2018.

ARROW, Kenneth J. Economic Welfare and the Allocation of Resources for Invention. p. 19, 1962.

AUTORITÉ DE LA CONCURRENCE; BUNDESKARTELLAMT. Competition Law and Data. 2016.

BANDEIRA DE MELLO, Celso Antônio. **Curso de Direito Administrativo**. 26. ed. São Paulo: Malheiros, 2009.

BAPTISTA, Patrícia; KELLER, Clara Iglesias. Por que, quando e até onde regular as novas tecnologias? Entre inovação e preservação, os desafios trazidos pelas inovações disruptivas. *In*: FREITAS, Rafael Véras de; RIBEIRO, Leonardo Coelho; FEIGELSON, Bruno (Orgs.). **Regulação e novas tecnologias**. Belo Horizonte: Fórum, 2018.

BARBOSA, Fernanda Nunes. Informação e consumo: a proteção da privacidade do consumidor no mercado contemporâneo da oferta. *In*: MARTINS, Guilherme Magalhães; LONGHI, João Victor Rozatti (Orgs.). **Direito digital: direito privado e internet**. 2. ed. Indaiatuba: Foco, 2019.

BAR-GILL, Oren. Algorithmic Price Discrimination When Demand Is a Function of Both Preferences and (Mis)perceptions. **The University of Chicago Law Review**, v. 86, n. 2, p. 217–254, 2019.

BAR-GILL, Oren. Consumer Transactions. *In*: **The Oxford Handbook of Behavioral Economics and the Law**. Londres: Oxford University Press, 2014, p. 465–490.

BAR-GILL, Oren; STONE, Rebecca. Pricing Misperceptions: Explaining Pricing Structure in the Cell Phone Service Market. **Journal of Empirical Legal Studies**, v. 9, n. 3, p. 430–456, 2012.

BAROCAS, Solon; SELBST, Andrew D. Big Data's Disparate Impact. **California Law Review**, v. 104, p. 671–732, 2016.

BARROSO, Luís Roberto. **Curso de Direito Constitucional Contemporâneo: Os conceitos fundamentais e a construção de um novo modelo**. 4. ed. São Paulo: Saraiva, 2013.

BARROSO, Luís Roberto. Igualdade perante a lei. *In*: **Doutrinas Essenciais de Direitos Humanos**. São Paulo: Revista dos Tribunais, 2011, v. 2.

BASTAGLI, Francesca; HAGEN-ZANKER, Jessica; HARMAN, Luke; *et al.* The Impact of Cash Transfers: A Review of the Evidence from Low- and Middle-income Countries. **Journal of Social Policy**, v. 48, n. 3, p. 569–594, 2019.

BASTOS, Celso Ribeiro. As modernas formas de interpretação constitucional. *In*: CLÈVE, Clèmerson Merlin; BARROSO, Luís Roberto (Orgs.). **Doutrinas Essenciais de Direito Constitucional**. São Paulo: Revista dos Tribunais, [s.d.], v. 1.

BAYE, Michael R.; MORGAN, John; SCHOLTEN, Patrick. Price Dispersion in the Small and in the Large: Evidence from an Internet Price Comparison Site. **The Journal of Industrial Economics**, v. 52, n. 4, p. 463–496, 2004.

BENÖHR, Iris. **EU Consumer Law and Human Rights**. Oxford: Oxford University Press, 2013.

BEN-SHAHAR, Omri; BAR-GILL, Oren. Regulatory Techniques in Consumer Protection: A Critique of European Consumer Contract Law. **Common Market Law Review**, v. 50, p. 109–126, 2013.

BEN-SHAHAR, Omri; PORAT, Ariel. Personalizing Mandatory Rules in Contract Law. **The University of Chicago Law Review**, v. 86, p. 255–282, 2019.

BEN-SHAHAR, Omri; SCHNEIDER, Carl E. The Failure of Mandated Disclosure. **University of Pennsylvania Law Review**, v. 159, p. 647–749, 2011.

BERREBY, David. Click to agree with what? No one reads terms of service, studies confirm. **The Guardian**, 2017. Disponível em: <https://www.theguardian.com/technology/2017/mar/03/terms-of-service-online-contracts-fine-print>. Acesso em: 23 ago. 2019.

BESSA, Leonardo Roscoe. **Nova Lei do Cadastro Positivo**. São Paulo: Revista dos Tribunais, 2019.

BEUC. **Personalised Pricing in The Digital Era – Note by BEUC**. Paris: OECD, 2018.

BIAC. **Personalised Pricing in the Digital Era – Note by BIAC**. Paris: OECD, 2018.

BIANCHINI, Alice. A igualdade formal e material. *In*: PIOVESAN, Flávia; GARCIA, Maria (Orgs.). **Doutrinas Essenciais de Direitos Humanos**. São Paulo: Revista dos Tribunais, 2011, v. 2.

BIONI, Bruno. **Proteção de dados pessoais: a função e os limites do consentimento**. Rio de Janeiro: Forense, 2019.

BOBBIO, Norberto. **O positivismo jurídico: Lições de filosofia do direito**. São Paulo: Ícone, 2006.

BOCK, Gee-Woo; LEE, Sang-Yong Tom; LI, Hai Ying. Price Comparison and Price Dispersion: Products and Retailers at Different Internet Maturity Stages. **International Journal of Electronic Commerce**, v. 11, n. 4, p. 101–124, 2007.

BOLTON, Ruth N.; SHANKAR, Venkatesh; MONTOYA, Detra Y. Recent Trend and Emerging Practices in Retailer Pricing. *In*: **Retailing in the 21st Century: Current and Future Trends**. Berlin Heidelberg: Springer-Verlag, 2010.

BONAVIDES, Paulo. **Curso de Direito Constitucional**. 28. ed. São Paulo: Malheiros, 2013.

BOOM, Willem H van. Unfair commercial practices. *In*: TWIGG-FLESNER, Christian (Org.). **Research handbook on EU consumer and contract law**. Cheltenham: Edward Elgar, 2016.

BORGESIUS, Frederik Zuiderveen. Behavioural Sciences and the regulation of Privacy on the Internet. **Amsterdam Law School Legal Studies Research Paper nº 2014-54**, 2014.

BOURREAU, Marc; STREEL, Alexandre de. **The regulation of personalised pricing in the digital era – Note by Marc Bourreau and Alexandre de Streel**. Paris: OECD, 2018.

BRAGA NETTO, Felipe. **Direito do Consumidor: à luz da jurisprudência do STJ**. São Paulo: JusPodivm, 2018.

BRANDALISE, Vitor Hugo. Multa que só não dói em bolso-faca. Disponível em: <https://piaui.folha.uol.com.br/multa-que-so-nao-doi-em-bolso-faca/>. Acesso em: 5 out. 2019.

BRASIL. Exposição de Motivos da Nova Lei do Cadastro Positivo. 2017.

BRASIL. **Mensagem nº 288**. Disponível em: <http://www.planalto.gov.br/ccivil_03/_Ato2019-2022/2019/Msg/VEP/VEP-288.htm>. Acesso em: 15 nov. 2019.

BRASIL. **Projeto de Lei nº 771, de 2020 – Pesquisas – Senado Federal**. Disponível em: <https://www25.senado.leg.br/web/atividade/materias/-/materia/141124>. Acesso em: 14 maio 2020.

BRASIL. **Projeto de Lei nº 881, de 2020 – Pesquisas – Senado Federal**. Disponível em: <https://www25.senado.leg.br/web/atividade/materias/-/materia/141185>. Acesso em: 14 maio 2020.

BRASIL. **Projeto de Lei nº 1453, de 2020 – Pesquisas – Senado Federal**. Disponível em: <https://www25.senado.leg.br/web/atividade/materias/-/materia/141412>. Acesso em: 14 maio 2020.

BRASIL. **Projeto de Lei nº 1610, de 2020 – Pesquisas – Senado Federal**. Disponível em: <https://www25.senado.leg.br/web/atividade/materias/-/materia/141450>. Acesso em: 14 maio 2020.

BRASIL. CADE. DEE. NOTA TÉCNICA Nº 16/2020/DEE/CADE. 2020.

BRASIL. SENACON. Nota Técnica nº 2/2017/GAB-DPDC/DPDC/SENACON. 2017.

BRASIL. SENACON. Nota Técnica nº 8/2020/CGEMM/DPDC/SENACON/MJ. 2020.

BRASIL. SENACON. Nota Técnica nº 11/2019/CGEMM/DPDC/SENACON/MJ. 2019.

BRASIL. SENACON. Nota Técnica nº 35/2019/CGEMM/DPDC/SENACON/MJ. 2019.

BRASIL. SENACON. Nota Técnica nº 92/2018/CSA-SENACON/CGCTSA/GAB-DPDC/DPDC/SENACON/MJ. 2018.

BRASIL. SENACON. Parecer de Mérito nº 42/2020/CG-Penal/AEAL-Entrada/MJ. 2020.

BROECKELMANN, Philipp; GROEPPEL-KLEIN, Andrea. Usage of mobile price comparison sites at the point of sale and its influence on consumers' shopping behaviour. **The International Review of Retail, Distribution and Consumer Research**, v. 18, n. 2, p. 149–166, 2008.

BUJILOW, Tomasz; IEEE; CARELA-ESPAÑOL, Valentín; *et al.* Web Tracking: Mechanisms, Implications, and Defenses. 2015.

BUSCH, Christoph. Implementing Personalized Law: Personalized Disclosures in Consumer Law and Data Privacy Law. **The University of Chicago Law Review**, v. 86, p. 309–331, 2019.

BUSCH, Christoph. The future os pre-contractual information duties: from behavioral insights to big data. *In*: TWIGG-FLESNER, Christian (Org.). **Research Handbook on EU Consumer and Contract Law**. Cheltenham: Edward Elgar, 2016.

CABRAL, Érico de Pina. A "autonomia" no direito privado. *In*: TEPEDINO, Gustavo; FACHIN, Luiz Edson (Orgs.). **Doutrinas Essenciais de Obrigações e Contratos**. São Paulo: Revista dos Tribunais, 2011, v. 3.

CALO, Ryan. Digital Market Manipulation. **The George Washington Law Review**, v. 82, p. 995–1051, 2014.

CAMERER, Colin; ISSACHAROFF, Samuel; LOEWENSTEIN, George F; *et al.* Regulation for conservatives: Behavioral economics and the case for assymetric paternalism. **University of Pennsylvania Law Review**, v. 151, p. 1211–1254, .

CAPPELLETTI, Mauro. **Juízes Legisladores?** Porto Alegre: Sérgio Fábris, 1993.

CARLSSON, Bo. The Digital Economy: what is new and what is not? **Structural Change and Economic Dynamics**, v. 15, n. 3, p. 245–264, 2004.

CARRAZZA, Roque Antônio. **Curso de Direito Constitucional Tributário**. 24. ed. São Paulo: Malheiros, 2008.

CARVALHO, Aurora Tomazini. **Curso de Teoria Geral do Direito: O constructivismo Lógico-Semântico**. 6. ed. São Paulo: Noeses, 2019.

CHAMOUX, Jean-Pierre. Digital Omnipresence: Its Causes and Consequences. *In*: **The Digital Era 1: Big Data Stakes**. Hoboken: Wiley, 2018.

CHEN, Zhijun; CHOE, Chongwoo; MATSUSHIMA, Noriaki. Competitive personalized pricing. 2018.

CIMPANU, Catalin. **22,000 People Agree to Clean Toilets Because Nobody Reads Terms & Conditions.** BleepingComputer. Disponível em: <https://www.bleepingcomputer.com/news/technology/22-000-people-agree-to-clean-toilets-because-nobody-reads-terms-and-conditions/>. Acesso em: 23 ago. 2019.

CMA. **Pricing algorithms: economic working paper on the use of algorithms to facilitate collusion and personalised pricing**. Londres: CMA, 2018.

COASE, Ronald. The Problem of Social Cost. **The Journal of Law and Economics**, v. 3, p. 1–44, 1960.

COMPARATO, Fábio Konder. A proteção ao consumidor na constituição brasileira de 1988. *In*: MARQUES, Cláudia Lima; MIRAGEM, Bruno (Orgs.). **Doutrinas Essenciais de Direito do Consumidor**. São Paulo: Revista dos Tribunais, 2011, v. 2.

CONCIL OF EUROPE. Discrimination, artificial intelligence, and algorithmic decision-making. 2018.

COOPER, James C; FROEB, Luke; O'BRIEN, Daniel P.; *et al.* Does Price Discrimination Intensify Competition? Implications for Antitrust. **Antitrust Law Journal**, v. 72, n. 2, p. 327–373, 2005.

COOTER, Robert; ULEN, Thomas. **Law & Economics**. 6. ed. Boston: Addison-Wesley, 2012.

CORACCINI, Raphael. A comunicação das Casas Bahia depois do 'quer pagar quanto?' Disponível em: <https://portalnovarejo.com.br/2018/08/a-comunicacao-das-casas-bahia-depois-do-quer-pagar-quanto/>. Acesso em: 30 nov. 2019.

COTS, Márcio; OLIVEIRA, Ricardo. **Lei Geral de Proteção de Dados Pessoais Comentada**. 3. ed. São Paulo: Revista dos Tribunais, 2019.

CRF/RS. **Covid-19: qual o melhor produto para realizar a higienização das mãos?** Disponível em: <https://crfrs.org.br/noticias/covid-19--qual--o-melhor-produto-para-realizar-a-higienizacao-das-maos->. Acesso em: 14 maio 2020.

DE LUCCA, Newton. Direito de arrependimento no âmbito do comércio eletrônico. *In*: MENDES, Gilmar Ferreira; SARLET, Ingo Wolfgang; ZAVAGLIA, Alexandre (Orgs.). **Direito, Inovação e Tecnologia**. São Paulo: Saraiva, 2015.

DOMINGOS, Pedro. **The Master Algorithm: How the Quest for the Ultimate Learning Machine Will Remake Our World**. Nova York: Basic Books, 2015.

DONEDA, Danilo. O direito fundamental à proteção de dados pessoais. *In*: MARTINS, Guilherme Magalhães; LONGHI, João Victor Rozatti (Orgs.). **Direito digital: direito privado e internet**. Indaiatuba: Foco, 2019.

DRECHSLER, Laura; SÁNCHEZ, Juan Carlos Benito. The Price Is (Not) Right: data Protection and Discrimination in the Age of Pricing Algorithms. **European Journal of Law and Technology**, v. 9, n. 3, 2018.

EASTERBROOK, Frank. Cyberspace and the Law of the Horse. *In*: **The University of Chicago Legal Forum**. [s.l.: s.n.], 1996.

EISENBERG, Melvin A. Behavioral Economics and the Contract Law. *In*: **The Oxford Handbook of Behavioral Economics and the Law**. Londres: Oxford University Press, 2014, p. 438–464.

ELLISON, Glenn; ELLISON, Sara Fischer. Lessons About Markets from the Internet. **Journal of Economic Perspectives**, v. 19, n. 2, p. 139–158, 2005.

EU. **Personalised Pricing in the Digital Era – Note by the European Union**. Paris: OECD, 2018.

EUA. **Personalised Pricing in the Digital Era – Note by the United States**. Paris: OECD, 2018.

EUROPEAN COMMISSION. **Consumer market study on online market segmentation through personalised pricing/offers in the European Union**. Bruxelas: European Commission, 2018.

EUROPEAN COMMISSION. Guidance on the Implementation/ Application of Directive 2005/29/EC on Unfair Commercial Practices. 2016.

EXECUTIVE OFFICE OF THE PRESIDENT. **Big Data: A Report on Algorithmic Systems, Opportunity, and Civil Rights**. [s.l.]: The White House, 2016.

EXECUTIVE OFFICE OF THE PRESIDENT. **Big Data and Differential Pricing**. [s.l.]: The White House, 2015.

EXECUTIVE OFFICE OF THE PRESIDENT. **Big Data: Seizing Opportunities Preserving Values**. [s.l.]: The White House, 2014.

EZRACHI, Ariel; STUCKE, Maurice. Artificial Intelligence & Collusion: when computers Inhibit Competition. **University of Illinois Law Review**, v. 2017, p. 1775–1810, 2017.

EZRACHI, Ariel; STUCKE, Maurice. **Virtual Competition: A promise and perils of the algorithm driven economy**. Londres: Harvard University Press, 2016.

FANTÁSTICO. **Entenda a briga entre taxistas e motoristas do aplicativo Uber**. Fantástico. Disponível em: <http://g1.globo.com/fantastico/noticia/2015/07/entenda-briga-entre-taxistas-e-motoristas-do-aplicativo-uber.html>. Acesso em: 5 out. 2019.

FARIAS, Cristiano Chaves de; ROSENVALD, Nelson. **Curso de Direito Civil**. 3. ed. Salvador: JusPodivm, 2013.

FEIGELSON, Bruno. A relação entre os modelos disruptivos e o direito: estabelecendo uma análise metodológica em três etapas. *In*: FREITAS, Rafael Véras de; RIBEIRO, Leonardo Coelho; FEIGELSON, Bruno (Orgs.). **Regulação e novas tecnologias**. Belo Horizonte: Fórum, 2018.

FERNANDES, Wanderley. O código de defesa do consumidor e o desenvolvimento do mercado. *In*: LIMA, Maria Lúcia Padua (Org.). **Agenda Contemporânea: Direito e Economia: anos de Brasil**. São Paulo: Saraiva, 2012, v. 2.

FINKELSTEIN, Maria Eugênia Reis; SACCO NETO, Fernando. **Manual de Direito do Consumidor**. Rio de Janeiro: Elsevier, 2010.

FOLHA DE SÃO PAULO. **Doria estabelece trajes obrigatórios para motoristas de aplicativos em SP – 12/07/2017 – Cotidiano**. Folha de S.Paulo. Disponível em: <http://www1.folha.uol.com.br/cotidiano/2017/07/1900570-doria-estabelece-trajes-obrigatorios-para-motoristas-de-aplicativos-em-sp.shtml>. Acesso em: 5 out. 2019.

FORGIONI, Paula. **Os fundamentos do antitruste**. 6. ed. São Paulo: Revista dos Tribunais, 2013.

FRA – EUROPEAN UNION AGENCY FOR FUNDAMENTAL RIGHTS. #BigData: Discrimination in data-supported decision making. 2018.

FRIEDMAN, Milton. **Capitalism and Freedom**. Chicago e Londres: The University of Chicago Press, 2002.

FRIEDMAN, Milton. **Essays in Positive Economics**. Chicago e Londres: The University of Chicago Press, 1984.

FUDENBERG, Drew; VILLAS-BOAS, J. Miguel. Price Discrimination in the Digital Economy. *In*: [s.l.: s.n.], 2012.

G1. **Polícia realiza operação em seis estados e expõe superfaturamento de compras na Saúde**. G1. Disponível em: <https://g1.globo.com/fantastico/quadros/cade-o-dinheiro-que-tava-aqui/noticia/2020/05/10/

policia-realiza-operacao-em-seis-estados-e-expoe-superfaturamento-de-compras-na-saude.ghtml>. Acesso em: 15 maio 2020.

GABAN, Eduardo Molan; DOMINGUES, Juliana Oliveira. **Direito Antitruste**. 3. ed. São Paulo: Saraiva, 2013.

GAL, Michal. Algorithmic Challenges to Autonomous Choice. **Michigan Technology Law Review**, v. 25, n. 1, p. 59–104, 2018.

GAL, Michal; ELKIN-KOREN, Niva. Algorithmic Consumers. **Harvard Journal of Law & Technology**, v. 30, n. 2, p. 309–353, 2017.

GARCIA, Leonardo. **Código de Defesa do Consumidor Comentado**. 14. ed. Salvador: JusPodivm, 2019.

GICO JR., Ivo. Introdução ao Direito e Economia. *In*: TIMM, Luciano Benetti (Org.). **Direito e Economia no Brasil**. 2. ed. São Paulo: Atlas, 2018.

GILLIST, Talia; SPIESS, Jann. Big Data and Discrimination. **The University of Chicago Law Review**, v. 86, 2019.

GOLDFAJN, Ilan; MEIRELLES, Henrique de Campos. EMI 00053/2016 BACEN MF. 2016.

GONÇALVES, Carlos Roberto. **Direito civil brasileiro**. 15. ed. São Paulo: Saraiva, 2017.

GRAU, Eros Roberto. **A Ordem Econômica na Constituição de 1988**. 13. ed. São Paulo: Malheiros, 2008.

GRAU, Eros Roberto. **Por que tenho medo dos juízes (a interpretação/aplicação do direito e os princípios)**. 9. ed. São Paulo: Malheiros, 2018.

GRINOVER, Ada Pellegrini; BENJAMIN, Antônio Herman de Vasconcellos e; FINK, Daniel Roberto; *et al.* **Código Brasileiro de Defesa do Consumidor: Comentado pelos Autores do Anteprojeto**. Rio de Janeiro: Forense, 2019.

GROSSKLAGS, Jens; THAW, David; PERZANOWSKI, Aaron; *et al.* User Choices and Regret: Understanding Users' Decision Process about Consensually Acquired Spyware. **I/S: A Journal of Law and Policy**, v. 2, n. 2, p. 283–344, 2006.

GRUBB, Michael D. Failing to Choose the Best Price: Theory, Evidence, and Policy. **Review of Industrial Organization**, v. 47.

HÄBERLE, Peter. **Hermenêutica constitucional: A sociedade aberta dos intérpretes da constituição**. Porto Alegre: Sérgio Fábris, 1997.

HANNAK, Aniko; SOELLER, Gary; LAZER, David; *et al.* Measuring Price Discrimination and Steering on E-commerce Web Sites. **IMC**, v. 14, 2014.

HARPER'S MAGAZINE. **A Letter on Justice and Open Debate**. Harper's Magazine. Disponível em: <https://harpers.org/a-letter-on-justice-and-open-debate/>. Acesso em: 5 ago. 2020.

HAUCAP, Justus; REINARTZ, Werner; WIEGAND, Nico. When Customers Are – and Aren't – OK with Personalized Prices. **Harvard Business Review**, 2018. Disponível em: <https://hbr.org/2018/05/when-customers-are-and-arent-ok-with-personalized-prices>. Acesso em: 29 ago. 2019.

HAUPT, Stefan. An Economic Analysis of Consumer Protection in Contract Law. **German Law Journal**, v. 4, n. 11, p. 1138–1163, 2003.

HAYEK, Friedrich A. The Use of Knowledge in Society. **The American Economic Review**, v. 35, n. 4, p. 519–30, 1945.

HESSE, Konrad. **Elementos de direito constitucional da República Federal da Alemanha**. Porto Alegre: Sérgio Fábris, 1991.

HINDERMANN, Christoph Michael. Price Discrimination in Online Retail. **ZBW – Leibniz Informarmation Centre for Economics**, 2018.

HINDMAN, Matthew. **The Internet Trap: How the Digital Economy Builds Monopolies and Undermines Democracy**. Princeton: Princeton University Press, 2018.

HOCH, Stephen; LOEWENSTEIN, George F. Time-inconsistent Preferences and Consumer Self-Control. **Journal of Consumer Research**, v. 17, p. 492–507, 1991.

HODGE, Katie; LEO, Ben. **Car insurer Admiral hikes costs for drivers with Hotmail accounts**. The Sun. Disponível em: <https://www.thesun.co.uk/motors/5401901/admiral-hikes-insurance-costs-for-drivers-using-hotmail-email-addresses/>. Acesso em: 23 ago. 2019.

HOLROYD, Carin; COATES, Ken. **The Global Digital Economy: A Comparative Policy Analysis**. Nova York: Cambria Press, 2015.

HOOFNAGLE, Chris; SOLTANI, Ashkan; GOOD, Nathaniel; *et al.* Behavioral Advertising: The Offer You Can't Refuse. **Harvard Law & Policy Review**, v. 6, p. 273–296, 2012.

HOUSE OF LORDS. **Online Platforms and the Digital Single Market**. Londres: House of Lords, 2016.

HOWE, Neil. **A Special Price Just for You**. Forbes. Disponível em: <https://www.forbes.com/sites/neilhowe/2017/11/17/a-special-price-just-for-you/#51f3655b90b3>. Acesso em: 23 ago. 2019.

HUNGRIA. **Personalised Pricing in the Digital Era – Note by Hungary**. Paris: OECD, 2018.

HURLEY, Mikella; ADEBAYO, Julius. Credit scoring in the era of big data. **Yale Journal of Law & Technology**, v. 18, .

ISTOÉ. **Compras emergenciais para combate à Covid-19 são investigadas em 11 Estados – ISTOÉ Independente.** Disponível em: <https://istoe.com.br/compras-emergenciais-sao-investigadas-em-11-estados/>. Acesso em: 15 maio 2020.

JEHLE, Geoffrey A.; RENY, Philip J. **Advanced Microeconomic Theory**. 3. ed. Harlow: Pearson, 2011.

JERVING, Sara. **Cash transfers lead the social assistance response to COVID-19**. Devex. Disponível em: <https://www.devex.com/news/sponsored/cash-transfers-lead-the-social-assistance-response-to-covid-19-96949>. Acesso em: 15 maio 2020.

JONES, Julia. **Café charges men 18% "gender tax" to highlight pay gap**. CNN. Disponível em: <https://www.cnn.com/2017/08/08/world/cafe-gender-pay-gap-trnd/index.html>. Acesso em: 28 ago. 2019.

JONGE, Jan de. **Rethinking rational choice theory: a companion on rational and moral action**. [s.l.]: Palgrave macmillan, 2012.

JORGE, Elianah. **Venezuela reajusta salário mínimo e volta a tabelar preço dos produtos**. Disponível em: <https://economia.uol.com.br/noticias/redacao/2020/04/30/venezuela-reajusta-salario-minimo-e-volta-a-tabelar-preco-dos-produtos.htm>. Acesso em: 14 maio 2020.

KAHNEMAN, Daniel. **Thinking, Fast and Slow**. Nova York: Farrar, Straus and Giroux, 2011.

KAHNEMAN, Daniel; KNETSCH, Jack; THALER, Richard. Fairness as a Constraint on Profit Seeking: Entitlements in the Market. **The American Economic Review**, v. 76, n. 4, p. 728–741, 1986.

KATZ, Michael L. PrIce Discrimination and Monopolistic Competition. **Econometrica**, v. 52, n. 6, p. 1453–1471, 1984.

KELSEN, Hans. **Teoria Pura do Direito**. 7. ed. Coimbra: Almedina, 2008.

KLEE, Antonia Espíndola Longoni. O conceito de estabelecimento empresarial virtual e a proteção do consumidor nos contratos eletrônicos: algumas reflexões. *In*: MARTINS, Guilherme Magalhães; LONGHI, João Victor Rozatti (Orgs.). **Direito digital: direito privado e internet**. 2. ed. Indaiatuba: Foco, 2019.

KRUGMAN, Paul; WELLS, Robin. **Microeconomics**. 4. ed. Nova York: Worth, 2015.

LEITE, Leonardo Barén; BRANDÃO, Felipe Montalvão. Regulação moderna e sustentável. *In*: FREITAS, Rafael Véras de; RIBEIRO, Leonardo Coelho;

FEIGELSON, Bruno (Orgs.). **Regulação e novas tecnologias**. Belo Horizonte: Fórum, 2018.

LEO, Ben. **Motorists fork out £1,000 more to insure their cars if their name is Mohammed**. The Sun. Disponível em: <https://www.thesun.co.uk/motors/5393978/insurance-race-row-john-mohammed/>. Acesso em: 28 ago. 2019.

LEONARDI, Marcel. **Fundamentos de Direito Digital**. São Paulo: Revista dos Tribunais, 2019.

LIEBER, Ethan; SYVERSON, Chad. Online versus Offline Competition. **The Oxford Handbook of the Digital Economy**, 2012. Disponível em: <https://www.oxfordhandbooks.com/view/10.1093/oxfordhb/9780195397840.001.0001/oxfordhb-9780195397840-e-8>. Acesso em: 9 ago. 2019.

LIMBERGER, Têmis. Informação em rede: uma comparação da lei brasileira de proteção de dados pessoais e o regulamento geral de proteção de dados europeu. *In*: MARTINS, Guilherme Magalhães; LONGHI, João Victor Rozatti (Orgs.). **Direito digital: direito privado e internet**. 2. ed. Indaiatuba: Foco, 2019.

LONDON ECONOMICS. **Analysis of the potential economic impact of GDPR: Implications of the ICO's Draft Guidelines on consent**. Londres: London Economics, 2017.

LOO, Rory Van. Digital Market Perfection. **Michigan Law Review**, v. 117, n. 5, p. 815–884, 2019.

LOO, Rory Van. Helping Buyers Beware: The Need for Supervision of Big Retail. **University of Pennsylvania Law Review**, v. 163, p. 1311–1392, 2015.

LOO, Rory Van. Rise of the digital regulator. **Duke Law Journal**, v. 66, p. 1267–1329, 2017.

LUGER, Ewa; MORAN, Stuart; RODDEN, Tom. Consent for All: Revealing the Hidden Complexity of Terms and Conditions. *In*: Paris: CHI, 2013.

MACCARTHY, Mark. **In praise of personalized pricing**. CIO. Disponível em: <https://www.cio.com/article/3275565/in-praise-of-personalized-pricing.html>. Acesso em: 28 ago. 2019.

MACHLUP, Fritz. Characteristics and Types of Price Discrimination. *In*: NATIONAL BUREAU OF ECONOMIC RESEARCH (Org.). **Business Concentration and Price Policy**. [s.l.]: Princeton University Press, 1955.

MACKAAY, Ejan. **Law and Economics for Civil Law Systems**. Cheltenham: Edward Elgar, 2013.

MAGRANI, Eduardo. A Internet das Coisas no Brasil: Estado da arte e reflexões críticas ao fenômeno. 2018.

MAHDAWI, Arwa. Is your friend getting a cheaper Uber fare than you are? | Arwa Mahdawi. **The Guardian**, 2018. Disponível em: <https://www.theguardian.com/commentisfree/2018/apr/13/uber-lyft-prices-personalized-data>. Acesso em: 28 ago. 2019.

MALGIERI, Gianclaudio; CUSTERS, Bart. Pricing privacy – the right to know the value of your data. **Computer Law & Secutiry Review: The International Journal of Technology Law and Practice**, p. 1–15, 2017.

MARCUT, Mirela. **Crystalizing the EU Digital Policy: An Exploration into the Digital Single Market**. [s.l.]: Springer, 2017.

MARIS, Elena; LIBERT, Timothy; HENRICHSEN, Jennifer. Tracking sex: The implications of widespread sexual data leakage and tracking on porn websites. **arXiv:1907.06520 [cs]**, 2019. Disponível em: <http://arxiv.org/abs/1907.06520>. Acesso em: 1 set. 2019.

MARQUES, Cláudia Lima. **Contratos no Código de Defesa do Consumidor**. 7. ed. São Paulo: Revista dos Tribunais, 2014.

MARQUES, Cláudia Lima; BENJAMIN, Antônio Herman de Vasconcellos e; MIRAGEM, Bruno. **Comentários ao Código de Defesa do Consumidor**. 5. ed. São Paulo: Revista dos Tribunais, 2016.

MARQUES, Cláudia Lima; MIRAGEM, Bruno. **O novo direito privado e a proteção dos vulneráveis**. 2. ed. São Paulo: Revista dos Tribunais, 2014.

MARTINS-COSTA, Judith. O direito privado como um "sistema em construção" – As cláusulas gerais no projeto do Código Civil. *In*: TEPEDINO, Gustavo; FACHIN, Luiz Edson (Orgs.). **Doutrinas Essenciais de Obrigações e Contratos**. São Paulo: Revista dos Tribunais, 2011, v. 1.

MASSOUD, Mohamed; ABO-RIZKA, Mohamed. A Conceptual Model of Personalized Pricing Recommender System Based on Customer Online Behavior. **International Journal of Computer Science and Netwoerk Security**, v. 12, n. 6, p. 129–133, 2012.

MATSUMURA, Toshihiro; MATSUSHIMA, Noriaki. Should Firms Employ Personalized Pricing? **Journal of Economics & Management Strategy**, v. 24, n. 4, p. 887–903, 2015.

MENDONÇA, José Vicente Santos de; ARAÚJO, Thiago Cardoso. **O jardim das veredas que se bifurcam e a Análise Econômica do Direito no**

Brasil. JOTA Info. Disponível em: <https://www.jota.info/opiniao-e-analise/artigos/o-jardim-das-veredas-que-se-bifurcam-e-a-analise-economica-do-direito-no-brasil-01062018>. Acesso em: 17 jan. 2020.

MERY NIETO, Rafael. Notas sobre Análisis Económico del Derecho: Una mirada desde América Latina. **Revista Derecho y Humanidades**, v. 10, p. 121–140, 2004.

MIAO, Li; MATTILA, Anna S. How and How Much To Reveal? The Effects of Price Transparency On Consumers' Price Perceptions. **Journal of Hospitality & Tourism Research**, v. 31, n. 4, p. 530–545, 2007.

MICHEL, Stefan. **Is personalized pricing fair?** IMD business school. Disponível em: </research-knowledge/articles/is-personalized-pricing-fair/>. Acesso em: 28 ago. 2019.

MICHELON, Cláudio. Fundamentos econômicos e não econômicos para a defesa do consumidor. *In*: LIMA, Maria Lúcia Padua (Org.). **Agenda Contemporânea: Direito e Economia: 30 anos de Brasil**. São Paulo: Saraiva, 2012, v. 2.

MIKIANS, Jakub; GYARMATI, László; ERRAMILLI, Vijay; *et al.* Detecting price and search discrimination on the Internet. **Hotnets**, n. 12, p. 1–6, 2012.

MILLER, Akiva. What do we worry when we worry about price discrimination? The law and ethics of using personal information for pricing. **Journal of Technology, Law and Policy**, v. 19, p. 41–104, 2014.

MIRAGEM, Bruno. Diretrizes interpretativas da função social do contrato. *In*: MARQUES, Cláudia Lima; MIRAGEM, Bruno (Orgs.). **Doutrinas Essenciais de Direito do Consumidor**. São Paulo: Revista dos Tribunais, 2011, v. 1, p. e-book.

MIRAGEM, Bruno. O direito do consumidor como direito fundamental. *In*: MARQUES, Cláudia Lima; MIRAGEM, Bruno (Orgs.). **Doutrinas Essenciais de Direito Constitucional**. São Paulo: Revista dos Tribunais, 2011, v. 2.

MITCHELL, Gregory. Libertarian Paternalism is an Oxymoron. **Northwestern University Law Review**, v. 99, n. 3, 2005.

MOHAMMED, Rafi. How Retailers Use Personalized Prices to Test What You're Willing to Pay. **Harvard Business Review**, 2017. Disponível em: <https://hbr.org/2017/10/how-retailers-use-personalized-prices-to-test-what-youre-willing-to-pay>. Acesso em: 28 ago. 2019.

MONTEIRO, Maria Helena; GALIZA, Francisco. **Mulheres no Mercado de Seguros no Brasil: 2º Estudo**. Rio de Janeiro: Escola Nacional de Seguros, 2016.

MONTEIRO, Renato Leite. Existe um direito à explicação na Lei Geral de Proteção de Dados no Brasil. 2018.

MOORES, Trevor. Do consumers understand the role of privacy seals in e-commerce? **Communications of the ACM**, v. 48, n. 3, p. 86–91, .

MORAGA-GONZALEZ, Jose-Luis; WILDENBEEST, Matthijs R. Comparison Sites. **The Oxford Handbook of the Digital Economy**, 2012. Disponível em: <https://www.oxfordhandbooks.com/view/10.1093/oxfordhb/9780195397840.001.0001/oxfordhb-9780195397840-e-9>. Acesso em: 9 ago. 2019.

MOREIRA NETO, Diego de Figueiredo. **Curso de Direito Administrativo**. 16. ed. Rio de janeiro: Forense, 2014.

MPJR. **MPRJ entra com mandado de segurança para anular segredo de Justiça em ação contra Decolar.com**. MPRJ. Disponível em: <https://www.mprj.mp.br/home/-/detalhe-noticia/visualizar/61905?p_p_state=maximized>. Acesso em: 6 ago. 2020.

NERY, Rosa Maria de Andrade; NERY JUNIOR, Nelson. **Instituições de Direito Civil**. São Paulo: Revista dos Tribunais, 2014.

NERY, Rosa Maria de Andrade; NERY JUNIOR, Nelson. **Instituições de Direito Civil**. São Paulo: Revista dos Tribunais, 2015.

NEWS, KYODO. **Japan begins distributing cash handouts for virus relief**. Kyodo News+. Disponível em: <https://english.kyodonews.net/news/2020/04/dd4382f2ebd5-japan-begins-distributing-cash-handouts-for-virus-relief.html>. Acesso em: 15 maio 2020.

NÓBREGA, Flavianne Fernanda Bitencourt. Custos e Benefícios de um Sistema Jurídico baseado em Standards: uma análise econômica da boa-fé objetiva. **Economic Analysis of Law Review**, v. 3, n. 2, p. 170–188, 2012.

NORTH, Douglass C. Institutions. **The Journal of Economic Perspective**, v. 5, n. 1, p. 97–112, 1991.

NUNES, Rizzatto. **Curso de Direito do Consumidor**. 6. ed. São Paulo: Saraiva, 2011.

NUSDEO, Fábio. **Curso de Economia: Introdução ao Direito Econômico**. 9. ed. São Paulo: Revista dos Tribunais, 2015.

OAB-CE. OAB-CE recomenda ao Governo Federal congelamento de preços dos produtos de prevenção ao Coronavírus. Disponível em: <http://oabce.org.br/2020/03/oab-ce-ira-recomendar-ao-governo-federal-congelamento-de-precos-dos-produtos-de-prevencao-ao-coronavirus/>. Acesso em: 14 maio 2020.

OBERMILLER, Carl; AMESEN, David; COHEN, Marc. Customized Pricing: Win-Win or End Run. **Drake Management Review**, v. 1, n. 2, p. 12–28, 2012.

OCDE. **Big Data: Bringing Competition Policy to the Digital Era**. Paris: OECD, 2016.

OECD. **OECD Digital Economy Outlook 2017**. Paris: OECD Publishing, 2017.

OPPERMANN, Álvaro; COHEN, David; BARBIERI, Cristiane; *et al.* **É justo cobrar um preço diferente de cada cliente? – Época NEGÓCIOS | Visão**. Disponível em: <https://epocanegocios.globo.com/Informacao/Visao/noticia/2014/10/e-justo-cobrar-um-preco-diferente-de-cada-cliente.html>. Acesso em: 9 ago. 2019.

ORGANIZAÇÃO MUNDIAL DA SAÚDE – OMS. **Q&A on coronaviruses (COVID-19)**. Disponível em: <https://www.who.int/news-room/q-a-detail/q-a-coronaviruses>. Acesso em: 14 maio 2020.

PASQUALE, Frank. **The Black Box Society: The secret algorithms that control money and information**. Cambridge: Harvard University Press, 2015.

PASQUALOTTO, Adalberto. Defesa do Consumidor. *In*: MARQUES, Cláudia Lima; MIRAGEM, Bruno (Orgs.). **Doutrinas Essenciais de Direito do Consumidor**. São Paulo: Revista dos Tribunais, 2011, v. 1, p. e-book.

PBS. **Who Made America? | Innovators | John Wanamaker**. Disponível em: <https://www.pbs.org/wgbh/theymadeamerica/whomade/wanamaker_hi.html>. Acesso em: 14 set. 2019.

PEIXINHO, Manoel Messias. **A interpretação da Constituição e os princípios fundamentais**. 4. ed. São Paulo: Atlas, 2015.

PEREIRA, Caio Mário da Silva. **Instituições de Direito Civil**. 16. ed. Rio de Janeiro: Forense, 2012.

PFEIFFER, Roberto Augusto Castellanos. **Defesa da concorrência e bem-estar do consumidor**. São Paulo: Revista dos Tribunais, 2015.

PINDYCK, Robert S; RUBINFELD, Daniel L. **Microeconomics**. Harlow: Pearson, 2018.

PLUNKETT, James. **Markets don't work like they used to**. Medium. Disponível em: <https://medium.com/@jamestplunkett/markets-dont-work-like-they-used-to-7656b97f8c62>. Acesso em: 28 ago. 2019.

POMPEU, Ana. **Ministros debatem relação entre Direito e Economia no Plenário do Supremo**. Consultor Jurídico. Disponível em: <https://

www.conjur.com.br/2019-mar-14/fux-lewandowski-debatem-teoria-juridica-julgamento-competencias>. Acesso em: 17 jan. 2020.

Porto, Antônio José Maristrello. Princípios de análise econômica de direito. *In*: Pinheiro, Antônio Castelar; Porto, Antônio José Maristrello; Sampaio, Patrícia Regina Pinheiro (Orgs.). **Direito e Economia: Diálogos**. Rio de janeiro: FGV Editora, 2019.

PORTUGAL. **Personalised Pricing in the Digital Era – Note by Portugal**. Paris: OECD, 2018.

Posner, Richard A. **Economic Analysis of Law**. 8. ed. Nova York: Wolters Kluwer, 2011.

Posner, Richard A. Values and Consequences: An Introduction to Economic Analysis of Law. **Coase-Sandor Institute for Law & Economics Working Paper**, v. 53, 1998.

Radovilsky, Zinovy. **Application Models for E-Commerce**. [s.l.]: Cognella Academic Publishing, 2015.

Ramasastry, Anita. **Web sites change prices based on customers' habits**. CNN. Disponível em: <http://edition.cnn.com/2005/LAW/06/24/ramasastry.website.prices/>. Acesso em: 23 ago. 2019.

Ramos, Elival da Silva. O direito à igualdade formal e real. *In*: Piovesan, Flávia; Garcia, Maria (Orgs.). **Doutrinas Essenciais de Direitos Humanos**. São Paulo: Revista dos Tribunais, 2011, v. 2.

Reale, Miguel. **Teoria Tridimensional do Direito**. 5. ed. São Paulo: Saraiva, 1994.

Reich, Norbert. Algumas proposições para a filosofia da proteção do consumidor. *In*: **Doutrinas Essenciais de Direito do Consumidor**. São Paulo: Revista dos Tribunais, 2011, v. 1, p. e-book.

REINO UNIDO. **Personalised Pricing in the Digital Era – Note by the United Kingdom**. Paris: OECD, 2018.

Reinsch, Roger W.; Goltz, Sonia. Big Data: Can the attempt to be more discriminating be more discriminatory instead? **Saint Louis University School of Law**, v. 61, p. 35–82, 2016.

Ribeiro, Gabriel Francisco. **Vai ter Uber em SP? Empresa diz que liminar impede lei da gestão Doria**. Disponível em: <https://www.uol.com.br/tilt/noticias/redacao/2018/01/25/vai-ter-uber-em-sp-empresa-diz-que-liminar-impede-lei-da-gestao-doria.htm>. Acesso em: 5 out. 2019.

Rodrigues, Geisa de Assis. A proteção ao consumidor como um direito fundamental. *In*: **Doutrinas Essenciais de Direito do Consumidor**. São Paulo: Revista dos Tribunais, 2011, v. 2.

ROLLO, Arthur Luis Mendonça. **Responsabilidade civil e práticas Abusivas nas relações de consumo**. São Paulo: Atlas, 2011.

ROSENVALD, Nelson; FARIAS, Cristiano Chaves de. **Curso de Direito Civil: Parte geral e LINDB**. 11. ed. Salvador: JusPodivm, 2013.

ROTT, Peter. Unfair contract terms. *In*: TWIGG-FLESNER, Christian (Org.). **Research handbook on EU consumer and contract law**. Cheltenham: Edward Elgar, 2016.

SABBAG, César de Moraes. O direito de igualdade. *In*: PIOVESAN, Flávia; GARCIA, Maria (Orgs.). **Doutrinas Essenciais de Direitos Humanos**. São Paulo: Revista dos Tribunais, 2011, v. 2.

SALAMA, Bruno Meyerhof. O que é "Direito e Economia"? *In*: TIMM, Luciano Benetti (Org.). **Direito & Economia**. Porto Alegre: Livraria do Advogado, 2008.

SALIN, Pascal. **Competition and Free Trade**. Londres: Routledge, 2018.

SALOMÃO FILHO, Calixto. **Direito Concorrencial**. São Paulo: Malheiros, 2013.

SALOMÃO, Karin. **A corrida do álcool em gel: como o produto foi da escassez ao excesso**. Exame. Disponível em: <https://exame.abril.com.br/negocios/depois-de-corrida-por-alcool-em-gel-estoque-estabilizou-e-ha-ate-sobra/>. Acesso em: 14 maio 2020.

SALOP, Steven; STIGLITZ, Joseph E. Bargains and Ripoffs: AModel of Monopolistically Competitive Price Dispersion. **Review of Economic Studies**, v. 44, n. 3, p. 493–510, 1977.

SCHILLER, Dan. **Digital Capitalism: Networking the Global Market System**. Cambridge: MIT, 1999.

SCHMIDT, Gustavo da Rocha. Uma proposta de releitura da ordem econômica na constituição de 1988. *In*: GUERRA, Sérgio (Org.). **Teoria do Estado Regulador**. Curitiba: Juruá, 2015.

SCHREIBER, Anderson. **Direitos de Personalidade**. 3. ed. São Paulo: Atlas, 2014.

SCHWARTZ, Matthew S. **When Not Reading The Fine Print Can Cost Your Soul**. NPR.org. Disponível em: <https://www.npr.org/2019/03/08/701417140/when-not-reading-the-fine-print-can-cost-your-soul>. Acesso em: 29 ago. 2019.

SEABRA, Catia. **Polícia faz operação para apurar suspeita de fraude em compra milionária de respiradores em SC**. Folha de S.Paulo. Disponível em: <https://www1.folha.uol.com.br/cotidiano/2020/05/policia-

faz-operacao-para-apurar-suspeita-de-fraude-em-compra-milionaria-de-respiradores-em-sc.shtml>. Acesso em: 15 maio 2020.

SECRETARIAT. **Personalised Pricing in the Digital Era – Background Note by Secretariat**. Paris: OECD, 2018.

SHADY, Norbert; FISZBEIN, Ariel. **Conditional Cash Transfers: Reducing Present and Future Poverty**. Washington: The World Bank, 2009.

SHAPIRO, Carl; VARIAN, Hal R. **Information Rules: A strategic guide to the network economy**. Boston: Harvard Business School Press, 1999.

SHAVELL, Steven. **Foundations of Economic Analysis of Law**. Cambridge: Harvard University Press, 2004.

SHAW, Ingrid; VULKAN, Nir. **Competitive Personalized Pricing: An Experimental Investigation**. [s.l.: s.n.], 2012.

SILVA, AGATHE. Cláusula Geral de Boa-fé nos Contratos de Consumo. *In*: MARQUES, Cláudia Lima; MIRAGEM, Bruno (Orgs.). **Doutrinas Essenciais de Direito do Consumidor**. São Paulo: Revista dos Tribunais, 2011, v. 1.

SILVA, José Afonso da. **Curso de Direito Constitucional Positivo**. 30. ed. São Paulo: Malheiros, 2008.

SILVA, Luis Renato Ferreira da. O princípio da igualdade e o código de defesa do consumidor. *In*: MARQUES, Cláudia Lima; MIRAGEM, Bruno (Orgs.). **Doutrinas Essenciais de Direito do Consumidor**. São Paulo: Revista dos Tribunais, 2011, v. 1.

SILVA, Nilton Correia da. Inteligência Artificial. *In*: FRAZÃO, Ana; MÜLHOLLAND, Caitlin (Orgs.). **Inteligência Artificial e Direito**. São Paulo: Revista dos Tribunais, 2019.

SIMON, Herbert. Theories of Deciosion-Making in Economics and Behavioral Science. **The American Economic Review**, v. 49, n. 3, p. 253–83, 1959.

SMITH. Big Data Might Lead to Higher Prices. **Bloomberg.com**, 2018. Disponível em: <https://www.bloomberg.com/opinion/articles/2018-03-09/big-data-might-tell-retailers-which-consumers-to-charge-more>. Acesso em: 23 ago. 2019.

SMYRNAIOS, Nikos. **Internet Oligopoly: The Corporate Takeover of Our Digital World**. Londres: Emerald, 2018.

SOH, Christina; MARKUS, M. Lynne; GOH, Kim Huat. Electronic Marketplaces and Price Transparency: Strategy, Information Technology, and Success. **MIS Quarterly**, v. 30, n. 3, p. 705–723, 2006.

SOUZA, Carlos Affonso Pereira de; GUITTON, Rachel Marques. Notas sobre relações de consumo e comércio eletrônico. *In*: WADA, Ricardo Morishita; OLIVEIRA, Fabiana Luci de (Orgs.). **Direito do Consumidor: Os 22 anos de vigência do CDC**. Rio de Janeiro: Elsevier, 2012.

STEIBEL, Fabro; VICENTE, Victor Freitas; JESUS, Diego Santos Vieira de. Possibilidades e potenciais da utilização da inteligência artificial. *In*: FRAZÃO, Ana; MÜLHOLLAND, Caitlin (Orgs.). **Inteligência Artificial e Direito**. São Paulo: Revista dos Tribunais, [s.d.].

STIGLER, George J. The Economics of Information. **The Journal of Political Economy**, v. 69, n. 3, p. 213–55, 1961.

STIGLITZ, Joseph E. Equilibrium in Product Markets with Imperfect Information. **The American Economic Review**, v. 69, n. 2, p. 339–345, 1979.

STIGLITZ, Joseph E. The Causes and Consequences of The Dependence of Quality on Price. **Journal of Economic Literature**, v. 25, n. 1, p. 1–48, 1987.

STRUHL, Steven. **Artificial Intelligence Marketing and Predicting Consumer Choice: An overview of tools and techniques**. Londres: Kogan Page, 2017.

STUCKE, Maurice; EZRACHI, Ariel. How digital assistants can harm our economy, privacy and democracy. **Berkeley Technology Law Journal**, v. 32, p. 1239–1298, 2017.

SUNSTEIN, Cass R. Empirically Informed Regulation. **The University of Chicago Law Review**, v. 78, p. 1349–1429, 2011.

SUNSTEIN, Cass R; JOLLS, Christine; Thaler, Richard H. A Behavioral Approach to Law and Economics. **STANFORD LAW REVIEW**, v. 50, p. 81.

SUNSTEIN, Cass R.; THALER, Richard. Libertarian Paternalism is Not an Oxymoron. 2003.

TANNER, Adam. **Different Customers, Different Prices, Thanks To Big Data**. Forbes. Disponível em: <https://www.forbes.com/sites/adamtanner/2014/03/26/different-customers-different-prices-thanks-to-big-data/>. Acesso em: 29 ago. 2019.

TARTUCE, Flávio. **Manual de Direito Civil**. 9. ed. São Paulo: Método, 2019.

TASSI, Philippe. From Sample to Big Data. *In*: **The Digital Era 1: Big Data Stakes**. Hoboken: Wiley, 2018.

TAVARES, André Ramos. A Intervenção do Estado no Domínio Econômico. *In*: CARDOZO, José Eduardo; QUEIROZ, João Eduardo Lopes; SANTOS,

Márcia Walquíria Batista dos (Orgs.). **Curso de Direito Administrativo Econômico**. São Paulo: Malheiros, 2006, v. 2.

TEIXEIRA, Sálvio de Figueiredo. A proteção ao consumidor no sistema jurídico brasileiro. *In*: **Doutrinas Essenciais de Direito do Consumidor**. São Paulo: Revista dos Tribunais, 2011, v. 1.

THALER, Richard. **Misbehaving: The Making of Behavioral Economics**. [s.l.]: W. W. Norton & Company, 2015.

THALER, Richard; SUNSTEIN, Cass R. **Nudge: Improving Decisions About Health, Wealth and Hapiness**. Nova York: Penguin Books, 2009.

THOMSEN, Esteban F. **Prices & Knowledge: a market-process perspective**. Londres: Routledge, 2002.

TIMM, Luciano Benetti. Ainda sobre a função social do direito contratual no Código Civil brasileiro: justiça distributiva versus eficiência. *In*: TIMM, Luciano Benetti (Org.). **Direito & Economia**. Porto Alegre: Livraria do Advogado, 2008.

TIMM, Luciano Benetti. **Direito contratual brasileiro: críticas e alternativas ao solidarismo jurídico**. 2. ed. São Paulo: Atlas, 2015.

TIMM, Luciano Benetti. **o novo direito civil: ensaios sobre o mercado, reprivatização do direito civil e a privatização do direito público**. Porto Alegre: Livraria do Advogado, 2008.

TIMM, Luciano Benetti; GUARISSE, João Francisco Menegol. Análise econômica dos contratos. *In*: TIMM, Luciano Benetti (Org.). **Direito e Economia no Brasil**. 2. ed. São Paulo: Atlas, 2018.

ULEN, Thomas. The importance of Behavioral Law. *In*: **The Oxford Handbook of Behavioral Economics and the Law**. Londres: Oxford University Press, 2014, p. 93–124.

VAINZOF, Rony. *In*: MALDONADO, Viviane Nóbrega; BLUM, Renato Ópice (Orgs.). **LGPD: Lei Geral de Proteção de Dados comentada**. São Paulo: Revista dos Tribunais, 2019.

VALENTE, Jonas. **Hering terá de explicar uso de reconhecimento facial ao Idec**. Agência Brasil. Disponível em: <http://agenciabrasil.ebc.com.br/geral/noticia/2019-03/hering-tera-de-explicar-uso-de-reconhecimento-facial-ao-idec>. Acesso em: 17 jan. 2020.

VARIAN, Hal R. A Model of Sales. **American Economic Review**, v. 70, n. 4, p. 651–659, 1980.

VARIAN, Hal R. **Intermediate Microeconomics: A modern approach**. 9. ed. Nova York: W. W. Norton & Company, 2014.

VARIAN, Hal R; FARREL, Joseph; SHAPIRO, Carl. **The Economics of Information Technology: An Introduction**. Cambridge: Cambridge University Press, 2004.

VENOSA, Sílvio de Salvo. **Direito civil: parte geral**. 17. ed. São Paulo: Atlas, 2017.

VIEHWEG, Theodor. **Tópica y Jurisprudencia**. 2. ed. Madrid: Civitas, 2007.

VIGEN, Tyler. **15 Insane Things That Correlate With Each Other**. Disponível em: <http://tylervigen.com/spurious-correlations>. Acesso em: 14 set. 2019.

WAGNER, Gehard; EIDENMÜLLER, Horst. Down by Algorithms? Siphoning Rents, Explointing Biases, and Shaping Preferences: Regulating the Dark Side of Personalized Transactions. **The University of Chicago Law Review**, v. 86, p. 581–609, 2019.

WAGSTAFF, Keith. You'd Need 76 Work Days to Read All Your Privacy Policies Each Year. **Time**, 2012. Disponível em: <http://techland.time.com/2012/03/06/youd-need-76-work-days-to-read-all-your-privacy-policies-each-year/>. Acesso em: 29 ago. 2019.

WALKER, Tim. **How much ...? The rise of dynamic and personalised pricing | Money | The Guardian**. Disponível em: <https://www.theguardian.com/global/2017/nov/20/dynamic-personalised-pricing>. Acesso em: 9 ago. 2019.

WALLHEIMER, Brian. **Are you ready for personalized pricing?** Chicago Booth Review. Disponível em: <https://review.chicagobooth.edu/marketing/2018/article/are-you-ready-personalized-pricing>. Acesso em: 23 ago. 2019.

WATSON, Jonathon. Withdrawal rights. *In*: TWIGG-FLESNER, Christian (Org.). **Research handbook on EU consumer and contract law**. Cheltenham: Edward Elgar, 2016.

WILLIAMS, Betsy Anne; BROOKS, Catherine F.; SHMARGAD, Yotam. How algorithms discriminate based on data they lack. **Journal of Information Policy**, v. 8, p. 78–115, 2018.

WILSON, Christo. **Buyer beware, online shopping prices vary user to user**. The Conversation. Disponível em: <http://theconversation.com/buyer-beware-online-shopping-prices-vary-user-to-user-33439>. Acesso em: 23 ago. 2019.

WORLD, Republic. **Coronavirus: US plans $1000 cash transfer per adult in $1 trillion stimulus package**. Republic World. Disponível em:

<https://www.republicworld.com/world-news/us-news/coronavirus-crisis-us-plans-cash-transfer-of-1000-dollars-per-adult-500-dollars-pe>. Acesso em: 15 maio 2020.

WRIGHT, Joshua. Behavioral Law and Economics: Its Origins, Fatal Flaws and Implications fo Liberty. **Northwestern University Law Review**, v. 106, n. 3, p. 12–63, 2012.

WRIGHT, Joshua. The Antitrust/Consumer Protection Paradox: Two Policies at War with Each Other. **The Yale Law Journal**, v. 121, p. 2216–2268, 2012.

XIA, Lan; MONROE, Kent Bourdon; COX, Jennifer L. The Price Is Unfair! A Conceptual Framework of Price Fairness Perceptions. **Journal of Marketing**, v. 68, p. 1–15, 2004.

ZAMIR, Eyal; TEICHMAN, Doron. **Behavioral Law and Economics**. Nova York: Oxford University Press, 2018.

ZANETTI, Andrea Cristina. **Princípio do equilíbrio contratual**. São Paulo: Saraiva, 2012.